U0451170

河南省哲学社会科学规划年度项目"教育数字化转型背景下大学生知识建构评价框架构建研究"（2024BJY030）成果

教育评价研究丛书

基于知识建构的混合式协作学习设计与评价

贾 同 著

中国社会科学出版社

图书在版编目（CIP）数据

基于知识建构的混合式协作学习设计与评价 / 贾同著. -- 北京：中国社会科学出版社，2025.3. -- ISBN 978-7-5227-4726-2

Ⅰ. G434

中国国家版本馆 CIP 数据核字第 2025RN1574 号

出 版 人	赵剑英
责任编辑	李凯凯
责任校对	胡新芳
责任印制	李寡寡
出　　版	中国社会科学出版社
社　　址	北京鼓楼西大街甲 158 号
邮　　编	100720
网　　址	http://www.csspw.cn
发 行 部	010-84083685
门 市 部	010-84029450
经　　销	新华书店及其他书店
印　　刷	北京君升印刷有限公司
装　　订	廊坊市广阳区广增装订厂
版　　次	2025 年 3 月第 1 版
印　　次	2025 年 3 月第 1 次印刷
开　　本	710×1000　1/16
印　　张	24
插　　页	2
字　　数	315 千字
定　　价	128.00 元

凡购买中国社会科学出版社图书，如有质量问题请与本社营销中心联系调换
电话：010-84083683
版权所有　侵权必究

前　　言

　　知识社会背景下，研究者对于"人是如何学习的"这一教育领域的永恒命题进行了新的阐释，基于共同体的社会性知识建构被视为学习的核心过程。聚焦知识建构与学习的区别，知识建构理论视角下，指向创造和改进公共知识的"协作知识建构"被认为是知识社会发展的核心过程，而指向个人知识习得的"学习"则被视为协作知识建构过程的副产品。由此，协作知识建构成为学习的主要目标和核心过程。不过基于宏观的学习概念，协作知识建构往往也被研究者等同于协作学习。在传统的面对面协作学习中，由于传统教学媒介难以支持学习共同体间的多元充分联结和教学信息的多向平等流动，使得协作知识建构在实际上是难以发生的。而技术与协作学习的整合，为协作知识建构的实现提供了有力支撑，并促进了学习过程的优化和学习效果的提升。由此，在技术增强的协作学习领域，协作知识建构成为学习的主要目标和核心过程。

　　在技术与学习的整合过程中，混合学习同样引发了学习领域研究者的关注。混合学习通过对面对面学习环境与在线学习环境的混合，对学习过程的多元要求进行了重新设计与整合，从而促进了学习者对学习系统的更深层参与，进而提升了学习者的学习效果。混合学习由此成为学校课程改革的重要趋势，形成了翻转课堂、小规模限制性在线课程等广受关注和认可的新课程设计与实践模式。而在混合学习中，技术是其内在属性，协作则是其过程要素。由此，混合学习与技术增强的协作学习之间产生了天然的联系，混合学习与协作学习的结合被视为未来教育发展的重要趋势。在此基础上，混合式协作学习同样被认为是混合学习发展的新取向。

本书基于技术与学习的整合，围绕混合式协作知识建构活动的设计与实践，探究两个核心问题：一是如何有效设计混合式协作知识建构活动，二是混合式协作学习如何促进协作知识建构效果。由此，本书主要采用基于设计的研究范式，从理论探究和实践验证两个层面对核心研究问题进行了回应与论证，主要可分"模式理论构建—模式实施分析—模式完善优化"三个阶段进行论述。

第一，模式理论构建阶段。首先，基于群体与个体整合的知识建构过程，通过对比分析已有协作知识建构模型，提出了基于班组结构的协作知识建构框架，并基于个人知识小组知识建构和班级知识建构三个进程对比分析了面对面协作学习、在线协作学习和混合式协作学习三种模式的优、缺点，论证了协作学习的演进逻辑。其次，通过梳理已有混合学习要素与过程模型，以及对翻转课堂、小规模限制性在线课程两种经典课程模式的解析，提出了基于翻转课堂的混合学习过程模型和基于小规模限制性在线课程的混合学习过程模型，为混合式协作学习过程设计提供了"混合"视角的方案。再次，本书基于协作任务分类，提出了知识发现和知识应用两典型协作任务过程的一般模式，为混合式协作学习过程设计提供了"协作"视角的方案。最后，根据协作知识建构框架、混合学习过程模型与协作学习任务模型，构建了混合式协作知识建构活动模式的理论原型，并通过模式内涵与模式要素两个层面对活动模式进行了解析与阐释。

第二，模式实施分析阶段。首先，以教育技术学研究生专业课程为实践载体，设计了为期三轮的混合式协作知识建构活动模式的应用实践。从课程与专题活动背景、具体任务过程与评价、研究与活动工具等方面构建了面向实证的活动模式迭代方案。其次，基于研究方案开展课程实验,通过专家评议、学生反馈、内容分析、教学观察等多种方式获取混合式协作知识建构活动模式应用实践的过程和结果数据,从小组知识建构、班级知识建构与个体知识建构三个层面进行数据分析与结果呈现,验证活动模式应用效果。实验结果表明,迭代后的混合式协作知识建构活动模式有效提升了学生的协作知识建构效果:一是学生在小组认知交互水平、小组任务制品质量等六项评价指标出现数据层面的明显提升,表明活动模式的应用有效推动了混合式协作知识建构活动过程的优化和效果的提升;二是学生小组间表现差异的缩小,表明活动模式的应用有效促进了整体学生的均衡发展;三是学生反馈意见由主要提出问题向主要认可效果的转变,表明学生普遍认可活动模式的完整性、适应性、可操作性和灵活性。

第三,模式完善优化阶段。首先,通过对混合式协作知识建构活动模式的三轮迭代应用,基于专家建议、学生反馈以及教学反思,迭代和修正混合式协作知识建构模型。其次,通过对混合式协作知识建构活动模式应用实践的整体梳理,结合模式理论基础,基于指导原则、过程策略和拓展策略三方面整合提出了活动模式的应用策略体系。最后,通过发掘混合式协作知识建构活动过程中出现的问题,分析相应原因并提出改进方法,探究与解析了 BCL 促进协作知识建构的过程机制。

综上所述,本书面向混合式协作知识建构活动模式的设计与应用,探讨了混合式协作知识建构的理论内涵,从理论基础、活动目标、活动评价、活动环境和活动程序五个方面构建了活动模式的理论原型,并通过三轮的活动模式应用实践,在验证活动模式应用效果和优化活动模式要素结构的基础上,探究解析了活动模式的过程机制并完善了活动模式的策略体系。理论层面,本书在厘清混合式协作学习与协作知识建构概念和内涵的基础上,构建了相对成熟的系统性混合式协作知识建构活动模式体系,在一定程度上丰富了混合学习与协作知识建构等领域的理论体系，也对学校教育和课程改革进行了一次尝试性的理论探索。实践层面，本书通过详细论述混合式协作知识建构活动模式的设计过程，具体阐释了活动模式中的操作步骤与应用推广策略，为学校课程改革提供了较为完整的设计方案，也为一线教师开展混合式协作学习实践提供了可借鉴的经验与案例。此外，基于多元数据分析方法结合形成的"混合性"研究方法，也可在方法层面为后来研究者提供一定的参考和启发。

目　录

绪　论 …………………………………………………… (1)

第一章　国内外研究现状述评及理论基础分析 ………… (20)
　　第一节　混合式协作学习及其前置概念的界定 ……… (20)
　　第二节　混合式协作学习研究国内外现状 …………… (37)
　　第三节　协作知识建构研究的国内外现状 …………… (61)
　　第四节　协作学习及其设计的演进 …………………… (79)
　　第五节　国内外研究现状总结 ………………………… (109)
　　第六节　相关理论基础 ………………………………… (112)

第二章　混合式协作知识建构活动模式的设计 ………… (116)
　　第一节　建构过程：班组协作知识建构框架 ………… (117)
　　第二节　混合结构：多维混合学习过程模型 ………… (125)
　　第三节　协作任务：二元协作任务过程模型 ………… (134)
　　第四节　内涵与要素：混合式协作知识建构活动
　　　　　　模式理论原型 ………………………………… (144)

第三章　研究设计 ………………………………………… (159)
　　第一节　课程活动设计 ………………………………… (160)
　　第二节　专题活动设计 ………………………………… (166)

第三节　具体任务设计……………………………………（169）
第四节　模式迭代设计……………………………………（177）
第五节　评价过程设计……………………………………（182）
第六节　研究工具设计……………………………………（194）

第四章　混合式协作知识建构活动模式的应用与优化………（211）
第一节　第一轮：模式引介与初步应用…………………（211）
第二节　第二轮：模式效果测评与修正…………………（224）
第三节　第三轮：模式优化与策略完善…………………（266）

第五章　总结与反思……………………………………………（295）
第一节　研究总结与创新点………………………………（295）
第二节　研究不足与反思…………………………………（302）

第六章　后续研究探索与展望…………………………………（304）
第一节　学生个体知识建构效果分析……………………（305）
第二节　已有研究工具的反思与优化……………………（318）
第三节　多元样本与多模态数据纳入……………………（321）

参考文献…………………………………………………………（323）

附　录……………………………………………………………（366）

后　记……………………………………………………………（376）

绪　　论

一　研究背景

（一）信息技术成为教育变革与重塑的推动力量

科学技术的发展史就是人类认识世界、改造世界的能力的拓展史。[①] 信息技术在过往的几十年中所带来的变化，已使得我们的经济发展、服务形态等社会生态架构发生了巨大改变。教育作为社会的子系统之一，信息技术的发展同样对教育形态变革与教育生态重塑发挥了重要的驱动作用。[②] 信息技术对教育的深刻影响集中体现于"教育信息化"的建设和实践进程中。

我国国家层面的教育信息化战略始于2010年颁布的《国家中长期教育改革和发展规划纲要（2010—2020年）》，该规划第十九章"加快教育信息化进程"明确提出三项内容：加快教育信息基础设施建设，加强优质教育资源开发与应用，构建国家教育管理信息系统，并首次强调"信息技术对教育发展具有革命性影响，必须予以高度重视"。而在2012年3月发布的《教育信息化十年发展规划（2011—2020年）》，则提出要以教育信息化带动教育现代化。教育现代化意味着对教育的全面变革和重塑，是从工业社会的教育向知识

[①] 李德毅：《人与机器人共舞的时代，人类是领舞者》，《科学新闻》2018年第5期。

[②] 顾小清：《国际经验与本土实践：教育信息化推进战略研究》，华东师范大学出版社2019年版，第60页。

社会的教育、从初级现代教育向高级现代教育、从学位教育向终身学习的转型过程。[①] 而教育信息化作为教育现代化的核心特征，信息技术的普及和融合，通过改变教育战略实施与改革实践的生态环境，对落实教育战略目标与开展教育重大改革提供创新性的思路和挑战。[②]

综观全球教育实践，随着教育信息化进程的持续推进，信息技术与教育的融合沿着起步、应用、整合和创新四个阶段稳步前进，教育的形态也产生了颠覆性的变革。其中，实现信息技术对教与学的变革是教育信息化的核心目标。而信息技术对教与学变革的过程，也是重塑教育形态、实现教育现代化的过程。[③] 信息技术通过内外的双重驱动路径，不仅从教师能力与角色、教学模式、课程结构等方面创新了教师的"教"，也从学生知识能力结构（培养目标）、学习方式和学习支持系统等方面变革学生的"学"。

（二）协作成为学习者知识建构的核心方式

协作学习在当今已成为被教育研究领域广为认可、学校普遍接受的一种教学策略和实践，尤其是技术增强的协作学习（Technology-Enhanced Collaborative Learning，TECL）更是随着信息技术的发展而保持持续的更新。协作不仅作为一种学习策略被证明更能提高学习者的学业成绩，[④] 其作为一种技能或能力更被公认是21世纪学习者应具备的核心能力之一。

虽然协作学习的研究和实践在20世纪60年代便已开始，但随着教育和学习理论的不断革新，协作学习的理论和内涵也在发生着变化，特别是随着社会建构主义理论、活动理论和情境学习理论对知

[①] 何传启：《世界教育现代化的历史事实和理论假设》，《教育学术月刊》2013年第8期。

[②] 谈松华：《以教育信息化带动教育现代化——中国教育发展的战略性思维》，2023年11月10日，http://www.ict.edu.cn/news/n2/n20150923_28255.shtml。

[③] 贾同、顾小清：《教育信息化战略比较研究——基于美、英、澳、日、新五国的国际比较》，《电化教育研究》2018年第7期。

[④] 赵建华、李克东：《协作学习及其协作学习模式》，《中国电化教育》2000年第10期。

识建构和学习过程的更新,协作学习开始逐渐向协作知识建构演化,并呈现出新的特性,如学习是社会性和实践性的、[1] 知识的习得是通过群体协作建构的、[2] 学习的过程是个体以协商或共享的方式参与群体互动的过程等。[3] 总之,协作学习中的"协作"不再是对学习方式的一种形容,而是对学习本质的一种理解。同时,协作学习的过程通常是归纳性、适度认知负荷、自我解释以适应社会、基于概念差异和立场冲突以及视情境建立同伴模型的。[4] 为了保障协作学习的成效,协作交互需要保障协作的角色平等和情境对称,因此学生成为协作知识建构的主体,教师则作为设计者和引导者,为学生提供资源、方法等方面的支持,[5] 这也顺应了以学生为中心的教育改革趋势。

随着信息技术的持续发展以及与教育的深化融合,以技术作为介质成为影响协作知识建构过程的重要条件。自20世纪90年代末,以计算机支持的协作学习(Computer-Supported Collaborative Learning,CSCL)为代表的TECL成为协作知识建构研究和实践的核心主题。在学习与技术整合的背景下,不仅产生和发展了诸如在线协作学习理论、小组认知理论、探究社区理论模型等富有影响力的新学习理论,同时研究者们对CSCL过程中协作角色及学习干预有效性影响因素探究、教师指导有用性验证、技术环境建构、协作脚本设计等研究,为CSCL的有效性和实践也提供了支撑和指导。小组认知理论认为群体认知相较个体认知更能促进学习者的知识建构,而计算机网络等技术在群体认知中可以作为有效的协作媒介。强调CSCL中的协

---

[1] 崔允漷、王中男:《学习如何发生:情境学习理论的诠释》,《教育科学研究》2012年第7期。

[2] Jeremy Roschelle, "Learning by collaborating: Convergent conceptual change", *The Journal of the Learning Sciences*, Vol. 2, No. 3, 1992, pp. 235–276.

[3] 琳达·哈拉西姆、肖俊洪:《协作学习理论与实践——在线教育质量的根本保证》,《中国远程教育》2015年第8期。

[4] Pierre Dillenbourg, "What do you mean by collaborative learning?", in Pierre Dillenbourg, ed., *Collaborative-learning: Cognitive and Computational Approaches*, Oxford: Elsevier, 1999, pp. 1–19.

[5] Richard E. Mayer, "Should there be a three-strikes rule against pure discovery learning?", *American Psychologist*, Vol. 59, No. 1, 2004, pp. 14–19.

作知识建构并不是个体学生头脑中信息加工的结果，而是产生于学生间的互动，是基于对话情境中的资源进行的。[①] 因此，信息技术工具作为CSCL中的"脚手架"，从交互工具、脚本工具、元认知工具到评价反思工具的研发和应用为协作学习提供了全过程的支持。而随着CSCL研究和实践的不断深入，其领域涵盖了学前教育、基础教育、高等教育、职业教育等，并应用于几乎全部学科，充分说明了TECL已经成为一种全学科覆盖、可以"一以贯之"的学习形式。

（三）混合成为课程设计和改革的重要趋势

混合式学习自20世纪末被提出以来，作为一种新兴的学习策略，得到了广泛的研究和实践，其内涵也随着技术和学习科学的发展而不断丰富。混合式学习最初被应用于商业培训，目标是促成企业绩效目标的实现。[②] 后被用于远程教育中，被视为"第三代远程教育"，[③] 其特点是最大化地发挥面对面学习和多种技术的优势支持学习。

混合式学习对学习效果的提升得到教育领域的广泛认可。已有研究表明，有效设计基础上的混合式学习能够有效地提高学生的学习成绩和表现、[④] 参与度、[⑤] 社区意识、[⑥] 学习环境满意度和协

[①] Gerry Stahl, *Group cognition: Computer support for building collaborative knowledge*, Cambridge: The MIT Press, 2006, pp. 205–214.

[②] Harvi Singh and Chris Reed, "A white paper: Achieving success with blended learning", *Centra Software*, No.1, 2001, pp. 1–11.

[③] Ronald Phipps and Jamie Merisotis, *What's the difference? A review of contemporary research on the effectiveness of distance learning in higher education*, Washington, DC.: Institute for Higher Education Policy, 1999, pp. 36–39.

[④] Bruce W. Tuckman, "Evaluating ADAPT: A hybrid instructional model combining web-based and classroom components", *Computers & Education*, Vol. 39, No. 3, 2002, pp. 261–269.

[⑤] Pu-Shih Daniel Chen, Amber D. Lambert and Kevin R., "Guidry Engaging online learners: The impact of Web-based learning technology on college student engagement", *Computers & Education*, Vol. 54, No. 4, 2010, pp. 1222–1232.

[⑥] Alfred P. P. Rovai and Hope M. Jordan, "Blended learning and sense of community: A comparative analysis with traditional and fully online graduate courses", *International Review of Research in Open and Distributed Learning*, Vol. 5, No. 2, 2004, pp. 1–13.

作效率。① 美国教育部在 2009 年发布的调查报告 Evaluation of evidence-based practices in online learning: A meta-analysis and review of online learning studies 中指出，混合式学习相比在线学习和面对面学习，最能够提升学习者的学业表现。② 不仅如此，在美国新媒体联盟发布的《地平线报告》（高等教育版）中，混合式学习被认为是在线学习的深化形式，从 2012 年到 2017 年连续六年被列为促进高等教育技术应用的关键趋势之一。③ 而混合式学习在我国也受到普遍期待。有研究者于 2017 年在全国范围内面向教师调研"未来你心目中最理想的教学方式"，收到上千条回复，"线上学习与线下研讨结合的混合式教学"成为我国教师心目中最理想的未来教学方式。④

如今，混合式学习已为越来越多的学校所采纳，以期重构物理学习空间、提升学生主动学习的积极性，因此成为课程重新设计和改革探索的重要趋势之一。在此期间，以小规模限制性在线课程（Small Private Online Course，SPOC）和翻转课堂为代表的混合式课程崭露头角。其中 SPOC 多见于高校，而翻转课堂则自中小学发轫。SPOC 往往以试点形式展开，如清华大学在 2013 年下半年开国内 SPOC 之先河，以 SPOC 形式开设专业必修课"电路原理""C++程序设计"和国际课程试点"云计算与软件工程"实验课程，与之前采用传统教学形式的学期相比，学生优秀率、及格率和

---

① Suncana Kukolja Taradi, Milan Taradi, Kresimir Radic, et al., "Blending problem-based learning with Web technology positively impacts student learning outcomes in acid-base physiology", *Advances in Physiology Education*, Vol. 29, No. 1, 2005, pp. 35-39.

② Means Barbara, Toyama Yuki, Murphy Robert, et al., *Evaluation of evidence-based practices in online learning: A meta-analysis and review of online learning studies*, Washington, DC.: Centre for Learning Technology, 2009, p. xv.

③ 李艳、姚佳佳：《高等教育技术应用的热点与趋势——〈地平线报告〉（2018 高教版）及十年回顾》，《开放教育研究》2018 年第 6 期。

④ 朱雪梅：《混合式教学　未来学校教学组织的新模式》，《中国教育报》2019 年 6 月 6 日第 7 版。

平均分均有显著上升。翻转课堂则呈多面开花之势,如美国的加州河畔联合学区、我国的重庆聚奎中学、加拿大的萨斯喀彻温省草原南高中等学校,都根据学校校情特点和教师探索实践发展出了各有侧重、形式多元的翻转课堂式课程。

(四) 混合式协作学习成为技术与课程整合的新范式

在当今社会与教育的发展进程中,无论是建设以全民学习和终身学习为基本目标的学习型社会,还是建设以大规模个性化学习为核心目标的智能教育体系,其建设基础和首要任务都是构建混合或泛在的学习环境。而以5G为代表的移动互联网、虚拟现实和人工智能等技术的发展,有力推动和支撑了线上线下混合教育空间的建设,成为构建泛在教育环境的坚实基础。

混合式协作学习(Blended Collaborative Learning, BCL),是指通过结合在线和面对面的教学方法的有益成分,为教师和学生提供协作知识建构的环境和策略支持。[1][2] BCL的概念由英国学者Prendergast于2002年组织的在线培训中首次提出并进行了讨论实践,与混合式学习一样,其最初都是作为远程教育的一种改进形式。[3]不过随着研究和实践的持续进行,其概念和内涵得到了显著拓展,不仅是协作环境的混合,也包括了协作技术/工具、协作策略/方法的混合,并逐渐成为技术与课程整合、线上与线下协作的新学习形式和策略。2014年《地平线报告》(高等教育版)将混合式学习和协作学习的结合视为未来高等教育的一种发展趋势。

---

[1] Bünyamin Atici and Yalin Kiliç Türel, "Students' perceptions, interaction and satisfaction in the interactive blended courses: A case study", in Sean B. Eom and J. Ben Arbaugh, eds., *Student satisfaction and learning outcomes in e-learning: An introduction to empirical research*. IGI Global, 2011, pp. 375–391.

[2] Charles D. Dziuban, Joel L. Hartman and Patsy D. Moskal, "Blended learning", *EDUCAUSE Center for Applied Research Bulletin*, No.7, 2004, pp.1–12.

[3] Online Educa Conference, "Workshops on Blended Collaborative Learning", 2023.11.10, http://www.carnet.hr/edupoint/radionice/arhiva/rad01/predavac? CARNetweb=.2002.

彭绍东提出 BCL 的最高目标是促进学生学习绩效最优化，而实现路径为学习共同体的构建、学习情境与活动的整合以及群体、操作与自我（反思）交互的融通。① 由此可以看出，BCL 的提出和实践，其目的在于最大限度地发挥 CSCL 与面对面协作学习结合的优势，通过增强有效协作、促进学生自主探究和深度理解而实现知识建构效果的提升。

二 问题提出

（一）研究问题缘起

1. 协作知识建构的可持续性实现仍面临挑战

在"互联网+"教育背景下，协作知识建构作为一种以学生为主体、以信息技术为支撑、以集体知识创造为核心的学科教育方法，成为培养学生协作与创新能力的重要路径。而在当前的协作知识建构教学实践中，如何促进学生协作知识建构过程和保障学生协作知识建构质量，在宏观和微观层面仍面临着一些挑战。总体来说，在宏观层面，协作知识建构教学实践在学校教育领域可持续性和规模化的实现方面仍面临挑战；② 在微观层面，协作知识建构教学过程"有协作、无建构"或知识建构水平低的问题依然严峻。③

在宏观层面，协作知识建构对学生主体性和主动性的强调，意味着协作知识建构教学过程的独特性和深入性。因此，当脱离具体课堂而在学区乃至更大范围内开展持续性的协作知识建构教学实践，贯彻和落实知识建构的教学原则时，就会面临着协作知识建构效果评价和教师教学方式转变等方面的挑战。

---

① 彭绍东：《混合式协作学习的设计与分析》，湖南大学出版社 2016 年版，第 42—44 页。
② 郭莉：《面向未来的创造性学习和知识建构：学习科学的思路和方法——访学习科学专家张建伟博士》，《开放教育研究》2020 年第 3 期。
③ 李海峰、王炜：《面向问题解决的在线协作知识建构》，《电化教育研究》2018 年第 1 期。

在微观层面，课堂中协作知识建构教学过程的开展依赖于学生主体间的有效交互（会话），且交互的水平决定了学生协作知识建构活动的效果。而在当前协作知识建构教学实践中，学生协作交互水平不高的问题依然困扰着广大教师和研究者。如何促进学生由低水平交互向高水平交互发展及维持，成为保障协作知识建构效果实现的重要挑战。

2. 计算机支持的协作学习发展进入新阶段

在研究层面，从当前研究领域倾向的广义 CSCL 概念来讲，并没有将 CSCL 界定为教与学时空分离的在线协作学习。但在早期论及与面对面协作学习（Face to face collaborative learning，F2FCL）的区别，则普遍强调 CSCL 发生于以计算机网络为媒介的、非面对面的交互情境。[1] 而在另一方面，有学者提出 CSCL 研究应从教学情境的视角关注 CSCL 活动与宏观、真实教学情境的整合。[2][3] 这一研究视角认为 CSCL 应融合于多元、宏观的真实教学情境中，根据教师的实时教学安排，灵活地开展 CSCL 活动支持协作知识建构的过程和协作任务目标的实现。将 CSCL 与宏观教学情境整合的研究视角作为 CSCL 发展的新取向，强调了教师角色的重要性和协作学习的过程性，有利于提升 CSCL 在课程和教学实践中的灵活性、沉浸性和可迁移性。

在实践层面，大量的研究和实践已经证明，无论是和 F2FCL 还是计算机支持的个人学习相比，CSCL 通过创新和拓宽沟通渠道、记录和呈现互动过程、提升学习者表达意愿等有效促进了学生在高

---

[1] 任剑锋：《非面对面 CSCL 交互行为促进策略的研究》，博士学位论文，华南师范大学，2006 年，第 47—49 页。

[2] Gerry Stahl, "Rediscovering CSCL", in Koschmann Timothy, Rogers P. Hall and Naomi Miyake, eds., *CSCL 2: Carrying forward the conversation*, New Jersey: Lawrence Erlbaum Associates, 2002, pp. 169 – 181.

[3] Pierre Dillenbourg, Sanna Järvelä and Frank Fischer, "The evolution of research on computer-supported collaborative learning", in Nicolas Balacheff, Sten Ludvigsen, Ton Jong, et al., eds., *Technology-enhanced learning*, Dordrecht: Springer, 2009, pp. 3 – 19.

阶思维和元认知过程、学习体验与团队任务绩效等方面的增长。但若 CSCL 仅依赖在线交互，即在线协作学习，则容易出现信息负荷过大、交互效率和深度较低、教师指导和干预低效等不足，从而造成学习者知识建构效果的不理想。[①][②] 因此，拓展学习共同体间的交互形式是保障 CSCL 功效发挥的重要途径。

随着教育信息化的深入发展，构建线上线下相结合的混合式学习空间成为学校课程改革的重要方向，也逐渐演化为当前学校教育领域较为普遍的宏观教学情境。由此，CSCL 的发展应步入一个新的阶段，即基于面对面交互与在线交互相结合的 BCL 阶段，这也是 CSCL 理论和实践发展的必然趋势。

3. 混合式协作学习发展缺乏共识

首先，BCL 的研究相对不足。BCL 其概念发轫于实践，其发展也呈实践先行之势。虽然对 BCL 的理论和实践研究已成为协作学习研究的趋势之一，但相较其实践发展而言，可以说对 BCL 的研究是相对不足和滞后的。从当前的 BCL 研究现状来看，对 BCL 的研究整体数量并不多，虽然在国际上已经举办了一些以 BCL 为主题或涉及 BCL 的学术会议，但影响力和辐射范围比较有限，也没有形成一个相对稳定的学术共同体。同时，虽然许多混合学习、协作知识建构等学习科学领域的国内外研究者已经对 BCL 这一内容领域展开了探索研究，但相当一部分研究者并未将"混合式协作学习/Blended Collaborative Learning"作为一个专门的研究术语，而是以"协作学习"和"混合学习"的结合来表达其研究主题。此外，研究者对于 BCL 的概念尚未形成统一的界定，权威性研究相对不足，并未形成一个完整的概念体系。

其次，BCL 的过程较为模糊。在协作学习研究领域，对协作学习过程的探究也是理解协作学习的重要途径，过程导向已代替结果

---

① 彭绍东：《混合式协作学习的设计与分析》，湖南大学出版社 2016 年版，第 45 页。
② 蒋连飞等：《跨国在线协作学习模式研究》，《现代教育管理》2018 年第 6 期。

导向成为研究的主要范式。已有研究在普遍承认协作可以提升学习绩效的基础上，探究了这种正向关系的机制和影响因素。通过对协作学习过程的探究，归纳了普遍意义上协作学习的过程属性和交互特征。而信息技术与协作学习的整合，为协作学习过程带入了新的变量，TECL 过程被视为又一个"黑匣子"。与此同时，研究者开始通过利用信息技术可视化协作过程，利用数据方法分析互动，以期重新发现和理解技术情境的协作学习过程。而 BCL 意味着更为复杂的学习情境和协作知识建构过程，此方面的研究大多主要关注于探究 BCL 的效果影响因素，而缺乏对 BCL 环境下的协作知识建构过程和机制的论述与阐释。

最后，BCL 的实践缺失范式。就现实而言，我国在政策层面和现实层面都对 BCL 的推广产生了切实的需求。在宏观政策层面，2018 年中共中央、国务院发布的《关于全面深化新时代教师队伍建设改革的意见》中提出，"推动信息技术与教师培训的有机融合，实行线上线下相结合的混合式研修"；在现实教育层面，2018 年 12 月人民日报发表的《这块屏幕可能改变命运》引起热议，背后的现象就是优质在线教育资源的引入与混合式创新教学方式的结合为贫困地区教育带来的巨大改变。从政策落实和"精准扶智"的实践推广角度，其需求都是形成较为简易成熟、通用可迁移的 BCL 实践模型和模式，使学校愿意用、教师轻松教、学生乐意学。而当前的大多 BCL 研究尚未关注宏观的现实需求，而是基于微观的教师教学创新或学校课程改革而展开的，形成了教学实践过于具体而缺失概括性、过于分化而缺少推广性的局面，因此导致 BCL 研究领域相对缺少可推广的成熟实践范式。

（二）研究问题与内容

在学校课程与教学改革背景下，本书基于协作知识建构和 BCL 在研究实践过程中存在的问题，提出了在混合式协作知识建构活动模式的设计与应用过程中仍需探讨的两大问题：一是在提升协作知识建构效果和推广 BCL 实践范式的目的下，如何有效设计混合式协作知识建构活动，即如何构建混合式协作知识建构活动模式；二是在课程应用实践的基础上，验证混合式知识建构活动模式是否促进了学生协作知识建构效果，并探究其过程与机制。

1. 如何有效设计混合式协作知识建构活动

BCL 作为新的学习策略和教学模式，其提出基于对 CSCL 的发展以及对混合式学习、技术增强的协作学习、泛在学习等新学习理论的回应，旨在结合面对面协作与在线协作的优点，优化协作知识建构过程，提升协作知识建构效果。本问题的主要意图是构建混合式协作知识建构活动模式，以指导 BCL 的有效实践。在明确当前教育实践对 BCL 需求的基础上，从教学设计者和实践者的角度，对混合式协作知识建构活动开展的过程进行设计和完善。具体来说，包括两个子问题：

1-1 混合式协作知识建构的基本过程是什么？
1-2 如何构建混合式协作知识建构活动模式？

2. 混合式协作学习如何促进协作知识建构效果

培养学习者的 21 世纪核心素养是当代教育的核心目标之一。在当前为数众多的核心素养框架中，沟通与合作、行为参与、创新等出现频次较高，是被广泛认可的核心素养要素，也成为当前学习者学习效果和目标的重要组成部分。而协作知识建构被视为培养学生以上核心素养的重要方式。本问题的主要意图在于验证 BCL 能否有效促成学习共同体的协作知识建构，以及探究其优化知识建构过程的作用机制。具体来说，包括三个子问题：

2-1 如何具体评估学习者的协作知识建构效果？
2-2 BCL 是否有效促成了学习者的协作知识建构？
2-3 BCL 优化协作知识建构过程的作用机制是什么？

三 研究目标与意义

（一）研究目标

信息化时代技术正在飞速发展，在技术与教育的赛跑中，教育改革的需求越发迫切，动力也日益强劲。在教育与技术的持续融合过程中，学校的教育形态在变革、培养目标在升级、课程模式在创新、教学过程在重构。BCL作为这一趋势下提出和发展的创新教育策略，有效融合了技术增强的协作学习策略和混合式学习情境，具有很大的探索和实践价值。基于之前的背景梳理与问题提出，本书的核心研究目标为：基于知识建构和BCL的融合，构建混合式知识建构活动模式，形成可提升知识建构效果和推广BCL实践范式的混合式知识建构设计模型与实践方案。

（二）研究意义

1. 促进混合式协作学习理论的发展完善

本书在前人研究的基础上尝试厘清BCL的概念与内涵，将BCL视为将技术增强的协作学习（广义的CSCL）有效整合到混合教学情境的新学习形态。在归纳整理、分析提炼BCL理论和实践的基础上，融入协作知识建构的核心理念，形成理论连贯、逻辑统一的混合式协作知识建构活动模式。这将为解析BCL环境下的协作知识建构过程和机制提供依据，也回应了BCL是如何优化学生协作知识建构的过程这一问题。

2. 推动混合式协作学习实践的应用推广

本书以促进有效协作、提升知识建构效果为目标，通过整合BCL理论和实践中的情境、目标、评价和程序等要素，形成指导BCL活动设计与实施的混合式协作知识建构活动模式。这将为BCL实践过程中的资源与技术整合、场景与角色设计以及策略体系开发提供支持，进而提升 BCL 过程中学习者的协作知识建构效果，并促进 BCL 实践的应用推广。

四 研究思路与方法

（一）研究思路

通过对核心研究问题的提炼，总体而言，本书主要围绕混合式协作知识建构活动模式的设计与验证展开研究。研究以定量与定性相结合的方式进行，研究整体流程包括：在理论层面，基于理论指导与文献梳理，构建混合式协作知识建构活动模式的理论原型；在实践层面，通过对理论原型进行有效的迭代，形成较为成熟可行的混合式协作知识建构活动模式。与此同时，基于学生活动实践过程和结果数据，通过实证的方法验证混合式协作知识建构活动模式的应用效果，并探究解析混合式协作知识建构的过程与机制。

（二）技术路线

本书的研究技术路线如图 0-1 所示。

本书的核心研究任务是在优化协作过程、提升知识建构效果的目标下，构建混合式协作知识建构活动模式，并通过多轮活动实践验证活动模式应用效果，推动活动模式修正完善。本书主要分为以下四个阶段。

问题论证阶段：本书基于协作知识建构、CSCL、混合学习等领域的研究与实践发展，面向混合式协作知识建构活动模式设计与应用效果验证，提出了两大核心问题，并通过对 BCL 与协作知识建构领域已有研究的梳理，明晰了 BCL 与协作知识建构的概念、内涵与研究发展，初步构建了混合式协作知识建构研究的文献与理论基础。

原型建构阶段：本书基于已有研究，提出了基于班组结构的协

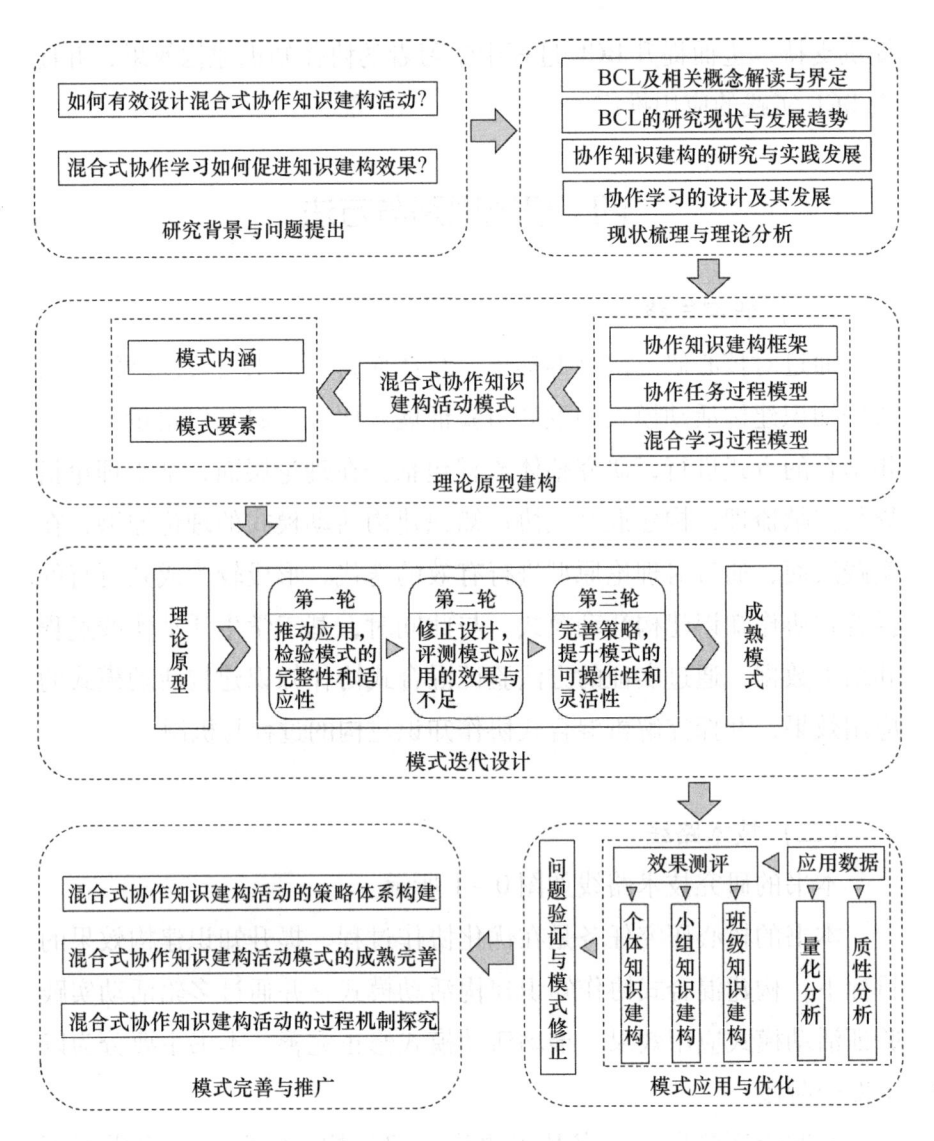

图 0-1 研究技术路线图

作知识建构框架、基于要素与流程的多元混合学习过程模型、基于任务分类的协作学习过程模型，在此基础上构建了混合式协作知识建构活动模式的理论原型，并从模式内涵与模式要素两个方面对活动模式进行了解析与阐释。

模式应用阶段：本书通过对混合式协作知识建构活动模式的三

轮迭代应用，基于专家评议、过程与效果测评、教学观察与学生调查反馈等方式，验证与优化了活动模式的完整性与适应性，明确与提升了活动模式的应用效果，增强与拓展了活动模式的可操作性与灵活性。

完善推广阶段：本书通过对混合式协作知识建构活动模式的应用与优化过程，总结了活动模式迭代过程中出现的问题、对应的原因与提升的策略，由此构建了混合式协作知识建构活动实施与推广的策略体系，形成了相对完善的混合式协作知识建构活动模式体系，并基于总结反思，明晰了混合式协作知识建构活动的过程机制。

（三）研究方法

本书在整体层面采用了基于设计的研究范式，形成了论文行文结构，构建并优化了混合式协作知识建构活动模式。首先，在整体研究思路中，根据设计研究的基本阶段设置，将整体研究划分为问题提出、原型构建、模式优化和完善推广四个阶段。其次，在混合式协作知识建构活动模式设计过程中，通过分析、设计、开发和实施的循环结构，开展了三轮的活动模式迭代应用和优化。

而在具体研究过程中，采用了一种"混合式"的研究方法，结合质性分析和量化分析对BCL的过程与机制进行了较为全面的探究。应用的主要研究方法有以下五种。

1. 内容分析法

首先，本书通过在线论坛、石墨文档等基于文本的交互工具，收集协作学习过程中学生的异步交互数据，获取学生协作知识建构的结果性数据。其次，本书通过微信、腾讯会议等实时交互工具以及面对面交互的录音，收集协作学习过程中学生的同步交互数据，获取学生协作知识建构的过程性数据。最后，本书通过问卷、开放式问题与半结构化访谈等方式，收集学生对协作学习过程的反馈、评价与建议，获取学生协作知识建构的感知性数据。基于以上多元数据，本书根据数据分析需求，基于量规、话语和主题等方式采用内容分析法对学生任务成果数据、交互过程数据和活动感知数据进行编码分析，探究学生协作知识建构的过程，评估学生协作知识建构的效果，并改进协作知识建构活动的设计与实践。

2. 社会网络分析法

社会网络分析法以群体中参与者的关系为基本单位，通过对参与者之间互动关系的研究和分析，探究群体内的社会网络特征。社会网络分析法是社会学研究的一种重要方法，多用于协作学习研究之中。本书利用社会网络分析法对班级和小组两种群体的关系进行研究和分析。在班级层面，主要通过对异步论坛中学生交互数据的分析，获取班级群体内部的人际社会网络。在小组层面，主要通过对小组同步交互数据的分析，获取小组群体内部参与者与知识建构行为间的二模社会关系网络。

3. 德尔菲法

本书在构建混合式协作知识建构活动模式理论原型的基础上，通过问卷调查的方式，收集专家对活动模式中活动程序框架和活动评价框架的评议意见，获取课程设计专家（包括一线教师）对理论原型的修改建议，从而完成对理论模型的初步修订工作。

4. 调查研究法

本书通过问卷、半结构访谈等方法收集学习者对混合式协作知识建构活动过程与效果的自我报告数据，从而获取学生对活动过程中自评与他评、对学习过程的参与度，以及对活动设计与组织的满意程度与问题反馈。

5. 系统文献研究法

本书利用 Citespace 文献可视化分析工具对 BCL 和协作知识建构领域的研究文献进行了系统分析，从发文变化梳理了研究领域的历史脉络，从关键词聚类呈现了研究领域的主题聚焦，从现状评述分析了研究领域的主要内容，从趋势预测探讨了研究领域的前沿主题。

五　本书组织结构

本书的核心主题是"基于BCL的协作知识建构过程"，即混合式协作知识建构活动过程，并利用多种研究方法开展混合式协作知识建构活动模式的设计、分析与评估研究。总体来说，沿袭研究思路，首先是基于研究背景提出研究问题与内容，即本书的第一章；其次是在理论层面回应核心研究问题，即在梳理文献明晰核心概念内涵及相关研究的基础上，探讨BCL提升协作知识建构效果的机制，构建混合式协作知识建构活动模式的理论原型，即本书的第二章与第三章；最后是基于已有发现与现实条件，开展实证研究设计与应用实践，从而在实践层面进一步回应核心研究问题，验证活动模式的应用效果，优化完善活动模式，并分析BCL提升协作知识建构效果的过程机制，即本书的第四章与第五章。具体来说，本书组织结构如下。

绪论：研究背景与问题提出。基于理论发展与实践需求，探求协作学习在当前教育实践中的新发展趋势，从而发现技术与教育的融合、面向协作知识建构的学习过程以及学校课程改革的需求共同决定了BCL成为未来学习的重要发展趋势。然而面向协作知识建构目标的BCL活动过程究竟如何设计，以及BCL何以提升协作知识建构效果，需要从理论与实践层面进行探讨。基于对混合式协作知识建构活动过程与效果的探究，形成了本书的两个核心研究问题与主体研究思路。

第一章：文献综述与理论分析。首先，采用系统文献分析的方法，对BCL与协作知识建构两个主题的研究现状与发展进行深入的梳理，从而在理论层面确立以学习分析的范式探究混合式协作知识建构过程的研究思路。其次，通过对协作学习及其设计的梳理，论证了协作学习及其过程设计方法的演进，明确了 BCL 发展的必然性。最后，通过对社会性学习理论、混合学习思想、协作知识建构理论、活动理论等理论基础的阐释，为混合式协作知识建构活动模式的形成奠定理念与方法基础。

第二章：混合式协作知识建构活动模式理论原型的构建。首先，从协作知识建构的视角出发，通过构建基于"班组结构"的协作知识建构框架，确立以小组知识建构为核心过程的协作知识建构活动模式。其次，从协作学习领域探讨协作任务的分类与设计，基于协作知识建构框架构建了知识发现任务与知识应用任务等协作任务过程模型，以指导混合式协作知识建构活动过程中"协作"的设计。再次，从混合学习领域探讨混合学习的要素与过程设计，通过对已有混合学习设计模式的梳理，构建了基于翻转课堂的混合学习与基于 SPOC 的混合学习等混合学习过程模式，以指导混合式协作知识建构活动过程中"混合"的设计。最后，基于以上模型，设计了混合式协作知识建构活动模式的理论原型，并从理论基础、活动目标、活动评价、活动环境和活动程序五个方面探讨了活动模式的内涵逻辑与要素结构。

第三章：面向混合式协作知识建构活动模式迭代的研究设计。主要是面向本书中的混合式协作知识建构活动的应用与评测过程进行总体设计，包括对活动模式应用的迭代过程设计、课程活动与专题活动过程设计、具体任务情境与对象与过程支持设计、活动模式应用的评价指标与过程设计（包括实证研究的整体数据采集设定与数据分析方案），以及整体研究工具的设计。通过对整个研究实践采用的流程、工具与方法进行具体论述，从而为活动模式的迭代提供有效实践框架，以指导实证研究的开展。

第四章：混合式协作知识建构活动模式的应用与优化。基于研究设计开展三轮混合式协作知识建构活动模式的应用实践，利用问卷、访谈、观察等多种方式采集过程与结果数据，从而获取学习者活动实践过程中在小组知识建构、班级知识建构和个体知识建构三个层次的评价指标。综合利用量化统计、描述性统计分析、话语分析、主题分析等方法开展从交互过程、活动组织和任务成果三个层面对获取数据进行实证分析。进而根据核心研究问题，从混合式协作知识建构活动模式的应用实践、评价反馈、反思改进和调整修正四个阶段，对活动模式应用与优化的过程开展具体呈现与分析。

第五章：总结与反思。通过综合分析理论发现和实践验证结果，基于对核心研究问题的回应，形成本书的研究工作总结。然后对整体研究的过程与结果进行梳理，开展研究反思，介绍研究创新之处，并基于研究不足之处论述未来研究的方向与预期。

第六章：后续研究探索与展望。本节内容主要是在博士学位论文完成之后，笔者面向"混合式协作知识建构设计与评价"这一研究主题开展的后续研究之介绍。后续研究主要从三个方面进行深化探索：第一，基于前期研究数据在个体层面开展数据分析，挖掘了学生个体学习参与与学业成绩之间的深层关系；第二，基于前期研究中发现的研究工具存在的不足，从适配性的角度对已有研究工具的反思与优化；第三，通过纳入多元自变量并获取多模态数据，从而构建混合式协作知识建构活动影响因素与效果指标间更全面的映射关系。

第一章

国内外研究现状述评及
理论基础分析

第一节 混合式协作学习及其前置概念的界定

一 混合式协作学习

（一）混合式协作学习的术语表达

混合式协作学习的正式概念由 Prendergast 首次提出，其在 2002 年面向在职教育者的一次在线培训中，组织了名为"Blended Collaborative Learning"的培训实践，[①] 并在 2004 年对混合式协作学习概念进行了界定。

从词义上来说，虽然"混合式协作学习"在国外也有多种表达方法，如"协作"主要有"collaborative"和"cooperative"两种表达，"混合"也主要有"blended"和"hybrid"两种表达。对于"collaborative"和"cooperative"的辨析，将在之后的概念辨析部分中做具体的论述，此处不再赘述。而对于"blended"和"hybrid"两词，从《牛津词典》上可以发现，"blend"有"混合以制

[①] Online Educa Conference,"Workshops on Blended Collaborative Learning", 2023.12.12, http://www.carnet.hr/edupoint/radionice/arhiva/rad01/predavac? CARNetweb =. 2002.

成所需品质的产品"（Mix together so as to make a product of the desired quality），因此其形容词形式"blended"有"融合在一起使取得更好效果"之意。① 而"hybrid"仅仅表示混合或杂交（Of mixed character；Bred as a hybrid from different species or varieties），并没有"blended"中"混合后产生更好效果"的改进之意。

综上所述，我们可以得知，术语"Blended Collaborative Learning"是对混合式协作学习概念较贴近的表达。因此，本研究根据概念溯源和词义分析，选用"Blended Collaborative Learning"作为混合式协作学习概念的术语表达。不过，也有很多学者在使用术语时区分并不严格，尤其是在"blended"和"hybrid"之间，所以我们在国际文献搜寻时将它们作为同义词。当前，就广泛意义上的混合式协作学习研究领域来说，国际上许多学者并没有将"Blended Collaborative Learning"作为一个专业术语进行表达，而是采用"Collaborative Learning"和"Blended Learning"两个术语结合的方式进行论述，如 Al-Samarraie 与 Saeed 在 2018 年发表的论文"A systematic review of cloud computing tools for collaborative learning：Opportunities and challenges to the blended-learning environment"。②

而"混合式协作学习"这一中文术语，由彭绍东 2006 年在其博士学位论文《混合式协作学习的设计与质量分析研究》中首次提出，并结合课程实践展开了理论与实践研究。此后我国陆续出现了以"混合式协作学习"为直接研究对象的研究文献，如 2009 年李春燕的硕士学位论文《生态学视角下混合式协作学习理论与实践探索》③、

---

① 詹泽慧、李晓华：《混合学习：定义、策略、现状与发展趋势——与美国印第安纳大学柯蒂斯·邦克教授的对话》，《中国电化教育》2009 年第 12 期。

② Al-Samarraie Hosam and Noria Saeed, "A systematic review of cloud computing tools for collaborative learning：Opportunities and challenges to the blended-learning environment", Computers & Education, Vol. 124, 2018, pp. 77–91.

③ 李春燕：《生态学视角下混合式协作学习理论与实践探索》，硕士学位论文，河南师范大学，2009 年，第 12—13 页。

2010年郭宁的硕士学位论文《混合式学习环境下协作学习活动设计》① 都对"混合式协作学习"这一概念进行了界定，但影响力相对有限。混合式协作学习在国内教育研究领域影响力的发酵，始自彭绍东2010年在《电化教育研究》中发表的文章《从面对面的协作学习、计算机支持的协作学习到混合式协作学习》，文中详细论述了混合式协作学习的产生与演进脉络、概念界定与相关概念辨析，提出并阐释了协作学习三代演变的结构关系。② 而彭绍东在2016年出版的著作《混合式协作学习的设计与分析》则基于多年的研究与实践，对混合式协作学习开展了深入而富有成效的研究，成为当前国内混合式协作学习研究的代表性著作。在术语的使用上，虽然在国内也有学者使用"混合协作学习""混合式协同学习"等表述，但大部分学者都认同并使用"混合式协作学习"这一术语表达。因此，本研究也采用"混合式协作学习"的表述。

（二）混合式协作学习的概念界定

虽然 BCL 作为一个整体概念，诞生的时间并不长，但自从2004年 Prendergast 给出 BCL 的定义后，也有一些学者对 BCL 概念做了不同的界定。在此期间，颇多关于混合教育情境下技术与协作学习整合的研究，也从各种角度描述了 BCL 的一些特征。国内外有一定代表性的 BCL 概念界定如表1-1所示。

笔者认为，BCL 作为一个正在形成并快速发展的研究和实践领域，在当前阶段应从一个广义的角度对其进行概念界定，以拓展其研究领域，提升其研究影响。因此，本研究基于协作知识建构视角对 BCL 做以下定义：BCL 是指基于有效的活动设计，在面对面与在线相混合的交互情境下，通过团体学习活动整合和多元协作交

---

① 郭宁：《混合式学习环境下协作学习活动设计》，硕士学位论文，河北大学，2010年，第12—14页。

② 彭绍东：《从面对面的协作学习、计算机支持的协作学习到混合式协作学习》，《电化教育研究》2010年第8期。

表1-1　　　　　　　　混合式协作学习概念的界定

序号	定义视角	提出者	BCL 概念含义的界定
1	远程学习方法说	Prendergast，2004	BCL 本质上是一种教师引导的远程学习方法，该方法在一个促进异步讨论的基本框架方面，混合了有用的面对面的和在线的技巧①
2	相关行为说	李春燕，2009	学习者既可以在课堂环境下，又可以在网络环境下，灵活应用面对面和在线两种方式对同一内容进行协作交流，为获得最大化个人和小组习得成果而合作互助的一切相关行为②
3	理论与实践说	彭绍东，2010	BCL 是指恰当选择与综合运用各种学习理论、学习资源、学习环境、学习策略中的有利因素，使学习者结成学习共同体，并在现实时空与网络虚拟时空的小组学习活动整合和社会交互、操作交互以及自我反思交互中，进行协同认知，培养协作技能与互助情感，以促进学习绩效最优化的理论与实践③
4	学习方法说	Monteiro & Morrison，2014	CBL（Collaborative Blended Learning）为学习者之间相互支持提供"脚手架"，使学生能够在不同的地点就与学习相关的活动分享想法并相互提供反馈④
5	学习情境说	Golightly & Westhuizen，2016	最佳协作学习绩效发生在基于课堂的协作学习和基于网络的协作学习的整合中，即 HCL（Hybrid Collaborative Learning）情境中⑤

---

① Gerard Prendergast, "Blended collaborative learning: Online teaching of online educators", 2004.4, http://www.globaled.com/articles/Gerard Prendergast2004.pdf.

② 李春燕：《生态学视角下混合式协作学习理论与实践探索》，硕士学位论文，河南师范大学，2009 年，第 12—13 页。

③ 彭绍东：《从面对面的协作学习、计算机支持的协作学习到混合式协作学习》，《电化教育研究》2010 年第 8 期。

④ Elisa Monteiro and Keith Morrison, "Challenges for collaborative blended learning in undergraduate students", *Educational Research and Evaluation*, Vol. 20, No. 7-8, 2014, pp. 564-591.

⑤ Aubrey Golightly and Christo P. Van Der Westhuizen, "An Assessment of Hybrid Collaborative Learning in Geography Micro-teaching: A South African Case Study", *International Journal of Educational Sciences*, Vol. 12, No. 2, 2016, pp. 139-154.

续表

序号	定义视角	提出者	BCL 概念含义的界定
6	教学方式说	Troussas, Krouska, & Virvou, 2017	BCL 将在线协作与传统的课堂协作方法以及自主学习相结合，创造出一种全新的混合式教学方式①

互，协同建构新知识产品以实现共同学习目标、提升群体与个人学习效果的理论与实践。

（三）混合式协作学习的内涵刻画

虽然从字面来看，BCL 是"混合学习"和"协作学习"的集合，但究其内在含义，BCL 是在技术中介的纽带作用下，由"混合学习（情境）"与"协作知识建构"结合而成。本研究尝试从 BCL 的本质、条件、路径和目标四个层面具体解读 BCL 的内涵。

1. BCL 的本质：混合情境下的协作知识建构

关于 BCL 的内涵，一般有两种视角，一种是视 BCL 为混合学习情境下的协作学习，另一种是视 BCL 为协作学习情境下的混合学习。两种视角的主要区别在于对 BCL 本质的不同解读。论 BCL 的本质，本研究认可第一种视角，原因在于协作是知识建构的核心方式，也是学习共同体形成和公共知识改进的必然过程；混合则是协作交互的情境，体现为优化学习流程和技术应用赋能的学习设计。由此，BCL 的本质可以归结为混合学习情境下技术中介和多元交互的协作知识建构，体现为学习共同体改进和创新公共知识以协作构建人工制品的研究与实践过程。

2. BCL 的条件："混合"与"协作"的有效设计

BCL 作为一种灵活应用多种学习技术、情境、策略的开放性学

---

① Christos Troussas, Akrivi Krouska and Maria Virvou, "Social interaction through a mobile instant messaging application using geographic location for blended collaborative learning", paper delivered to 2017 8th International Conference on Information, Intelligence, Systems & Applications (IISA), sponsored by Institute of Electrical and Electronics Engineers, Larnaca, Cyprus, August 27 – 30, 2017.

习模式,"有效设计"是进行 BCL 实践、发挥 BCL 功效的必然条件。就"混合"层面而言,如何设置面对面学习与在线学习的比例,确定混合学习的规模,提高混合学习资源的交互性以及降低学习者负担,①是保证"混合"得以发挥积极作用的前提,也是混合学习设计的重点和难点。就"协作"层面而言,如何建立协作小组、分解协作任务、创设协作情境和评价协作效果,是保证学习共同体建立和协作知识建构实现的基础,也是协作学习设计的必然过程。此外,对于 BCL 设计而言,还需要开展的必然环节是对"混合"与"协作"设计的统合,即根据学习需求、学习目标和学习条件,有机地整合学习要素,构建和谐灵活的生成性学习过程。

3. BCL 的路径:混合情境、协作小组与多元交互

就 BCL 的实现路径而言,存在三个核心要素,即混合学习情境、基于小组的协作知识建构与活动要素间的多元交互。(1)基于线上线下混合的交互环境是 BCL 基本的学习情境,也是协作学习发展到 BCL 阶段的必然路径,即"创造更加平衡和灵活的学习环境"②,代表着 BCL 与在线协作学习的本质区别。混合学习情境意味着不是"在技术中学习",而是利用技术学习。即技术环境并不是必然的、不能变更的学习环境,而是学习环境的一个可插拔的插件,教师和学习者可根据学习需要灵活地设计和切换学习媒介与环境。(2)虽然在协作学习中,一般强调的是基于"团体"的协作知识建构。而"团体"一般包括两种形式:一是小规模的小组(人数一般在 3—5 人)③④,二是较大规模的群体(如整个班级、社

---

① 詹泽慧、李晓华:《混合学习:定义、策略、现状与发展趋势——与美国印第安纳大学柯蒂斯·邦克教授的对话》,《中国电化教育》2009 年第 12 期。

② Hulya Avci and Tufan Adiguzel, "A Case Study on Mobile-Blended Collaborative Learning in an English as a Foreign Language (EFL) Context", *International Review of Research in Open and Distributed Learning*, Vol. 18, No. 7, 2017, pp. 45–58.

③ 左明章:《关于计算机支持的协作学习应用模式的构建》,《电化教育研究》2001 年第 3 期。

④ 毛刚等:《基于活动理论的小组协作学习分析模型与应用》,《现代远程教育研究》2016 年第 3 期。

区等)。但将大规模群体分成讨论小组是降低学习者信息负荷、促进学习者公平参与和深度协作知识建构的有效路径,[①] 因此构建基于小组的协作是 BCL 实践的必然路径。(3) 多元交互中的"多元"指的是交互形式和类型的多元、交互情境与技术的多元。其中,交互形式与类型主要包括生生交互、师生交互以及学生与教学资源的交互等不同形式,也包括认知交互、情感交互和社会交互等不同类型,其中生生交互中的认知交互是 BCL 交互和协作知识建构的核心;交互情境与技术主要包括面对面交互和技术中介的交互两种交互情境中的多元交互方式,尤其是技术中介的交互中基于不同交互技术的文本或言语交互、同步或异步交互等。

4. BCL 的目标:协作知识建构过程与效果的全面提升

总体而言,BCL 的目标是优化协作知识建构过程,提升协作知识建构效果。在协作知识建构过程层面,BCL 的主要目标是通过设计与协调学习者小组的交互过程,提升小组在协作知识建构过程中的社会性交互水平、参与公平性和发展均衡性等方面,从而促进学习者对知识内容的建构和理解,实现公共知识的创新与发展。在协作知识建构效果层面,BCL 的主要目标是通过有效设计 BCL 活动、协作完成 BCL 任务,基于对人工制品的建构,不仅在学习(知识建构交互)的过程方面,也在教学组织与任务成果方面提升其质量;不仅在协作知识建构的群体层面,也在个体层面提升其水平。

二 前置概念

(一) 混合学习

混合学习,也有混合式学习、Hybrid Learning、Flexible Learn-

[①] Mingzhu Qiu and Douglas McDougall, "Foster strengths and circumvent weaknesses: Advantages and disadvantages of online versus face-to-face subgroup discourse", *Computers & Education*, Vol. 67, 2013, pp. 1–11.

ing 等多种表达方式。混合学习的概念自 20 世纪 90 年代被提出以来，因其提升学习者学习绩效的潜力，受到学术研究领域和教育实践领域的广泛关注。不过也因为对混合学习的多样化理解，研究者们对混合学习的定义并不统一，总体来说，可分为三种，即"混合学习是什么"的描述性定义、"如何混合才是混合学习"的可操作性定义和"混合学习混合了些什么"的规定性定义。

对混合学习的描述性定义主要是侧重于对混合学习过程中（某个或某些）属性或特征的阐释，往往将其界定为对应的领域归属。如祝智庭与孟琦的"学习方式"说，认为混合（和）学习是基于学习技术、学习目标与学习者的个性化匹配，寻求最优化学习效果的学习方式；[1] 李克东与赵建华的"教学方式"说，认为混合学习是把面对面教学和在线学习有机整合形成的一种教学方式；[2] Bliuc 等人的"学习活动"说，认为混合学习是学生、教师和学习资源之间面对面互动和技术中介（在线）互动的有机结合；[3] Krause 的"教学和学习环境"说，强调在混合学习中通过设计对技术使用和面对面交互的优势结合，以形成内容交付模式、教学模式和学习风格有效整合的教学和学习环境。[4] 此外，较有代表性的定义还有何克抗的"教学模式"说[5]、Dziuban 等人的"教学方法"说[6]等。

对混合学习的可操作性定义主要是从混合学习信息传递和呈现

---

[1] 祝智庭、孟琦：《远程教育中的混和学习》，《中国远程教育》2003 年第 19 期。

[2] 李克东、赵建华：《混合学习的原理与应用模式》，《电化教育研究》2004 年第 7 期。

[3] Ana-Maria Bliuc, Peter Goodyear and Robert A. Ellis, "Research focus and methodological choices in studies into students' experiences of blended learning in higher education", *The Internet and Higher Education*, Vol. 10, No. 4, 2007, pp. 231–244.

[4] Kerri-Lee Krause, "Griffith University Blended learning strategy", 2023.12.12, http://kenanaonline.com/files/0038/38852/blended-learning-strategy-january-2008-april-edit.pdf.

[5] 何克抗：《从 Blending Learning 看教育技术理论的新发展（上）》，《中国电化教育》2004 年第 3 期。

[6] Charles D. Dziuban, Joel L. Hartman and Patsy D. Moskal, "Blended learning", *EDUCAUSE Center for Applied Research Bulletin*, No. 7, 2004, pp. 1–12.

形式的角度对其进行界定,即在线和面对面学习形式如何混合。其中代表性的定义有:Singh 的"交付媒体"说,认为混合学习是多种相互补充的内容交付媒体的组合。[1] 美国斯隆联盟 Allen 等人的"交付形式"说,规定混合学习中在线形式的教学内容必须处于 30%—79% 的比例范围;[2] Means 等人则进一步提出"考核形式"说,明确规定混合学习中在线形式的教学内容必须超过纳入考核教学内容的 25%。[3]

对混合学习的规定性定义主要是从比较综合宏观的视角来分析混合学习的组成要素或内容结构,以阐释混合学习所涵盖的范围。其中代表性的定义有:Kerres 与 Witt、Oliver 与 Trigwell 提出的"二元混合"说,都强调混合学习不仅是多种内容交付模式或媒介工具的混合,也是多种教学方法的混合;[4][5] Bonk 等人提出的"三元混合"说,认为混合学习不仅是在线和面对面教学形式的混合,也包括了教学模式和教学方法的混合;[6] Driscoll 的"四元混合"说,认为混合学习可以看作基于 Web 的技术模式的混合、多种教学方法的混合、任何形式的教学技术与面对面教师指导的混合以及面向工作的教学技术与实际工作任务的混合。[7]

---

[1] Harvey Singh, "Building effective blended learning programs", *Educational Technology*, Vol. 43, No. 3, 2003, pp. 51-54.

[2] Allen I. Elaine, Jeff Seaman and Richard Garrett, *Blending in: The Extent and Promise of Blended Education in the United States*, Newburyport, MA: Sloan Consortium, 2007, p. 5.

[3] Barbara Means, Yukie Toyama, Robert Murphy, et al., "The effectiveness of online and blended learning: A meta-analysis of the empirical literature", *Teachers College Record*, Vol. 115, No. 3, 2013, pp. 1-47.

[4] Michael Kerres and Claudia De Witt, "A didactical framework for the design of blended learning arrangements", *Journal of Educational Media*, Vol. 28, No. 2-3, 2003, pp. 101-113.

[5] Martin Oliver and Keith Trigwell, "Can 'blended learning' be redeemed?", *E-learning and Digital Media*, Vol. 2, No. 1, 2005, pp. 17-26.

[6] Curtis J. Bonk and Charles R. Graham, eds., *The handbook of blended learning: Global perspectives, local designs*, San Francisco: Pfeiffer, 2005, pp. 3-21.

[7] Margaret Driscoll, "Blended learning: Let's get beyond the hype", *E-learning*, Vol. 1, No. 4, 2002, pp. 1-4.

不过也有研究者指出,"混合"一词语义宽泛,若从宏观意义上讲,所有的学习均是"混合"的。因此,"混合学习"作为一个教与学领域的专有概念,为了促进混合学习的可操作性与可行性,应将混合学习概念的范围界定于"面对面教学与在线学习的结合"[①]。

综上所述,我们可以发现,不论从哪个角度对混合学习进行定义,其共通的核心特征有两点:(1)学习过程优化设计;(2)面对面学习和在线学习混合的教与学情境。在此基础上,才会形成教学理念的转变以及教学模式、教学方法、教学技术等的混合。因此,本研究所使用的混合学习概念主要指有效设计基础上,面对面与在线混合的、开放的教与学情境。

(二) 协作学习

协作学习虽然在当前已成为被教育研究领域广为认可、学校普遍接受的一种教学策略和实践,但其含义至今在学术界尚没有一个完全统一的界定。由于研究视角的不同,学者们从不同的维度对协作学习进行了定义和表述,影响力较大的有"学习情境"说、"教育方法"说、"学习行为"说、"小组共同活动"说、"策略"说等。如 Dillenbourg 以"学习情境"的视角对协作学习概念进行了界定,从协作情境的规模、学习和协作三个维度构建了协作学习的定义空间,明确了协作学习不单单是一种心理机制或一种教学方法,还是一种情境,学习者们在这种情境中将进行特定形式的交互。[②] Smith 与 MacGregor 从"教育方法"的视角,提出协作学习是凝聚学生或师生智慧与努力的多种教育方法的总称,通常表现为由两个及以上的学生进行小组活动,协同地寻求理解、解决问题、建构意

[①] 詹泽慧、李晓华:《混合学习:定义、策略、现状与发展趋势——与美国印第安纳大学柯蒂斯·邦克教授的对话》,《中国电化教育》2009 年第 12 期。

[②] Pierre Dillenbourg, "What do you mean by collaborative learning?", in Pierre Dillenbourg, ed., *Collaborative-learning: Cognitive and Computational Approaches*, Oxford: Elsevier, 1999, pp. 1–19.

义或创造制品。[1]

综合来看，在协作学习的定义中，一般将团体（小组）学习视为形式特征，将协作知识建构视为过程特征，将提高团体和个人的学习成果视为目标特征，将教学策略或实践视为归属特征。[2] 并且，众多研究证明，作为一种学习策略，协作学习要比竞争学习、个别学习更能提高学习者的学业成绩，[3] 特别是任务很复杂时。[4] 当前，协作学习应用于教育的各个领域，成为一种主流的学习理论与实践活动。但随着学习科学和信息技术等相关领域的不断发展，协作学习也相应地保持着研究范式的更新和研究领域的拓展。

1. 面对面的协作学习

在 CSCL 产生以前，基于课堂的面对面交互作为协作学习的核心情境，协作学习概念即指的是 F2FCL，而且因为协作学习与合作学习的概念并未出现明显分化，虽然基于研究视角的不同，协作（合作）学习的概念被研究者从多元维度进行了界定，出现了比较经典的"教学策略"说、"学习环境"说、"共同活动"说、"五要素"说、"七要点"说等。如"共同活动"说认为协作学习是基于小组形式开展教学，通过学生共同活动以最大限度促进小组成员的学习。"教学策略"说则认为协作学习是学生结成异质小组（主要指学业水平不同）以完成共同目标的教学方法。[5] 另外，"五要素"

---

[1] Barbara L. Smith and Jean T. MacGregor, "What is collaborative learning?", in Anne S. Goodsell, Michelle R. Maher, Vincent Tinto, et al., eds., *Collaborative Learning: A Sourcebook for Higher Education*, State College, PA: National Center on Postsecondary Teaching, Learning, and Assessment, 1992, pp. 233–267.

[2] 彭绍东：《从面对面的协作学习、计算机支持的协作学习到混合式协作学习》，《电化教育研究》2010年第8期。

[3] 赵建华、李克东：《协作学习及其协作学习模式》，《中国电化教育》2000年第10期。

[4] Barbara Gabbert, David W. Johnson and Roger T. Johnson, "Cooperative Learning, Group-to-Individual Transfer, Process Gain, and the Acquisition of Cognitive Reasoning Strategies", *Journal of Psychology*, Vol. 120, No. 3, 1986, pp. 265–278.

[5] Anuradha A. Gokhale, "Collaborative learning and critical thinking", *Journal of Technology Education*, Vol. 7, No. 1, 1995, pp. 22–30.

说与"七要点"说均明确强调，面对面的（促进性）交互是协作学习得以实现的核心要素之一。① 随着以 CSCL 为代表的 TECL 模式出现，协作学习与合作学习的概念出现了分化。不过聚焦到 F2FCL 本身，综合多种定义，本研究从学习情境的视角，将 F2FCL 内涵界定为：在面对面直接交互情境下，以群体的形式开展的协作学习理论与实践活动。

2. 计算机支持的协作学习

CSCL 作为计算机辅助教学（CAI）、计算机支持的协同工作（CSCW）等领域的发展和转变结果，自 1989 年被首次提出以来，便得到学术和教育实践领域的广泛关注，30 多年来发展卓有成效。不过对 CSCL 概念的界定，则因为研究者们视角的不同，形成了多元的局面。其中较有代表性的定义有：Kumar 的"任务类型"说，认为 CSCL 主要用于完成概念学习、问题解决和设计三类协作任务②；Koschmann 的"研究领域"说，认为 CSCL 是一个主要关注（1）共同活动情境中的意义形式与意义建构的实践，（2）以设计人工制品为中介进行实践的方式之研究领域；③ 黄荣怀的"汇合趋势"说，认为 CSCL 代表了计算机技术与协作学习两种发展趋势的汇合点；④ 彭绍东的"理论与实践"说，提出 CSCL 是以提高小组和个人协作绩效为最终目标的、学习策略性的理论和

---

① Roger T. Johnson and David W. Johnson, "An overview of cooperative learning", in Jacqueline S. Thousand, Richard A. Villa and Ann I. Nevin, eds., *Creativity and Collaborative Learning*, Baltimore: Brookes Press, 1994, pp. 1–21.

② Vivekanandan Suresh Kumar, "Computer-supported collaborative learning: issues for research", paper delivered to 8th annual graduate symposium on Computer Science, Sponsored by University of Saskatchewan, Saskatchewan, April, 1996.

③ Timothy Koschmann, "Dewey's contribution to the foundations of CSCL research", paper delivered to Proceedings of CSCL 2002. sponsored by the National Science Foundation, et al., Boulder Colorado, Colorado, January 7–11, 2002.

④ 黄荣怀：《CSCL 概述》，2023 年 12 月 12 日，https://wenku.baidu.com/view/f4c1c2ff910ef12d2af9e740.html。

实践。①

综合多种已有概念，可以发现 CSCL 基于计算机技术的中介作用克服了人类短时记忆、基于纸张的写作等局限性，②也突破了地域和时间上的限制，③从而在效能和灵活性上赋能协作学习过程，使得更有效的小组交互和更复杂的知识建构成为可能。Koschmann 认为 CSCL 作为教育技术的一种新兴模式，对 CSCL 的研究应由传统的注重结果向注重过程转变，其研究方法也应从注重实验性向注重描述性转变。④可以说，CSCL 已经与传统的协作学习即 F2FCL 产生了目标、内涵乃至研究范式上的显著变化，以计算机技术为中介的交互也成为 CSCL 的核心特征。虽然传统上 CSCL 主要强调的是以计算机网络为媒介的、时空分离的协作学习，关注的是在线交互层面。不过随着 CSCL 研究的持续深入和 CSCL 时间的广泛推进，当前国内外研究者倾向于从广义的角度界定 CSCL 的概念，认为基于"技术为中介的交互"这一核心特征，在技术类型和学习情境方面不应再受到计算机技术和在线学习情境（时空分离）的限制，而可以拓展为任何支持协作的信息技术（协作技术）和应用协作技术的学习情境。因此，CSCL 的实践情境也有了更广泛的界定。由此，本研究从宏观的学习情境视角，将 CSCL 内涵界定为：在技术中介的交互情境下，以群体形式开展的协作学习理论与实践活动。

3. 技术增强的协作学习

TECL 直接来源于两个概念，即技术增强的学习（Technology-

---

① 彭绍东：《混合式协作学习的设计与分析》，湖南大学出版社 2016 年版，第 42—43 页。
② 赵建华：《CSCL 的基础理论模型》，《电化教育研究》2005 年第 10 期。
③ 祝智庭：《关于教育信息化的技术哲学观透视》，《华东师范大学学报》（教育科学版）1999 年第 2 期。
④ Timothy Koschmann, "Dewey's contribution to the foundations of CSCL research", paper delivered to Proceedings of CSCL 2002. sponsored by the National Science Foundation, et al., Boulder Colorado, Colorado, January 7 – 11, 2002.

Enhanced Learning，TEL）和 CSCL。

其中，"TEL"作为 21 世纪以来一个越来越被广泛使用的术语，用于描述数字技术与教学之间的相互作用，并用来替代"电子学习"（e-learning）"学习技术"（learning technology）以及"基于计算机的学习"（computer-based learning）等术语，[1] 也可以用来指技术增强型教室和技术赋能的学习（learning with technology）。[2] 因为 TEL 不仅明确了技术的增强价值，[3] 而且其比电子学习等概念具有更广泛的内涵。[4] TEL 作为一个新概念和新实践模式，因其带来的教育价值，如提升教学绩效和缩小教育成就差距，[5] 越发受到国际尤其是欧洲国家的重视。2014 年欧洲委员会报告《高等教育中的学习和教学新模式》（New modes of learning and teaching in higher education）在 13 项政策建议中就有三项用来强调 TEL（数字技术与教学法的整合）的实践和推广。Bayne 从技术、增强和学习三个维度对 TEL 进行了价值审视和意义构建，提出 TEL 巩固了人们对技术、教育、个人与社会之间关系认识上的转变（后人类主义视角），强调在更宏观的社会情境下理解技术与教育的相互构成关系。[6] Passey 从概念背景和理论基础出发，认为在研究和实践中，TEL 领域已经远远超出了一个专注于学习本身的领域，而是包含了

---

[1] Christopher J. Cushion and Robert C. Townsend, "Technology-enhanced learning in coaching: A review of literature", *Educational Review*, Vol. 71, No. 5, 2019, pp. 631–649.

[2] Higher Education Academy, "Technology enhanced learning", 2023.12.12, https://www.heacademy.ac.uk/individuals/strategic-priorities/technology-enhanced-learning#section-2.

[3] Universities and Colleges Information Systems Association, "2008 Survey of Technology Enhanced Learning for higher education in the UK", 2023.12.12, http://www.ucisa.ac.uk/~/media/Files/publications/surveys/TEL survey 2008 pdf.

[4] Higher Education Funding Council for England, "Enhancing learning and teaching through the use of technology: A revised approach to HEFCE's strategy for e-learning", 2023.12.12, http://www.hefce.ac.uk/media/hefce1/pubs/hefce/2009/0912/09_12.pdf.

[5] S. Adams Becker, Michele Cummins, Ann Davis, et al., eds., *NMC horizon report: 2017 higher education edition*, Austin, Texas: The New Media Consortium, 2017, pp. 4–9.

[6] Sian Bayne, "What's the matter with 'technology-enhanced learning'?", *Learning, Media and Technology*, Vol. 40, No. 1, 2015, pp. 5–20.

技术增强的教育（Technology-Enhanced Education）、技术增强的教学（Technology-Enhanced Teaching）技术增强的学习（Technology-Enhanced Learning）等六个子领域和子概念。[①]

通过结合 TEL 和 CSCL 两个概念，我们可以认为 TECL 即利用信息与通信技术（Information and communication technology，ICT）赋能协作学习，以提高学习效果为目标的新学习模式。其既是对 TEL 的一种具体化，即以协作学习为主要学与教策略和形式的 TEL；也是一种广义意义上的 CSCL，其不仅关注到了移动互联、虚拟现实与增强现实等技术发展的趋势，扩大了学与教技术的覆盖范围，也强调一种利用技术学习而非在技术中学习的理念，并为 CSCL 向 BCL 阶段的发展提供了逻辑空间。

三 概念辨析

（一）协作学习与合作学习

从词义上来说，协作学习和合作学习的区别主要体现在"协作"与"合作"两词的区别上。虽然合作（协作）学习的思想萌芽在我国自古有之，但作为一种理论和实践，对协作学习和合作学习的具体概念界定则是从国外学术界引入的。因此，本研究将从与"协作"与"合作"相对应的英文单词"collaborative"和"cooperative"去辨析协作学习和合作学习的概念异同。对于"collaborative"和"cooperative"两词，虽然从牛津词典中可以发现"collaborative"较注重以团体为单位的共同参与（Produced by or involving two or more parties working together），而"cooperative"较注重以个体为单位的相互协助（Involving mutual assistance in working towards a common goal），但"collaborative learning"和"cooperative learning"两个概念 20 世纪 80 年代之前在学术界均表示合作学习的意思，即

[①] Don Passey, "Technology-enhanced learning: Rethinking the term, the concept and its theoretical background", *British Journal of Educational Technology*, Vol. 59, No. 3, 2019, pp. 972–986.

均强调以团体尤其是小组为主体的学习形式、团队成员间的积极依赖和有效互动，均注重团体学习活动尤其是任务和目标的设计、教师与学生主动性作用的充分发挥。"collaborative learning"和"cooperative learning"出现学术意义上的分野，主要是伴随着20世纪80年代末教育技术领域中以CSCL为代表的TECL新范式的兴起而产生的。此后，"collaborative learning"专门用来表示协作学习，主要基于小组认知和协作知识建构的视角，注重小组共同参与（互助互学过程）、开放学习任务和质性评价，强调学生主体和学习过程；"cooperative learning"则专门用来表示合作学习，主要基于小组学习中分工与合作的视角，注重个人任务分工（相互配合过程）、固定学习任务和量化评价，强调教师主导和学习结果。[1] 也就是说，"cooperative learning"强调团体互动对个体学习的影响，"collaborative learning"更侧重于学习者的认知过程。[2] Dillenbourg也对"collaborative learning"和"cooperative learning"的概念进行了辨析，提出两者在分工和互动层面存在差异，即相比合作学习，协作学习更强调低分工（横向分工，且任务间高度交织）、高互动（互动对同伴认知过程的影响程度较高）、同步通信（更倾向于一种社会规则，即说话者期望听者等待他的信息，并在信息被传递时立即处理它）。[3]

（二）概念间关系

在前文对 BCL 以及其前置概念的界定中，已经就相关概念的内涵进行了阐释，并初步解释了这些概念间的关联与区别。为了直观

---

[1] 彭绍东：《混合式协作学习的设计与分析》，湖南大学出版社2016年版，第38页。

[2] Jing Ping Jong, "The effect of a blended collaborative learning environment in a small private online course (SPOC): A comparison with a lecture course", *Journal of Baltic Science Education*, Vol. 15, No. 2, 2016, pp. 194–203.

[3] Pierre Dillenbourg, "What do you mean by collaborative learning?", in Pierre Dillenbourg, ed., *Collaborative-learning: Cognitive and Computational Approaches*, Oxford: Elsevier, 1999, pp. 1–19.

呈现概念间的关系，此处重点梳理 BCL 与 CSCL 和 TECL 之间的联系与区别。关于 CSCL，通过文献梳理可以发现，其在概念产生前期，主要指的是基于单纯的在线学习情境、以异步交互为主要特征的协作学习，[1] 也可称之为在线协作学习。不过在线协作学习已经与 F2FCL 产生了质的差别，形成了 CSCL 的根本价值。而在概念产生后期，CSCL 的概念被研究者进行了拓展，CSCL 不仅不再限于异步交互的形式与计算机技术的支持，包括了同步交互、基于移动技术的交互、基于虚拟技术的交互等多元交互形式，也有研究者认为只要在学习过程中利用了基于 ICT 的协作技术，无论是面对面还是在线学习情境，无论是生生交互还是师生交互，便可称之为 CSCL。[2][3] 在本研究中，对 CSCL 的界定也分为两个层面，一个是单指在线协作学习的传统 CSCL（下文部分论述中会将"传统 CSCL"作为一个专门的术语），即基于计算机网络技术支持、发生于非面对面的在线交互情境的知识建构理论与实践。另一个则是与 TECL 具备相同内涵的广义 CSCL（下文中的 CSCL 即指广义 CSCL，在部分语境下也会采用 TECL 的表述），即没有交互形式、交互技术与交互情境限制，强调技术与协作融合的知识建构理论与实践。基于以上两个概念的辨析，BCL 可以在一定程度上被视为面对面（协作）学习与 TECL（广义 CSCL）的结合，即混合学习情境下技术赋能的协作知识建构过程。概念关系的具体呈现如图 1–1 所示。

---

[1] 任剑锋：《非面对面 CSCL 交互行为促进策略的研究》，博士学位论文，华南师范大学，2006 年，第 47—49 页。

[2] 黄荣怀：《CSCL 概述》，2023 年 12 月 12 日，https://wenku.baidu.com/view/f4c1c2ff910ef12d 2af9e740. html。

[3] Shiyan Jiang and Jennifer Kahn, "Data wrangling practices and collaborative interactions with aggregated data", *International Journal of Computer-Supported Collaborative Learning*, Vol. 15, No. 3, 2020, pp. 257–281.

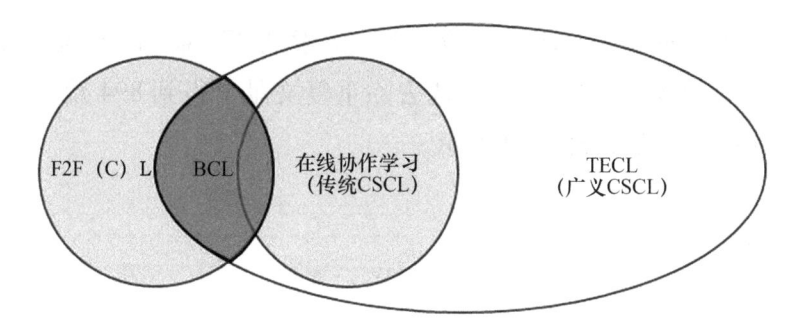

图 1-1　BCL 与相关概念的关系

第二节　混合式协作学习研究国内外现状

一　发文变化趋势

为了解国内外混合式协作学习研究的基本情况，本研究分别对国内外 BCL 研究的文献发表进行了检索和统计。

针对国外文献发表统计，本研究分别以"Blended Collaborative Learning"和"Hybrid Collaborative Learning"为检索词，分别在 Web of Science 和 Scopus 数据库中进行主题（Scopus 中是论文标题、摘要和关键字）检索，截止时间为 2020 年 12 月 31 日，分别检索到 10 篇和 22 篇文献，共计 32 篇文献，筛选去除重复文献，得到 23 篇文献。分析文献发表数量如此少的原因，正如上文提到过的，国际上许多学者并没有将"Blended/Hybrid Collaborative Learning"作为一个专业术语进行表达，而是采用"Collaborative Learning"和"Blended Learning"两个术语结合的方式进行论述。因此，本研究又以"collaborative learning"与"blended"、"collaborative learning"与"hybrid"为共同检索词，分别在 Web of Science 和 Scopus 数据库中进行主题（Scopus 中是论文标题、摘要和关键字）检索，截止时间同样为 2020 年 12 月 31 日，分别从 Web of Science（220 篇，

59 篇）和 Scopus（624 篇、198 篇）检索到 279 篇和 822 篇文献，共计 1101 篇外文文献。经筛选去除重复文献，得到 894 篇外文文献，其年度分布如图 1-2 所示。

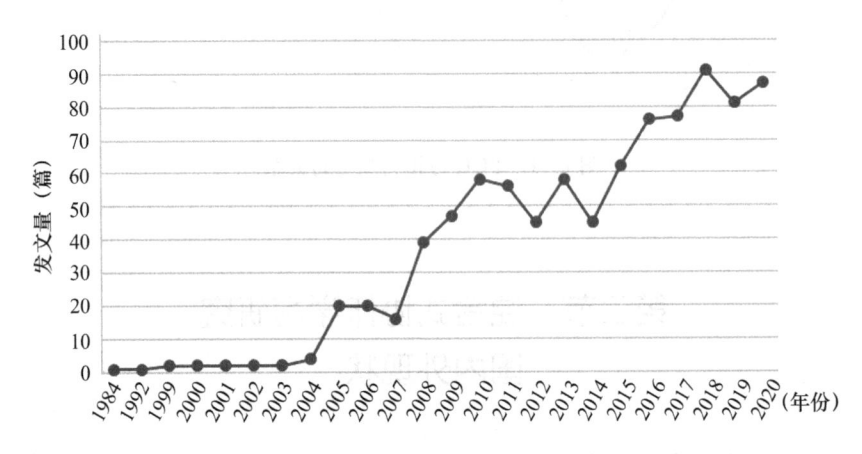

图 1-2　国外混合式协作学习文献发表年度分布

针对国内文献发表统计，本研究以"混合式协作学习"为检索词，在"中国知网"数据库进行主题检索，截止时间为 2020 年 12 月 31 日，共得到 125 篇研究文献，其中期刊论文 102 篇、硕士学位论文 18 篇、会议论文 5 篇。根据相同的思路，本研究重新以"协作学习"与"混合"、"混合学习"与"协作"作为共同检索词，其他条件不变，在"中国知网"数据库再次进行主题检索，分别检索到 326 篇和 347 篇文献。经筛选共得到 488 篇研究文献，其中期刊论文 261 篇，硕博论文 222 篇，会议论文 5 篇。其年度分布如图 1-3 所示。

综上可知，无论国内还是国外，对于 BCL 的研究在发文数量上都呈现出一定的波动，但 BCL 研究发文在总体上数量都呈增加之势，表明该领域越发得到国内外研究者的关注。通过比较可以看出，对于 BCL 这样一个引入概念，虽然国外比国内研究开始得要早许多，但同样是在 2004 年，BCL 成为被国内外研究者持续关注且

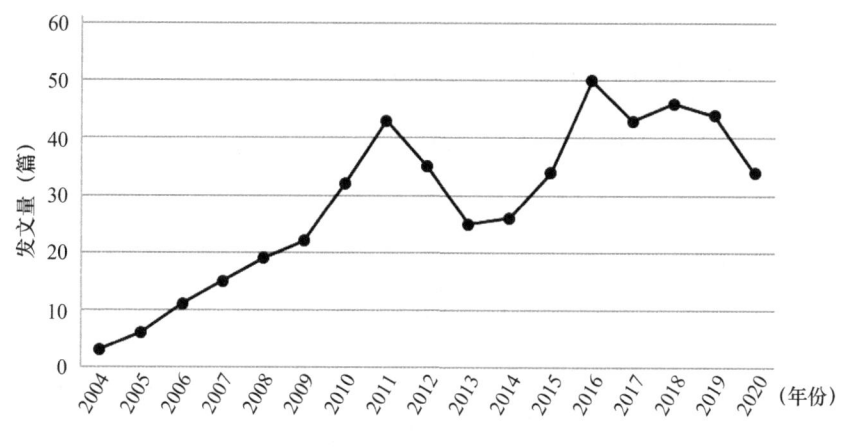

图1-3 国内混合式协作学习文献发表年度分布

发文量稳定增长的研究主题,这也符合 BCL 概念于 2004 年被正式提出的背景。不过截至今日,国外 BCL 研究年均发文量显著多于国内,这无疑也表明在 BCL 研究领域,国内的本土化研究仍存在较大的提升空间。

二 关键词聚类

关键词是文章思想和内容的核心与精髓,能够反映出文章的研究主题。通过对文献关键词进行共现分析,可以得到 BCL 领域的研究热点。其中,呈现字体的大小代表出现频次的高低。从 Web of Science、Scopus 和 CNKI 等文献数据库导出筛选后的 BCL 研究文献引文,包括作者、年份、关键词、摘要、参考文献等信息,并根据知识图谱软件 Citespace 的格式要求对引文进行格式转换。然后通过 Citespace 提取引文信息,并对关键词进行可视化分析,可得到 BCL 研究的关键词共现网络,如图1-4、图1-5所示。

可以发现,除了协作学习和混合(式)学习之外,国外的 BCL 研究主要关注在线学习(E-learning)、教育(Education)、学生(Student)、教学(Teaching)、计算机辅助教学(Computer aided instruction)、学习系统(Learning system)、计算机支持的协作学习

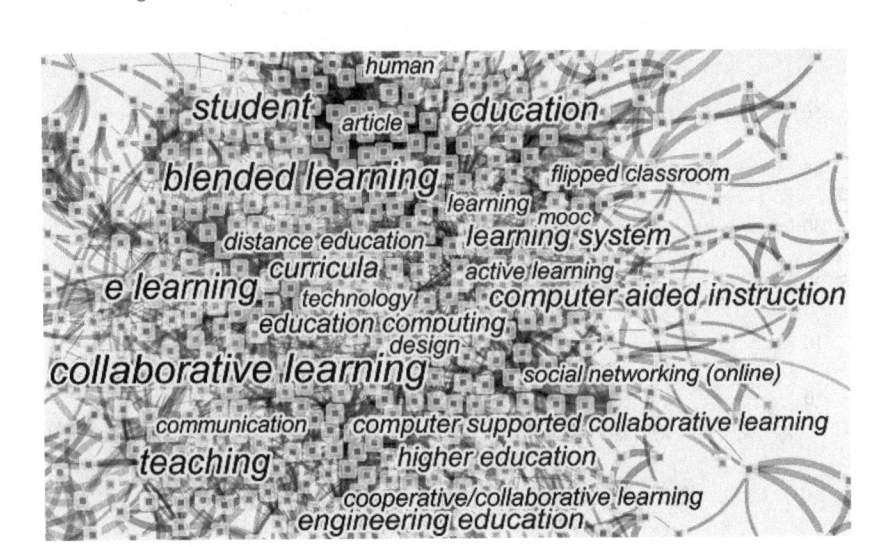

图1-4 国外混合式协作学习研究关键词共现网络

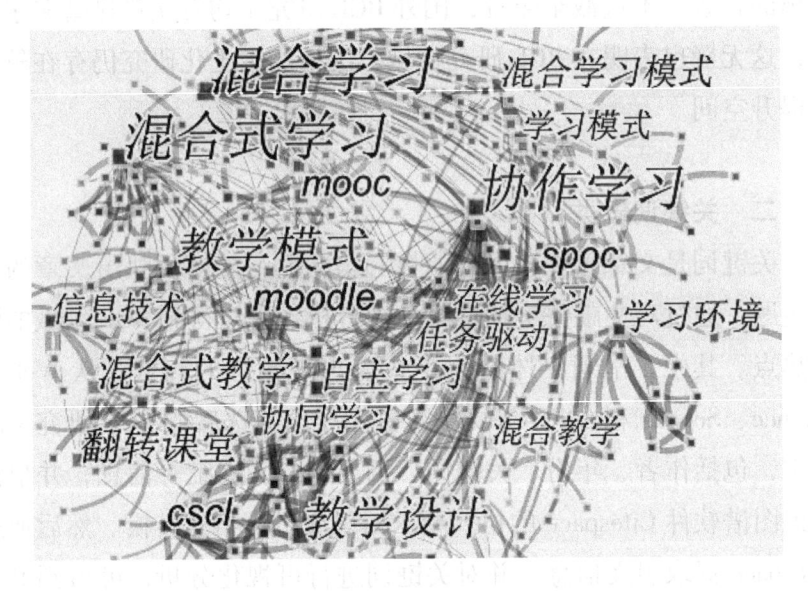

图1-5 国内混合式协作学习研究关键词共现网络

(CSCL)等,而国内则主要关注教学模式、教学设计、混合式教学、混合学习模式、CSCL、Moddle、MOOC、翻转课堂、SPOC等。综上可知,国内外BCL研究不仅都将CSCL作为BCL的研究基础,并且研究热点也具备较高的一致性，与 BCL 相关的学习（教学）模式、学习工具（系统）、学习（教学）设计等成为关注度较高的共同研究主题。而通过利用 Citespace 工具对核心关键词进行时间维度的可视化呈现，可以得知国内外热点研究主题的具体变化路径。

随着时间的推移，1984 年到 2003 年，国外 BCL 研究的关注主题少且零散，尚未形成专门的研究领域。自 2004 年开始，研究主题数量快速增长，研究者们围绕多个主题对 BCL 进行了探究，也产生了一些研究焦点的变迁。如自 2006 年左右新出现的学习管理系统、情感分析、教学设计、探究社区等研究主题，以及 2012 年左右出现的由教学设计向学习设计的研究转变。并且在多年的研究中基于以学习者为中心的教育理念，形成了对学习者（包括教师）与学习工具、正式学习与非正式学习、宏观理论与具体实践的广泛研究领域。国内的 BCL 研究则从 2006 年开始形成了较为丰富的研究主题，自此也开始从教学设计、学习环境、学习科学等新主题对 BCL 进行探究，并逐渐开始利用在线学习平台开展基于任务驱动的实证研究。尤其是在 2013 年之后，从理论探讨到实践研究转向的趋势更为明显，研究者们不仅利用 MOOC、翻转课堂、SPOC、微课等新教学模式开展 BCL 实践，并且深入具体学科如大学计算机基础、中职语文、初中数学、创客课程等开展教学实践。

三 研究现状评述

基于对 BCL 研究关键词的聚类分析，经过进一步的梳理整合，本研究将从 BCL 形式、BCL 设计、BCL 任务、BCL 环境、BCL 工具、BCL 策略和 BCL 评价七个方面对 BCL 研究现状展开述评。

（一）混合式协作学习的展现形式

BCL 根据其组成要素和结构形式的不同，可划分为不同的形式。彭绍东认为，根据 BCL 的协作形式特征和混合比重特征，可各将 BCL 分为三类。根据协作形式，可将 BCL 分为 F2FCL + CSCL、

F2FL + CSCL 和 F2FCL + E-learning 三种（这里的 CSCL 主要指的是在线协作学习）；根据混合比重，即面对面学习和在线学习时间比重的不同，可将 BCL 分为以面对面学习为主的 BCL、以在线学习为主的 BCL 和面对面学习和在线学习并重的 BCL[1]。

而在已有的研究和实践中，BCL 也根据学习形式的不同，产生了诸如翻转课堂、SPOC 等创新教学模式；[2][3] 根据组织形式的不同，出现了面对面学习与在线学习交替进行的较长期的专业课程（常以学期为单位）、面对面和在线学习同步进行的较短期的主题式或研修项目等课程组织形式；[4][5] 根据协作群体规模的不同，分别出现了以小组、班级和社群为协作单位的不同规模的 BCL。[6][7][8]

由此可以看出，BCL 作为一种比较灵活的学习形式和策略，在进行教学实践时，教学设计者和实施者可根据具体的教学条件和情境选择合适的类型，以最大限度地发挥 BCL 的功效，从而提升学习效果。

---

[1] 彭绍东：《混合式协作学习的设计与分析》，湖南大学出版社 2016 年版，第 43 页。

[2] Jasmina Lazendic-Galloway, Michael Fitzgerald and David H. McKinnon, "Implementing a Studio-based Flipped Classroom in a First Year Astronomy Course", *International Journal of Innovation in Science and Mathematics Education*, Vol. 24, No. 5, 2016, pp. 35 –47.

[3] Jing Ping Jong, "The effect of a blended collaborative learning environment in a small private online course (SPOC): A comparison with a lecture course", *Journal of Baltic Science Education*, Vol. 15, No. 2, 2016, pp. 194 –203.

[4] Linda Mesh, "A curriculum-based approach to blended learning", *Journal of E-learning and Knowledge Society*, Vol. 12, No. 3, 2016, pp. 87 –97.

[5] Sandhya Devi Coll and Richard Kevin Coll, "Using blended learning and out-of-school visits: pedagogies for effective science teaching in the twenty-first century", *Research in Science & Technological Education*, Vol. 36, No. 2, 2018, pp. 185 –204.

[6] Jon-Chao Hong, Ming-Yueh Hwang, Nien-Chen Wu, et al., "Integrating a moral reasoning game in a blended learning setting: effects on students' interest and performance", *Interactive Learning Environments*, Vol. 24, No. 3, 2016, pp. 572 –589.

[7] Gavin Northey, Rahul Govind, Tania Bucic, et al., "The effect of 'here and now' learning on student engagement and academic achievement", *British Journal of Educational Technology*, Vol. 49, No. 2, 2018, pp. 321 –333.

[8] Marianne E. Krasny, Bryce DuBois, Mechthild Adameit, et al., "Small Groups in a Social Learning MOOC (sIMOOC): Strategies for Fostering Learning and Knowledge Creation", *Online Learning*, Vol. 22, No. 2, 2018, pp. 119 –139.

（二）混合式协作学习的设计模式

根据 BCL 的定义，可以得知，"有效设计"是进行 BCL 实践、发挥 BCL 功效、实现 BCL 目标的基础。许多研究者也都强调 BCL 必然需要进行一种新的、混合的设计，[1][2][3] 但目前对 BCL 的研究和实践基本上是基于具体课程内容的课程设计，尚缺乏被广泛认可和应用的设计与应用模式。基于已有混合式学习实践，当前较贴合并可迁移至 BCL 的实践模式主要有两种，即翻转课堂设计模式和 SPOC 模式。

翻转课堂设计模式应用范围广泛，总体上较多见于基础教育领域。一般来说，翻转学习根据学习环境和方式的不同将学习空间分化为群体（协作）学习空间和个人（小组）学习空间，[4] 而翻转课堂设计模式则是在整合教学技术、流程和环境要素的基础上，分别对基于群体学习空间的面对面课堂协作活动和基于个人（小组）学习空间的在线"家庭作业"活动进行设计。Le Roux 与 Nagel 采用翻转课堂设计模式将传统的大学线下创业教育课程改造为 BCL 课程。[5] 其将教学活动分解为课前活动和课堂活动两部分：课前活动主要是将教学主题相关的定制视频和幻灯片讲义等学习资源上传至

---

[1] Daniel D. Suthers, "Technology Affordances for Intersubjective Meaning Making: A Research Agenda for CSCL", *International Journal of Computer Supported Collaborative Learning*, Vol. 1, No. 3, 2006, pp. 315 – 337.

[2] Hyo-Jeong So, "When groups decide to use asynchronous online discussions: collaborative learning and social presence under a voluntary participation structure", *Journal of Computer Assisted Learning*, Vol. 25, No. 2, 2009, pp. 143 – 160.

[3] Christos Troussas, Akrivi Krouska and Maria Virvou, "Social interaction through a mobile instant messaging application using geographic location for blended collaborative learning", paper delivered to 2017 8th International Conference on Information, Intelligence, Systems & Applications (IISA), sponsored by Institute of Electrical and Electronics Engineers, Larnaca, Cyprus, August 27 – 30, 2017.

[4] Jon Bergmann, "Reframing the flipped learning discussion", 2023.12.12, http://www.jonbergmann.com/reframing-the-flipped-learning-discussion/.

[5] Ingrid le Roux and Lynette Nagel, "Seeking the best blend for deep learning in a flipped classroom-viewing student perceptions through the Community of Inquiry lens", *International Journal of Educational Technology in Higher Education*, Vol. 15, No. 1, 2018, pp. 1 – 28.

在线学习平台,供学生在课前提前学习和熟悉教学内容,并开展基于邮件的师生交互;课堂活动主要是以研讨会的形式开展,对课前内容进行测试的基础上,研讨会主要包括了阅读提供的研究案例并单独答题、组建小组并讨论形成问题最佳答案(一个小组讨论一个问题)、班级分享问题答案并开展反思会议三部分组成。相似地,Brocato 以设计以学生为中心的主动学习活动为目的,将传统的中职数据库课程分解为"在校"课堂学习活动和"在家"(课前)在线学习活动,并且利用在线论坛将班级讨论和小组协作贯穿于课前和课堂学习活动全过程。[①] 此外,还有 Lazendic 等人学天文学课程的翻转课堂设计、[②] Prashar 对大学 MBA 课程的翻转课堂设计、[③] Chao 等人对高中计算机辅助的桥梁设计课程的翻转课堂设计等。[④]

而 SPOC 设计模式多见于大学课程和成人培训,因为基于在线学习资源的独立学习需要学习者具备较高的自主学习能力,且此种模式多采用面对面学习与在线学习交替进行的教学模式。Kuo 采用 SPOC 设计模式将以 K-12 教师为主要授课对象的在线"远程教育"在职研究生课程升级成为 BCL 课程。[⑤] 其主要包括同步教师指导课

[①] Maria Concetta Brocato, "Blended learning environments, flipped class and collaborative activities to teach databases in a secondary technical school", paper delivered to International Conference on Informatics in Schools: Situation, Evolution and Perspectives—ISSEP 2015, September 28-October 1, Ljubljana, Slovenia, 2015.

[②] Jasmina Lazendic-Galloway, Michael Fitzgerald and David H. McKinnon, "Implementing a Studio-based Flipped Classroom in a First Year Astronomy Course", *International Journal of Innovation in Science and Mathematics Education*, Vol. 24, No. 5, 2016, pp. 35-47.

[③] Anupama Prashar, "Assessing the flipped classroom in operations management: A pilot study", *Journal of Education for Business*, Vol. 90, No. 3, 2015, pp. 126-138.

[④] Chih-Yang Chao, Yuan-Tai Chen and Kuei-Yu Chuang, "Exploring students' learning attitude and achievement in flipped learning supported computer aided design curriculum: A study in high school engineering education", *Computer Applications in Engineering Education*, Vol. 23, No. 4, 2015, pp. 514-526.

[⑤] Yu-Chun Kuo, Brian R. Belland, Kerstin E. E. Schroder, et al., "K-12 teachers' perceptions of and their satisfaction with interaction type in blended learning environments", *Distance Education*, Vol. 35, No. 3, 2014, pp. 360-381.

堂和异步自主/协作学习课程两部分,前者通过布置互动性虚拟会议物理站点,定期开展面对面的虚拟视频研讨会(占总课程的2/3),提供实时的课程教学和互动;后者主要通过在线学习平台发布学习资料,利用论坛和在线测试等工具进行异步的讨论互动和教师在线指导(占总课程的1/3)。Jong 同样采用 SPOC 设计模式将高中化学(计量学)课程升级成为 BCL 课程,不过课程设计根据高中的教学组织方式进行了适当的改变,将在线学习活动和面对面学习活动融入了物理课堂(每节50分钟)中。[①] 其过程主要包括:教师提供在线教学视频网址和 iPad 供学生自主学习(10—15 分钟)以进行心智模型建构、学生面对面(小组)讨论视频中呈现的教学内容(约5 分钟)以验证心智模型、每小组被分配与教学视频相似但不同的问题情境(约10 分钟)以促进心智模型迁移、教师为小组讨论提供适当的提示和指导(约10 分钟)、评估学生问题解决过程(5—10 分钟)、教师引导下的总结反思(约5 分钟)。此外,还有 Krasny 等人对环境教育 MOOC 的 SPOC 设计、[②] Salinas 和 Quintero 对大学数学入门课程的 SPOC 设计等。[③]

(三)混合式协作学习的多维任务

BCL 任务主要从对协作任务的视角进行划分,因此与协作任务的研究一脉相承。已有研究明确提出任务类型对协作学习具有重要影响,如 Stewart 与 Barrick 指出任务类型是调节团队表现的重要因素,在概念类任务和行为类任务中小组的表现有很

[①] Jing Ping Jong, "The effect of a blended collaborative learning environment in a small private online course (SPOC): A comparison with a lecture course", *Journal of Baltic Science Education*, Vol. 15, No. 2, 2016, pp. 194–203.

[②] Marianne E. Krasny, Bryce DuBois, Mechthild Adameit, et al., "Small Groups in a Social Learning MOOC (sMOOC): Strategies for Fostering Learning and Knowledge Creation", *Online Learning*, Vol. 22, No. 2, 2018, pp. 119–139.

[③] N. Patricia Salinas Martínez and Eliud Quintero Rodríguez, "A hybrid and flipped version of an introductory mathematics course for higher education", *Journal of Education for Teaching*, Vol. 44, No. 1, 2018, pp. 112–117.

大的不同；[1] Salas、Cooke 与 Rosen 强调研究者们已形成共识，作为任务特征之一的任务类型是影响团队表现的一项因素；[2] Cho、Lee 与 Jonassen 提出任务类型通过引发认知失衡影响学习者问题提出及其类型，进而影响同伴交互和协作。[3]

不过研究者们根据不同的视角和维度，对协作任务类型有着不同的划分。Hackman、Jones 与 McGrath 从协作形式的视角将任务分为生产性任务、讨论性任务和解决问题任务。[4] Kumar 从学习情境的视角，提出任务一般可分为协作概念学习任务、协作解决问题任务和协作设计任务三类。[5] Pfister 与 Oehl 从知识建构方式的视角，认为协作任务可分为知识获取任务和问题解决任务两类。[6] Cho 等人从协作目的的视角，将任务分为协作论证任务和协作总结任务两类。[7] Care 等人根据学科知识依赖程度，将协作任务分为内容独立任务和内容依赖任务。[8] Wildman 等人从人力资源开发的视角，将

---

[1] Greg L. Stewart and Murray R. Barrick, "Team structure and performance: Assessing the mediating role of intrateam process and the moderating role of task type", *Academy of Management Journal*, Vol. 43, No. 2, 2000, pp. 135–148.

[2] Eduardo Salas, Nancy J. Cooke, and Michael A. Rosen, "On teams, teamwork, and team performance: Discoveries and developments", *Human Factors*, Vol. 50, No. 3, 2008, pp. 540–547.

[3] Young Hoan Cho, Jaejin Lee and David H. Jonassen, "The role of tasks and epistemological beliefs in online peer questioning", *Computers & Education*, Vol. 56, No. 1, 2000, pp. 112–126.

[4] J. Richard Hackman, Lawrence E. Jones and Joseph E. McGrath, "A set of dimensions for describing the general properties of group-generated written passages", *Psychological Bulletin*, Vol. 67, No. 6, 1967, pp. 379–360.

[5] Vivekanandan Suresh Kumar, "Computer-supported collaborative learning: issues for research", paper delivered to 8th annual graduate symposium on Computer Science, Sponsored by University of Saskatchewan, Saskatchewan, April, 1996.

[6] Hans-Rüdiger Pfister and Maria Oehl, "The impact of goal focus, task type and group size on synchronous net-based collaborative learning discourses", *Journal of Computer Assisted Learning*, Vol. 25, No. 2, 2009, pp. 161–176.

[7] Young Hoan Cho, Jaejin Lee and David H. Jonassen, "The role of tasks and epistemological beliefs in online peer questioning", *Computers & Education*, Vol. 56, No. 1, 2000, pp. 112–126.

[8] Esther Care, Patrick Griffin, Claire Scoular, et al., "Collaborative Problem Solving Tasks", in Patrick Griffin and Esther Care, eds., *Assessment and teaching of 21st century skills*, Netherlands: Springer, 2012, pp. 85–104.

团队任务分为管理、建议、协商、良构问题解决和劣构问题解决等七类。[1] 郑兰琴从交互活动的视角,将协作任务分为知识建构和问题解决两类。[2] 何文涛则从活动设计的视角,将协作活动任务划分为知识发现的意义建构类活动和知识综合运用的能力生成类活动。[3]

而当前对于任务类型影响的研究,大多采用的是单独的在线或面对面的协作学习环境。Paulus 在辨析团队协作和团队合作两种任务完成方式的基础上,探究了在线学习情境中任务类型(综合任务和应用任务)对团队项目完成方式的影响。[4] Pfister 与 Oehl 通过实验验证得出,在基于网络的协作中,任务类型(知识获取任务和问题解决任务)显著影响了学习者的学习效果。[5] 王春丽通过实验探究了面对面协作情境下任务类型(内容独立任务和内容依赖任务)对学习者协作能力的影响,指出任务类型对学生社交有关的协作能力没有显著影响,但是对认知相关的协作能力有显著影响。[6] 而在 BCL 研究中较少涉及对任务类型的论述,一般或是直接设计问题解决任务,如 Pellas 与 Peroutseas 在协作问题解决的任务情境中,探究了 3D 多用户游戏环境对学习者学习绩效的影响;[7] 或是采用基于问题的学习(Problem-based learning, PBL)策略,如 De Jong、

---

[1] Jessica L. Wildman, Amanda L. Thayer, Michael A. Rosen, et al., "Task types and team-level attributes: Synthesis of team classification literature", *Human Resource Development Review*, Vol. 11, No. 1, 2012, pp. 97–129.

[2] 郑兰琴:《协作学习交互分析方法研究综述》,《远程教育杂志》2010 年第 6 期。

[3] 何文涛:《协作学习活动的结构化设计框架》,《电化教育研究》2018 年第 4 期。

[4] Trena M. Paulus, "Collaborative and cooperative approaches to online group work: The impact of task type", *Distance Education*, Vol. 26, No. 1, 2005, pp. 111–125.

[5] Hans-Rüdiger Pfister and Maria Oehl, "The impact of goal focus, task type and group size on synchronous net-based collaborative learning discourses", *Journal of Computer Assisted Learning*, Vol. 25, No. 2, 2009, pp. 161–176.

[6] 王春丽:《发展学习者协作能力的设计研究》,博士学位论文,华东师范大学,2019 年,第 136—143 页。

[7] Nikolaos Pellas and Efstratios Peroutseas, "Gaming in Second Life via Scratch4SL: Engaging high school students in programming courses", *Journal of Educational Computing Research*, Vol. 54, No. 1, 2016, pp. 108–143.

Krumeich 与 Verstegen 通过对三个混合式 PBL 课程项目的论述和分析，探究了 PBL 的四个关键原则（学习应该是：建设性的、自我导向的、协作的和结合情境的）在 BCL 课程情境中的适用情况。[1]

（四）混合式协作学习的教学工具

宏观意义上的协作学习教学工具主要指的是支持协作学习的平台、系统或工具，包含了构建协作学习环境的交互工具和促进协作学习过程的支持工具，一般可分为七类：基本在线论坛、增强的在线论坛、视觉表征工具、群体意识工具、多媒体工具、自适应或智能系统、虚拟环境。[2] 而本研究中的教学工具采用的是狭义的概念，特指的是促进 BCL 过程的支持工具，主要包括了视觉表征工具、多媒体工具、群体意识工具三类。

其中，视觉表征工具主要指支持学习者进行概念的可视化表征，从而使学习者能够外显地将复杂的思想以及这些思想之间的关系具体化的技术工具。常见的有概念图、思维导图、知识图谱、知识建模、图表等表征工具，在面对面学习和在线学习情境中均有应用。多媒体工具主要指包含符号（如文本、公式）和非语言信息（如图形、图示）的一种教学工具，[3] 内容通常由教师设计和提供，以供学习者观察和理解。常见的有图示、音视频、在线文档等工具，在面对面学习和在线学习情境中均有应用。群体意识工具主要指支持监控或可视化小组活动或互动，以及提供成员知识水平信息的技术工具，[4] 常见的有参与

---

[1] Nynke De Jong, Johanna Krumeich and Daniëlle Verstegen, "To what extent can PBL principles be applied in blended learning: Lessons learned from health master programs", *Medical Teacher*, Vol. 39, No. 2, 2017, pp. 203–211.

[2] Juanjuan Chen, Minhong Wang, Paul A. Kirschner, et al., "The role of collaboration, computer use, learning environments, and supporting strategies in CSCL: A meta-analysis", *Review of Educational Research*, Vol. 88, No. 6, 2018, pp. 799–843.

[3] Cyril Rebetez, Mireille Bétrancourt, Mirweis Sangin, et al., "Learning from animation enabled by collaboration", *Instructional Science*, Vol. 38, No. 5, 2010, pp. 471–485.

[4] Jeroen Janssen and Daniel Bodemer, "Coordinated computer-supported collaborative learning: Awareness and awareness tools", *Educational Psychologist*, Vol. 48, No. 1, 2013, pp. 40–55.

工具、群体感知工具等，多应用于在线协作情境。如 Janssen 等通过利用参与工具 PT 可视化每个小组成员对其小组在线交流的贡献，探讨了在线协作情境中参与可视化的效果。[①] 结果发现，PT 显著提升了学生的活动参与水平，有助于促进在线协作学习的成功。Dehler 等通过利用可视化的群体知识感知工具 GKA 直观地显示基于自我评估的学习者知识、协作同伴知识以及知识的分布，从而引导学习者的协作过程，促成对学习收益和知识融合的感知。[②]

（五）混合式协作学习的技术环境

在 BCL 环境的设计和实践中，除了对面对面交互和在线交互的混合设计（即 BCL 设计模式）之外，如何利用技术中介（ICT）构建 BCL 交互环境，以促进学习者的有效协作，一直是研究者们探究的主要问题之一。根据 ICT 所支持的交互特征，本研究从同步与异步、移动与在线两个维度来梳理 BCL 的技术环境现状。

1. 同步与异步

Dillenbourg 认为，在学习情境中，同步通信更倾向于一种社会规则，即说话者期望听者等待他的信息，并在信息被传递时立即处理它。[③] 在 BCL 环境中，同步工具的主要表现形式为视频会议、网络会议和虚拟世界，[④] 而同步交互技术也主要是指支持实时教学和基于文本、音频、视频等双向媒体交流促进生生、师生对话和互

[①] Jeroen Janssen, Gijsbert Erkens, Gellof Kanselaar, et al., "Visualization of participation: Does it contribute to successful computer-supported collaborative learning?", *Computers & Education*, Vol. 49, No. 4, 2007, pp. 1037 – 1065.

[②] Jessica Dehler, Daniel Bodemerb Jürgen Buder, et al., "Guiding knowledge communication in CSCL via group knowledge awareness", *Computers in Human Behavior*, Vol. 27, No. 3, 2011, pp. 1068 – 1078.

[③] Pierre Dillenbourg, "What do you mean by collaborative learning?", in Pierre Dillenbourg, ed., *Collaborative-learning: Cognitive and Computational Approaches*, Oxford: Elsevier, 1999, pp. 1 – 19.

[④] Matt Bower, Barney Dalgarno, Gregor E. Kennedy, et al., "Design and implementation factors in blended synchronous learning environments: Outcomes from a cross-case analysis", *Computers & Education*, Vol. 86, 2015, pp. 1 – 17.

动的在线交互技术,[①] 常见的有 Diaglo、Skype、Adobe Connect、Blackboard Collaborate、WebCT chat、微信（Wechat）、QQ、腾讯会议等即时信息工具。如 Spann 利用 Blackboard Collaborate 工具设计 BCL 课程模式，以创新教学方法，减轻学校招生人数增长的压力;[②] Butz 等人利用 Adobe Connect 工具设计研究生商业 BCL 课程，探究学习者参与（在线和面对面）如何影响学生的满意度、动机和课程成功;[③] Cunningham 利用 Skype 工具构建了 BCL 同步环境，探究了在线和面对面协作群体构建的过程。[④]

与之相对的是，异步倾向于表述说话者和听者之间非固定、非实时的交流模式，即说话者在发布信息后，并不要求听者实时地接收和处理信息。在 BCL 环境中，异步交互是一种相对灵活的协作模式，当教师或学生通过异步交互工具发布信息或主题内容时，群体（一般是由参与同一课程或项目形成）中的任何人可在一定时间范围内进行回复，形成双人或多人间的交互。许多研究借助较常见的诸如 Blackboard、Moodle、Desire2learn 等在线学习管理平台中内嵌的在线论坛、Wiki 和 Facebook、Twitter、微博等社交媒体在构建 BCL 环境的基础上，通过异步交互进行协作。如 Türel 使用开源学习管理系统 Moodle 构建了异步交互 BCL 环境，用以研究学习者团队学习经验与社交能力

[①] Florence Martin, Lynn Ahlgrim-Delzell and Kiran Budhrani, "Systematic review of two decades (1995 to 2014) of research on synchronous online learning", *American Journal of Distance Education*, Vol. 31, No. 1, 2017, pp. 3 – 19.

[②] David Spann, "5 innovative ways to use virtual classrooms in higher education", paper delivered to The 29th ASCILITE Conference, sponsored by Ascilite Association, Wellington, New Zealand, November 25 – 28, 2012.

[③] Nikolaus T. Butz, Robert H. Stupnisky, Erin S. Peterson, et al., "Motivation in synchronous hybrid graduate business programs: A self-determination approach to contrasting online and on-campus students", *Journal of Online Learning & Teaching*, Vol. 10, No. 2, 2014, pp. 211 – 227.

[④] Una Cunningham, "Teaching the disembodied: Othering and activity systems in a blended synchronous learning situation", *International Review of Research in Open and Distributed Learning*, Vol. 15, No. 6, 2014, pp. 33 – 51.

和学习绩效之间的关系。① 此外，Mesh 以及 Dias 等人也利用 Moodle 构建了异步交互 BCL 环境，前者介绍了 BCL 在大学成人专业培训中所发挥的作用，证明了其对学业成绩的提升作用，并提出了实践方案和反思；② 后者证明了协作和 Moodle 对学习者概念图建构的积极作用，并提出了一种 BCL 方法。③ Naismith、Lee 与 Pilkington、Buraphadeja 与 Kumar 则利用基于 Wiki 的在线文本协作设计 BCL 课程，前者探究了学习者对 Wiki 技术有用性（支持在真实课程中协作创作网络资源）的感知，④ 后者证实了 Wiki 对协作知识建构的促进以及外化知识建构过程的价值。⑤ Luo 与 Clifton 利用 Twitter 构建了基于微博的 BCL 环境，分析了学习者利用微博进行知识建构的过程，并提出了一种适用于多种正式学习环境的基于微博的学习模型。⑥

同时，也存在一些 BCL 实践，其协作工具同时包含了同步交互工具和异步交互工具。Kuo 等人利用交互性视频会议和 Blackboard 构建了同步交互与异步交互结合的 BCL 环境，调查了学生对人—内容交互、生生交互、师生交互三种交互方式的认知与混合学习课程

---

① Yalın KılıçTürel, "Relationships between students' perceived team learning experiences, team performances, and social abilities in a blended course setting", *The Internet and Higher Education*, Vol. 31, 2016, pp. 79–86.

② Linda Mesh, "A curriculum-based approach to blended learning", *Journal of E-learning and Knowledge Society*, Vol. 12, No. 3, 2016, pp. 87–97.

③ Sofia B. Dias, Sofia J. Hadjileontiadou, José A. Diniz, et al., "Computer-based concept mapping combined with learning management system use: An explorative study under the self-and collaborative-mode", *Computers & Education*, Vol. 107, 2017, pp. 127–146.

④ Laura Naismith, Byoung Hoon Lee and Rachel M. Pilkington, "Collaborative learning with a wiki: Differences in perceived usefulness in two contexts of use", *Journal of Computer Assisted Learning*, Vol. 27, No. 3, 2011, pp. 228–242.

⑤ Vasa Buraphadeja and Swapna Kumar, "Content analysis of wiki discussions for knowledge construction: Opportunities and challenges", *International Journal of Web-Based Learning and Teaching Technologies (IJWLTT)*, Vol. 7, No. 2, 2012, pp. 28–42.

⑥ Tian Luo and Lacey Clifton, "Examining collaborative knowledge construction in microblogging-based learning environments", *Journal of Information Technology Education: Research*, Vol. 16, 2017, pp. 365–390.

满意度之间的关系。[1]

2. 移动与在线

随着移动互联网和智能移动终端设备的发展，移动技术和数字化学习技术的结合创造了一个形式更为灵活、时空更为开放的学习环境，移动学习成为一种跨情境、无时空限制、个性化的创新学习模式。[2] 移动学习不仅可以融合正式和非正式学习以提高学生校外的学习技能和经验，[3][4] 并且可以通过构建一个互动更紧密、容纳更广泛对象的在线学习社区以促进有效教学和反馈、简化学习过程。[5][6] 因此一些研究采用移动技术设计更为灵活的 BCL 环境，以构建更为开放的学习情境。Northey 等人利用 Facebook 构建基于 BCL 的泛在学习（"here and now" learning）环境，并发现相对课堂学习环境，泛在学习环境能够显著促进学习者的参与，并最终影响学习者的学业成绩。[7] Yahya 等人利用二维码和与其链接的在线视频来设计翻转课堂，将课前（课外）的学习环境升级为了基于移动

---

[1] Yu-Chun Kuo, Brian R. Belland, Kerstin E. E. Schroder, et al., "K-12 teachers' perceptions of and their satisfaction with interaction type in blended learning environments", *Distance Education*, Vol. 35, No. 3, 2014, pp. 360–381.

[2] 魏雪峰、杨现民:《移动学习:国际研究实践与展望——访英国开放大学迈克·沙普尔斯教授》,《开放教育研究》2014 年第 1 期。

[3] Fern Faux, Angela Mcfarlane, Nel Roche, et al., "Futurelab: Learning with handheld technologies", 2023.12.12, https://telearn.archives-ouvertes.fr/hal-00190331.

[4] Timothy Linsey, Andreas Panayiotidis and Ann Ooms, "Integrating the in-classroom use of mobile technologies within a blended learning model", paper delivered to 7th European Conference on e-Learning, Agai Napia, Cyprus, November 6–7, 2008.

[5] Ferial Khaddage, Christoph Lattemann and Eric Bray, "Mobile apps integration for teaching and learning. (Are Teachers Ready to Re-blend?)", paper delivered to Society for Information Technology & Teacher Education International Conference, sponsored by Association for the Advancement of Computing in Education (AACE), Nashville, Tennessee, March 7, 2011.

[6] Hulya Avci and Tufan Adiguzel, "A Case Study on Mobile-Blended Collaborative Learning in an English as a Foreign Language (EFL) Context", *International Review of Research in Open and Distributed Learning*, Vol. 18, No. 7, 2017, pp. 45–58.

[7] Gavin Northey, Rahul Govind, Tania Bucic, et al., "The effect of 'here and now' learning on student engagement and academic achievement", *British Journal of Educational Technology*, Vol. 49, No. 2, 2018, pp. 321–333.

技术的泛在环境,并证实了这种移动技术的可用性以及对 BCL 的有效支持。①Oyelere 等人在设计和开发移动学习应用程序 MobileEdu 的基础上,利用 MobileEdu 构建了基于 BCL 的计算机科学课程,评估了课程过程中 MobileEdu 提升学生学习态度和学业成绩的潜力。②Caldwell 在介绍北安普顿大学教师教育中移动技术(iPad)使用经验的基础上,探讨了移动技术如何成为教师教育计划中基于社会建构主义学习模式的新教学法的催化剂,③强调在移动技术扩展教育情景的基础上,发挥移动学习对学习者参与、知识建构与协作的积极影响。

与此相对,这里的"在线"主要指的是基于计算机的数字化学习技术。对于在线学习环境,一般来说学习地点相对固定,不具备便携性和移动性。不过因为此种学习模式下,学习应用与平台、学习资源和服务、学习方法和模式都相对较为成熟,因此是当前最为常见和普遍使用的学习模式,也是 BCL 环境中最多采用的在线学习模式。具体案例前文亦出现很多,此处则不再细表。

另外,在许多研究中,研究者利用沉浸式技术如在线游戏、虚拟现实(VR)、仿真模拟等作为在线教学环境,促进学习者的在线协作。虽然 Bower 等人认为在学习情境中沉浸式技术(虚拟世界)属于同步技术的一种表现形式,但许多研究者认为沉浸式的学习情境具备一些独特的优势和特征,并对沉浸式技术在 BCL 中的应用进行了探索。④Wallace 在将 3D 协作虚拟环境融入教育技术硕士课程

---

① Faridah Hanim Yahya, Hafiza Abas, Rahmah Lob Yussof, "Integration of screencast video through QR Code: An effective learning material for m-Learning", *Journal of Engineering Science and Technology*, Special Issue, 2018, pp. 1 – 13.

② Solomon Sunday Oyelere, Jarkko Suhonen, Greg M. Wajiga, et al., "Design, development, and evaluation of a mobile learning application for computing education", *Education and Information Technologies*, Vol. 23, No. 1, 2018, pp. 467 – 495.

③ Helen Caldwell, "Mobile technologies as a catalyst for pedagogic innovation within teacher education", *International Journal of Mobile and Blended Learning*(*IJMBL*), Vol. 10, No. 2, 2018, pp. 50 – 65.

④ Matt Bower, Barney Dalgarno, Gregor E. Kennedy, et al., "Design and implementation factors in blended synchronous learning environments: Outcomes from a cross-case analysis", *Computers & Education*, Vol. 86, 2015, pp. 1 – 17.

的基础上，探究了学习者在纯在线学习和混合学习两种模式下存在的偏好差异。① Yang 对基于数字游戏的学习在职业教育中的价值进行了验证，通过利用 Virtual CEOs 构建 BCL 环境进行教学实践，发现其对学习者的创造性思维、批判性思维、问题解决等高阶思维能力和学业成绩有显著提升。② Pellas 与 Peroutseas 通过将 Second Life 与 Scratch4SL 相结合构建了 3D 编程环境，并基于此对高中入门编程课程进行了 BCL 设计，实验证明其对学习者的学习参与、学业成就、社交能力和协作能力有积极影响。③ Lindell、Koppelman 与 Marchi 研究了临床沉浸式体验对护理专业学生进行临床学习的积极作用与实践中存在的现实问题，基于此，他们提出并验证了基于混合沉浸式体验模型的协作计划作为解决方案。④

（六）混合式协作学习的支持策略

要促成有效的协作，仅仅将学习者放在一起（面对面或在线）是不够的。⑤⑥ 因此，协作学习领域的研究者和实践者开发了丰富的基于 ICT 的教学策略和工具，来支持学习者参与协同交互和完成协作任务。

---

① Paul Wallace, "Collaborative Virtual Environment Preferences in Online-only and Blended Learning Cohorts", *Ubiquitous Learning: An International Journal*, Vol. 5, No. 2, 2012, pp. 17 – 27.

② Ya-Ting CarolynYang, "Virtual CEOs: A blended approach to digital gaming for enhancing higher order thinking and academic achievement among vocational high school students", *Computers & Education*, Vol. 81, 2015, pp. 281 – 295.

③ Nikolaos Pellas and Efstratios Peroutseas, "Gaming in Second Life via Scratch4SL: Engaging high school students in programming courses", *Journal of Educational Computing Research*, Vol. 54, No. 1, 2016, pp. 108 – 143.

④ Deborah Lindell, Catherine Koppelman and Nadine Marchi, "A Unique, Hybrid Approach to the Clinical Immersion Experience", *Journal for Nurses in Professional Development*, Vol. 34, No. 4, 2018, pp. E1 – E6.

⑤ Pierre Dillenbourg, "What do you mean by collaborative learning?", in Pierre Dillenbourg, ed., *Collaborative-learning: Cognitive and Computational Approaches*, Oxford: Elsevier, 1999, pp. 1 – 19.

⑥ Karel Kreijns, Paul A. Kirschner and Wim Jochems, "Identifying the pitfalls for social interaction in computer-supported collaborative learning environments: a review of the research", *Computers in Human Behavior*, Vol. 19, No. 3, 2003, pp. 335 – 353.

第一章　国内外研究现状述评及理论基础分析　55

根据已有研究，常见的协作学习教学支持策略可归结为教师促进、同伴反馈或评估、角色扮演和脚手架式指导干预四种。[①②] 其中，教师促进策略主要指在将教师角色转变的基础上，即从知识的权威和传授者转变为协作学习进程的促进者、支持者和指导者，从认知和情感两方面促进学习者有效协作的教学策略，如通过督促学习者专注协作任务进程，促进学习者知识建构、通过积极反馈和评价提升学习者学习动机。这也是 CSCL 和 BCL 中最常见的学习策略，如 Mauri、Ginesta 与 Rochera 认为，教师反馈在 BCL 中作为提高学生学习和参与度的关键因素，通过构建一个基于持续评估的参与式反馈系统，在提高学生在协作写作任务中的绩效的同时，改进向学生提供反馈的方式；[③] De Santo 与 De Meo 探究了电子教师在外语培训 BCL 项目中电子教师的作用，认为其充当了学习者学习和虚拟学习社区建设过程的中介和促进者，并有效推动了培训项目的成功。[④] 同伴反馈或评估策略是使学习者同时承担评估者和被评估者两种角色和职责，用以加深学习者对相关主题和任务的理解，提升学习者动机并培养其批判性思维。[⑤⑥] 如 Wolf 等人基于对克罗地

[①] Freydis Vogel, Christof Wecker, Ingo Kollar, et al., "Socio-cognitive scaffolding with computer-supported collaboration scripts: A meta-analysis", *Educational Psychology Review*, Vol. 29, No. 3, 2017, pp. 477–511.

[②] Juanjuan Chen, Minhong Wang, Paul A. Kirschner, et al., "The role of collaboration, computer use, learning environments, and supporting strategies in CSCL: A meta-analysis", *Review of Educational Research*, Vol. 88, No. 6, 2018, pp. 799–843.

[③] Teresa Mauri, Anna Ginesta and Maria-José Rochera, "The use of feedback systems to improve collaborative text writing: a proposal for the higher education context", *Innovations in Education and Teaching International*, Vol. 53, No. 4, 2016, pp. 411–423.

[④] Maria De Santo and Anna De Meo, "E-training for the CLIL teacher: e-tutoring and cooperation in a Moodle-based community of learning", *Journal of e-Learning and Knowledge Society*, Vol. 12, No. 3, 2016, pp. 41–49.

[⑤] Yun Xiao and Robert Lucking, "The impact of two types of peer assessment on students' performance and satisfaction within a Wiki environment", *The Internet and Higher Education*, Vol. 11, No. 3–4, 2008, pp. 186–193.

[⑥] Nancy M. Trautmann, "Interactive learning through web-mediated peer review of student science reports", *Educational Technology Research and Development*, Vol. 57, No. 5, 2009, pp. 685–704.

亚公共就业服务中 BCL 培训项目的研究，评估了同伴辅导策略对学习者职业身份转变的影响。[1] 结果显示，同伴辅导增加了学习过程中的协作和反思活动，从而促进了学习者高阶知识和技能的发展。角色扮演策略通常用于在小组学习中构建协作活动，[2] 通过为学习者指定角色（即赋予职责），如数据收集者、数据分析者、文字编辑者、领导或协调者，从而指导学习过程中的个人行为并规范协作。如 Cesareni、Cacciamani 与 Fujita 通过两项研究探讨了角色扮演策略与大学 BCL 课程参与的关系。[3] 结果显示，较之非角色接受者，接受角色的学习者通过提出更多问题、总结对话、反思活动过程等方式提升了课程参与和贡献，证实了角色扮演策略对大学 BCL 课程知识建构的促进作用。脚手架式指导干预策略主要是基于学习者自身可能难以启动讨论主题、继续他们的小组讨论或达成共识等存在的问题，通常以协作脚本、信息启动程序或信息提示程序等干预方式，来促进学生的有效互动和话语交流技能，如质疑、辩论和解释。[4][5] 如 Tsai 对教授的入门计算机课程进行迭代的 BCL 设计和实施，结果显示，较之无启动的在线协作，提供启动的在线协作显著

---

[1] Carmen Wolf, Teresa Schaefer, Katarina Curkovic, et al., "Empowering public employment service practitioners' peer facilitation with peer coaching training", *International Journal of Evidence Based Coaching and Mentoring*, Vol. 16, No. 1, 2018, pp. 95 – 109.

[2] Duncan R. Morris, Allyson F. Hadwin, Carmen L. Z. Gress, et al., "Designing roles, scripts, and prompts to support CSCL in gStudy", *Computers in Human Behavior*, Vol. 26, No. 5, 2010, pp. 815 – 824.

[3] Donatella Cesareni, Stefano Cacciamani and Nobuko Fujita, "Role taking and knowledge building in a blended university course", *International Journal of Computer-Supported Collaborative Learning*, Vol. 11, No. 1, 2016, pp. 9 – 39.

[4] Ingo Kollar, Frank Fischer and Friedrich W. Hesse, "Collaboration scripts-a conceptual analysis", *Educational Psychology Review*, Vol. 18, No. 2, 2006, pp. 159 – 185.

[5] Freydis Vogel, Christof Wecker, Ingo Kollar, et al., "Socio-cognitive scaffolding with computer-supported collaboration scripts: A meta-analysis", *Educational Psychology Review*, Vol. 29, No. 3, 2017, pp. 477 – 511.

促进了学习者课程参与。①②③ 此外，也有一些在 BCL 实践中常被采用的学习策略，如自我调节学习策略、④ 基于问题的学习策略、⑤⑥ 基于项目的学习策略⑦⑧等。

（七）混合式协作学习的评价维度

对包括 BCL 在内的 TECL 的评价，基于协作学习的多维学习目标和过程性评价理念，可将多元评价指标纳入评价学习过程、活动组织和学习成果三维度中。⑨ 而在已有研究中，一般是基于一个或多个维度评价 BCL 的过程与效果。

1. 学习过程层面

在 BCL 中，学习过程的核心是学习小组的生生交互过程，这也是协作知识建构评价的核心依据。而对小组交互过程的评价，不仅涉及学习者小组在认知、情感、社交等多个交互维度的分析，也是量化分析与

---

① Chia-Wen Tsai, "Achieving effective learning effects in the blended course: A combined approach of online self-regulated learning and collaborative learning with initiation", *Cyberpsychology, Behavior, and Social Networking*, Vol. 14, No. 9, 2011, pp. 505–510.

② Chia-Wen Tsai, "The role of teacher's initiation in online pedagogy", *Education + Training*, Vol. 54, No. 6, 2012, pp. 456–471.

③ Chia-Wen Tsai, "How to involve students in an online course: A Redesigned online pedagogy of collaborative learning and self-regulated learning", *International Journal of Distance Education Technologies (IJDET)*, Vol. 11, No. 3, 2013, pp. 47–57.

④ Kimberly Wilson and Anupama Narayan, "Relationships among individual task self-efficacy, self-regulated learning strategy use and academic performance in a computer-supported collaborative learning environment", *Educational Psychology*, Vol. 36, No. 2, 2016, pp. 236–253.

⑤ Nikolaos Pellas and Efstratios Peroutseas, "Gaming in Second Life via Scratch4SL: Engaging high school students in programming courses", *Journal of Educational Computing Research*, Vol. 54, No. 1, 2016, pp. 108–143.

⑥ Nynke De Jong, Johanna Krumeich and Daniëlle Verstegen, "To what extent can PBL principles be applied in blended learning: Lessons learned from health master programs", *Medical Teacher*, Vol. 39, No. 2, 2017, pp. 203–211.

⑦ Hulya Avci and Tufan Adiguzel, "A Case Study on Mobile-Blended Collaborative Learning in an English as a Foreign Language (EFL) Context", *International Review of Research in Open and Distributed Learning*, Vol. 18, No. 7, 2017, pp. 45–58.

⑧ Alexios Brailas, Stella-Maria Avani, Christina Gkini, et al., "Experiential learning in action: A collaborative inquiry", *The Qualitative Report*, Vol. 22, No. 1, 2017, pp. 271–288.

⑨ 黄荣怀等：《基于混合式学习的课程设计理论》，《电化教育研究》2009 年第 1 期。

质性分析的结合。小组交互主要通过合适的分析框架进行会话分析，通过定量过程分析或内容分析的方法获取团队的交互模式、交互结构、交互质量等指标。BCL 情境中的小组交互往往涉及线上互动和线下互动两种形式，线上互动一般可直接获取会话数据，线下互动主要通过录音、录像等方式获取会话数据。Arguedas 等人在为高中开展的基于 BCL 的计算机课程中，通过对内嵌于 Moddle 学习平台的学生论坛交互的分析，探究了学生在互动过程中的情感意识，即情感交互水平。[1] Gasparič 与 Pečar 在为职前小学教师创设的异步 BCL 课程中，通过对异步论坛中学习者讨论帖子的定量和定性分析，得到了学习者社会交互的有效性、内容主题和协作知识建构质量。[2]

2. 活动组织层面

在 BCL 中，活动是学习者及小组开展 BCL 任务时间的主要形式。而对 BCL 活动组织的评价，主要侧重于学生对于 BCL 过程动机态度的评价，主要包括学习者个人的态度、信念、参与度、满意度等指标。活动组织是影响协作学习过程的重要因素，也是衡量协作知识建构效果的重要指标，因此在协作学习研究中往往既作为影响因素又作为效果指标。对活动组织的评价通常通过调查如问卷、访谈、量表等方法，测量学习者对协作知识建构过程的主观感知。如 Teplitski 等人在探究基于 BCL 模式的大学 STEM 课程中学生生成性问题对教学实践的影响时，便通过问卷的形式测量学习者对活动的满意度，用以评估 BCL 效果。[3] Faridi 与 Ebad 也在探究 MOOC 与

---

[1] Marta Arguedas, Thanasis Daradoumis and Fatos Xhafa, "Analyzing how emotion awareness influences students' motivation, engagement, self-regulation and learning outcome", *Educational Technology and Society*, Vol. 19, No. 2, 2016, pp. 87–103.

[2] Romina Plešec Gasparič and Mojca Pečar, "Analysis of an Asynchronous Online Discussion as a Supportive Model for Peer Collaboration and Reflection in Teacher Education", *Journal of Information Technology Education*, Vol. 15, 2016, pp. 377–401.

[3] Max Teplitski, Tracy Irani, Cory J. Krediet, et al., "Student-Generated Pre-Exam Questions is an Effective Tool for Participatory Learning: A Case Study from Ecology of Waterborne Pathogens Course", *Journal of Food Science Education*, Vol. 17, No. 3, 2018, pp. 76–84.

传统线下学习环境的整合路径过程中，通过问卷的形式评估了学习者的兴趣、态度和满意度等指标，作为课程表现的重要组成部分。[1]

3. 学习成果层面

在 BCL 中，形成人工制品是协作知识建构过程的重要组成部分，也是评价 BCL 效果的重要因素。一般而言，对学习成果的评价是一种基于结果的评价，主要基于两个方面，一是小组人工制品质量，二是个体学业成绩，并且通常涉及自评、他评、互评等多主体评价方式。如 Türel 在探究学习者社交能力、团队学习体验和团队表现关系的 BCL 实践研究中，以他评（教师评）的形式将小组人工制品质量（论文质量）作为考察团队学习成果的标准。[2]

个体学业成绩虽然反映的是个体知识建构的效果，但在实践中也是用来间接评估协作知识建构效果的最常用指标之一，对 BCL 效果的评价亦是如此。Northey 等人、Lambach 等人、Wilson 与 Narayan 等在考察基于不同因素影响的 BCL 效果时，均采用学业成绩作为指标之一。[3][4][5] 另外，在个体评价中，也经常利用个人自评 + 小组互评的方式通过综合个人评价与小组评价获取最终的个体成绩。如张红英等人在探究 BCL 个体成绩评估方式的过程中，便采用了个

---

[1] Mohammad Rishad Faridi and Ryhan Ebad, "Transformation of higher education sector through massive open online courses in Saudi Arabia", *Problems and Perspectives in Management*, Vol. 16, No. 2, 2018, pp. 220 – 231.

[2] Yalın KılıçTürel, "Relationships between students' perceived team learning experiences, team performances, and social abilities in a blended course setting", *The Internet and Higher Education*, Vol. 31, 2016, pp. 79 – 86.

[3] Gavin Northey, Rahul Govind, Tania Bucic, et al., "The effect of 'here and now' learning on student engagement and academic achievement", *British Journal of Educational Technology*, Vol. 49, No. 2, 2018, pp. 321 – 333.

[4] Daniel Lambach, Caroline Kärger and Achim Goerres, "Inverting the large lecture class: active learning in an introductory international relations course", *European Political Science*, Vol. 16, 2017, pp. 553 – 569.

[5] Kimberly Wilson and Anupama Narayan, "Relationships among individual task self-efficacy, self-regulated learning strategy use and academic performance in a computer-supported collaborative learning environment", *Educational Psychology*, Vol. 36, No. 2, 2016, pp. 236 – 253.

人自评+小组互评的方式综合评价了个体协作学习贡献度,并将其作为 BCL 个体学习成绩的主要指标。①

四 研究趋势预测

在梳理研究现状的基础上,可以发现,虽然总体上 BCL 研究相对不足,但国内外尤其是近些年来对于 BCL 已开展了多方面的探究,形成了一定的成果。本研究利用 Citespace 的突变检测功能,对国内外 BCL 研究关键词进行突变分析,以揭示未来可能的研究热点,分析结果如图 1-6、图 1-7 所示。

Top 15 Keywords with the Strongest Citation Bursts

Keywords	Year	Strength	Begin	End	1984—2020
internet	1984	7.61	2000	2009	
computer supported cooperative work	1984	4.53	2002	2010	
interoperability	1984	9.7	2008	2010	
multimedia system	1984	5.7	2008	2009	
teaching/learning strategy	1984	5.23	2008	2012	
wiki	1984	4.57	2008	2011	
cscl	1984	5.86	2009	2012	
communication	1984	5.51	2010	2014	
distributed computer system	1984	5.05	2010	2012	
cooperative/collaborative learning	1984	4.42	2010	2016	
blended learning environment	1984	6.43	2015	2018	
mooc	1984	5.7	2015	2016	
flipped classroom	1984	6.95	2016	2020	
education computing	1984	5.08	2017	2020	
learning analytics	1984	5.51	2018	2020	

图 1-6 国外混合式协作学习研究关键词突变分析

根据突变词分析可以得知,近些年国外学者开始逐渐聚焦于混合学习环境、MOOC、翻转课堂、计算机课程和学习分析等研究主题,而国内学者则主要关注翻转课堂、SPOC 和混合式教学等研究

---

① 张红英等:《基于自评与互评的网络协作学习贡献度评价》,《现代远程教育研究》2019 年第 2 期。

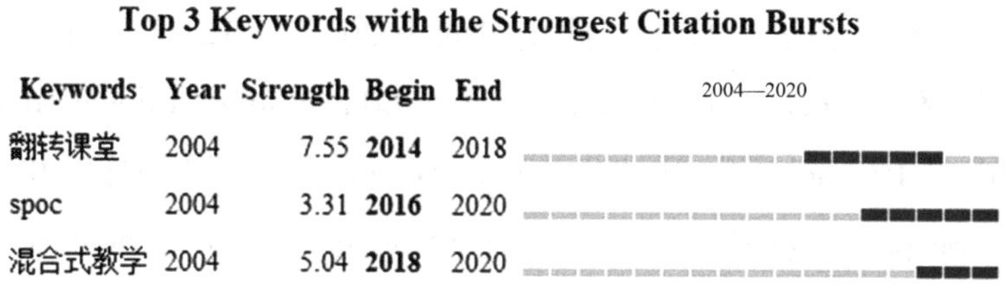

Top 3 Keywords with the Strongest Citation Bursts

Keywords	Year	Strength	Begin	End	2004—2020
翻转课堂	2004	7.55	2014	2018	
spoc	2004	3.31	2016	2020	
混合式教学	2004	5.04	2018	2020	

图1-7 国内混合式协作学习突变词分析

主题。通过对比分析，可以发现：（1）虽然国内外学者都非常关注适用于BCL的教学模式这一主题，翻转课堂成为国内外研究的共同热点。但在MOOC和SPOC之间产生了不同的关注度，相对于国外研究者较热衷的MOOC，国内研究者却在对MOOC实践成效的反思基础上，对SPOC这一教学模式更为青睐。（2）总体来看，国外研究相对国内研究更为深入具体。国内研究相对单一的聚焦BCL教学与其模式，而国外研究则在关注BCL环境和模式的同时，在BCL的课程实践和研究范式也形成了相对聚焦的研究。而作为一个发展中的理论与实践领域，近些年BCL研究的核心趋势正是基于学习分析的方法开展BCL的具体实践研究。因此，对于BCL研究，我们应基于具体课程实践开展BCL实证研究，并以学习分析的方法剖析BCL的设计与过程。

第三节 协作知识建构研究的国内外现状

一 发文变化趋势

为了解国内外（协作）知识建构研究的基本情况，本研究分别对国内外CSCL研究的文献发表进行了检索和统计。

针对国外文献发表统计，本研究以应用范围更为广泛的"Knowledge Building"或"Knowledge Construction"为检索词，分别在Web of Science和Scopus数据库中进行主题（Scopus中是论文标题、摘要和关键字）检索，截止时间为 2020 年 12 月 31 日，其中在 Web of Science 中限定筛选包含"Education & Educational Research""Psychology"和"Computer Science"等学科关键词的相关学科，Scopus 中限定筛选"Computer Science""Social Sciences"和"Psychology"等相关学科，分别检索到 1825 篇和 4274 篇文献。筛选去除重复与无关文献，得到 4722 篇文献，其年度分布如图 1-8 所示。

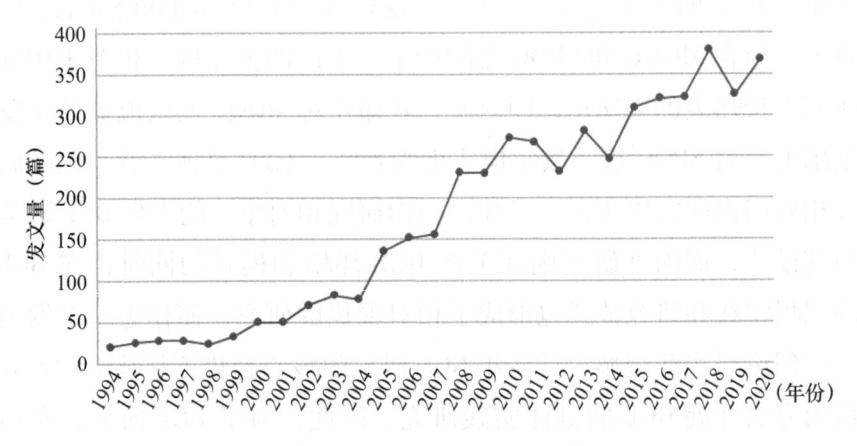

图 1-8 国外协作知识建构文献发表年度分布

针对国内文献发表统计，本研究以"知识建构"或"协作知识建构"为检索词，在"中国知网"数据库进行关键词检索，截止时间为 2020 年 12 月 31 日，共得到 2020 篇研究文献。筛除重复与无关文献，得到 1975 篇文献，其年度分布如图 1-9 所示。

综上可知，国外协作知识建构研究发文自 1994 年开始，国内研究发文则自 1999 年开始，这也与知识建构的独立概念在 1994 年由学者 Scardamalia 和 Bereiter 首次提出以及后续国内引入研究的情况相符合。[①] 无论国内还是国外，对于协作知识建构研究的发文数

---

① Marlene Scardamalia and Carl Bereiter, "Computer Support for Knowledge-Building Communities", *Journal of the Learning Sciences*, Vol. 3, No. 3, 1994, pp. 265–283.

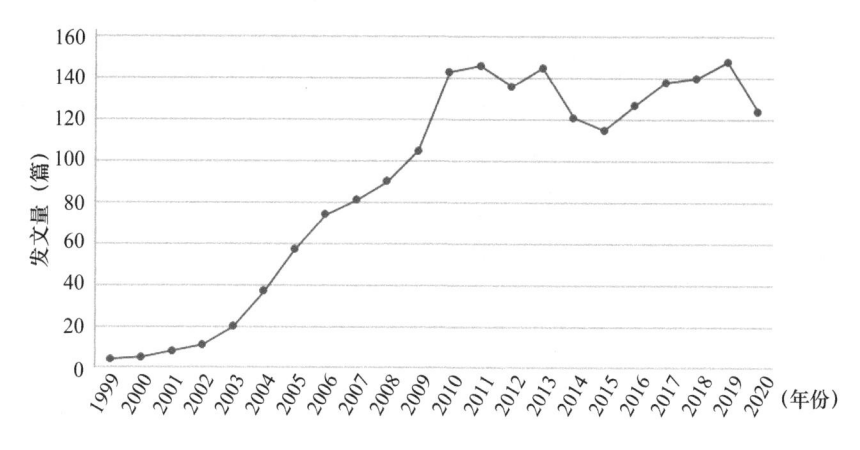

图1-9 国内协作知识建构文献发表年度分布

量整体上均呈现出逐年上升的趋势，并在2010年开始趋于平缓。不过此后国外知识建构研究依然处于整体增加状态，而国内则出现了一定的波动，且在2014年和2020年出现了较为明显的下降。到目前为止，国外协作知识建构研究年均发文量显著多于国内，这表明在协作知识建构研究领域，国内的本土化研究在数量与层次上仍有待提升。

二 关键词聚类

从Web of Science、Scopus和CNKI等文献数据库导出筛选后的协作知识建构研究文献引文，包括作者、年份、关键词、摘要、参考文献等信息，并根据知识图谱软件Citespace的格式要求对引文进行格式转换。然后通过Citespace提取引文信息，并对关键词进行可视化分析，可得到协作知识建构研究的关键词共现网络，如图1-10、图1-11所示。

我们可以发现，国外研究除了搜索词知识建构（Knowledge Construction & Knowledge Building）之外，主要关注协作学习（Collaborative learning）、协作知识建构（Collaborative Knowledge construction/building）、计算机辅助教学（Computer aided instruction）、

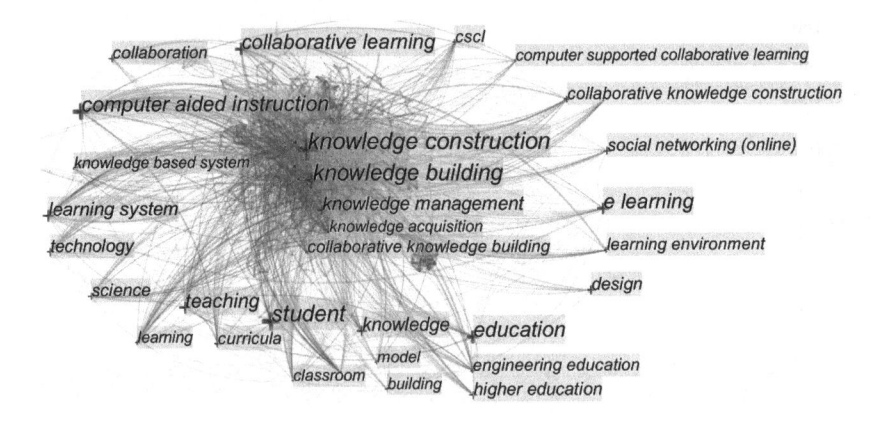

图 1-10　国外协作知识建构学习研究关键词共现网络

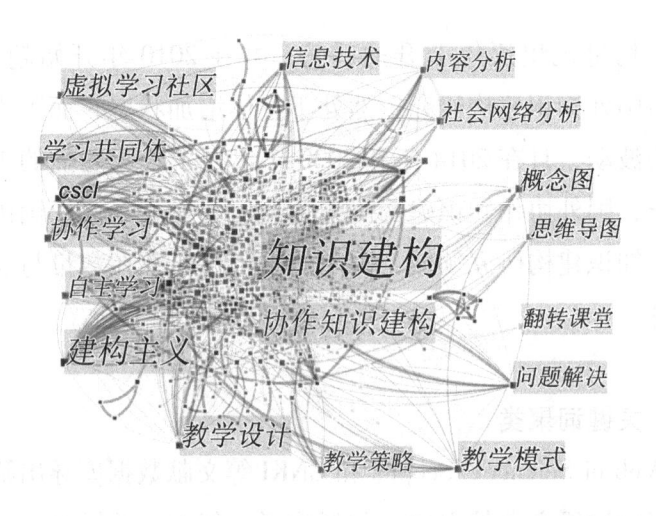

图 1-11　国内协作知识建构学习研究关键词共现网络

计算机支持的协作学习（CSCL）、在线学习（E-learning）、学习系统（Learning system）、学习环境（Learning environment）、社会网络（Social netwoking）、教学（Teaching）、设计（Design）等。国内研究则除了搜索词知识建构和协作知识建构之外，主要关注建构主义、协作学习、学习共同体、CSCL、虚拟学习社区、教学设计/模式/策略、内容分析/社会网络分析、概念图/思维导图等。可以看出，在国内外关键词共现网络中，协作知识建构与协作学习和信息技术关系密切，这也符合当前教育研究领域中协作知识建构作为CSCL重要研究主题的现状。总的来看，在协作知识建构相关研究中，研究者主要围绕两个层面进行：第一，理论层面，通过对协作知识建构概念和理论的探究，明确协作知识建构的内涵与原则，分析协作知识建构的内在机制和支持情境，构建协作知识建构的方法与模式；第二，应用层面，通过面向协作知识建构的教学设计与实践，验证协作知识建构的过程与方法，明确协作知识建构的测评方式，优化协作知识建构的实践效果。通过利用 Citespace 工具对核心关键词进行时间维度的可视化呈现，可以得知国内外协作知识建构热点研究主题的具体变化路径。

根据国内外协作知识建构研究关键词的演化路径可以发现，在协作知识建构研究的过程中，理论研究与实践研究在总体上是并行的。在理论层面，研究者在建构主义学习理论的基础上，提出了协作知识建构的概念和理论，确定了协作知识建构的定义、特征、原则和环境，逐渐形成了面向教学实践的协作知识建构方法和模式。在实践层面，研究者将协作知识建构作为以知识创造和改进为目的的教学过程，在不同教育阶段、学科领域以多种方式开展教学实践，持续开发和改进协作知识建构支持工具，分析评估协作知识建构过程与效果，不仅形成了诸如社会网络分析、会话分析等新的研究方法，并且构建了多元丰富的协作知识建构教学设计与实践案例。

三 研究现状评述

基于对协作知识建构研究关键词的聚类分析，经过进一步的梳理整合，本研究将围绕协作知识建构理论发展和协作知识建构实践聚焦两个方面对协作知识建构研究现状展开述评。

（一）协作知识建构的理论发展

协作知识建构概念与理论的独立提出始自 20 世纪 80 年代，此后在研究者的共同探索中得以形成与发展，当前已成为学习科学研究领域尤其是 TECL 研究领域的重要主题。总体来说，在理论层面，主要从内涵界定、发生机制和理论框架三个层面探讨了知识建构"是何"和"如何"的问题。

1. 协作知识建构的内涵界定

在建构主义视角下，知识建构（Knowledge Construction）与学习的内涵基本一致，学习的本质被视为一种知识建构的过程。[1] 根据 Piaget 的认知发生理论，学习是主体（学习者）与客体（知识）之间的建构过程，即学习者个体通过内部图式的同化、顺应等过程，形成的一种持续的（个体）知识建构过程。而根据 Vygotsky 的社会文化理论，学习更是一种主体与主体之间的对话与协商过程，其不仅是一种主体间的社会（协作）知识建构过程，并且受到历史文化的发展过程影响。[2] 由此，形成了个体知识建构与协作知识建构两种并驾齐驱的知识建构方式以及建构主义教学法。[3] 不过随着对知识建构研究的不断深入，知识建构的核心价值转变为新知识创造，并与"学习"概念逐渐呈现出不同的内涵。Scardamalia 与 Bereiter 认为，学习与知识建构（Knowledge Building）存在本质上的不同。学习主要是指个人知识的增加，信念、态度和技能的变化，是一个内部的难以觉察的过程；而知识建构则是一个创造和改进公共知识的社会过程，即知识的社会性协商与共建过程[4]。需要注意的是，知识建构是基于对"依然囿于知识传授的建构主义教学法"的批判而提出的，[5] 并作为学习科学领域的核心研究问题而快速发

---

[1] Marlene Scardamalia and Carl Bereiter, "Computer Support for Knowledge-Building Communities", *Journal of the Learning Sciences*, Vol. 3, No. 3, 1994, pp. 265 – 283.

[2] 李海峰、王炜:《面向问题解决的在线协作知识建构》,《电化教育研究》2018 年第 1 期。

[3] 钟志贤、曹东云:《网络协作学习评价量规的开发》,《中国电化教育》2004 年第 12 期。

[4] Marlene Scardamalia and Carl Bereiter, "Knowledge Building", in James W. Guthrie, ed., *Encyclopedia of Education* (second edition), New York: Macmillan Reference, 2003, pp. 1370 – 1373.

[5] 李海峰、王炜:《面向问题解决的在线协作知识建构》,《电化教育研究》2018 年第 1 期。

展的,其本身便包括 TECL 的属性。知识建构(Knowledge Building)被视为一种协作的、有目的(提高知识本身)的活动,[1] 且其发生环境被界定为"一种设计用于支持协作学习的软件环境"。[2] Scardamalia 与 Bereiter 也认为在知识时代背景下,应使用知识建构的方法和技术进行教育,使学生成为知识的创造者,从而能够更加直接有效地培养学习者的创新能力,而基于计算机网络的协作学习则是协作知识建构的核心环境和基本途径。[3] 通过辨析 Knowledge Construction 和 Knowledge Building 的内涵,可以得知,随着学习科学和教育信息化的理论与实践发展,知识建构更加偏重学习群体间的社会性知识创造与发展,强调技术支持环境的作用、学习共同体的形成和协作知识建构的过程。简而言之,知识建构可以理解为一种基于信息技术环境与人工制品中介的协作知识创造与发展活动。

根据知识建构的方式,虽然知识建构本身便具备协作的内涵,但完整的知识建构的过程实质上包含社会(群体)知识建构和个体知识建构(理解)两个分进程,[4] 如图 1-12 所示,所以往往采用协作知识建构的表述以强调通过群体知识创造的视角,认识与理解个人与群体观点的融合过程。Stahl 也提出,在 CSCL 情境中倾向于使用"知识建构"取代"学习",可以为避免两个概念的混淆,有

---

[1] Nancy Law and Elaine Wong, "Developmental Trajectory in Knowledge Building: An Investigation", in Barbara Wasson, Sten Ludvigsen and Ulrich Hoppe, eds., *Designing for Change in Networked Learning Environments*, Dordrecht: Springer, 2003, pp. 57–66.

[2] Gerry Stahl, "A model of collaborative knowledge-building", in Barry J. Fishman and Samuel F. O'Connor-Divelbiss, eds., *Fourth International Conference of the Learning Sciences*, New Jersey: Lawrence Erlbaum Associates, 2000, pp. 70–77.

[3] Marlene Scardamalia and Carl Bereiter, "Knowledge building: theory, pedagogy, and technology", in Robert Keith Sawyer, ed., *Cambridge handbook of the learning sciences*, Cambridge: Cambridge University Press, 2006, pp. 97–118.

[4] Gerry Stahl, "A model of collaborative knowledge-building", in Barry J. Fishman and Samuel F. O'Connor-Divelbiss, eds., *Fourth International Conference of the Learning Sciences*, New Jersey: Lawrence Erlbaum Associates, 2000, pp. 70–77.

利于减少个体认识论的影响与确立社会实践的观点。[①] 协作知识建构代表了协作学习的核心过程,即协同建构新的知识产品。由此,本研究认为,基于建构主义视角,协作学习与协作知识建构的本质相同,在一般意义上可以等同使用。但协作知识建构的表述更能体现群体知识创造的内涵,更注重阐释社会互动和群体个体发展的关系,因此在强调小组交互与协作过程的情形下,本研究则倾向于采用协作知识建构的表述。

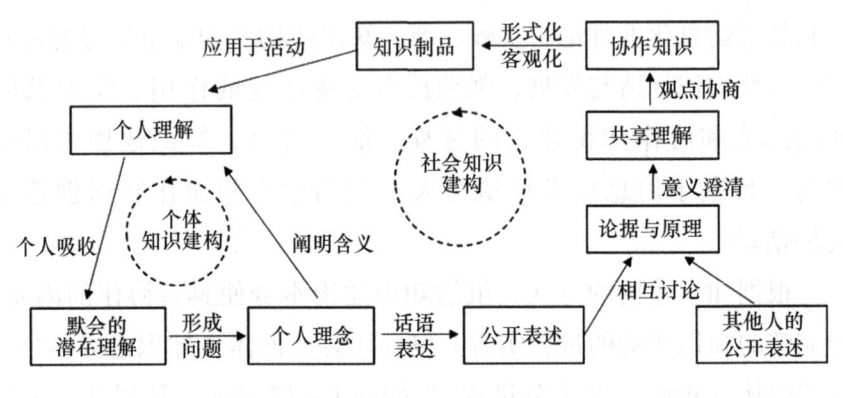

图 1-12 协作知识建构过程

2. 协作知识建构的发生机制

根据知识建构理论,知识建构的核心在于基于共同体的协作知识建构社区(实践中一般是小组)的知识生产与创新过程,协作是其内在属性。根据波普尔的"三个世界"理论,"客观知识世界"与"物质世界"和"精神世界"是并存的,而知识建构的目的是发展社区公共(客观)知识,即知识生产与创新是发生于客观知识世界。因此,知识建构与协作知识建构在客观知识意义上也是等同的,其一般具备学习任务情境性、学习过程协商性、学习环境协作

[①] 柴少明等:《学习科学进行时:从个体认知到小组认知——美国德雷塞尔大学 Gerry Stahl 教授访谈》,《中国电化教育》2010 年第 5 期。

性、学习成果生成性等特征。①

聚焦协作知识建构的发生机制，从宏观上说协作知识建构不仅包括客观知识的生产与创新，还包括主观知识的提取与吸收，即经验性知识的外化与内化，也称为个体知识建构过程。因此，在完整的协作知识建构过程中，社会知识建构强调的是基于共同体的知识生成，而个体知识建构强调的是基于个体的知识转化。不过，在知识社会的背景下，知识成为人的生存背景，人是知识的发现者和承载者，人与知识之间逐渐演化为共生的关系。因此，完整的协作知识建构过程应该包括以社区为单位的社会知识建构和以个体为单位的个体知识建构，即客观（显性）知识与主观（隐性）知识的转化与整合过程。经典的知识转化 SECI 模型便聚焦于显性知识与隐性知识的转化，以知识创造过程统合了社会知识建构和个体知识建构，其中 S 指的是社会化、E 指的是外化、C 指的是融合、I 指的是内化，代表着知识转化的四个过程。具体内容见图 1-13。

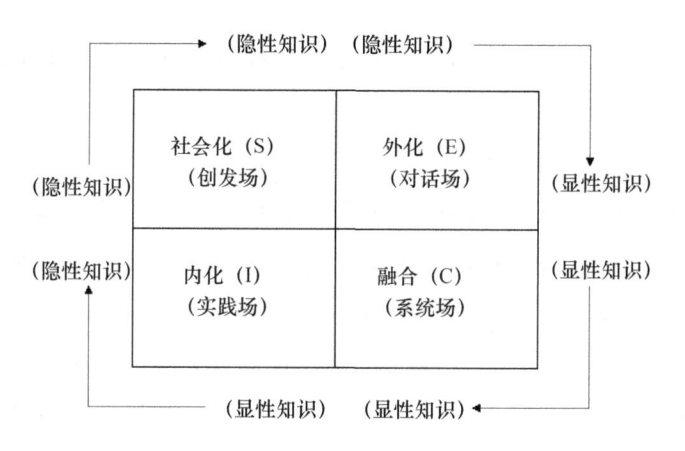

图 1-13　知识转化 SECI 模型

---

① 谢幼如等：《基于网络的协作知识建构及其共同体的分析研究》，《电化教育研究》2008 年第 4 期。

由图1-13可以看出，知识的创造是一个螺旋上升的过程，而其中的社会知识建构与个体知识建构则是不可分割的两种知识转化方式。在外化过程中，个体将自己的已有（隐性）知识通过一定的组织形式表达出来，形成可为外人所理解的显性知识，而这个过程不仅是个体知识的输出，也是群体协作的前提。在融合过程中，个体或群体根据一定的理念（隐性知识）将所用到的外部（显性）知识进行加工与整合，从而形成知识创新。融合过程主要指的是在拥有庞大的客观知识积累的基础上，个体或群体基于选定的理念、立场或视角，对庞杂的相关知识进行搜寻、筛选、分析、组合等加工，从而形成知识的融合和创新。在内化过程中，个体将形成的新外部（显性）知识与个体已有知识产生联结与交互，通过同化或顺应机制进行知识的主动建构，这也是个体知识建构的目的。在社会化过程中，群体中个体通过交流互动，完成从个体隐性知识向群体隐性知识的转化，这也是社会知识建构的主要过程。实质上，由个体隐性知识向群体隐性知识转化的过程是一个复杂的协作过程，包括知识外化、知识加工和知识内化，从而促成了公共知识的增长与个体知识的改进。

3. 协作知识建构的理论框架

根据协作知识建构的概念和理论，可以得知，协作知识建构与TECL具有很密切的联系，协作知识建构不仅是TECL领域的核心研究问题，也是探究TECL过程机制的重要范式。在已有的CSCL理论框架中，我们可以发现，协作知识建构已成为CSCL理论框架的重要组成内容。Stahl从协作知识建构、小组与个体观点、以人工产物为中介、交流分析四个方面构建了CSCL理论和方法论框架体系，[1] 其中协作知识建构用以强调CSCL过程的社会实践属性。

---

[1] Gerry Stahl, "Contributions to a theoretical framework for CSCL", in Gerry Stahl, ed., *Computer Support for Collaborative Learning: Foundations for a CSCL Community*, Boulder, Colorado: Erlbaum, 2002, pp. 62–71.

赵建华从个体责任、社会协作和协作知识建构三个维度构建了 CSCL 的通用理论模型,[①] 其中协作知识建构用以强调以学生和学习为中心的 CSCL 内在要求,主要指学习者是通过合作、交往、沟通的过程参与学习实践,产生和获取知识的。柴少明与李克东从认知性对话、社会性对话和反思性对话三个对话维度构建了 CSCL 协作意义建构过程模型,[②] 其中认知性对话和社会性对话侧重于描述协作知识建构中的社会知识建构进程,反思性对话则侧重于描述协作知识建构中的个体知识建构进程。

而对于协作知识建构的过程框架,国内外研究者则基于不同的视角构建了多元的协作知识建构模型。Gunawardena 等人以社会建构主义原则作为理论框架,在 1997 年提出了五阶段交互知识建构层次模型,[③] 主要包括:(1)分享与比较信息;(2)发现与探索在观念、概念或陈述中的不一致或者不连续;(3)协商意义与共建知识;(4)试验与修改共建知识;(5)应用与整合新构建的知识。Stahl 基于计算机支持的协作知识建构过程,在 2000 年提出了十一阶段协作知识建构模型,[④] 主要包括:(1)个人观点表达;(2)分享交流;(3)听取他人观点;(4)交互讨论;(5)论证与推理;(6)意义澄清;(7)共享理解;(8)协商观点;(9)协作知识;(10)形式化和客观化;(11)生成并表示知识制品。Weinberger 与 Fischer 基于议论性知识的协作知识建构,在 2006 年提出了升级版

[①] 赵建华:《CSCL 的基础理论模型》,《电化教育研究》2005 年第 10 期。

[②] 柴少明、李克东:《CSCL 中基于对话的协作意义建构研究》,《远程教育杂志》2010 年第 4 期。

[③] Charlotte N. Gunawardena, Constance A. Lowe and Terry Anderson, "Analysis of A Global Online Debate and The Development of an Interaction Analysis Model for Examining Social Construction of Knowledge in Computer Conferencing", *Journal of Educational Computing Research*, Vol. 17, No. 4, 1997, pp. 397 – 431.

[④] Gerry Stahl, "A model of collaborative knowledge-building", in Barry J. Fishman and Samuel F. O'Connor-Divelbiss, eds., *Fourth International Conference of the Learning Sciences*, New Jersey: Lawrence Erlbaum Associates, 2000, pp. 70 – 77.

的五阶段协作知识建构过程模型,[①] 包括:(1)外化任务相关知识;(2)抽象化任务相关知识(问题与解释);(3)快速建立最小共识;(4)形成基于冲突的共识;(5)形成基于整合的共识。

(二)协作知识建构的实践聚焦

根据对协作知识建构研究的关键词聚类与演化,研究者发现当前协作知识建构实践主要聚焦于协作知识建构过程的设计与分析。具体而言,在过程设计方面,研究者重点探究了如何在环境和方法层面设计协作知识建构过程;在过程分析方面,研究者则重点探究了如何基于内容分析、社会网络分析等方法,分析与评价协作知识建构过程。

1. 协作知识建构的过程设计

首先,是对协作知识建构支持环境的设计。虽然协作知识建构的过程并不必然要求发生于(计算机)技术中介的学习环境中,但真正意义上的知识建构必然要求通过个体知识的外化、共享与交互以实现公共知识的创造,而这正是传统(面对面)知识建构教学困于信息流的不自由流动而无法解决的"痛点"所在。多项研究证实,技术工具的支持对于协作知识建构效果的影响是显著的。[②③] 而如何利用技术工具创设适用的协作知识建构支持环境,促进学习者协作知识建构,便成为研究者面临的重要问题。协作知识建构支持环境并不局限于单纯在线或虚拟的环境,其可以是线下的,甚至是混合的,其核心在于能够增强协作的效果,以创建新的观点或者

[①] Armin Weinberger and Frank Fischer, "A framework to analyze argumentative knowledge construction in computer-supported collaborative learning", Computers & Education, Vol. 46, No. 1, 2006, pp. 71 – 95.

[②] Gustavo Zurita and Miguel Nussbaum, "Computer supported collaborative learning using wirelessly interconnected handheld computers", Computers & Education, Vol. 42, No. 3, 2004, pp. 289 – 314.

[③] Bodong Chen, Marlene Scardamalia and Carl Bereiter, "Advancing knowledge-building discourse through judgments of promising ideas", International Journal of Computer Supported Collaborative Learning, Vol. 10, No. 4, 2015, pp. 345 – 366.

对观念进行不断改进。① Guzdial 与 Turns 认为，未经有效设计的电子论坛并不能够保证促进协作知识建构，通过设计开发一个能够支持持续主题讨论的可锚定电子论坛并开展实践研究，发现该论坛工具有效提升了学生的持续讨论和广泛参与的积极性。② Scardamalia 与 Bereiter 为了更有效地构建协作知识建构支持环境，陆续开发了计算机支持的目的性学习环境（Computer Supported Intentional Learning Environment，CSILE）和知识论坛（Knowledge Forum）等技术工具，旨在形成一种具有"生产能力"的知识加工环境，并促进学习者个体观念和学习共同体公共知识之间的交互，在群体公共知识改进的同时使个人获得认知发展。③ Fischer 等人通过实验探索了利用可视化工具作为结构支撑对协作知识构建的促进作用。④ 研究对比分析了在内容具体的可视化和内容空泛的可视化两种不同的条件下，学生协作解决学习问题的效果。结果表明，内容具体的可视化工具高度契合 TECL 环境，其可以促进任务关注和更平等的学习收益，提高协作知识构建和协作问题解决过程的质量，尤其是抽象理论概念的应用。

其次是对协作知识建构教学方法的设计，即探索和明确面向协作知识建构的教学方法。Scardamalia 提出了经典的知识建构十二条原则，形成了基于原则的知识建构教学法，即真实性的观念和问题、可改进的观念、多样化的观念、（创造以）超越、认识的中介

---

① Marlene Scardamalia and Carl Bereiter, "Knowledge building environments: Extending the limits of the possible in education and knowledge work", in Anna M. DiStefano, Kjell Erik Rudestam and Robert J. Silverman, eds., *Encyclopedia of distributed learning*, Thousand Oaks: Sage Publications, 2003, pp. 269–272.

② Mark Guzdial and Jennifer Turns, "Effective discussion through a computer-mediated anchored forum", *The Journal of The Learning Sciences*, Vol. 9, No. 4, 2000, pp. 437–469.

③ Marlene Scardamalia and Carl Bereiter, "Knowledge building: theory, pedagogy, and technology", in Robert Keith Sawyer, ed., *Cambridge handbook of the learning sciences*, Cambridge: Cambridge University Press, 2006, pp. 97–118.

④ Frank Fischer, Johannes Bruhn, Cornelia Gräsel, et al., "Fostering collaborative knowledge construction with visualization tools", *Learning and Instruction*, Vol. 12, No. 2, 2002, pp. 213–232.

作用、社区知识和集体责任、民主化知识、均衡的知识发展、泛在的知识建构、权威资源的建构性应用、知识建构对话和评价的嵌入性与变化性。① 这十二条原则不仅明确了知识建构教学法与传统建构主义教学方法的不同，论证了协作知识建构中实践与技术之间紧密的联系，② 也为协作知识建构教学和技术的设计提供了指导与说明，为协作知识建构教学实践的评价提供了基准和参照。③ 而在具体的教学实践中，研究者们则根据具体的学科、课程、教学目标和技术环境，设计了多元的协作知识建构教学方法，如面向问题解决的在线协作知识建构方法、云支持的协作知识建构方法等。④⑤

2. 协作知识建构的过程分析

随着20世纪90年代末协作学习领域研究重心从结果导向转型为过程导向，以TECL为主要实践形式的协作知识建构过程机制便成为新的研究热点。过程导向的确立也意味着研究方法和工具的转变，基于实证的研究和过程数据的纳入，使得交互分析成为协作知识建构过程机制研究的主要方式。交互被认为是协作知识建构的基本活动过程，其质量对协作知识建构的效果具有决定性的影响。⑥ Dillenbourg等人提出协作学习研究需要深入研究交互机制并分析交互过程，因此基于人际间的以符号为中介的交互研究，即交互分析，⑦

---

① Marlene Scardamalia, "Collective Cognitive Responsibility for the Advancement of Knowledge", in Barry Smith, ed., *Liberal Education in a Knowledge Society*, Chicago: Open Court, 2002, pp. 67 – 98.

② 赵建华：《知识建构的原理与方法》，《电化教育研究》2007年第5期。

③ 曹俏俏、张宝辉：《知识建构研究的发展历史——理论—技术—实践的三重螺旋》，《现代远距离教育》2013年第1期。

④ 李海峰、王炜：《面向问题解决的在线协作知识建构》，《电化教育研究》2018年第1期。

⑤ Noria Saeed Baanqud, Hosam Al-Samarraie, Ahmed Ibrahim Alzahrani, et al., "Engagement in cloud-supported collaborative learning and student knowledge construction: a modeling study", *International Journal of Educational Technology in Higher Education*, Vol. 17, No. 1, 2020, pp. 1 – 23.

⑥ Brigid Barron, "When smart groups fail", *The Journal of the Learning Sciences*, Vol. 12, No. 3, 2003, pp. 307 – 359.

⑦ Pierre Dillenbourg, Michael James Baker, Agnes Blaye, et al., "The evolution of research on collaborative learning", in Hans Spada and Peter Reimann, eds., *Learning in humans and machine: Towards an interdisciplinary learning science*, Oxford: Elsevier, 1996, pp. 189 – 211.

成为明确协作知识建构的本质和规律的主要研究方法。Marcos 等人[1]提出交互分析方法与工具的意图在于通过为协作过程中意识、监管和评估提供支持进而提升协作知识建构质量，而这与参与者在协作学习中所扮演的角色息息相关。因此，面向协作知识建构的交互分析需要识别真实学习环境中发生的动态角色转换，以及解释和管理这些角色变化所产生的信息需求。基于此，Marcos 等人从角色定义、信息需求、应用情境和检测指标四个维度构建了面向 CSCL 的交互分析框架，试图为交互分析工具自动或半自动的适应协作知识建构提供路径支持。刘黄玲子等人基于活动理论，从话题转换、情感变迁和过程模式三个维度提出了 CSCL 交互研究的理论框架。[2] 其中，话题转换主要指基于问题解决的话题产生和变化的动态过程，情感变迁主要指基于成员关系变化的小组情感空间动态识别，过程模式则主要指基于协作互动策略的交互行为序列分析。而在当前的交互研究实践中，内容分析、社会网络分析等方法成为分析交互过程的重要研究方法。

首先是内容分析。在协作学习领域，内容分析法泛指对协作交互信息内容进行分析、对协作特征进行标识的方法。[3] 内容分析一般基于文本的形式进行，在当前也包括了对录音、视频等信息内容形式的分析。在 TECL 领域，则经常采用定量分析的方法对学习者的在线交互言语或行为进行编码分析，从而开展基于多类型交互信息的内容分析。其中，开发编码体系是内容分析法的核心环节。面向 TECL，研究者基于多种理论视角和分析单元开发了多元的编码体系，比较经典的有 Henri 基于认知技能分类和主题/意义分析单元

---

[1] José Antonio Marcos, Alejandra Martínez, Yannis A. Dimitriadis, et al., "Interaction Analysis for the Detection and Support of Participatory Roles in CSCL", in Yannis A. Dimitriadis, Ilze Zigurs and Eduardo Gómez-Sánchez CRIWG, eds., *Groupware: Design, Implementation, and Use*, Berlin-Heidelberg: Springer-Verlag, 2006, pp. 155–162.

[2] 刘黄玲子等:《CSCL 交互研究的理论模型》,《中国电化教育》2005 年第 4 期。

[3] 郑兰琴:《协作学习交互分析方法研究综述》,《远程教育杂志》2010 年第 6 期。

的参与、互动、社交、认知与元认知五维编码体系;[1] Gunawardena 等基于社会建构主义和消息分析单元的五阶段交互知识建构编码框架;[2] Garrison 等基于探究社区理论和消息分析单元的事件触发、探索、整合、解答四阶段编码体系;[3] Weinberger 与 Fischer 基于争论性知识建构和对话片段分析单元的参与、认知、争论、协同建构四阶段编码框架。[4]

其次是社会网络分析。社会网络分析是面向社会关系结构及其属性加以分析的方法,其主要研究对象为不同行动者(如个体、群体、组织)所构成的关系,即关系数据。[5] 而关系是虚拟学习社区研究中最重要的研究对象之一,[6] 且社会网络,即由群体间的社会关系构成的庞大关系网,也已成为虚拟社区学习环境中的核心要素。[7] 基于此,社会网络分析方法在 TECL 中被广泛使用,其不仅能揭示学习者在团体中的社会人际信息,还进一步呈现了协作团体

---

[1] France Henri, "Computer conferencing and content analysis", in Anthony R. Kaye, ed., *Collaborative learning through computer conferencing*, Berlin-Heidelberg: Springer, 1992, pp. 117 – 136.

[2] Charlotte N. Gunawardena, Constance A. Lowe and Terry Anderson, "Analysis of A Global Online Debate and The Development of An Interaction Analysis Model for Examining Social Construction of Knowledge in Computer Conferencing", *Journal of Educational Computing Research*, Vol. 17, No. 4, 1997, pp. 397 – 431.

[3] D. Randy Garrison, Terry Anderson and Walter Archer, "Critical inquiry in a text-based environment: Computer conferencing in higher education", *The Internet and Higher Education*, Vol. 2, No. 2 – 3, 1999, pp. 87 – 105.

[4] Armin Weinberger and Frank Fischer, "A Framework to Analyze Argumentative Knowledge Construction in Computer-Supported Collaborative Learning", *Computers & Education*, Vol. 46, No. 1, 2006, pp. 71 – 95.

[5] 林聚任:《社会网络分析:理论、方法与应用》,北京师范大学出版社2009年版,第41页。

[6] 王陆:《虚拟学习社区的社会网络分析》,《中国电化教育》2009 年第 2 期。

[7] Caroline Haythornthwaite, "Building social networks via computer networks: Creating and sustaining distributed learning communities", in K. Ann Renninger and Wesley Shumar, eds., *Building virtual communities: Learning and change in cyberspace*, Cambridge: Cambridge University Press, 2002, pp. 159 – 190.

及个体的社会网络特征。① 根据分析目的，社会网络分析可以分为关系取向和位置取向两种方式。其中关系取向关注行动者之间的社会性黏着关系，强调社会联结本身；位置取向则关注存在于行动者之间且在结构上处于相等地位的社会关系的模式化，强调社会关系折射出的社会结构。② 目前，研究者采用社会分析方法在 TECL 领域开展了多元丰富的研究。黎加厚等采用社会网络分析方法探究在线学习共同体的交互特征，研究发现密度、中心性、对象多元性等社会网络特征与学习者创新能力显著相关。③ Gitinabard 等人通过社会网络分析方法梳理学生学业成绩所有预测指标的有效性，发现相较学习行为，学生的社会网络指标与学生学业成绩的相关性更强。④

四 研究趋势预测

在梳理协作知识建构研究现状的基础上，可以发现协作知识建构作为近三十年来以来学习科学研究和 TECL 研究的重要主题，研究者们对其理论、过程、应用等进行了较广泛的研究，也形成了相对丰富的研究成果。关键词的突变（突变词）代表了在某个时间段内此关键词出现频次的显著变化，可以借此来了解相关学科领域研究主题的新趋势和动态发展。本研究利用 Citespace 工具，根据关键词共现分析结果，对已有协作知识建构研究进行突变分析，以呈现协作知识建构研究未来趋势。突变分析结果如图 1-14、图 1-15 所示。

从图 1-14 和图 1-15 可以得知，近些年国内外学者开始逐渐

---

① 刘三女牙等：《网络环境下群体互动学习分析的应用研究——基于社会网络分析的视角》，《中国电化教育》2017 年第 2 期。

② 郑兰琴：《协作学习交互分析方法研究综述》，《远程教育杂志》2010 年第 6 期。

③ 黎加厚等：《网络时代教育传播学研究的新方法：社会网络分析——以苏州教育博客学习发展共同体为例》，《电化教育研究》2007 年第 8 期。

④ Niki Gitinabard, Yiqiao Xu, Sarah Heckman, et al., "How Widely Can Prediction Models be Generalized? An Analysis of Performance Prediction in Blended Courses", *IEEE Transactions on Learning Technologies*, Vol. 12, No. 2, 2019, pp. 184-197.

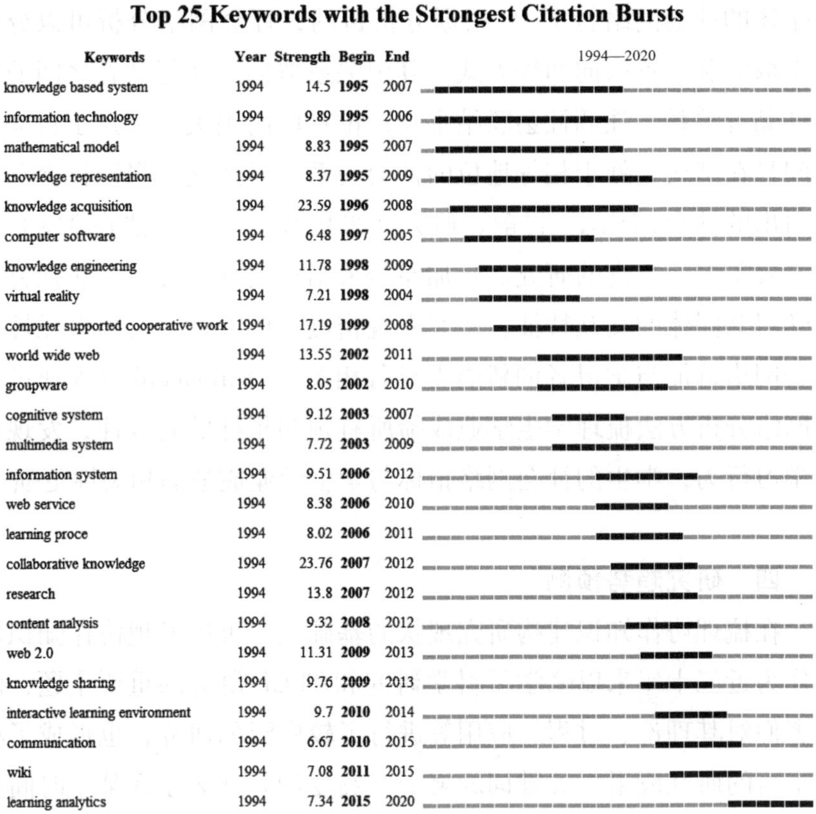

Top 25 Keywords with the Strongest Citation Bursts

Keywords	Year	Strength	Begin	End
knowledge based system	1994	14.5	1995	2007
information technology	1994	9.89	1995	2006
mathematical model	1994	8.83	1995	2007
knowledge representation	1994	8.37	1995	2009
knowledge acquisition	1994	23.59	1996	2008
computer software	1994	6.48	1997	2005
knowledge engineering	1994	11.78	1998	2009
virtual reality	1994	7.21	1998	2004
computer supported cooperative work	1994	17.19	1999	2008
world wide web	1994	13.55	2002	2011
groupware	1994	8.05	2002	2010
cognitive system	1994	9.12	2003	2007
multimedia system	1994	7.72	2003	2009
information system	1994	9.51	2006	2012
web service	1994	8.38	2006	2010
learning proce	1994	8.02	2006	2011
collaborative knowledge	1994	23.76	2007	2012
research	1994	13.8	2007	2012
content analysis	1994	9.32	2008	2012
web 2.0	1994	11.31	2009	2013
knowledge sharing	1994	9.76	2009	2013
interactive learning environment	1994	9.7	2010	2014
communication	1994	6.67	2010	2015
wiki	1994	7.08	2011	2015
learning analytics	1994	7.34	2015	2020

图 1-14　国外协作知识建构研究关键词突变分析

聚焦于学习分析、内容分析、（互动式）学习情境，以及如何利用多元技术工具开展等协作知识建构过程设计与分析等研究主题。这也符合了当前协作知识建构研究以过程导向和实证研究为主要范式的国际研究现状，尤其是学习分析作为国内外协作知识建构研究共同的最前沿研究主题，足以说明利用学习分析去探究和理解协作知识建构的复杂性成为当前协作知识建构研究的大势所趋。值得注意的是，国内协作知识建构研究还关注了翻转课堂这一研究主题，这也意味着国内已经开始关注到混合式协作知识建构这一话题。因此我们有必要对此进行更为深入的研究，从而形成更领先一步的国内混合式协作知识建构研究话语体系。

Top 18 Keywords with the Strongest Citation Bursts

Keywords	Year	Strength	Begin	End	1999—2020
建构主义	1999	14.06	1999	2007	
自主学习	1999	5.63	2005	2008	
概念图	1999	6.6	2006	2012	
网络学习共同体	1999	4.45	2006	2011	
wiki	1999	3.36	2006	2011	
协作学习	1999	3.67	2007	2010	
协作知识建构	1999	6.77	2008	2012	
信息技术	1999	5.39	2009	2013	
教师专业发展	1999	3.85	2009	2011	
虚拟学习社区	1999	9.51	2010	2014	
网络环境	1999	4.04	2011	2013	
社会网络分析	1999	3.32	2013	2017	
影响因素	1999	3.17	2013	2015	
情境创设	1999	3.69	2014	2016	
翻转课堂	1999	8.56	2015	2018	
核心素养	1999	7.93	2017	2020	
学习分析	1999	3.47	2017	2020	
深度学习	1999	6.85	2018	2020	

图 1-15 国内协作知识建构研究关键词突变分析

第四节 协作学习及其设计的演进

教育自诞生以来，便是一个教与学有机结合的统一过程，而对学习质量与效果的追求始终是教育改革的核心目标之一。BCL 是在时代发展的过程中为进一步提升学习效果而提出的，但其并不是一种突如其来的无根之木，而是协作学习随着时代发展的一种必然选择。细数其渊源，通过回顾 BCL 的发展历程、梳理 BCL 的发展脉络，可以更明晰地认识、更有效地应用 BCL。

彭绍东通过从教育的技术角度梳理人类学习方式的发展轨迹，

提出了技术发展背景下形成 BCL 的两条发展脉络，即学习形式发展脉络和学习策略发展脉络。① 前者主要从混合学习的视角出发，指的是信息化时代冲击下从传统学习形式（以个人学习为主的私塾制和班级授课制）到 E-learning（电子化、数字化、网络化的学习形式）、基于对 E-learning 的价值反思从 E-learning 到混合学习、基于对混合学习的深入研究从混合学习到 BCL 的学习形式发展轨迹；而后者主要从协作学习的视角出发，指的是班级授课制下为满足学生多种学习需求从传统的面对面个体学习到 F2FCL、计算机技术的教育介入过程中从 F2FCL 到 CSCL（主要指在线协作学习）、对在线协作学习效果的反思和混合式学习思想启发下从在线协作学习到 BCL 的学习策略发展轨迹。其逻辑脉络如图 1-16 所示。由此，协作学习被划分为三个发展时期，即第一代的 F2FCL、第二代的在线协作学习和第三代的 BCL。

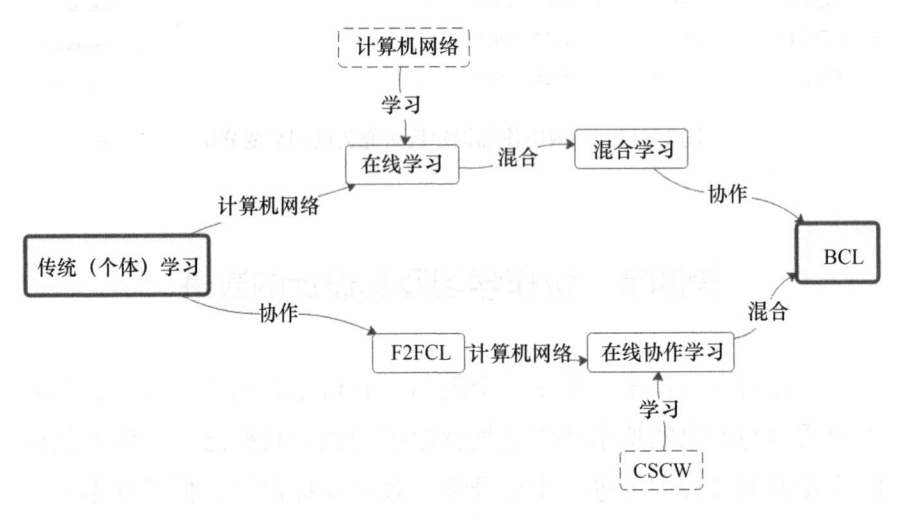

图 1-16　BCL 发展逻辑脉络图

---

① 彭绍东：《混合式协作学习的设计与分析》，湖南大学出版社 2016 年版，第 3 页。

由 BCL 形成的逻辑脉络我们可以看到，无论是从混合学习（Blended Learning）发展到 BCL，还是从在线协作学习发展到 BCL，不仅其内在动力都是对学习效果的更高追求，并且都是一种基于内在联系的必然趋势。对于 BL 和 BCL 的联系，从众多研究者对 BL 的定义就可以看出，协作交互是混合式学习的内在属性之一。[1][2]而 NETP 2016 对 BL 的阐释认为优化协作学习是 BL 的重要目标，并且许多研究证实 BL 可以有效促进课堂交互和协作。[3][4][5]对于 CSCL 和 BCL，有学者认为在线协作学习（传统 CSCL）发展的趋势就是将协作知识建构活动整合到更宏观的教学情境中，[6] 在此意义上，混合式学习情境是 CSCL 的整合方向之一。更有学者提出从传统 CSCL 到 BCL 是协作学习必然的代际发展，[7][8] 不仅因为协作技术的发展使得在现实课堂中进行混合协作变得更加便捷，并且在线协作学习存在的一些局限，使得混合成为提升协作知识建构效果的必然选择。

---

[1] Ana-Maria Bliuc, PeterGoodyear and Robert A. Ellis, "Research focus and methodological choices in studies into students' experiences of blended learning in higher education", *The Internet and Higher Education*, Vol. 10, No. 4, 2007, pp. 231 – 244.

[2] 黄荣怀等：《基于混合式学习的课程设计理论》，《电化教育研究》2009 年第 1 期。

[3] Gregory L. Waddoups and Scott L. Howell, "Bringing Online Learning to Campus: The Hybridization of Teaching and Learning at Brigham Young University", *International Review of Research in Open & Distance Learning*, Vol. 2, No. 2, 2002, pp. 1 – 21.

[4] D. Randy Garrison and Heather Kanuka, "Blended Learning: Uncovering Its Transformative Potential in Higher Education", *The Internet and Higher Education*, Vol. 7, No. 2, 2004, pp. 95 – 105.

[5] Hyo-Jeong So and Curtis J. Bonk, "Examining the Roles of Blended Learning Approaches in Computer-Supported Collaborative Learning (CSCL) Environments: A Delphi Study", *Educational Technology & Society*, Vol. 13, No. 32, 2010, pp. 189 – 200.

[6] Pierre Dillenbourg, Sanna Järvelä and Frank Fischer, "The evolution of research on computer-supported collaborative learning", in Nicolas Balacheff, Sten Ludvigsen, Ton Jong, et al., eds., *Technology-enhanced learning*, Dordrecht: Springer, 2009, pp. 3 – 19.

[7] 彭绍东：《从面对面的协作学习、计算机支持的协作学习到混合式协作学习》，《电化教育研究》2010 年第 8 期。

[8] Hui Tong and Yan-jun Yang, "The Design and Implementation of Blended Collaborative Learning", paper delivered to 2018 9th International Conference on Information Technology in Medicine and Education (ITME), Hangzhou, China, October 19 – 21, 2018.

随着研究和实践的持续深入，研究者逐渐发现在线协作学习在应用层面呈现出一些突出问题，主要表现在存在技术障碍、[1][2] 团体交流质量和效率低下、[3][4][5] 师生参与水平不足、[6][7] 学生满意度不高[8][9]等方面。其中某些问题可以通过学习设计或教学干预来降低其负面作用，但不可否认的是，单纯的在线协作学习确实存在着一定的局限性。[10]

首先是存在技术障碍。在线协作学习过程中存在的技术障碍主要包括两方面，即技术使用代价较高和技术对部分学科支持能力不足。在技术使用代价方面，一是部分在线协作学习支持技术当前投入花费较高，尤其是移动技术、虚拟现实技术、人工智能技术等能

---

[1] Glenn Gordon Smith, Chris Sorensen, Andrew Gump, et al., "Overcoming student resistance to group work: Online versus face-to-face", *Internet and Higher Education*, Vol. 14, No. 2, 2011, pp. 121–128.

[2] 吴峰、王辞晓：《五种不同模式下学习者在线学习动机测量比较》，《现代远程教育研究》2016年第1期。

[3] Chiung-Hui Chiu and Hsieh-Fen Hsiao, "Group differences in computer supported collaborative learning: Evidence from patterns of Taiwanese students' online communication", *Computers & Education*, Vol. 54, No. 2, 2010, pp. 427–435.

[4] 李海峰、王炜：《5G时代的在线协作学习形态：特征与模式》，《中国电化教育》2019年第9期。

[5] Guan-Yu Lin, "Scripts and mastery goal orientation in face-to-face versus computer-mediated collaborative learning: Influence on performance, affective and motivational outcomes, and social ability", *Computers & Education*, Vol. 143, 2020, pp. 1–13.

[6] J. D. Fletcher, Sigmund Tobias and Robert A. Wisher, "Learning anytime, anywhere: Advanced distributed learning and the changing face of education", *Educational Researcher*, Vol. 36, No. 2, 2007, pp. 96–102.

[7] 蒋连飞等：《跨国在线协作学习模式研究》，《现代教育管理》2018年第6期。

[8] Rick van der Kleij, Jan Maarten Schraagen, Peter Werkhoven, et al., "How conversations change over time in face-to-face and video-mediated communication", *Small Group Research*, Vol. 40, No. 4, 2009, pp. 355–381.

[9] 彭绍东：《从面对面的协作学习、计算机支持的协作学习到混合式协作学习》，《电化教育研究》2010年第8期。

[10] Nicolas Michinov and Estelle Michinov, "Face-to-face contact at the midpoint of an online collaboration: Its impact on the patterns of participation, interaction, affect, and behavior over time", *Computers & Education*, Vol. 50, No. 4, 2008, pp. 1540–1557.

够充分创设虚拟协作学习情境、满足学习者在线协作需求的前沿数字技术，往往需要较为先进、费用较高的硬件与软件支持。二是技术使用本身对使用者的转变需求，技术使用不仅可能分散学习者的注意力、[1] 降低学习者在沟通过程中的行为责任感和个体道德标准，[2] 并且还往往要求学习者和教师改变他们的行为和习惯，而克服这些问题都需要大量的示范和指导。[3] 在技术支持能力不足方面，一是当前在线协作学习常用技术对部分学科内容支持性不足，如Smith 等人提出在学科在线教学领域，已经发现某些学科的视觉内容与常见学习管理系统中可用的在线交互工具之间存在持续的不匹配；[4] Jeong 等人在对 STEM 学科在线协作学习应用的元分析中发现，与教育和科学领域相比，在线协作学习在数学和计算机科学领域支持效果相对不足。[5] 二是当前大部分在线协作学习支持技术缺乏对实践性学习的支持，如陈卫东等人明确指出在线学习中往往缺乏对学生参与操作实践的技术支持。[6]

其次是团体交流质量和效率低下。在线协作学习过程中呈现出的团体交流质量和效率低下问题主要指的是，与最丰富的交流媒介

---

[1] Ruth Kershner, Neil Mercer, Paul Warwick, et al., "Can the interactive whiteboard support young children's collaborative communication and thinking in classroom science activities?", *International Journal of Computer-Supported Collaborative Learning*, 2010, Vol. 5, No. 4, pp. 359 – 383.

[2] Steven Prentice-Dunn and Ronald W. Rogers, "Deindividuation and the self-regulation of behavior", in Paul B. Paulus, ed., *Psychology of group influence*, Hillsdale, NJ: Lawrence Erlbaum Associates, 1989, pp. 87 – 109.

[3] Yasmin B. Kafai, Deborah A. Fields and William Q. Burke, "Entering the Clubhouse: Case Studies of Young Programmers Joining the Online Scratch Communities", *Journal of Organizational and End User Computing*, Vol. 22, No. 2, 2010, pp. 21 – 35.

[4] Glenn G. Smith, Allen J. Heindel and Ana T. Torres-Ayala, "E-learning commodity or community: Disciplinary differences between online courses", *Internet & Higher Education*, Vol. 11, No. 3 – 4, 2008, pp. 152 – 159.

[5] Heisawn Jeong, Cindy E. Hmelo-Silver and Kihyun Jo, "Ten years of computer-supported collaborative learning: A meta-analysis of CSCL in STEM education during 2005 – 2014", *Educational Research Review*, Vol. 28, 2019, pp. 1 – 17.

[6] 陈卫东等：《混合学习的本质探析》，《现代远距离教育》2010 年第 5 期。

面对面交互相比,基于计算机中介的在线交互,无论是异步还是同步,在师生之间与学生群组内部的交流质量和效率均显得较为低下。在团体交流质量方面,在线协作学习作为基于符号的互动过程,虽然可以摆脱空间与时间限制,赋予学生更多的思考时间和更自由的观点交互,但由于缺少视觉线索以及口头、非言语和情感层面的交互,[1] 往往无法达到沉浸式交互的效果,而导致社会存在与群体凝聚力不足,交互过程呈现出更多的关系和过程冲突,[2] 在线协作往往无法自然发生且成功率较低。[3] 在团体交互效率方面,与面对面交互相比,在线交互则需要不断地练习和维持,因为讨论的深度会延长在线的时间,而长时间的讨论易使成员因信息超载而迷失讨论的方向,并且讨论过程中由于时间的延迟导致进度缓慢。[4] 许多研究者指出,在线交互可能会导致延迟响应、会话连续性和流动性降低,[5] 因此共享过程速度和容易程度相对较低,[6] 使用学习材料和完成任务时间则相对较长。[7] 即使是基于语音或视频的同步

---

[1] Chiung-Hui Chiu and Hsieh-Fen Hsiao, "Group differences in computer supported collaborative learning: Evidence from patterns of Taiwanese students' online communication", *Computers & Education*, Vol. 54, No. 2, 2010, pp. 427 – 435.

[2] Guan-Yu Lin, "Scripts and mastery goal orientation in face-to-face versus computer-mediated collaborative learning: Influence on performance, affective and motivational outcomes, and social ability", *Computers & Education*, Vol. 143, 2020, pp. 1 – 13.

[3] Qiyun Wang, "Using online shared workspaces to support group collaborative learning", *Computers & Education*, Vol. 55, No. 5, 2010, pp. 1270 – 1276.

[4] Mingzhu Qiu and Douglas McDougall, "Foster strengths and circumvent weaknesses: Advantages and disadvantages of online versus face-to-face subgroup discourse", *Computers & Education*, Vol. 67, 2013, pp. 1 – 11.

[5] Guan-Yu Lin, "Scripts and mastery goal orientation in face-to-face versus computer-mediated collaborative learning: Influence on performance, affective and motivational outcomes, and social ability", *Computers & Education*, Vol. 143, 2020, pp. 1 – 13.

[6] Josianne Basque and Beatrice Pudelko, "The effect of collaborative knowledge modeling at a distance on performance and on learning", paper delivered to First International Conference on Concept Mapping (CMC 2004), Pamplona, Spain, September 14 – 17, 2004.

[7] Silvia Wen-Yu Lee and Chin-Chung Tsai, "Students' perceptions of collaboration, self-regulated learning, and information seeking in the context of Internet-based learning and traditional learning", *Computers in Human Behavior*, Vol. 27, No. 2, 2011, pp. 905 – 914.

第一章　国内外研究现状述评及理论基础分析　　85

在线交互，所传递的信息种类也受到限制，[①] 并且因为要遵守与面对面交互相同的线性互动顺序，[②] 因此同样导致信息传递效率的低下。

再次是师生参与水平较低。在线协作学习过程中暴露出的师生参与水平较低问题主要包括两方面，即容易产生教师指导反馈（促进）不足和学生参与度不足。在教师指导反馈方面，在线小组交互过程中，教师促进往往需要做更多的工作和发挥更重要的影响，[③] Oliveira 等人也提出在在线协作学习中，教师作为支持者和促进者的角色将密切影响小组中的互动和知识生产类型。[④] 虽然在线协作交互可以允许教师同时监督和指导多个小组，但是在在线协作学习实践过程中却往往出现教师存在感薄弱、[⑤] 教师监督与反馈不及时、[⑥] 师生交互性差[⑦]等问题。而缺乏教师对小组学习的详细指导，则往往导致学习质量下降。[⑧] 在学生参与方面，研究者认为在网络学习环境下，学习参与是学习的先决条件，它能够影响学生的课程

[①] Heisawn Jeong and Cindy E. Hmelo-Silver, "Seven affordances of computer-supported collaborative learning: How to support collaborative learning? How can technologies help?", *Educational Psychologist*, Vol. 51, No. 2, 2016, pp. 247–265.

[②] David H. Jonassen and Hyug Ⅱ Kwon, "Communication patterns in computer mediated versus face-to-face group problem solving", *Educational Technology Research and Development*, Vol. 49, No. 1, 2001, pp. 35–51.

[③] Mingzhu Qiu and Douglas McDougall, "Foster strengths and circumvent weaknesses: Advantages and disadvantages of online versus face-to-face subgroup discourse", *Computers & Education*, Vol. 67, 2013, pp. 1–11.

[④] Isolina Oliveira, Luis Tinoca and Alda Pereira, "Online group work patterns: How to promote a successful collaboration", *Computers & Education*, Vol. 57, No. 1, 2011, pp. 1348–1357.

[⑤] 彭绍东：《从面对面的协作学习、计算机支持的协作学习到混合式协作学习》，《电化教育研究》2010 年第 8 期。

[⑥] 张其亮、王爱春：《基于"翻转课堂"的新型混合式教学模式研究》，《现代教育技术》2014 年第 4 期。

[⑦] 吴峰、王辞晓：《五种不同模式下学习者在线学习动机测量比较》，《现代远程教育研究》2016 年第 1 期。

[⑧] Xinghua Wang and Jin Mu, *Flexible Scripting to Facilitate Knowledge Construction in Computer-supported Collaborative Learning*, Singapore: Springer, 2017, p. 69.

持续性和学习成绩。[1] 而在在线协作学习实践中,单一的在线交互往往使得学生团队在完成团队任务时存在沟通和协调困难,[2][3] 缺乏彼此信任,[4] 容易产生低水平的社交互动和流程损失,[5] 从而导致学生产生较差社会存在与认知存在,[6] 进而降低学生的学习参与度。[7][8]

最后是师生满意度不高。在线协作学习过程中引发的师生满意度不高的问题,主要指两个方面,即一方面师生在在线协作学习实践过程中出现了不满意或抵触的情绪,另一方面则是与 F2FCL 相比,师生对在线协作学习满意度较低。Brindley 等人提出一些学生会因为时间投入问题或对小组协作总存在"搭便车"的疑虑抵触在

---

[1] Philip J. Guo, Juho Kim and Rob Rubin, "How video production affects student engagement: an empirical study of mooc videos", paper delivered to First ACM Conference on Learning @ Scale Conference, sponsored by ACM Ed Board, New York, March 4-5, 2014.

[2] Annegret Goold, Naomi Augar and James Farmer, "Learning in virtual teams: Exploring the student experience", *Journal of Information Technology Education: Research*, Vol. 5, No. 1, 2006, pp. 477-490.

[3] Guan-Yu Lin, "Scripts and mastery goal orientation in face-to-face versus computer-mediated collaborative learning: Influence on performance, affective and motivational outcomes, and social ability", *Computers & Education*, Vol. 143, 2020, pp. 1-13.

[4] N. Sharon Hill, Kathryn M. Bartol, Paul E. Tesluk, et al., "Organizational context and face-to-face interaction: Influences on the development of trust and collaborative behaviors in computer-mediated groups", *Organizational Behavior and Human Decision Processes*, Vol. 108, No. 2, 2009, pp. 187-201.

[5] Mingzhu Qiu and Douglas McDougall, "Foster strengths and circumvent weaknesses: Advantages and disadvantages of online versus face-to-face subgroup discourse", *Computers & Education*, Vol. 67, 2013, pp. 1-11.

[6] Kyungbin Kwon, Ying-Hsiu Liu and Lashaune P. Johnson, "Group regulation and social-emotional interactions observed in computer supported collaborative learning: Comparison between good vs. poor collaborators", *Computers & Education*, Vol. 78, 2014, pp. 185-200.

[7] Martin R. Reardon, "Instructional leadership and blended learning: Confronting the knowledge gap in practice", in Yukiko Inoue, ed., *Cases on online and blended learning technologies in higher education: Concepts and practices*, Hershey, PA: IGI Global, 2010, pp. 44-62.

[8] Glenn Gordon Smith, Chris Sorensen, Andrew Gump, et al., "Overcoming student resistance to group work: Online versus face-to-face", *Internet and Higher Education*, Vol. 14, No. 2, 2011, pp. 121-128.

线协作学习。① 也有研究者指出，师生会因为在线交互缺失实时反馈、② 互动深度与广度不足、③ 后勤问题难以解决、④ 情感交互与归属感不足⑤等问题对在线协作学习过程产生失望或不满意的情绪。而与面对面协作学习相比，Thompson 与 Coovert 研究发现在线协作学习团队对团队流程和团队结果的满意度均低于 F2FCL 团队。⑥ Van der Kleij 等人也发现，与 F2FCL 相比，视频电话会议组对团队过程和结果的感知满意度较低。⑦ Smith 等人则通过实证研究发现，与 F2FCL 小组相比，在线协作学习小组在小组评估、交流和小组成员评估三个维度上的感知和评论更为负面。⑧

由此，在本研究中，借鉴研究领域对 CSCL 的最新共识，并未将 CSCL 局限于在线协作学习，而采用的是与 TECL 内涵相近的宏观概念界定。因此，本研究认为 BCL 属于 CSCL 的概念范畴，可作为 CSCL 发展的一个新阶段或新分支。

---

① Jane E. Brindley, Christine Walti and Lisa M. Blaschke, "Creating effective collaborative learning groups in an online environment", *International Review of Research in Open and Distributed Learning*, Vol. 10, No. 3, 2009, pp. 1–18.

② 彭绍东：《混合式协作学习的设计与分析》，湖南大学出版社 2016 年版，第 45 页。

③ 祁晨诗等：《大规模协作支持的在线学习集体智慧生成路径研究》，《成人教育》2019 年第 9 期。

④ Glenn Gordon Smith, Chris Sorensen, Andrew Gump, et al., "Overcoming student resistance to group work: Online versus face-to-face", *Internet and Higher Education*, Vol. 14, No. 2, 2011, pp. 121–128.

⑤ 汪睿：《基于 Moodle 网络课程混合式学习的设计与实践研究》，博士学位论文，西北师范大学，2010 年，第 60 页。

⑥ Lori Foster Thompson and Michael D. Coovert, "Teamwork online: The effects of computer conferencing on perceived confusion, satisfaction and postdiscussion accuracy", *Group Dynamics: Theory, Research, and Practice*, Vol. 7, No. 2, 2003, pp. 135–151.

⑦ Rick van der Kleij, Jan Maarten Schraagen, Peter Werkhoven, et al., "How Conversations Change Over Time in Face-to-Face and Video-Mediated Communication", *Small Group Research*, Vol. 40, No. 4, 2009, pp. 355–381.

⑧ Glenn Gordon Smith, Chris Sorensen, Andrew Gump, et al., "Overcoming student resistance to group work: Online versus face-to-face", *Internet and Higher Education*, Vol. 14, No. 2, 2011, pp. 121–128.

一 由传统个体学习到协作学习

我国虽然在传统（个体）教育早期，便已经产生了教学相长、互教互学等教育思想，但并未形成较为系统的协作教育理论。在近代以班级授课制为主流的教育时期，虽然也产生了诸如导生制、分组教学、协作教学等教学组织形式，但生与生之间的互动互助、学生对知识的主动建构依然没有受到足够的重视，也并未形成成熟的协作学习理论和方法，个体学习始终是学习的主要形式。直到20世纪70年代初，协作学习（主要指F2FCL）在以美国为核心的西方教育世界兴起，并在70年代中期至80年代中期成为取得实质性进展的一种教学理论与策略体系。① 由此，协作学习形成了以社会互赖理论、认知发展理论、凝聚力理论、动机理论等理论为基础，以生生互动的创造性运用为核心，以小组为基本单位的系统化教学策略，成为全球主流的学习方式之一。

（一）为什么要面对面的协作学习

从个人学习到协作学习的演进，或者说协作学习的提出，不仅缘于学习理论发展引发的对学习活动及其要素作用的进一步认识，并且缘于提升学生学习效果需求而导致的课堂组织结构和教学模式创新。

在学习理论发展层面，简单来讲，对互动作用和群体作用的新认识成为合作学习的发展基础。其中认知发展理论认为儿童的认知发展和社会性发展的必要条件是同伴间的相互作用和交往。无论是Vygotsky的"最近发展区"理论还是Piaget的"认知不平衡"理论，都强调通过同伴间的互动促进儿童的发展。而社会互赖理论则认为群体成员间的积极社会互赖将促进成员更紧密地互动、更努力地参与，从而提升成员的目标动力和任务效率。正如Dillenbourg等

---

① 许晓川、卢红：《从传统学习到合作学习》，《教育理论与实践》2002年第11期。

人所说，基于团体的协作学习不仅仅是因为团队中存在着两个及以上的学生，而是因为团体中学生进行的活动触发了特定的学习机制。①

在学习效果提升层面，大量实践研究证明，基于同伴互动刺激知识生产并产生认知收益，②协作学习可以有效激发学生的学习动机、提升学生的学业成绩、增强学生的自尊心、促进学生的非智力因素发展。在学习活动中，学生学习的组织形式通常可分为竞争型、个体型、合作型三种，即竞争学习、个体学习和协作学习。传统的个体学习中，学生间的组织结构通常为竞争型或个体型，即学生间的关系或者处于因对抗性竞争而导致的对立，或者处于个体独立于群体的互相隔离。而协作学习则强调在共同学习目标下形成互勉互助互爱的同伴关系。Johnson 兄弟在梳理了 600 多项相关研究发现，协作学习较竞争型和个体型学习而言，能更有效地提升学生的学业成绩，培养学生之间互爱、互勉、互助的人际关系，增强学生的自信心，发展学生的心理品质和社交技能。③ Chi 也提出学生通过协作学习可以互相依靠并积极地共同思考与解决问题，在学习效果上可以超越最具建设性的个人学习活动。④

（二）如何设计面对面的协作学习

协作学习活动的设计，是协作学习研究与实践的主要组成部分。⑤ 研究者通过对 F2FCL 的研究与实践，已形成相对丰富的协作学

---

① Pierre Dillenbourg, Michael James Baker, Agnes Blaye, et al., "The evolution of research on collaborative learning", in Hans Spada and Peter Reimann, eds., *Learning in humans and machine: Towards an interdisciplinary learning science*, Oxford: Elsevier, 1996, pp. 189 – 211.

② Isolina Oliveira, Luis Tinoca and Alda Pereira, "Online group work patterns: How to promote a successful collaboration", *Computers & Education*, Vol. 57, No. 1, 2011, pp. 1348 – 1357.

③ David W. Johnson and Roger T. Johnson, "Cooperation and Competition", in James D. Wright, ed., *International Encyclopedia of the Social & Behavioral Sciences (Second Edition)*, Oxford: Elsevier, 2015, pp. 856 – 861.

④ Michelene T. H. Chi, "Active-constructive-interactive: a conceptual framework for differentiating learning activities", *Topics in Cognitive Science*, Vol. 1, No. 1, 2009, pp. 73 – 105.

⑤ 赵建华、李克东：《基于协作学习的教学设计》，《现代远距离教育》2000 年第 2 期。

习设计模式，其中组织学生在小组中进行学习是协作学习设计中的最常用模式。在协作学习设计中，仅仅告诉学生去一起学习是远远不够的，通过设计协作学习活动，小组奖励、个体责任和成功的均等机会则是构建小组协作学习方法的核心条件。[①] 以下从方法步骤/流程、小组规模/特性和适用范围三个维度，梳理和分析国际上已存的相对开发较为充分的一些典型 F2FCL 方法，具体内容如表 1-2 所示。

表 1-2　　　　　　　　　F2FCL 方法梳理表

协作学习方法	步骤/流程	小组规模/特性	适用范围
学生小组成绩分工（STAD）	教师讲授—小组学习—个人测验—小组认可或奖励	4 人（组员在成绩水平、性别和种族方面具有混合性）	适合大多数学科和年级
学生小组成绩分工（TGT）	教师讲授—小组学习—个人竞赛—小组认可或奖励	4 人（组员在成绩水平、性别和种族方面具有混合性）	适合大多数学科和年级
小组辅助个体（TAI）	安置测验—组内个别化学习/教师分层主题教学—小组互查互助—个人测验—小组认可或奖励	4 人（组员在成绩水平、性别和种族方面具有混合性）	3—6 年级数学学科
合作性读写一体化（CIRC）	教师讲授—小组练习—小组预测—个人测验—小组认可	2 人（组员来自不同的阅读小组——使用阅读小组是美国阅读写作课程常见的教学策略）	小学高年级阅读和写作学科
切块拼接（Jigsaw）	分割学习材料/内容—小组（基础组）分工学习—构建共同学习内容小组（专家组）—专家组讨论学习—基础组互教互学	6 人（基础组）	未论述

---

① R. E. 斯莱文、王坦：《合作学习的研究：国际展望》，《山东教育科研》1994 年第 1 期。

续表

协作学习方法	步骤/流程	小组规模/特性	适用范围
切块拼接修正型（Jigsaw2）	共同学习材料—小组（基础组）成员选择课题分工学习—构建课题小组（专家组）—专家组讨论学习—基础组互教互学—个人测验—小组认可或奖励	4—5人（基础组）	未论述
共学式（LT）	小组组建—共同学习作业单—小组定期讨论—提交小组作业单—小组认可或奖励	4—5人（异质小组）	未论述
小组调查（GI）	分组选择子课题—分解个人任务—实施小组调查—共同准备小组报告—班级汇报与评价	2—6人（根据对子课题的兴趣进行分组）	历史、地理、生物、文学、化学等科目
课堂合作学习（CA）	目标制定与任务设计—目标与任务呈现—小组自学讨论与观点整理—班级集体讨论—教师反馈评价	4—6人（中小学可以前后桌就近组织；大学则根据学生的学习者特征等进行异质分组）	适合大多数年级的英语、数学、语文、科学等科目

从表1-2中可以发现，F2FCL中的部分方法依然强调的是个体的知识获取，并没有关注到小组的协作知识建构，因此在一定程度上并不适用于当前的F2FCL实践。不过，LT、GI、CA三种方法均强调了小组的群体意义建构和共同知识制品，并且具备多学段、多学科适用的应用范围，因此在BCL中也具备较强的方法参考价值。

二 从面对面的协作学习到计算机支持的协作学习

CSCL 是在多媒体、互联网、交互技术等信息技术发展背景下，由计算机辅助教学（CAI）、计算机支持的协同工作（CSCW）、基于网络的协作工作等领域发展的结果。[1] CSCL 作为正式的研究对象，最早可以追溯到 1983 年在圣地亚哥举行的一个名为"Joint Problem Solving and Microcomputer"的学术研讨会。[2] 而 CSCL 作为学习科学的新兴分支，其诞生的标志是 1989 年在意大利的马拉提亚召开的 CSCL 专题研讨会。此后，随着学习理论与技术应用的发展，CSCL 研究与实践领域经历了研究影响力、技术应用目的、研究基本单元、协作过程机制、研究分析方法等层面的转变，逐渐成为技术与学习整合的重要范式。[3] CSCL 由此形成了一个以分布式认知理论、社会性学习理论、活动理论、在线协作学习理论、情境学习理论、小组认知理论等为基础，以技术中介的多元交互为核心特征的跨学科研究和实践领域。

（一）为什么要计算机支持的协作学习

自 20 世纪末期，随着 CSCL 研究和实践的快速发展，CSCL 成为协作学习发展的新形式，也成为技术与学习整合的新范式。这不仅源自 ICT 的迅速进步，也是学习理论持续发展的结果。而对于 CSCL 的必要性，研究者重点探究了 CSCL 是否进一步地推动学习的开放性和提升学习的效果。

1. CSCL 作为技术与学习整合的范式

基于教育信息化理论与实践、知识建构理论的发展，协作学习的内涵与情境发生重要转变，CSCL 也成为技术与学习整合的重要

---

[1] 彭绍东：《混合协作学习的设计与分析》，湖南大学出版社 2016 年版，第 51 页。
[2] 赵建华：《CSCL 研究的现状及发展趋势》，《中国电化教育》2009 年第 5 期。
[3] Gerry Stahl, Timothy Koschmann and Dan Suthers, "Computer-supported collaborative learning: an historical perspective", in Robert Keith Sawyer, ed., *Cambridge handbook of the learning sciences*, Cambridge: Cambridge University Press, 2006, pp. 409 – 426.

范式。

随着 ICT 的迅速发展，其已经成为变革社会经济、产业形态、传播方式、生活方式等重要驱动力量，甚至在很大程度上重塑人类文化。① 教育领域亦不例外，ICT 对教育发展具有革命性影响已成为全球共识，利用 ICT 推动教育改革创新已成为国际普遍的教育发展目标并形成专门教育政策，教育信息化已成为提升教育质量、促进教育公平以及实现终身教育的重要途径。② 基于信息化社会和教育信息化的基本背景，ICT 与学习的整合成为教育发展的必然趋势。CSCL 本身是作为一种计算机网络技术基础上思考学习与教育的新方式而诞生的，③ 天然契合教育信息化的需求。

而在学习理论层面，20 世纪末期，萌芽于社会建构主义、依托于当代 ICT 的知识建构理论逐步形成，并与传统的建构学习观开始分野，"计算机支持的（在线）协作知识建构"逐渐演变为知识建构理论主流。知识建构理论强调知识建构的目的性、知识生成的社会性、知识进化的动态性、知识增长的公共性和知识产品的创造性，④ 其提出和实现依赖于 ICT 基础上形成的协作知识建构社区和知识信息流多向互动模式。基于 ICT 的协作知识建构则更明显地与 CSCL 产生了内部一致性，更强调基于协作技术与活动的整合、社会性交互环境创设、知识社会网络的形成、小组参与和过程评价，而 CSCL 也成为知识建构的重要途径。

---

① 顾小清：《破坏性创新：技术如何改善教育生态》，《探索与争鸣》2018 年第 8 期。
② 贾同、顾小清：《教育信息化战略比较研究——基于美、英、澳、日、新五国的国际比较》，《电化教育研究》2018 年第 7 期。
③ Roy D. Pea, "Seeing what we build together: Distributed multimedia learning environments for transformative communications", The Journal of the Learning Sciences, Vol. 3, No. 3, 1994, pp. 285 - 299.
④ 李海峰、王炜：《在线协作知识建构：内涵、模式与研究向度》，《现代远距离教育》2019 年第 6 期。

2. CSCL 对教育开放性的推动

在信息化乃至智能化时代,现代社会向知识型社会的转型,必然要求人通过持续的乃至终身的学习以保持与社会动态的平衡。构建学习型社会的宏观背景下,通过建设终身教育体系,推动教育与学习的开放性和社会化,已成为世界各国教育改革与发展的指导思想与目标。[①]

实现终身教育,则必然要求教育具备较高的灵活性和开放性,由此在家上学、在线学习、移动学习、泛在学习、工作场所学习等非正式学习模式得以蓬勃发展,不过最有影响和最具效应的仍是基于互联网的远程教育模式。其实无论是远程学习还是非正式学习,均秉持以学生和学习为中心的教育理念,强调学习时空的灵活性、学习方式的多元化、学习过程的自主性,这与 CSCL 的理念和方式不谋而合。另外,更重要的是,虽然以上学习方式普遍强调个性化学习,但仅仅将一名学习者置于图书馆、家中或互联网上,并不能发生有效的学习,[②] 所以学习的发生通常需要以班组或课程为载体。因此,有意义的学习必然需要实现学习者与教师、学习者与学习内容以及学习者之间的有效交互,而 CSCL 正是实现有意义学习和保证学习效果的重要途径。另外,以小组为基本单位的 CSCL,能够在教师监督相对缺失的远程学习和非正式学习过程中,利用小组互联的机制促进学习者的全员参与。异质分组的一般性要求,不仅能给小组带来多元化的贡献,也能够保障不同知识水平的学习者获得相对均等的成功机会与学习收益。因此,在构建终身教育体系的过程中,通过采用 CSCL 保障在线教育的质量与公平,可以更有效地推动教育的开放性。

---

① 张妍、张彦通:《终身教育在我国的独特涵义与研究趋势》,《教育研究》2016 年第 8 期。

② 丁兴富:《论远程学习的理论和模式》,《开放教育研究》2006 年第 3 期。

3. CSCL 对学习效果的提升

Dillenbourg 认为 CSCL 更贴近人的高级学习需求，较少关注如阅读和计算等基本技能，而主要是关注自我管理、媒体素养等高阶能力，且注重非正式知识的分享。① 此后研究也证实了这一观点，研究者发现 CSCL 能够有效提升学习者问题解决能力、② 批判性思维能力，③ 并激发学习者的内在动机和外在动机。④

而对于 CSCL 与其他学习模式的比较，研究者普遍认为 CSCL 更能提升学习者的学习效果。对于 CSCL 与计算机支持的个体学习，Susman 通过对已有研究的元分析发现，CSCL 与计算机支持的个体学习相比，将在更大程度上促进学习者高阶思维、元认知过程等方面的增长；⑤ Lou 等人基于对 122 个已有研究的 486 个独立结果进行元分析，得到了相似的结论。⑥ 与计算机支持的个人学习相比，基于小组的 CSCL 对学生的认知过程和情感结果具有更积极的影响。对于 CSCL 与 F2FCL，Chen 等人通过对 400 多项实证研究的元分析发现，CSCL 与 F2FCL 相比，将更有效地提升学生的知识增益、技能获取、学习体验、

---

① 裴新宁、路新民：《国际视野中的 CSCL 研究与发展的十个主题——访 CSCL 研究国际著名专家皮埃尔·狄隆伯格教授》，《开放教育研究》2007 年第 6 期。

② Endah Retnowati, Paul Ayres and John Sweller, "Can collaborative learning improve the effectiveness of worked examples in learning mathematics?", *Journal of Educational Psychology*, Vol. 109, No. 5, 2017, pp. 666–679.

③ Chad N. Loes and Ernest T. Pascarella, "Collaborative Learning and Critical Thinking: Testing the Link", *Journal of Higher Education*, Vol. 88, No. 5, 2017, pp. 726–753.

④ Luis Miguel Serrano-Cámara, Maximiliano Paredes-Velasco, Carlos-María Alcover, et al., "An evaluation of students' motivation in computer-supported collaborative learning of programming concepts", *Computers in Human Behavior*, Vol. 31, 2014, pp. 499–508.

⑤ Ellen B. Susman, "Cooperative learning: A review of factors that increase the effectiveness of cooperative computer-based instruction", *Journal of Educational Computing Research*, Vol. 18, No. 4, 1998, pp. 303–322.

⑥ Yiping Lou, Philip C. Abrami and Sylvia d'Apollonia, "Small group and individual learning with technology: A meta-analysis", *Review of Educational Research*, Vol. 71, No. 3, 2001, pp. 449–521.

团队绩效和社会互动。[1]

而在探索 CSCL 如何提升学习效果方面，Baker 与 Lund 认为反思性交互将有效提升 CSCL 绩效，并通过在对比实验验证了观点的有效性。[2] Nokes-Malach 等人认为 CSCL 对学习效果的提升，源于协作过程中产生的知识汇集、观察学习、群体解释与纠错和降低记忆负荷等效应。[3] 此外，研究者们还认为 CSCL 可以通过创新和拓宽沟通渠道、[4] 记录和呈现互动过程、[5] 提升学习者表达意愿[6]等方面提升学习效果。虽然依据不同的视角，研究者们对 CSCL 提升学习效果的机制做出了不同的解释和分析，但 CSCL 通过技术的有效整合进一步提升学习效果的结论已被广泛认可。

（二）如何设计计算机支持的协作学习

CSCL 学习过程中，由于师生与生生之间的交互主要是技术中介的，必然更加需要对学习设计以规范学习者行为、结构化学习过程。也正是因为学习情境的不同，CSCL 设计与 F2FCL 的设计在目标上产生了差异：F2FCL 设计侧重于支持与促进学习者对协作学习活动的参与，而 CSCL 设计侧重于支持与促进学习小组成员间的互

---

[1] Juanjuan Chen, Minhong Wang, Paul A. Kirschner, et al., "The role of collaboration, computer use, learning environments, and supporting strategies in CSCL: A meta-analysis", *Review of Educational Research*, Vol. 88, No. 6, 2018, pp. 799–843.

[2] Michael Baker and Kristine Lund, "Promoting reflective interactions in a CSCL environment", *Journal of Computer Assisted Learning*, Vol. 13, No. 3, 1997, pp. 175–193.

[3] Timothy J. Nokes-Malach, J. Elizabeth Richey and Soniya Gadgil, "When is it better to learn together? Insights from research on collaborative learning", *Educational Psychology Review*, Vol. 27, No. 4, 2015, pp. 645–656.

[4] Gerry Stahl, Timothy Koschmann and Dan Suthers, "Computer-supported collaborative learning: an historical perspective", in Robert Keith Sawyer, ed., *Cambridge handbook of the learning sciences*, Cambridge: Cambridge University Press, 2006, pp. 409–426.

[5] Pierre Dillenbourg, "Designing biases that augment socio-cognitive interactions", in Rainer Bromme, Friedrich W. Hesse and Hans Spada, eds., *Barriers and biases in computer-mediated knowledge communication*, Boston: Springer, 2005, pp. 243–264.

[6] Mengping Tsuei, "Development of a peer-assisted learning strategy in computer-supported collaborative learning environments for elementary school students", *British Journal of Educational Technology*, Vol. 42, No. 2, 2011, pp. 214–232.

动及协调。① 因此，促成协作小组的生产性互动，是 CSCL 设计的根本目标。协作脚本是为结构化协作学习过程而设计的一种活动模型，通过塑造学习者之间的交互方式以促进协作学习的认知过程和社会性过程。② 协作脚本主要通过定义小组的组成、角色和资源的分配、行动的协调等，以实现对 CSCL 过程的设计与完善，③ 一般包括学习任务（总任务与子任务）、子任务序列、学习者角色、任务限制条件以及支持工具。④ 而协作脚本作为基于心理学、教育学和计算机科学等而形成的学习设计方法，⑤ 已成为 CSCL 设计中促进小组有效交互的主要手段。本书从脚本运行流程、小组规模/特性、交互工具和适用范围四个维度，梳理分析当前较为知名的一些具体协作脚本。具体内容可见表 1-3 所示。

表 1-3　　　　　　　CSCL 协作脚本梳理表

协作脚本	运行流程	小组规模/特性	交互工具	适用范围
The Grid script（网格脚本：切块拼接法的变形）	1. 构建小组并分配角色；2. 接收协作任务（概念列表）并分工；3. 个人完成分配任务（概念定义）；4. 小组完成网格化概念组合（在网格中组合概念，并界定相邻网格/概念间的关系）	4 人（自由组合，角色扮演）	1. 人际交互工具：未论述；2. 学习者—学习内容交互工具：Web 网格	概念与理论领域

---

① 余亮:《协作脚本的研究综述》,《电化教育研究》2010 年第 5 期。
② 李海峰、王炜:《计算机支持的协作学习研究热点与趋势演进——基于专业期刊文献的知识图谱可视化分析》,《现代远距离教育》2019 年第 1 期。
③ 赵建华:《CSCL 研究的现状及发展趋势》,《中国电化教育》2009 年第 5 期。
④ Lars Kobbe, Armin Weinberger, Pierre Dillenbourg, et al., "Specifying Computer-Supported Collaboration Scripts", *International Journal of Computer-Supported Collaborative Learning*, Vol. 2, No. 2, 2007, pp. 211-224.
⑤ 查冲平等:《协作脚本技术及其发展方向研究》,《中国电化教育》2011 年第 2 期。

续表

协作脚本	运行流程	小组规模/特性	交互工具	适用范围
TheArgueGraph script（观点图脚本）	1. 学生个人填写网上问卷并解释；2. 系统根据学生答案生成论证图并在图中定位学生；3. 学生根据个人答案进行非正式讨论；4. 根据图标定位构建小组，基于小组讨论共识重新填写问卷与解释；5. 系统分别计算学生个人与学生小组问题答案；6. 教师引导班级讨论并形成概念理论框架；7. 学生个体基于选定问题撰写综合报告	2人（基于最大差异，即系统成图表中位置距离最大）	1. 人际交互工具：未论述；2. 学习者—学习内容交互工具：网上多项选择问卷，论证图系统	多种理论并存的概念领域
TheUniverSanté Script（医学教育脚本）	1. 构建国家组和专题小组，且每个专题小组分为两个不同临床病例小组；2. 导师激发并引导小组论坛讨论；3. 以国别为单位，学生综合介绍全体学习专题内容；4. 以专题小组为单位，学生综合介绍全体国家在该专题领域的概况；5. 在讨论论坛上比较分析国家概况异同；6. 以国别为单位，学生基于导师要求进行专题汇报并开展互相评论；7. 根据评论修改专题汇报；8. 临床病例小组分析研究病例，给出解决方案（健康战略）	国家组20人，专题小组16人，临床病例小组8人（根据国别进行异质分组）	1. 人际交互工具：在线论坛；2. 学习者—学习内容交互工具：在线论坛，在线知识库	医学教育与公共卫生教育

续表

协作脚本	运行流程	小组规模/特性	交互工具	适用范围
TheMagicBook（魔法书脚本）	1. 教师撰写故事开头；2. 所有学生阅读故事开头；3. 所有学生续写一节故事；4. 学习者阅读并投票选出最喜欢的一节续写；5. 当选的一节续写成为正式的故事节段；6. 从程序二开始迭代	不分组（或全体学生作为一组）	未论述	小学
The Courseware Design Studio（课件设计工作室脚本）	1. 目标定义阶段；2. 内容分析阶段；3. 活动设计阶段（在每个阶段，所有团队将他们的阶段知识制品放在一个共享空间中；在下一个阶段，团队间允许相互借用彼此前一阶段知识制品）	未论述	1. 人际交互工具：未论述；2. 学习者—学习内容交互工具：在线知识共享空间	未论述

从表1-3可以看出，大部分的具体协作脚本虽然强调了小组的共同活动与协作意义建构，并可以适用于较广泛的应用范围，但在工具、情境等方面仍存在一定的限制，并且在程序步骤上显得较为僵硬。Dillenbourg曾深入探讨了CSCL中协作脚本设计的利弊，指出相较于传统的教学设计，协作脚本能够更好地整合个人与集体学习活动、协作活动和计算机中介活动，提升学习者时间管理能力，从而提高协作学习活动的有效性。但也提出了过于结构化的脚本设计可能会干扰学生自然真实的互动过程和问题解决过程，还可

能导致认知负荷加重、说教式的协作和无目的交互等问题。[1]

其实宏观上来讲，排除过于结构化的脚本程序，协作脚本可以视为一种促进协作知识建构的 CSCL 方法论，从而根据不同的活动目的、情境和进程灵活采用不同的具体脚本。协作按照不同维度可分为认知脚本和社会脚本、微脚本和宏脚本，前一种分类强调活动的不同属性，后一种分类强调活动的不同粒度。在本研究中，综合运用了以上四种脚本，在为学生协作知识建构提供了丰富协作脚本指导的基础上，也赋予学生小组根据自身需求自主决定是否采用部分协作脚本的灵活性。

三 从在线协作学习到混合式协作学习

虽然严格来说，在线协作学习与 BCL 都属于 CSCL 的范畴，从在线协作学习到 BCL 的演进属于 CSCL 概念和理论一种内部发展。不过为了强调在线协作学习与 BCL 在某种意义上已经产生了一种质的变化，因此在此将详细地论述这种演变的机制。

BCL 是在当代信息技术中介的纽带作用下，由混合学习与技术增强的协作学习领域发展与融合的结果，是 CSCL 发展的新方向与新阶段，也是当前技术与学习融合的新范式。BCL 是由英国学者 Prendergast 于 2002 年首次提出，并在此后逐渐发展和受关注的新研究领域。随着研究和实践的持续进行，虽然 BCL 尚未形成一个成熟的研究领域，不过 BCL 在概念和内涵方面已经得到了显著的拓展，不仅是协作环境的混合，也包括了协作技术/工具、协作策略/方法等的混合。由此，BCL 承接了混合学习与 CSCL 的理论基础，正在逐渐形成以面对面和在线学习情境混合为基础，以生生多元交互、协作技术整合与小组知识建构为核心的特征

---

[1] Pierre Dillenbourg, "Over-scripting CSCL: The risks of blending collaborative learning with instructional design", in Paul A. Kirschner, ed., *Three worlds of CSCL: Can we support CSCL*, Heerlen: Open Universiteit Nederland, 2002, pp. 61–91.

的研究和实践领域。

(一) 为什么要混合式协作学习

随着 CSCL 研究的持续深入,研究者认为 CSCL 应融入更广泛的教育情境中,也由此突破了传统 CSCL 以非面对面的在线交互为核心的内涵。并且,研究者发现单纯基于在线交互来推动学生认知、情感与社会层面的发展,在过程与效果上存在一些难以突破的局限。而在教育信息化持续发展,已通过推动教育理念变革、教育资源普及、教育过程开放等重塑教育生态的基础上,对教育质量的追求成为当前教育领域的关注重心。BCL 正是基于对在线协作学习的反思而提出,旨在结合面对面协作与在线协作的优势,提升学校教育质量和课堂学习效果,成为 CSCL 发展的一个新阶段。以下将从理论层面、学校实践层面和学习效果层面探讨 BCL 的必要性。

1. BCL 成为当前技术与学习(尤其是课程)整合的新范式

在理论层面,协作学习理论的发展和混合学习思想的推动,共同促成了 BCL 成为当前技术与学习整合的新范式。随着协作学习理论与实践的持续开展,"4E + S" 认知理论(具身认知、嵌入认知、生成认知、延展认知和情境认知)、探究社区理论等理论的影响下,协作学习理论领域越发重视教师引导作用、学习者情感与社会交互、协作知识建构过程设计的重要性。[①] 由此,在技术与教育整合的基本背景下,通过将在线协作学习活动与基于教师有效设计的、更宏观的教学情境进行整合成为 CSCL 发展的重要方向。[②] 混合学习思想则强调对教育过程要素的优化配置,以满足多元学习需求、降低学习成本、提升学习效果,其基础则是面对面学习与在线学习

---

① 李新宇、雷静:《远程学习中教师对学生情感支持的构成——理论和实证研究》,《电化教育研究》2012 年第 5 期。

② Pierre Dillenbourg, Sanna Järvelä and Frank Fischer, "The evolution of research on computer-supported collaborative learning", in Nicolas Balacheff, Sten Ludvigsen, Ton Jong, et al., eds., *Technology-enhanced learning*, Dordrecht: Springer, 2009, pp. 3–19.

的结合，① 而实时学习和协作则是混合学习的重要要素。② 由此，在以上理论的协同推动下，BCL 成为技术与学习整合的新范式。

2. BCL 成为当前学校课程改革的新模式

在学校实践层面，为了兼顾学生的正式学习与非正式学习，保障课程教学的效率与质量，BCL 成为学校教学组织和课程设计的新模式。不可否认的是，自工业革命至今，班级授课制仍是全世界范围内最普遍的教学组织形式，也对提高教学效率、扩大教学规模发挥了相当重要的积极作用。而混合学习可以视作班级授课制在信息时代的新发展形式，③ BCL 则同样成为班组学习的重要发展方向。在非正式教育领域，CSCL 已成为开展非正式学习的重要形式，不过研究者一般认为单纯的在线协作学习仍存在一定的不足，如前文所说的存在技术障碍、团体交流质量和效率低下、师生参与水平较低、学生满意度不高等问题，从而导致协作知识建构水平与效果的不足。而结合 CSCL 和混合学习理念形成的 BCL，通过将 F2FCL 整合到 CSCL 过程中，并强调 F2FCL 与在线协作学习的融合互补，可以有效弥补在线协作学习在交互效率、教师反馈、情感与社会交互等方面的不足。另外，在学校（正式）教育领域，为了保障义务教育的普及和高等教育的大众化，以班级为单位的面对面课程学习仍将长期作为学校教育教学的主要形式。那么，基于学校教育的立场，BCL 通过实现技术与课程以及课堂的灵活整合，构建现实与虚拟的混合学习空间，成为保障教育质量、拓展教育时空、提升学习效率与发展学生专业技能的重要途径。由此，BCL 成为新时代学校教学组织和课程设计的必然趋势。

---

① 詹泽慧、李晓华：《混合学习：定义、策略、现状与发展趋势——与美国印第安纳大学柯蒂斯·邦克教授的对话》，《中国电化教育》2009 年第 12 期。

② Jared M. Carman, "Blended learning design: Five key ingredients", *Agilant Learning*, 2005, pp. 1–11.

③ 黄荣怀等：《基于混合式学习的课程设计理论》，《电化教育研究》2009 年第 1 期。

3. BCL 对学习效果的进一步提升

在学习效果层面，BCL 通过灵活匹配学习内容与学习情境、有效兼顾正式与非正式学习、有力促进学习共同体的生产性互动，从而实现学习者在认知、情感、社交等层面的提升。已有研究发现，BCL 可以有效提升学习者学习和协作动机、[1] 个人与小组参与、[2][3] 教学与社交与认知存在、[4][5] 学业成绩[6][7]以及社交和协作能力。[8] 如 Kirkman 等人提出召集在线小组定期建立面对面的联系有助于提高协作和绩效。[9]

也有研究者对于 BCL 和 F2FCL、在线协作学习的学习效果进行了对比，大多研究认可 BCL 在学习效果上优于 F2FCL 和在线协作

---

[1] Jeff Cain, "Exploratory implementation of a blended format escape room in a large enrollment pharmacy management class", *Currents in Pharmacy Teaching and Learning*, Vol. 11, No. 1, 2019, pp. 44–50.

[2] Jenna Mittelmeier, Bart Rienties, Dirk Tempelaar, et al., "The influence of internationalised versus local content on online intercultural collaboration in groups: A randomised control trial study in a statistics course", *Computers & Education*, Vol. 118, 2018, pp. 82–95.

[3] Carolina Rodriguez, Roland Hudson and Chantelle Niblock, "Collaborative learning in architectural education: Benefits of combining conventional studio, virtual design studio and live projects", *British Journal of Educational Technology*, Vol. 49, No. 13, 2018, pp. 337–353.

[4] Ingrid le Roux and Lynette Nagel, "Seeking the best blend for deep learning in a flipped classroom-viewing student perceptions through the Community of Inquiry lens", *International Journal of Educational Technology in Higher Education*, Vol. 15, No. 1, 2018, pp. 1–28.

[5] Lyra P. Hilliard and Mary K. Stewart, "Time well spent: Creating a community of inquiry in blended first-year writing courses", *The Internet and Higher Education*, Vol. 41, 2019, 41: pp. 11–24.

[6] Nan Yang, Patrizia Ghislandi and Sara Dellantonio, "Online collaboration in a large university class supports quality teaching", *Educational Technology Research and Development*, Vol. 66, No. 3, 2018, pp. 671–691.

[7] Vanda Santos, Pedro Quaresma, Milena Marić, et al., "Web geometry laboratory: case studies in Portugal and Serbia", *Interactive Learning Environments*, Vol. 26, No. 1, 2018, pp. 3–21.

[8] Yalın KılıçTürel, "Relationships between students' perceived team learning experiences, team performances, and social abilities in a blended course setting", *The Internet and Higher Education*, Vol. 31, 2016, pp. 79–86.

[9] Bradley L. Kirkman, Benson Rosen, Paul E. Tesluk, et al., "The Impact of Team Empowerment on Virtual Team Performance: The Moderating Role of Face-to-Face Interaction", *Academy of Management Journal*, Vol. 47, No. 2, 2004, pp. 175–192.

学习的结论。在 BCL 与 F2FCL 的比较方面，González 等人在大学计算机科学课程中对两者的学习效果进行了实证分析，发现学生在 BCL 的学习成绩和满意度均高于 F2FCL；[1] Mesh 则通过在多门大学成人英语培训课程中对比分析两者在学习效果上的差异，发现 BCL 更能满足学生学习需求，并提升学生课程表现。[2] 在 BCL 与在线协作学习的比较方面，Means 等人对美国高等教育领域 1996—2000 年多种学习模式进行了元分析，发现与包括在线协作学习在内的在线学习形式相比，BCL 是更为有效、更能提升学生学习效果的学习方式，[3] 陈纯槿与王红的元分析研究也支持了这一结论；[4] Laura Llambí 等人通过在继续医学教育课程"戒烟技能培训"分析了基于协作学习模式下，学习者单纯参与线上培训与参与混合式培训的课程表现，发现 BCL 模式下课程通过率显著高于在线协作学习模式。[5]

(二) 如何设计混合式协作学习

混合学习的核心思想是根据不同问题与需求，灵活采用不同的方式解决问题，[6] BCL 亦是如此。因此，BCL 需要对学习情境、学习技术、学习者、学习目标等多方面进行适当的设计与匹配，通过实现最优的组合，取得最优化的协作知识建构效果。因此，有效设

---

[1] Ana-B. González, María-José Rodríguez, Susana Olmos, et al., "Experimental evaluation of the impact of b-learning methodologies on engineering students in Spain", *Computers in Human Behavior*, Vol. 29, No. 2, 2013, pp. 370–377.

[2] Linda Mesh, "A curriculum-based approach to blended learning", *Journal of E-learning and Knowledge Society*, Vol. 12, No. 3, 2016, pp. 87–97.

[3] Means Barbara, Toyama Yuki, Murphy Robert, et al., *Evaluation of evidence-based practices in online learning: A meta-analysis and review of online learning studies*. Washington, DC.: Centre for Learning Technology, 2009, p. xv.

[4] 陈纯槿、王红：《混合学习与网上学习对学生学习效果的影响——47 个实验和准实验的元分析》，《开放教育研究》2013 年第 2 期。

[5] Laura Llambí, Elba Esteves, Elisa Martinez, et al., "Teaching tobacco cessation skills to Uruguayan physicians using information and communication technologies", *Journal of Continuing Education in the Health Professions*, Vol. 31, No. 1, 2011, pp. 43–48.

[6] 李克东、赵建华：《混合学习的原理与应用模式》，《电化教育研究》2004 年第 7 期。

计成为开展 BCL 实践的必然前提。而 BCL 设计的基础就是对学习情境的设计，即根据学习需求确定面对面学习与在线学习的比例，[①]从而实现两者的"精心整合"与"和谐平衡"。[②] 根据上文可以得知，目前虽然并没有产生十分成熟的混合式协作知识建构活动模式，不过强调技术与协作整合的"翻转课堂"与"SPOC"可作为 BCL 设计与实践的参考模型。由此，以下将对"翻转课堂"与"SPOC"的设计模型进行分析，从而为 BCL 设计提供参照。

1. 翻转课堂设计模型

翻转课堂的设计一般基于翻转学习的理念，在"课堂"与"课外"学习环境翻转的基础上，通过学习活动与流程的设计，从而实现在线与面对面、自主与协作的有效混合。Blau 与 Shamir-Inbal 对翻转课堂设计的主要改进，便体现在对课外环境下技术与协作的有效结合，[③] 其具体模型可见图 1-17。

面向具体课程实践，翻转课堂一般主要是指"课外"（一般指课前）与"课中"的翻转，在扩大与整合"混合"课程时空的基础上，通过对课外与课中两个环节的衔接与活动进行设计，从而创设更有针对性的学习情境以及应用更匹配情境的学习技术、资源与方式，达到提升学习效果的目的。Talbert 提出的经典翻转课堂模型，便体现了学习模式与学习情境相匹配的设计理念，[④] 其模型如图 1-18 所示。

当然，Talbert 的翻转课堂模型相当于一个设计理念模型，在具体设计上比较简略。此后的研究者基于此模型构建了许多基于不同

---

① 詹泽慧、李晓华：《混合学习：定义、策略、现状与发展趋势——与美国印第安纳大学柯蒂斯·邦克教授的对话》，《中国电化教育》2009 年第 12 期。

② D. Randy Garrison and Heather Kanuka, "Blended Learning: Uncovering Its Transformative Potential in Higher Education", *The Internet and Higher Education*, Vol. 7, No. 2, 2004, pp. 95-105.

③ Ina Blau and Tamar Shamir-Inbal, "Re-designed flipped learning model in an academic course: The role of co-creation and co-regulation", *Computers & Education*, Vol. 115, 2017, pp. 69-81.

④ Robert Talbert, "Inverting the Linear Algebra Classroom", http://prezi.com/dz0rbkpy6tam/inverting-the-linearalgebra-classroom.

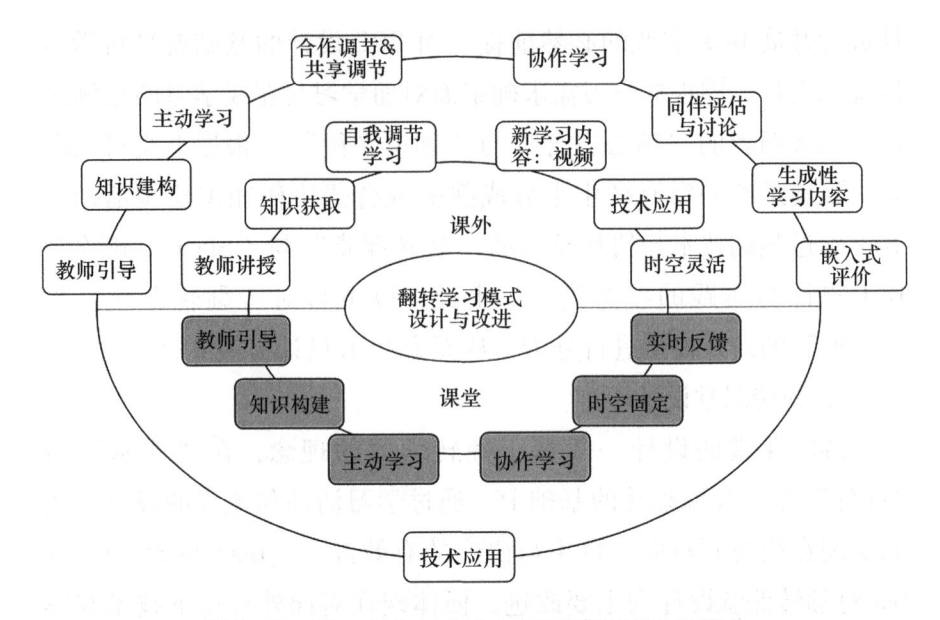

图 1-17 Blau 与 Shamir-Inbal 的翻转课堂改进模式

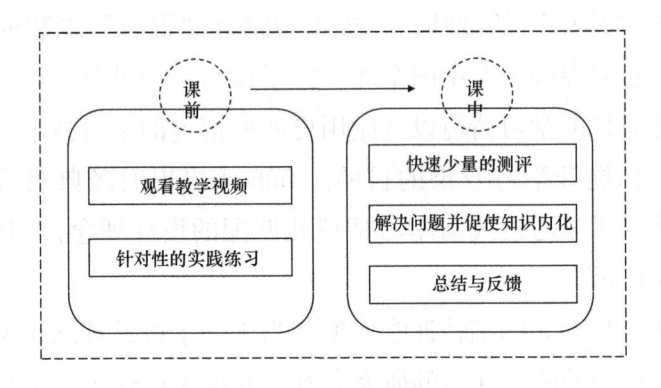

图 1-18 Talbert 的翻转课堂模型

课程、不同侧重的翻转课堂模型。如张金磊等人强调在翻转课堂中课堂学习活动的设计，提出课堂环境应是协作学习环境与个性化学习环境的有机结合，也应是协作学习与探索性学习的有机结合，因此基于 Talbert 的翻转课堂模型提出了聚焦课堂教学设计的翻转课堂模型,[①] 如图 1-19 所示。

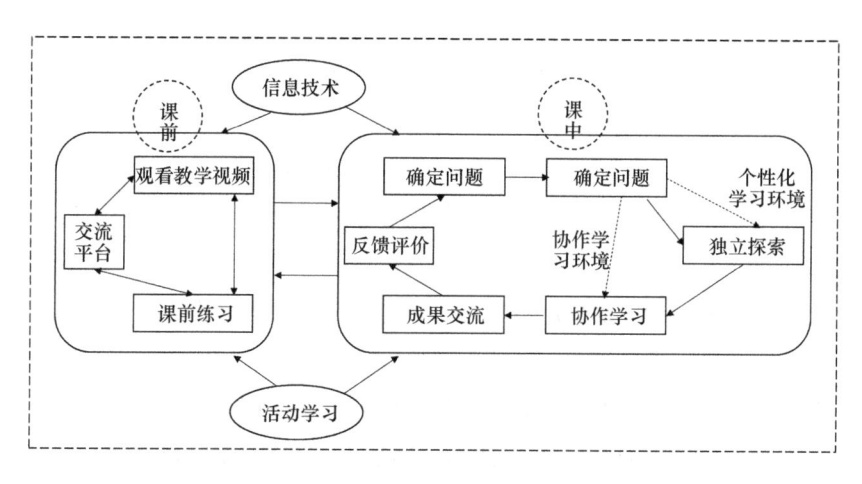

图 1-19 张金磊等的翻转课堂教学模型

2. SPOC 设计模型

SPOC 的理念与实践源于对 MOOC 理念与实践的反思,最初其核心目的是想解决 MOOC 中课程完成率低和学习效果不佳的问题。因此,SPOC 与 MOOC 的联系是相当紧密的,一般依赖于 MOOC 学习平台开展课程学习,其快速发展也有 MOOC 平台公司背后推动的因素。

作为一种课程设计模式,SPOC 最初一般以学校为主体,通过与 MOOC 平台的合作,开展试点性质的课程设计与实践,比较知名的有哈佛大学、加州大学伯克利分校与清华大学等高校多门试点课程,课程设计与实施模式总体来看大同小异。图 1-20 即为加州大学伯克利分校的 SPOC 模式示意图。

SPOC 由此形成了一种立足学校课堂,并利用 MOOC 学习平台提供学习过程支持的课程设计与实践模式,其一般过程包括设置并实施课程限制性准入、课前基于 MOOC 平台的课前在线学习、互动

[①] 张金磊等:《翻转课堂教学模式研究》,《远程教育杂志》2012 年第 4 期。

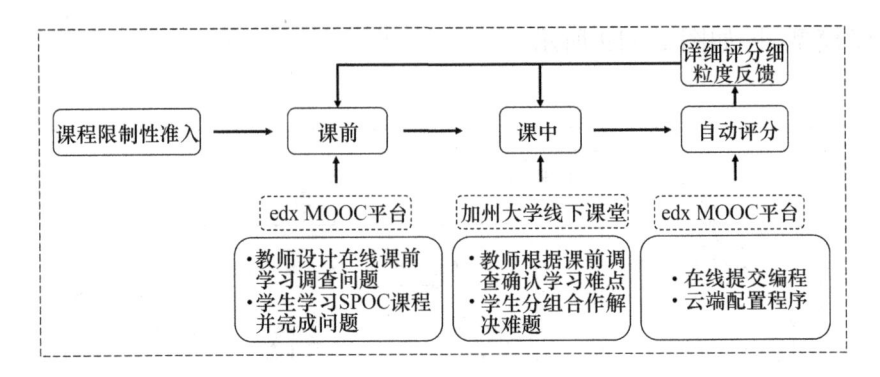

图1-20 加州大学伯克利分校的SPOC设计与实践模式

性课堂以及基于MOOC平台的课后任务完成与评价。

不过随着研究的深入，研究者基于混合学习的设计理念，开发了日益多元的SPOC实践模式，并且逐渐摆脱了对MOOC学习平台的依赖，形成了一种灵活度高、扩展性强的SPOC设计模式。如陈然与杨成、杨丽与张立国均基于课程实践提出了具有灵活性的SPOC设计与实践模型，强调了SPOC与混合学习结合、线上与线下协作结合的必然性，图1-21即杨丽等提出的SPOC设计模型。

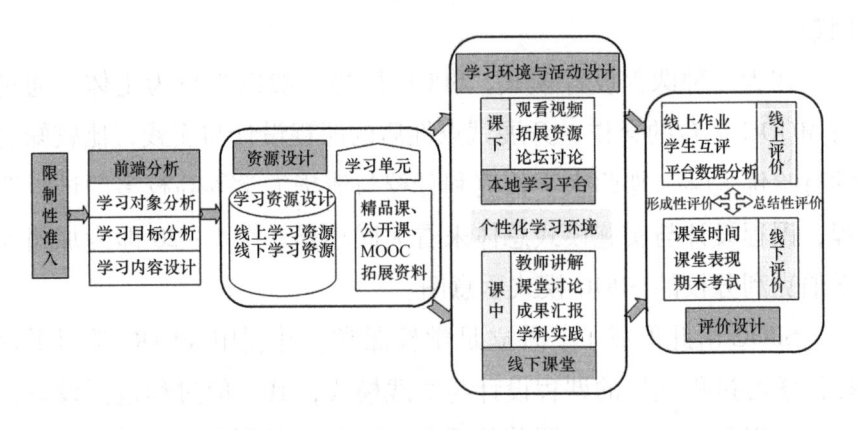

图1-21 杨丽等的SPOC设计模型

第五节　国内外研究现状总结

通过对国内外 BCL 与协作知识建构相关研究的梳理，本研究对当前 BCL 和协作知识建构研究现状形成以下总结。

第一，协作知识建构成为协作学习的核心过程与主要目标。培养学习者的 21 世纪核心素养是当代教育的核心目标之一，创新能力是 21 世纪核心素养的重要内容。知识建构通过要求学生参与真实的、以观点改善为中心的知识建构和持续的创造性工作，成为一种更为有效、更为直接的培养学习者创新能力的学科教育方法，也成为一种教育改革的新模式。因此，基于知识建构目标开展协作学习是提升学习效果的必然途径。而在协作学习过程中，知识建构可以分为协作知识建构和个体知识建构两个层面，其中协作知识建构体现着知识建构的本质，即"学生以社区成员的身份在参与改进和提升观点的对话中建构新知识"[1]，并且是以知识协同创新培养学习者创新能力的核心路径。因此，协作知识建构不仅是开展协作学习的主要目标，也是协作学习得以发挥功效的核心过程。

第二，协作知识建构的可持续性实现仍面临挑战。在当前的协作知识建构教学实践中，依然存在着两方面的挑战。一是，在大规模应用推广层面，虽然当前研究领域主要已经形成了取得广泛认可的协作知识建构教学原则和过程框架，但对于如何有效评价协作知识建构效果和促进教师教学方式结构化转变尚未取得共识，并未形成较为通用的协作知识建构教学设计模型与实践模式。因此在学区乃至更大范围内的协作知识建构可持续性实践与推广仍面临挑战。二是，在具体过程组织层面，当前研究领域已在多学段、多学科开展了丰富多元的协作知识建构具体教学实

---

[1] 柴少明：《知识建构引领教育创新：理论、实践与挑战——访国际知名学习科学专家波瑞特教授和斯卡德玛利亚教授》，《开放教育研究》2017 年第 4 期。

践，但协作知识建构教学过程"有协作、无建构"或知识建构水平低的问题依然突出。因此，有效组织教学过程，促进学生由低水平交互向高水平交互发展及维持，成为保障协作知识建构效果实现的重要挑战。

第三，混合式协作学习代表CSCL发展的新阶段。由F2FCL向CSCL的发展是协作学习的一次重要演进，不仅导致了协作学习与合作学习的分化，从而使协作学习的内涵更加明晰；并且突破了传统协作中信息交互的局限，进而在目标、过程和研究范式等层面发生了显著改变，成为教育技术领域的一种新兴模式。而从在线协作学习到BCL的发展则成为CSCL发展过程中的重要突破。BCL融合混合学习思想，突破了"在技术中学习"的技术视角，回归到"利用技术（赋能）学习"的人本视角，并在理论基础、实践设计、研究方法等方面成为CSCL研究的新分支。BCL不仅代表着教育领域对技术有限性的认识，成为技术与教学融合的新范式，也代表着教育领域对学校教育的扬弃，形成兼顾质量和灵活、群体与个体的新取向。

第四，混合式协作学习成为技术与课程融合的新范式。教育信息化的发展促成了技术在教育过程中的空前富集，技术一方面拓展了课程的形式与内容，极大地增强了教学的灵活性与可及性，另一方面则增添了课程教学的环节与成本，容易造成学习者的信息负荷的增加和临场感的缺失。由此，技术与课程的融合由技术取代传统面对面教学转为技术结合面对面教学，混合学习正是这一转变的体现。与此同时，学习科学与技术的不断发展，知识生产与传播的模式更迭，学习不仅包括了知识习得的个体性过程，更成为一种知识建构与创新的社会性过程。协作知识建构由此成为学习的本质与核心过程，群体互动与社会性实践也成为教学发展的新取向。而BCL作为教育技术背景下混合学习与协作学习的必然结合，也成为当前技术与教学融合的新范式。

第五，混合式协作知识建构活动的有效设计是开展实践的必备前提。仅仅将学习者个体组成小组或团体，并不能够保证形成有效的协作。基于任务驱动精心设计协作知识建构活动可以促成学习者有效协作已成为研究者的共识，已有研究对于协作知识建构的流程、工具和策略已形成较为丰富的论述。同时，混合学习也不仅仅意味着面对面学习情境与在线学习情境的简单混合，而是同样需要通过精心设计以实现学习情境与学习活动的有机整合，进而发挥其功效。多年来，研究者们对混合学习的模式、工具和策略论述颇多，形成了基于多种在线学习平台、多种教学策略的混合学习模式。然而，对于如何结合两者以形成混合式协作知识建构活动的有效设计，即如何有效整合混合学习情境和协作任务活动，研究者尚未形成足够的探究与成果。

第六，混合式协作知识建构活动的过程分析是建构模式的必然要求。经过多年的研究发展，协作学习的研究范式已经从结果导向转为过程导向，对 BCL 的研究也必然需要顺应这种转变。协作知识建构的过程通常是归纳性、适度认知负荷、自我解释以适应社会、基于概念差异和立场冲突以及视情境建立同伴模型的。[1] 而群体交互作为协作知识建构活动的核心过程，在传统研究中却往往缺乏对群体内交互动态的严谨量化和详细洞察。[2] 因此，有必要采用学习分析的方法，通过收集和分析学习者群体的过程交互数据，洞悉 BCL 情境下群体交互的动态过程与机制，进而建构和完善混合式协作知识建构活动的设计与实践模式。

---

[1] Pierre Dillenbourg, "What do you mean by collaborative learning?", in Pierre Dillenbourg, ed., *Collaborative-learning: Cognitive and Computational Approaches*, Oxford: Elsevier, 1999, pp. 1 – 19.

[2] Ling Cen, Dymitr Ruta, Leigh Powell, et al., "Quantitative approach to collaborative learning: performance prediction, individual assessment, and group composition", *International Journal of Computer-Supported Collaborative Learning*, Vol. 11, No. 2, 2016, pp. 187 – 225.

第六节 相关理论基础

从 BCL 的发展脉络，可以看出其形成和发展的轨迹。但究其发展的根源和依据，可以从社会性学习理论、混合学习思想、知识建构理论和活动理论出发，阐释协作的必要性、混合的必要性、协作知识建构的必然性以及混合与协作融合的合理性，从而论证 BCL 的必要性和有效性，指导和规范 BCL 活动设计。

一 社会性学习理论

社会性学习理论是由 Wenger 在 1998 年正式提出，其沿袭 Bandura 的社会学习理论、Vygotsky 的社会文化理论，并在 Lavege 和 Wenger 本人共同提出的情境学习理论基础上完善而成。该理论认为参与社会性实践即社会性参与是人类进行学习并获得认同的基础。而在实践者共同体层面进行的社会性参与（协作），则决定了其不仅是共同体成员的一种社会性活动体验，更是一种共同体成员所共享的意义建构过程。因此，协作同时成为学习的动机和方式，而其在根本意义上，协作更是成为学习的载体和路径。

随着技术尤其是网络技术的发展，社会的生态环境发生了巨大改变。现实社会和虚拟社会的并存，不仅为社会性实践增加了新的连接方式，拓展了社会性参与的途径；并且为学习者提供了新的社会活动空间，导致了"虚拟实践者共同体"乃至"混合实践者共同体"的产生。这不仅为 BCL 的形成提供了重要动力，也为协作学习的演进提供了理论依据。

二 混合学习思想

混合学习基于对在线学习的反思而出现，在当前已成为一个成果丰富的研究和实践领域，代表着教育技术理论的新发展。混合学习虽然尚未形成一种完善的学习理论，但作为一种教学设计思想和框架已受到学界广泛认可。混合学习的基础含义是面对面学习情境和在线学习情境的混合，以重构物理学习空间；实质上也蕴含着线下和线上学习资源、学习方式和学习理论的混合，以实现优势互补、获取最优学习效果。

从广义上来说，混合学习是指基于教学目标，对所有的教学要素进行优化选择和组合的研究和实践。在这种意义上，混合学习与教育技术（AECT04 定义）具有相同的本质，并有力驱动了技术与学习整合范式由"技术中介"向"技术赋能"的转变。总的来说，混合学习思想已成为提升学习效果的目标下，教育技术应用的新观点、教学设计理论发展的新思维以及教育要素和生态优化的新理念，对 BCL 的发展与设计具有重要的指导意义。

三 协作知识建构理论

协作知识建构理论由 Scardamalia 与 Bereiter 在 20 世纪 80 年代末提出，其沿袭建构主义的学习观与知识观，并在对学习过程的认识上有所突破，包括对学习目的性和公共知识的强调。协作知识建构理论一般认为教学对话（交互）是协作知识建构的基本途径、学生观点是协作知识建构的活动核心、社区公共知识的生成性发展是协作知识建构的根本目的。根据协作知识建构理论，协作交互是知识生产与创新的必然路径，共同体的知识生成与进步是学习的根本目的，而学生的主体性与认识的能动性则是协作知识建构的内在要求。

总的来说，在协作知识建构的视角下，BCL 与混合式协作知识建构在过程与内涵上具有一致性。BCL 设计与实践需要将群体交互作为协作知识建构的核心过程，将小组作为协作知识建构活动的主要载体，将学生个体与群体发展作为协作知识建构的重要目标。

四 活动理论

活动理论发轫于 Vygotsky 的文化—历史心理学理论，同样强调"中介"的概念和由主体、客体和起中介作用的制品/工具等构成的基本活动结构。活动理论由 Leontyev 在 20 世纪 70 年代正式提出，其通过从个体与共同体之间的复杂关系来研究活动，建立了心理学范畴的活动理论。此后 Engestorm 对活动理论进行了拓展和完善，形成了以主体、客体、共同体为核心成分，工具、规则和劳动分工为次要成分的活动理论要素体系，如图 1-22 所示。活动理论强调意识与活动的统一、活动的意图性、活动的工具中介性以及活动的转化性（内化与外化过程）。首先，人的意识和活动统一且不可分割，即人的心理发展和外部活动是辩证统一的；其次，意识和活动都是由意图启动的，其指向活动的客体，旨在将客体转化为一定的活动结果；再次，人类活动是基于工具中介的，主体间以及主体与环境间的交互都依赖于工具的中介作用；最后，活动包括外部体验活动和内部心理活动，而两者之间存在着不断相互转化的关系。

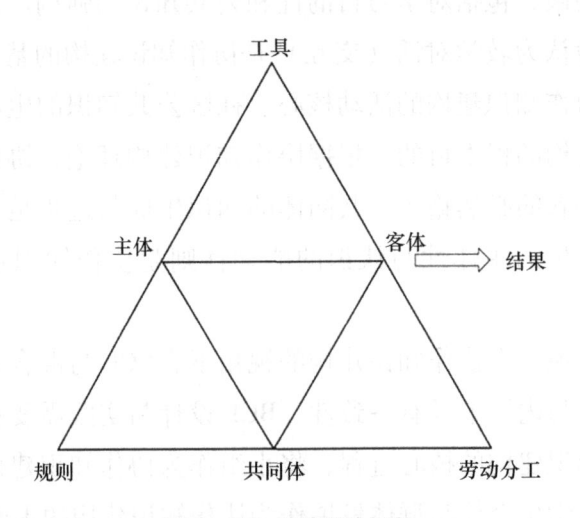

图 1-22 活动理论框架

对于 BCL 研究与实践而言，活动理论可以有效拟合学习情境、交互工具和协作知识建构活动。首先，活动理论能够有效明晰 BCL 活动与目标以及 BCL 情境中不同要素间的关系；其次，活动理论能够为混合式协作知识建构活动设计提供逻辑路径和结构框架。

五　首要教学原理

首要教学原理由 Merrill 在 2002 年正式提出，是一种聚焦于问题解决与课堂教学有效性的系统教学设计理论。该理论是一种教学设计的取向性理论，认为课程的效果、效率和参与度为教学设计的有效性标准，关注学习环境的创设和学习目标的制定。首要教学原理主要包括五项具体的教学原理：（1）问题原理：只有学习者介入解决实际问题，学习才能得到促进；（2）激活原理：只有将已有知识作为新知识的基础而激活，学习才能得到促进；（3）展示原理：只有将新知识展示给学习者，学习才能得到促进；（4）应用原理：只有学习者将新知识进行应用，学习才能得到促进；（5）整合原理：只有学习者将新知识与生活整合为一体，学习才能得到促进。聚焦教学设计，首要教学原理还提出了以问题解决为核心的"激活旧知—展示新知—应用新知—整合融通"四阶段教学循环圈，强调基于问题的设计与面向教学互动的设计。对于 BCL 的内容单元设计而言，首要教学原理不仅有助于形成有效性目标设计，并且有助于确立以协作知识建构（新、旧知识的联结和新知识的应用内化）为核心的过程设计。

第二章

混合式协作知识建构活动模式的设计

基于BCL的概念与内涵,"有效设计"是开展BCL实践的必然前提。而对BCL进行设计的过程,即是对小组知识建构过程如何"混合"和如何"协作"进行有效设计的过程。但目前对BCL的研究和实践大多是基于具体课程内容的课程设计,尚缺乏被广泛认可的教学设计模型和课程实践模式。因此,有必要从混合学习设计领域和协作学习设计领域借鉴"混合"和"协作"的设计方法与经验,构建协作知识建构视角下的BCL活动实践模式。

由此,本研究将从建构过程、混合结构和协作任务三个方面,在理论上为混合式协作知识建构活动模式的构建提供过程和方法基础。其中,建构过程维度主要指基于协作知识建构理论,构建以小组交互为核心的协作知识建构过程要素与结构;混合结构维度主要指基于混合学习理念,在时序上通过界定协作知识建构活动组织结构,对协作知识建构要素与过程进行了解析与重组;协作任务维度主要指基于协作学习任务分类,构建任务驱动的小组知识建构的具体路径。以上三部分内容将从第一节到第三节分别进行具体论述。

然后,本研究将在理论与文献基础上,构建混合式协作知识建构活动模式的理论原型,并从模式内涵和模式要素两个层面,解析活动模式的逻辑与结构。其中模式内涵主要是基于混合式协作知识建构活动模式的结构，阐释以任务为核心的模式设计逻辑；模式要素主要是基于混合式协作知识建构活动模式的要素，阐释模式要素的设计过程与具体内容。此部分内容则在第四节进行具体论述，也是本章的核心内容。

混合式协作知识建构活动模式理论原型的逻辑架构即是对核心研究问题1-2的回应，具体如图2-1所示。

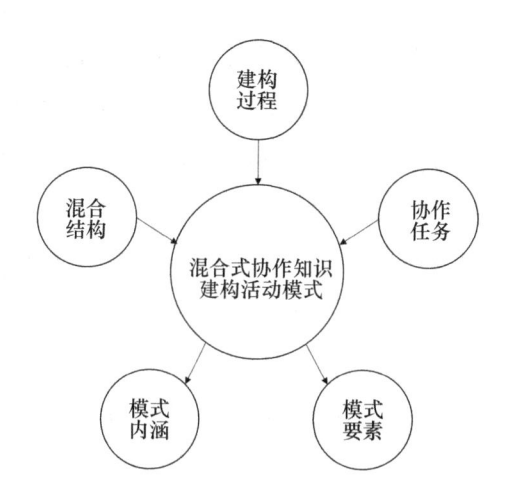

图2-1 混合式协作知识建构活动模式理论原型的逻辑架构

第一节 建构过程：班组协作知识建构框架

由前文可知，完整的协作知识建构过程应包括社会（小组）知识建构和个体知识建构两个子过程。不过社会知识建构是实现知识生成的核心过程，也是学习共同体参与社会实践的核心过程，因此本研究将个体知识建构融入社会知识建构的过程，构建以小组交互为核心的协作知识建构框架。此框架以班组结构为基础，通过梳理知识建构过程逻辑，对协作知识建构的要素与结构进行了界定与阐释。对于混合式协作知识建构而言，基于协作知识建构模型对F2FCL、在线协作学习和BCL三种协作学习模式进行对比分析，是明晰协作学习演进逻辑的重要条件，也是论证混合式协作知识建构必要性与优越性的重要论据。

一 基于班组结构的协作知识建构框架

在班级授课制仍是全世界范围内最普遍的教学组织形式的当下，将学生群体分成协作小组，形成班组的协作组织结构，是降低班级学生信息负荷、提高学生学习参与的重要途径。[1] 如在班级课程中存在数个内容可分割、难度与工作量相似的学习主题，即可将这些学习主题分配到不同的小组中，基于小组对进行学习主题较为深入的协作探究，并通过在班级中的共享、讨论与反思形成对课程普遍而各有侧重的理解。由此，在协作学习实践过程中，小组普遍作为协作知识建构的基本组织形式，而在班级层面则通过组间协作、自由讨论、教师反馈等形式来辅助和补充小组协作。

聚焦班组协作知识建构的过程，基于小组的生生交互是最为核心的进程与形式。通过对协作知识建构交互的梳理与分析，研究者普遍发现学生间的交互是可以按照认知水平进行分层或者分阶段的，并借此构建了许多具有代表性的协作知识建构模型。本研究根据 Harasim、Gunawardena 等人、Stahl、Weinberger 与 Fischer 的协作知识建构模型，构建了协作知识建构的一般模式，其具体内容及与借鉴模型的对照如表 2-1 所示。

---

[1] Mingzhu Qiu and Douglas McDougall, "Foster strengths and circumvent weaknesses: Advantages and disadvantages of online versus face-to-face subgroup discourse", *Computers & Education*, Vol. 67, 2013, pp. 1-11.

表2-1　　　　　　协作知识建构过程模型的构建与对照表

协作知识建构的一般模式	1. 共享	2. 论证	3. 协商	4. 改进	5. 应用
协作知识建构模型（Harasim，1990）①	1. 共同讨论主题	2. 形成观点相互批判 3. 检验论证 4. 相互质疑		5. 综合提升和改进观点	
交互知识建构层次模型（Gunawardena, et. al.，1997）②	1. 分享/比较信息	2. 发现与探索在观念、概念或陈述中的不一致或者不连续	3. 协商意义与共建知识	4. 试验与修改共建知识	5. 应用与整合新构建的知识
协作知识建构模型（Stahl，2000）③	1. 个人观点表达 2. 分享交流 3. 听取他人观点	4. 交互讨论 5. 论证和推理 6. 意义澄清	7. 共享理解 8. 协商观点 9. 协作知识		10. 形式化和客观化 11. 生成并表示知识制品
议论性知识协作建构分析框架（Weinberger, Fischer，2006）④	1. 任务相关知识的外化	2. 任务相关知识的抽象化（问题与解释）	3. 快速建立最小共识 4. 基于冲突的共识 5. 基于整合的共识		

① Linda Harasim, "Online education: An Environment for Collaboration and Intellectual Amplification", in Linda Harasim, ed., *Online education: Perspectives on a new environment*, New York: Praeger Publishers, 1990, pp. 39–66.

② Charlotte N. Gunawardena, Constance A. Lowe and Terry Anderson, "Analysis of A Global Online Debate and The Development of an Interaction Analysis Model for Examining Social Construction of Knowledge in Computer Conferencing", *Journal of Educational Computing Research*, Vol. 17, No. 4, 1997, pp. 397–431.

③ Gerry Stahl, "A model of collaborative knowledge-building", in Barry J. Fishman and Samuel F. O'Connor-Divelbiss, eds., *Fourth International Conference of the Learning Sciences*, New Jersey: Lawrence Erlbaum Associates, 2000, pp. 70–77.

④ Armin Weinberger and Frank Fischer, "A framework to analyze argumentative knowledge construction in computer-supported collaborative learning", *Computers & Education*, Vol. 46, No. 1, 2006, pp. 71–95.

由表2-1可知，协作知识建构的一般模式，根据由低到高的认知层次排列，主要包括共享、论证、协商、改进和应用五个阶段，各阶段具体内涵如下。

(1) 共享：公开陈述（个人与他人）；表达初步意见；分享学习材料/任务内容；内容集成。

(2) 论证：提问与质疑；解释和澄清；辩论和推理；观点的比较与分析。

(3) 协商：快速建立（最小）共识（推进讨论）；形成最终共识（基于冲突的共识和基于整合的共识）。

(4) 改进：追问；评论；反思；改进。

(5) 应用：创建共同知识；形成人工制品；形成认知变化。

而通过结合个人知识建构过程、班级协作与教师反馈的作用，本研究构建了基于班组结构、以小组为核心的协作知识建构框架，以规范和指导小组开展结构化的交互。框架的主要内容如图2-2所示。

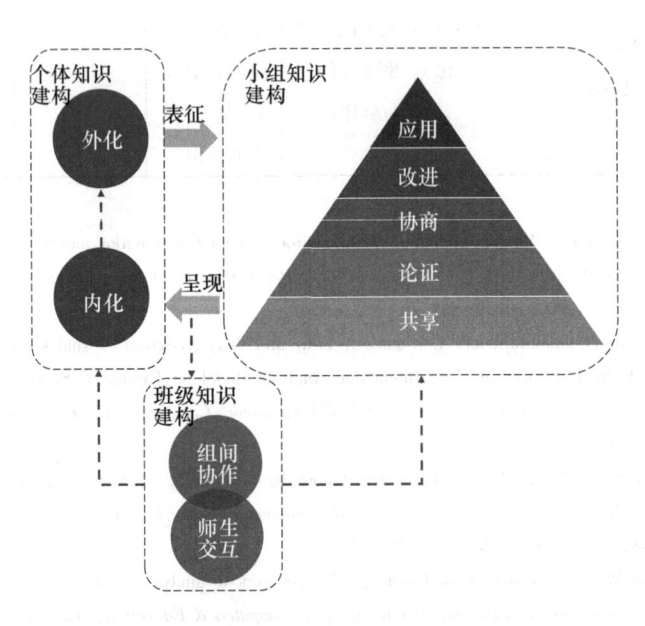

图2-2 基于班组结构的协作知识建构框架

总体来说，基于班组结构的协作知识建构框架可分为三部分。

（1）个体知识建构过程，主要包括外化与表征、呈现与内化两个进程。其中，外化与表征主要指向学生基于任务理解对个体先验知识的提取和组织，属于初始的前知识（概念）暴露阶段，是群体（班级和小组）观点呈现和共享的前提，也是协作知识建构的基础。呈现与内化主要指向学生对群体建构知识的深化与转化，属于后期的新知识获取阶段，是群体（班级和小组）对知识建构过程的总结呈现，也是个体知识结构同化与顺应的基础。以上两个部分是个体知识建构的主要流程，内化与外化之间存在着循环迭代的关系。

（2）小组知识建构过程，主要包括共享、论证、协商、改进与应用五个进程。此过程主要指向学生协作互动的过程与认知交互的水平，属于核心的协作知识建构阶段，是科学概念、问题解决与设计方案等知识制品形成、改进并应用的必然过程，也是学生知识重组与生产创新的基本路径。其中，论证与协商之间、改进与应用之间存在着紧密的双向互动关系，在不同协作任务中呈现不同的具体协作知识建构流程。根据活动理论，小组知识建构活动系统构成如图2-3所示。

（3）班级知识建构过程，主要包括组间协作和师生交互两个进程。此过程主要是基于学生小组对人工制品的呈现，进行的组间评价、自由讨论等学生互动活动，以及面向班级学习共同体的教师讲授、评价与引导反思等师生互动活动，其直接作用于协作知识建构的改进阶段和个体知识建构的内化阶段。根据活动理论，班级知识建构活动系统不仅是多个小组知识建构活动系统的汇集，并且教师也是学习共同体的重要组成，其活动系统构成如图2-4所示。

二 基于协作知识建构的三种协作模式对比

基于协作知识建构过程对F2FCL、在线协作学习和BCL三种模式进行对比分析，能够对协作学习的演进逻辑产生更直观的认识，

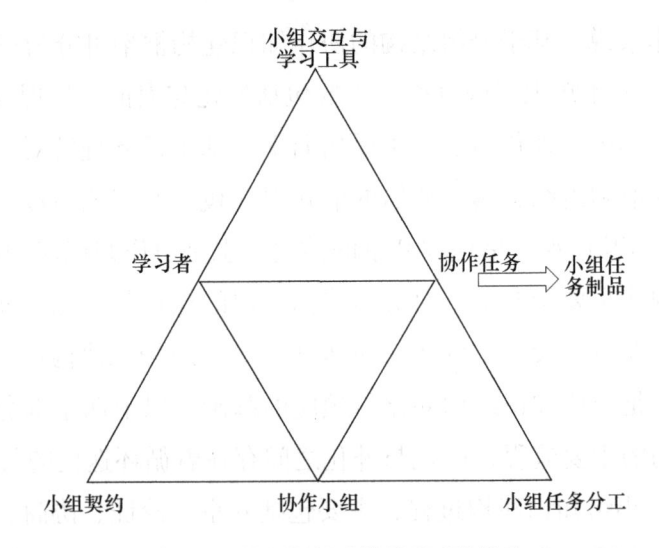

图 2-3　小组知识建构活动系统构成

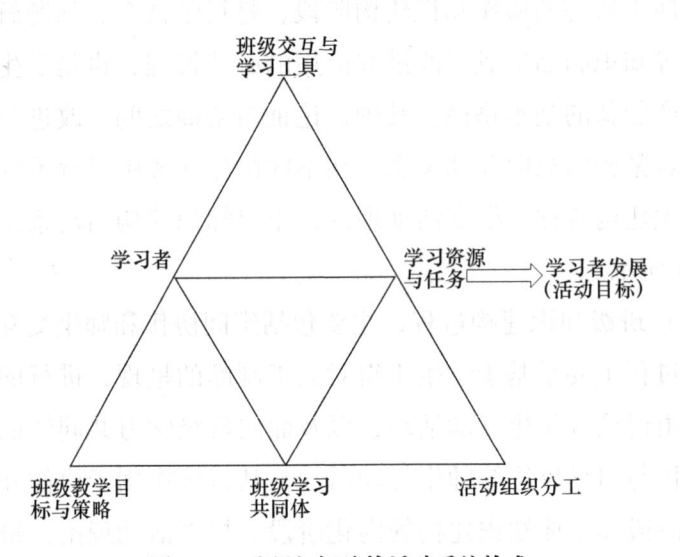

图 2-4　班级知识建构活动系统构成

突出向混合式知识建构发展的必要性。协作知识建构视角下三种协作学习模式对比分析的具体内容如表 2-2 所示。

表 2-2 三种协作学习模式对比分析

模式 \ 过程	个体知识建构 优势	个体知识建构 不足	小组知识建构 优势	小组知识建构 不足	班级知识建构 优势	班级知识建构 不足
面对面协作学习	1. 易于暴露个人前概念；2. 体现个人观点生成过程	1. 表达口语化，意义碎片化；2. 观点表述易产生歧义；3. 容易遗漏和遗忘信息	1. 利于小组参与，形成负责任的观点；2. 容易形成沉浸式与群体氛围；3. 非言语信息丰富，交互效率与参与水平高	1. 时空受限；2. 个体思考与发言时间受限，轮流发言消耗大量时间；3. 话语权容易失衡；4. 注意力易分散，可能产生较多与任务无关的信息	1. 可以接收较实时的评价与反馈信息；2. 基于面对面的评价反思有利于集中学生注意力	1. 缺乏交互过程记录与呈现；2. 线性的交互流程比较消耗课堂时间
在线协作学习	1. 主要基于文字表征，有利于形成明确观点；2. 方便收集信息，可以形成综合观点；3. 可以形成完整的知识制品生成过程，有利于个体查证与反思	1. 容易引用他人观点，而隐没个人理解；2. 基于文字的观点表述要求与难度相对较高；3. 信息量偏大，导致知识内化过程中认知负荷相对较高	1. 易于聚焦任务；2. 时空开放、过程灵活；3. 学生自主性高，可以进行充分的思考和信息检索；4. 允许多线程和"多对多"的交互；5. 可利用多元协作技术工具	1. 易导致个体责任感缺失，对学生自主学习能力要求较高；2. 缺乏视觉线索，容易产生"冷"消息；3. 交互缺乏随意性；4. 教师不易监控与引导，小组协调难度较大；5. 容易出现技术障碍	1. 记录与呈现交互过程；2. 时间相对灵活、呈现相对多元、工具更加便捷	1. 主要基于文字形式的知识制品呈现效果相对枯燥；2. 组间讨论无序，不易达成共同理解

续表

过程\模式	个体知识建构 优势	个体知识建构 不足	小组知识建构 优势	小组知识建构 不足	班级知识建构 优势	班级知识建构 不足
混合式协作学习	1. 可根据学习内容，灵活选择观点的表达形式；2. 方便收集信息，可以形成综合观点	无	1. 混合学习时空，可根据学生和学习需求，灵活选择学习协作情境与学习路径；2. 兼顾学习过程中学生的自主性和教师的主导性，可有效控制学习进程；3. 有利于打造群体氛围和协调协作过程；4. 可利用多元的协作方式和协作技术工具	1. 学习环节较多且学习过程组织较为复杂，对学生自主与协作学习能力要求较高；2. 需要学生小组一定的适应过程	1. 可以灵活选择知识制品呈现形式；2. 可以接收较实时的评价与反馈信息；3. 可以有选择地记录与呈现班级交互过程；4. 可以多元满足学生需求，促进学生参与	1. 过于多元灵活的交互方式，可能会引发部分阶段交互记录需求与交互效果间的矛盾；2. 对教师活动设计与组织能力要求较高

由表 2-2 可以看出，F2FCL 和在线协作学习在主要的协作知识建构过程中皆存在一定的优势和不足，而 BCL 则在很大程度上通过有效结合两者的优势，有效弥补了存在的不足。当然，基于 BCL 的协作知识建构过程依然存在一些挑战，但可以发现，这些挑战主要集中于教师教学过程的设计和组织层面。因此，在持续提升教师专业能力的基础上，构建混合式协作知识建构的通用模型和成熟模

式，是降低 BCL 应用难度和要求、促进 BCL 实践发展和推广的重要路径。

第二节 混合结构：多维混合学习过程模型

混合学习的多元定义，代表了研究者对混合学习过程和要素的多元理解。不过混合学习的基础是面对面学习与在线学习的混合，即学习环境（空间）的混合，已成为混合学习研究和实践领域的共识。因此，混合学习过程的首要任务是构建面对面形式与在线形式结合、物理空间与虚拟空间并存的混合学习空间，这是发挥混合学习优势、实现混合学习效能的基础，也是引发学习过程根本改变的驱动力。[①] 而要实现混合学习的理想效果，则需要在混合学习环境的基础上，对混合学习过程进行有效的设计。

一 混合学习的理论过程模型

（一）混合学习要素模型

从要素层面分析混合学习过程，研究者们基于不同视角提出了多元的混合学习过程要素及模型。宏观来讲，学习过程的基本要素一般包括人（主要是教师和学习者）、技术、环境和方法（教与学的方式），而混合学习则是通过对这些要素进行有机整合和系统化设计来实现对教与学效果的提升。[②] 当然，基于不同的研究视角，可以对混合学习过程的诸多要素形成不同的理解和组合。李开城与李文光认为包括混合学习在内的学习过程设计的三个核心对象是学习活动、学习环境和信息传递呈现方式，其中学习活动是整合混合

[①] 吴南中：《混合学习空间：内涵、效用表征与形成机制》，《电化教育研究》2017 年第 1 期。

[②] 陈卫东等：《混合学习的本质探析》，《现代远距离教育》2010 年第 5 期。

学习过程的关键要素。① 李克东与赵建华则认为混合学习过程的核心要素是对信息传递通道的设计，其关键则是对信息媒介的选择与组合，并以此来整合混合学习过程中媒体开发时间、资源成本、学习内容和学习者特征等前置条件。② Donovan 与 Carter 则从混合学习培训的视角，提出学习者特征、开发规范、学习内容特征和业务需求是混合学习设计的核心要素。③

Khan 从网络课程设计与管理的视角，提出教学、技术、界面设计、评估、管理、资源支持、伦理和机构是学习过程和学习设计的八个核心要素。这一理念被 Singh 重新解析并引入混合学习中，成为具有一定知名度的混合学习八角框架。④ Osguthorpe 与 Graham 从混合学习环境的视角出发，认为构建混合学习环境是发挥面对面学习与在线学习优势的重要前提，并基于分别以学习活动、教师和学生为设计重心的三种混合学习模式，提出了混合学习环境的一般模型。⑤ Kerres 与 Witt 从教学设计的视角，强调了混合学习过程中教学目标、学习环境和信息传递通道的重要性，提出了以学习内容、人际交互和任务结构为核心内容的混合学习"3C"框架。⑥ Vaughan 则基于探究社区理论，提出了基于学习成果、学习活动和技术应用相整合的混合学习模型。⑦

综上所述，学习环境、学习者、学习活动、技术应用（信息传

---

① 李开城、李文光：《教学设计理论的新框架》，《中国电化教育》2001 年第 6 期。

② 李克东、赵建华：《混合学习的原理与应用模式》，《电化教育研究》2004 年第 7 期。

③ Matt Donovan and Melissa Carter, "Blended Learning: What Really Works", 2023.12.12, http://www.arches.uga.edu/mikeorey/blendedLearning/.

④ 参见詹泽慧《混合学习活动系统设计：策略与应用效果》，华南理工大学出版社 2011 年版，第 53—54 页。

⑤ Russell T. Osguthorpe and Charles R. Graham, "Blended learning environments: Definitions and directions", *Quarterly Review of Distance Education*, Vol. 4, No. 3, 2003, pp. 227 – 233.

⑥ Michael Kerres and Claudia De Witt, "A didactical framework for the design of blended learning arrangements", *Journal of Educational Media*, Vol. 28, No. 2 – 3, 2003, pp. 101 – 113.

⑦ Norman Vaughan, "Designing for an inquiry based approach to blended and online learning", *Revista Eletrônica de Educação*, Vol. 9, No. 3, 2015, pp. 30 – 47.

递通道）可视为混合学习过程的核心要素。由此，在混合学习设计与实践中，如何根据课程目标与需求灵活地分解与组合以上四个核心过程要素，以形成稳定有效的混合学习过程结构，便成为影响混合学习成效的先决条件。

（二）混合学习流程模型

从时序层面分析混合学习过程，研究者们基于设计与应用提出了丰富的混合学习流程模型。Barnum 与 Paarmann 基于混合学习实践，提出了四阶段混合学习模式，包括基于网络的传输、面对面知识建构、生成知识制品和协作拓展学习。[①] Bersin 基于混合学习流程，提出了混合学习设计四阶段模型：[②]（1）识别与定义学习需求；（2）制订学习计划和评价策略；（3）确定学习内容；（4）执行计划并开展过程性评价。Accelerole 从构建混合学习社区的视角，提出了五阶段混合学习模型，即根据需要选择合适的学习管理平台、内部沟通混合学习目标、创建灵活的混合学习策略、嵌入有效评估的学习计划和构建混合学习社区。[③]

此外，也有一些学者通过引入学习理论分解与重构混合学习过程。Hadjerrouit 根据学习周期模型，提炼出了三阶段混合学习模型：[④]（1）概念化阶段，包括采用新学习概念的多种表现形式、通过比较多元概念异同组织概念、在上下文中联系学生的前概念和新概念、探索概念适用性的可扩展背景、根据共同特征对概念进行分类；（2）建构阶段，包括分析与设计、回顾先前的解决方案、从学习资料中研究专家的解决方案、对比其他解决方案以找到最有效的

[①] Craig Barnum and William Paarmann, "Bringing introduction to the teacher: A blended learning model", *T. H. E Journal*, Vol. 30, No. 2, 2002, pp. 56–64.

[②] Bersin & Associates, "Blended learning: what works?", https://www.scribd.com/document/363635023/blended-bersin-doc.

[③] Accelerole, "5 Easy Steps on How to Implement Blended Learning in Your Company", https://accelerole.com/author/accelerole-one/.

[④] Said Hadjerrouit, "Towards a blended learning model for teaching and learning computer programming: A case study", *Informatics in Education*, Vol. 7, No. 2, 2008, pp. 181–210.

解决方案、预测行为结果、生成多个解决方案；（3）对话阶段，包括解释（总结，描述，讨论）、反思（评估，整合，扩展，概括）、精确交流。黄荣怀等人基于首要教学原理，提出三阶段混合式学习活动设计框架，[①] 即前端分析、活动与资源设计和教学评价设计。王永花基于深度学习理论及路线，提出了四阶段的混合学习过程模型，[②] 即准备深度学习、新旧知识整合、精细加工和评价。其中，黄荣怀等人的三阶段混合式学习课程设计框架颇具影响力，此后的研究基于此模型陆续提出了基于不同学习平台的混合学习设计与实践模型，如基于 Blackboard 平台的四阶段混合式学习设计流程、[③] 基于微信公众平台的三阶段混合学习模式[④]等。

综上所述，学习准备、协作知识建构与学习评价可视为混合学习过程的核心流程。由此，在混合学习设计与实践中，如何合理有效地将过程要素和具体内容填充到三个核心阶段中，便成为事关混合学习成败的基础条件。

总体而言，基于混合学习的丰富内涵，研究者从要素和流程层面构建了丰富多元的混合学习过程模型，以理解、设计混合学习过程并实践应用混合学习模式，进而实现对学习者学习效果的提升。但不可否认的是，混合学习并不是一个简单易用的学习模式，实践过程中也不乏失败的案例。Bonk 通过总结混合学习实践的经验，指出存在四个影响混合学习实践效果的主要问题：（1）教师相应能力与培训不高；（2）制造额外的学习负担；（3）学习者信息素养不高；（4）"混合"程度难以把握。[⑤] 总体而言，可归结为师生能

[①] 黄荣怀等：《基于混合式学习的课程设计理论》，《电化教育研究》2009 年第 1 期。

[②] 王永花：《深度学习理论指导下的混合学习模式的实践与研究》，《中国远程教育》2013 年第 4 期。

[③] 周红春：《基于 Blackboard 学习平台的混合学习模式的探索与实践》，《电化教育研究》2011 年第 2 期。

[④] 徐梅丹等：《构建基于微信公众平台的混合学习模式》，《中国远程教育》2015 年第 4 期。

[⑤] 詹泽慧、李晓华：《混合学习：定义、策略、现状与发展趋势——与美国印第安纳大学柯蒂斯·邦克教授的对话》，《中国电化教育》2009 年第 12 期。

力需求和混合学习设计两方面的问题,特别是"混合"程度的问题更是混合学习设计的核心问题。

二 混合学习的实践过程模式

由前文可知,翻转课堂与 SPOC 作为技术与课堂整合的新兴课程模式,随着与混合学习的融合,凭借对混合学习要素和流程的有效设计,逐渐成为混合学习设计与应用领域较为主流的两种混合学习模式。虽然早期的翻转课堂与 SPOC 都主要以 F2FCL + E-learning 的形式展开,但在课外学习空间利用学习支持系统增加人机交互与生生交互,成为翻转课堂与 SPOC 发展的重要趋势,因此基于翻转课堂的混合学习模式和基于 SPOC 的混合学习模式也成为比较适合迁移至 BCL 的两种设计与应用模式。总体来说,根据翻转课堂和 SPOC 的主要特征,可通过借鉴基于 SPOC 的混合学习模式构建课程活动层面的 BCL 过程模式,通过借鉴基于翻转课堂的混合学习模式构建专题活动层面的 BCL 过程模式。

(一)基于翻转课堂形式的混合学习过程模式

翻转课堂是 21 世纪初出现的一种新兴混合学习模式,由美国两位高中教师 Bergmann 和 Sams 于 2007 年在教学中首次形成和应用,随着 2011 年可汗学院的兴起而受到全球的广泛关注,从此成为一种广受认可的课程变革方式。早期的翻转课堂主要指的是基于学习场所"翻转"引发的教学流程变革,其基本过程是将传统的课堂直接教学(在学校)翻转为课前基于视频的在线自主学习(主要是在家),而将课堂时间用于深入讨论主题、同伴协作和个性化教师指导,[1] 其核心要义在于教学流程变革所带来的知识传授的提前和知识内化的优化。[2]《2015 地平线报告(高等教育版)》指出,

---

[1] Thomas J. Francl, "Is Flipped Learning Appropriate?", *Journal of Research in Innovative Teaching*, Vol. 7, No. 1, 2014, pp. 119 – 128.

[2] 赵兴龙:《翻转教学的先进性与局限性》,《中国教育学刊》2013 年第 4 期。

翻转课堂主要通过将宝贵的课堂时间用于高级认知、更主动的基于项目的学习、更有凝聚力的协作问题解决，以获得学习者对学习主题的深度理解。[1] 随着翻转课堂研究的不断深入以及与混合学习研究的持续结合，翻转课堂的内涵越发丰富。研究者认为翻转课堂并不仅是一种学习场所与流程的翻转与重构，还应包括技术要素[2]和环境要素[3]的匹配性设计，多种要素的有机重组才能够在本质上变革翻转课堂中教和学的关系。其中，技术要素主要指基于信息技术对教学视频制作、信息传递呈现、学习过程交互等方面的支持，而环境要素则主要指需要构建能够支持和分析学习过程多元需求的富技术环境。由此，翻转课堂发展成技术与课堂整合的混合学习新模式。

根据翻转课堂的形成与发展过程，可以发现翻转课堂虽然是实践先行，但正是通过持续的理论总结和模型构建，翻转课堂才真正成为一种具备良好可理解性和可操作性的混合学习实践途径。其中，Barseghian 的翻转课堂理论模型有效整合了教育技术、学习活动与学习环境，成为翻转课堂设计与应用的有效指导框架。[4] Gerstein 基于体验式学习周期和 4MAT 教学模式提出了翻转课堂活动模型，主要包括体验式学习参与、概念探究、有意义建构和展示应用四个阶段。[5] 而 Musallam 基于"探索—解释—应用"学习周期模型提出的"探索—翻转—应用"翻转课堂周期模型，为翻转课堂学习模型的构建提供了有力支持。该模型以任务解决为周期，从基于课

---

[1] 曾贞：《反转教学的特征、实践及问题》，《中国电化教育》2012 年第 7 期。

[2] NMC 地平线项目等：《新媒体联盟 2015 地平线报告（高等教育版）》，《现代远程教育研究》2015 年第 2 期。

[3] 赵兴龙：《翻转课堂中知识内化过程及教学模式设计》，《现代远程教育研究》2014 年第 2 期。

[4] Tina Barseghian, "The Flipped Classroom Defined", 2023.12.12, https：//www.kqed.org/mindshift/15165/the-flipped-classroom-defined.

[5] Jackie Gerstein, "The flipped classroom", 2023.12.12, http：//www.scoop.it/t/the-flipped-classroom.

堂的任务初步探索，到基于在线的学生自主学习与反馈，再到基于课堂的问题解决与应用评价，形成了知识建构深度递进、技术与课堂紧密结合的翻转课堂设计与实践模式。[1] 在翻转课堂设计与应用领域，大多研究都集中于基础教育阶段，[2] 并且其过程模型大致可分为两类：一是课前（课外）和课中的两阶段模型，比较有代表性的有 Talbert、张金磊等、重庆市聚奎中学的两阶段翻转课堂过程模型；[3][4][5] 二是在线、课堂、在线（或课堂、在线、课堂）的三阶段模式，其中比较有代表性的有张学新、王朋娇等、薛云与郑丽的三阶段翻转课堂过程模型。[6][7][8]

总结翻转课堂的理论、设计与应用模式，可以发现翻转课堂主要适用于基础教育阶段，即课程周期固定、师生关系密切（以班级为纽带）、基于知识点/单元/学科的固定教学模式，课次之间间隔较短（如每天一次或一周数次）的课程。同时，翻转课堂通过与 MOOC、SPOC 等开放教育资源平台的结合，开始向高等教育发展。总体而言，翻转课堂是一种以线下课堂为主轴的设计与应用模式。

根据对已有翻转课堂模型的提炼，本研究构建了基于翻转课堂的混合学习模式，具体内容如图 2-5 所示。其过程可以归结为：

---

[1] Cycles of Learning, "Explore-flip-apply: introduction and example", 2023.12.12, http://www.flipteaching.com/files/archive-sep-2011.php.

[2] Yunglung Chen, Yuping Wang, Kinshuk, et al., "Is FLIP enough? Or should we use the FLIPPED model instead?", *Computers & Education*, Vol. 79, No. 9, 2014, pp. 16-27.

[3] Robert Talbert, "Inverting the Linear Algebra Classroom", 2023.12.12, http://prezi.com/dz0rbkpy6tam/inverting-the-linearalgebra-classroom.

[4] 张金磊等：《翻转课堂教学模式研究》，《远程教育杂志》2012 年第 4 期。

[5] 《中国教师报》教育家成长工程办公室：《中小学梯次发展策划研究院——重庆市聚奎中学》，2023 年 12 月 12 日，http://www.tcfzch.com/doc_detail.php?id=1147。

[6] 张学新：《对分课堂：大学课堂教学改革的新探索》，《复旦教育论坛》2014 年第 5 期。

[7] 王朋娇等：《基于 SPOC 的翻转课堂教学设计模式在开放大学中的应用研究》，《中国电化教育》2015 年第 12 期。

[8] 薛云、郑丽：《基于 SPOC 翻转课堂教学模式的探索与反思》，《中国电化教育》2016 年第 5 期。

(1) 课中/课堂（后期），主要包括教师发布任务并引出学习主题（激活学生的先验知识）、学生小组协作探索并展示讨论结果（教师暂不评价）等活动；(2) 课外/课前，主要进行基于学习平台的个体/协作学习，包括提供学习资料、进行个体/小组自主学习、提交视频反馈、整理学生反馈问题等活动；(3) 课中/课堂（前期），主要包括班级展示问题、提供延伸材料、小组协作解决问题、测试评价等活动。

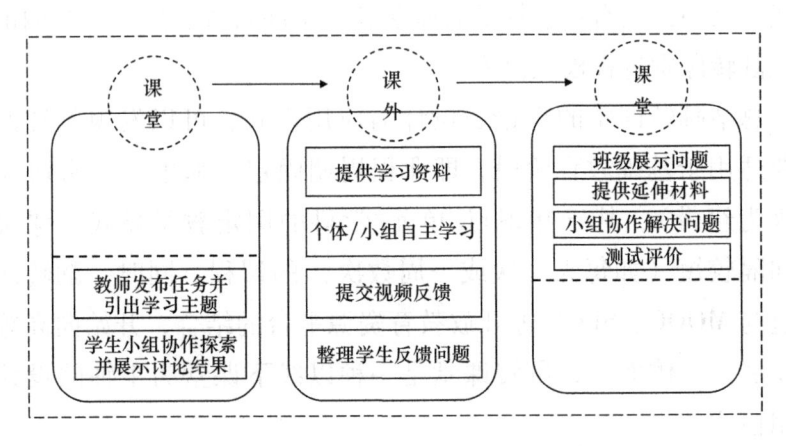

图 2-5 基于翻转课堂的混合学习过程模式

（二）基于 SPOC 形式的混合学习过程模式

SPOC 作为一种新兴课程学习模式，历史并不久远，其在 2013 年由 Fox 基于对 MOOC 的反思，作为一种新在线课程模式而提出。Fox 认为 SPOC 相较 MOOC，可以通过增强教师的教学手段、学生的吞吐量、学生的掌握程度、参与度来提升学习效果。[①] SPOC 概念与 MOOC 具有明显的对比意味。Small 指的是学生规模，相较 MOOC 成千上万的课程学生数量，SPOC 则一般限定在几百人之内。Private 指的是更严格的学生准入限制，相较 MOOC 高度的开放性，

---

① Jonathan Tapson, "MOOCs and the Gartner Hype Cycle: A very slow tsunami", 2023.12.20, http://pando.com/2013/09/13/moocs-and-the-gartnerhype-cycle-a-very-slow-tsunami.

SPOC 则具有相对严格的申请和审批流程，且对旁听者仅部分开放。① 由此也形成了 SPOC 的两种模式：一是仅限本校或本课程学生的、基于 MOOC 学习平台的混合课程，即相当于 MOOC + 课堂；② 二是在 MOOC 平台上根据课程准入条件挑选的在线学生，即相当于注册人数固定的 MOOC。其中 MOOC + 课堂模式不仅是对 MOOC 的根本性变革，即由在线课程取代课堂转变为补充课堂，也通过混合学习与开放性学习资源的有效结合，成为混合学习发展的重要途径。由此，MOOC + 课堂成为当前 SPOC 的主流模式，也成为许多高校混合课程改革的重要取向。

根据 SPOC 的理念和产生背景，可以发现，SPOC 是混合学习理念下在线课程的一种新尝试。虽然 SPOC 在产生初期继承了 MOOC 教学设计和教学理念，③ 可将其视为一种单纯的新在线课程。不过随着对 SPOC 研究和实践的深入，SPOC 作为一种混合学习的设计模式，其内涵在一定程度上得到了拓展。SPOC 逐渐脱离了对固定 MOOC 学习平台的依赖，成为一种可以基于不同学习管理平台的、具有学习过程支持服务与分析功能的、混合学习环境与开放性学习资源结合的混合课程模式。SPOC 主要适用于高等教育阶段，即课程周期灵活（不一定以学期为单位）、师生关系相对生疏（以课程为纽带）、基于项目/任务/跨学科的开放性教学方式、课次之间间隔较长（如每周一次）的课程。而在 SPOC 实践过程中，为了保证学习者的主体性与参与度，则普遍采用 BCL 的模式开展，即课堂面对面协作 + 基于学习平台/社交媒体的在线协作的形式。总体而言，SPOC 主要是一种以课程或项目为主轴的设计与应用模式。

---

① Armando Fox, "From MOOCs to SPOCs", *Communications of the ACM*, Vol. 56, No. 12, 2013, pp. 38 - 40.

② Rolf Hoffmann, "MOOCs-Best practices and worst challenges", 2023. 12. 20, http://www.aca-secretariat.be/fileadmin/aca_docs/images/members/Rolf_Hoffmann.pdf.

③ 陈然、杨成：《SPOC 混合学习模式设计研究》，《中国远程教育》2015 年第 5 期。

根据对已有 SPOC 设计模式的提炼,[①][②] 本研究构建了基于 SPOC 的混合学习模式,其过程一般具备以下环节：（1）课程准备,即在课程开始之前通过设置课程准入条件筛选课程学习者,对课程学习内容与环境、课程学习者与学习目标进行分析,进而设计课程学习资源、策略与流程,这是开展基于 SPOC 的混合学习过程的前提；（2）课程实施,即在混合学习环境下的学习活动过程,主要包括课前导学、课中研学、课后练学三个环节,是基于 SPOC 的混合学习过程的核心内容；（3）课程测评,即在课程结束后对课程实施过程的总体评价,主要对混合学习过程、学习测试与成果以及学生表现自评互评等方面进行测评,内嵌在基于 SPOC 的混合学习过程中。整体过程如图 2-6 所示。

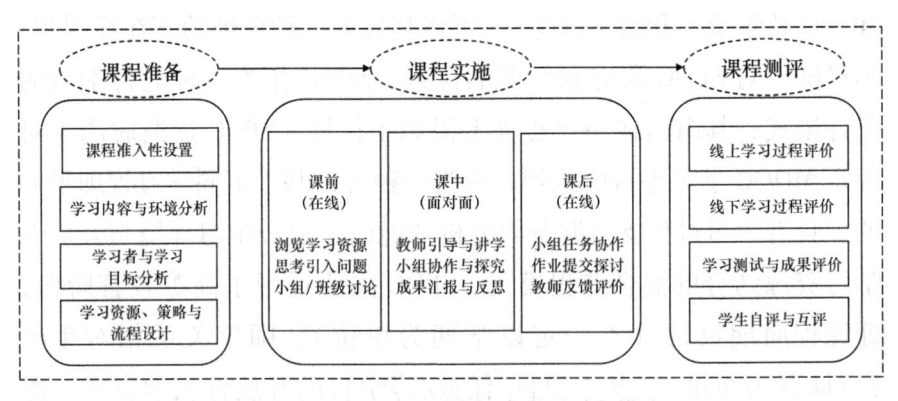

图 2-6 基于 SPOC 的混合学习过程模式

第三节 协作任务：二元协作任务过程模型

关于已有研究对协作学习任务的多元分类,在第一章第三节文

---

① 陈然、杨成:《SPOC 混合学习模式设计研究》,《中国远程教育》2015 年第 5 期。
② 杨丽、张立国:《SPOC 在传统高校教学中的应用模式研究》,《现代教育技术》2016 年第 5 期。

献综述部分已做总结,此处不再论述。综合来讲,在协作任务类型的划分上,研究者们存在两类任务说和三类任务说的分歧。究其原因,是因为许多协作设计领域的研究者通常将协作设计任务归结为一种复杂问题解决任务。[1][2] 虽然两者在理念与形式等方面存在共同之处,不过协作设计任务与协作问题解决任务之间仍存在着显著的差异,如在任务目标、过程步骤和解决方案(人工制品)数量等方面有不同的界定。[3][4] 不过,从协作知识建构的视角而言,协作任务类型可从知识发现和知识应用两方面来进行划分,如表2-3所示。其中,知识发现任务主要指的是协作概念学习任务,其主要面向良构性领域知识,是开展知识应用任务的基础;知识应用任务则包括协作问题解决任务和协作设计任务,其主要面向劣构性领域知识,是实现协作知识建构的核心任务类型。

表2-3　　　　　　　　　协作任务类型划分

提出者	协作任务分类视角	知识发现	知识应用
Hackman, Jones, McGrath(1967)[5]	协作形式视角	讨论性任务	生产性任务、问题解决任务
Kumar(1996)[6]	学习情境视角	概念学习任务	问题解决任务、设计任务

---

[1] Henna Lahti, Pirita Seitamaa-Hakkarainen and Kai Hakkarainen, "Collaboration patterns in computer supported collaborative designing", *Design Studies*, Vol. 25, No. 4, 2004, pp. 351–371.

[2] 赵晓清、张咏梅:《基于设计的学习应用于高校现代教育技术公共课的探究》,《现代教育技术》2013年第8期。

[3] 谢幼如、尹睿:《基于网络的协作学习活动形式的质的研究》,《中国电化教育》2006年第1期。

[4] 王蔚、杨成:《移动协作学习活动过程设计》,《中国电化教育》2012年第3期。

[5] J. Richard Hackman, Lawrence E. Jones and Joseph E. McGrath, "A set of dimensions for describing the general properties of group-generated written passages", *Psychological Bulletin*, Vol. 67, No. 6, 1967, pp. 379–360.

[6] Vivekanandan Suresh Kumar, "Computer-supported collaborative learning: issues for research", paper delivered to 8th annual graduate symposium on Computer Science, Sponsored by University of Saskatchewan, Saskatchewan, April, 1996.

续表

提出者	协作任务分类视角	知识发现	知识应用
Pfister, Oehl (2009)[①]	协作知识建构视角	知识获取任务	问题解决任务
郑兰琴 (2015)[②]	交互活动视角	知识建构任务	问题解决任务

基于二元协作任务类型划分，协作知识建构过程在不同任务类型上形成了不同的实施路径。对于知识发现（协作概念学习）任务而言，其协作知识建构过程，即共享、论证、协商、改进与应用五环节，是一个相对单线程的过程。由于协作概念任务一般不可再分，因此知识发现任务过程是由前概念到科学概念的单一过程。并且在协商环节中形成的共识与应用环节中形成的人工制品是同质而递进的"（潜在）科学概念"，因此由协商到改进的进程是相对线性的。而知识应用（协作问题解决和协作设计）任务的过程则相对多线程。因为知识应用任务一般可拆分为若干个子任务，形成最终问题解决（设计）方案的过程是一个"多（子任务）对一（人工制品）"的过程。因此，在协商环节形成多个子任务的共识后，通过对共识的改进和应用可形成初步的问题解决（设计）方案。而在此之后，仍需要通过对初步方案的改进和应用，形成最终的问题解决（设计）方案。其比较如图 2-7 所示。

一 知识发现任务过程模型

本研究的知识发现任务主要指的是面向概念类知识、原理类知识等良构知识领域的意义建构类活动，[③] 在本质上与 Kumar 的协作

[①] Hans-Rüdiger Pfister and Maria Oehl, "The impact of goal focus, task type and group size on synchronous net-based collaborative learning discourses", *Journal of Computer Assisted Learning*, Vol. 25, No. 2, 2009, pp. 161–176.

[②] 郑兰琴:《协作学习的交互分析方法——基于信息流的视角》，人民邮电出版社 2015 年版，第 7—8 页。

[③] 何文涛:《协作学习活动的结构化设计框架》，《电化教育研究》2018 年第 4 期。

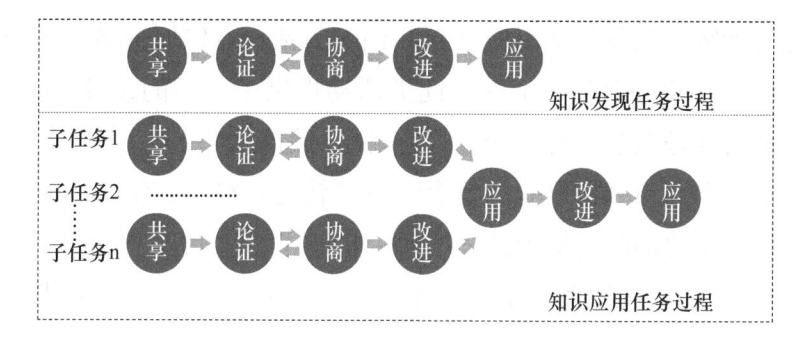

图 2-7 两种任务的协作知识建构路径与比较

概念学习任务是等同的。Kumar 提出协作概念学习任务是一种基于事实的任务，并且具备明确且单一的任务目标。因此好的协作概念学习任务基于单一目的可以实现协作分工内容的无缝整合，如协作完成的上佳文字作品的各个章节在思想、逻辑乃至文笔上非常一致，以至于让读者觉得像是一个人完成的。[1] 对于概念学习的本质，研究者们认为概念学习是一个概念转变的过程，即学习者从朴素（前）概念到科学概念转变的过程，[2] 或者以新观念代替旧观念的过程。[3] 对于概念学习的过程，则被建构主义者视为记忆图式或心理模型所代表的个体知识建构和转化的过程。如 Rogoff 基于社会文化理论的视角认为概念学习是一个通过参与社会文化活动而形成概念转变的过程。[4] Boxtel、Linden 与 Kanselaar 也提出，解释个人对

---

[1] Vivekanandan Suresh Kumar, "Computer-supported collaborative learning: issues for research", paper delivered to 8th annual graduate symposium on Computer Science, Sponsored by University of Saskatchewan, Saskatchewan, April, 1996.

[2] Michelene T. H. Chi, James D. Slotta and Nicholas De Leeuw, "From things to processes: A theory of conceptual change for learning science concepts", *Learning & Instruction*, Vol. 4, No. 1, 1994, pp. 27–43.

[3] George J. Strike and Kenneth A. Strike, "A revisionist theory of conceptual change", in Richard A. Duschl and Richard J. Hamilton, eds., *Philosophy of science, cognitive psychology, and educational theory and practice*, New York: State University of New York Press, 1992, pp. 147–176.

[4] Barbara Rogoff, "Cognition as collaborative process", in William Damon, Deanna Kuhn and Robert S. Siegler, eds., *Handbook of Child Psychology*: Vol. 2. *Cognition, Perception, and Language* (5th edition), Hoboken, New Jersey: John Wiley & Sons Inc, 1998, pp. 679–744.

概念的理解，尤其是知识的（再）组织等活动可以促进概念转变过程，而协作学习则为学生参与此类活动提供了合适的载体。由此，协作成为促进概念习得与转变的重要学习情境。[1]

通过参照与分析已有的概念学习（转变）模型，结合本节构建的协作知识建构的一般模式，本研究构建了小组知识发现任务的一般模式，其与已有概念学习（转变）模型的比较与对应情况如表2-4所示。

表2-4　　　小组知识发现任务过程模型的构建与对照表

小组知识发现任务的一般模式	1. 小组个人陈述、分享与比较各自已有概念理解	2. 小组利用科学概念交互讨论/论证/推理	3. 小组生成解释和一致性概念	4. 小组评估与改进一致性概念	5. 小组形成科学概念（以知识制品形式呈现）
概念转变过程（Brown, Clement, 1989）[2]	1. 明确前概念	2. 建立新、旧概念的联系	3. 参与新概念构建		4. 形成新的解释模型
协作概念学习过程（Boxtel, et al., 2000）[3]	1. 用语言表达他们对概念的理解	2. 用科学概念进行（协作）推理 3. 提问和回答问题	4. 阐述冲突以及解释的生成		5. 比较和评估

---

[1] Carlavan Boxtel, Josvan der Linden and Gellof Kanselaar, "Collaborative learning tasks and the elaboration of conceptual knowledge", *Learning and Instruction*, Vol. 4, No. 10, 2000, pp. 311-330.

[2] David E. Brown and John Clement, "Overcoming misconceptions via analogical reasoning: Abstract transfer versus explanatory model construction", *Instructional Science*, Vol. 18, No. 4, 1989, pp. 237-261.

[3] Carlavan Boxtel, Josvan der Linden and Gellof Kanselaar, "Collaborative learning tasks and the elaboration of conceptual knowledge", *Learning and Instruction*, Vol. 4, No. 10, 2000, pp. 311-330.

续表

概念转变过程（Gunstone, Mitchell, 2005）①	1. 探究现有观念	2. 寻求观念的重构	3. 探索一致性观念	4. 评估成效
概念转变过程（Nadelson, et al., 2018）②	1. 信息呈现	2. 信息识别与考虑	3. 信息处理与决策	4. 新概念的形成
概念转变过程一般模式（舒杭, 2020）③	1. 前概念唤醒； 2. 概念表征	3. 概念组织	4. 新概念生成	

二 知识应用任务过程模型

本研究中的知识应用任务主要指的是通过应用已学习的多类型知识来解决复杂问题、设计复杂作品或解释复杂现象等面向劣构问题领域的能力建构类活动，④ 在范畴上可以等同于与 Kumar 的协作问题解决任务和协作设计任务。Kumar 认为协作问题解决任务和协作设计任务是一种基于分析/综合的任务，在一致总目标下可根据不同子目标进行任务分解与分工。⑤

---

① Richard F. Gunstone and Ian J. Mitchell, "Metacognition and conceptual change", in Joel J. Mintzes, James H. Wandersee and Joseph D. Novak, eds., *Teaching science for understanding*: *A Human Constructivist View*, San Diego, California: Academic Press, 2005, pp. 133 – 163.

② Louis S. Nadelson, Benjamin C. Heddy, Suzanne Jones, et al., "Conceptual change in science teaching and learning: Introducing the dynamic model of conceptual change", *International Journal of Educational Psychology*, Vol. 7, No. 2, 2018, pp. 151 – 195.

③ 舒杭:《学习分析技术支持的概念转变过程研究》，博士学位论文，华东师范大学，2020年，第101页。

④ 何文涛:《协作学习活动的结构化设计框架》，《电化教育研究》2018年第4期。

⑤ Vivekanandan Suresh Kumar, "Computer-supported collaborative learning: issues for research", paper delivered to 8th annual graduate symposium on Computer Science, Sponsored by University of Saskatchewan, Saskatchewan, April, 1996.

实际上，协作问题解决任务是最受研究者认可和关注的协作任务类型，[1] 因为此类任务需要团队共同的努力、群体力量的凝聚和协同解决问题的方式。[2] 协作问题解决任务源于问题解决学习与协作学习的整合，[3] 是学习者以协作方式在问题解决过程中建构知识并发展能力的过程。[4] 聚焦问题解决学习，研究者已开展了较为丰富的研究。Schmidt 等人提出，相较传统的讲授式学习，问题解决学习可以更有效地激发学习者的学习动机，提升学习者自主学习能力和学习迁移能力。[5] 对于问题解决的内涵，Gagné 认为问题解决是一种通过解决无先例的问题从而体现学习者高阶智力的学习方式；[6] Anderson 认为问题解决是具有目标指向性的一系列认知操作序列；[7] Barrows 与 Tamblyn 则提出问题解决是学习者基于复杂的、有意义的问题情境，通过解决问题以获取知识的一种学习方式。[8] 对于问题解决的过程，Mayer C. 与 Mayer E. 认为问题解决是从已知叙述到目标叙述的移动过程；[9] Sternberg 认为问题解决是个体通

---

[1] 王春丽：《发展学习者协作能力的设计研究》，博士学位论文，华东师范大学，2019 年，第 57—58 页。

[2] Eva Hammar Chiriac and Kjell Granström, "Teachers' leadership and students' experience of group work", *Teachers & Teaching*, Vol. 18, No. 3, 2012, pp. 345 – 363.

[3] 付强：《基于网络的协作问题解决学习活动模式探析》，《现代远距离教育》2005 年第 5 期。

[4] 蔡慧英、顾小清：《协作问题解决学习中支架学习任务和团体认知的设计研究》，《开放教育研究》2015 年第 4 期。

[5] Henk G. Schmidt, Sofie M. M. Loyens, Tamara Van Gog, et al., "Problem-Based Learning is Compatible with Human Cognitive Architecture: Commentary on Kirschner, Sweller, and Clark (2006)", *Educational Psychologist*, Vol. 42, No. 2, 2007, pp. 91 – 97.

[6] Robert M. Gagné, "Domains of learning", *Interchange*, Vol. 3, No. 1, 1972, pp. 1 – 8.

[7] John R. Anderson, *Cognitive psychology and its implications (7th edition)*, New York: Worth Publishers, 2009, pp. 2019 – 212.

[8] Howard S. Barrows and Robyn M. Tamblyn, *Problem-based learning: An approach to medical education*, New York: Springer Publishing. Company, 1980, pp. 1 – 18.

[9] National Centre for Vocational Education Research Ltd., *Putting general education to work: the key competencies report*, Canberra: Australian Education Council and Ministers of Vocational Education, Employment and Training, 1992, pp. 26 – 27.

过利用已有知识与技能克服障碍以满足新情境需要的一个过程。[1]而协作问题解决有效地促成个体认知和团体认知的相互作用和共同发展，不仅提升了协作学习情境的社会性，也促进了问题的有效解决。[2][3]

而当前对协作设计任务的研究不多，总体来看，协作设计任务源于对协作学习与基于设计的学习（Design Based Learning，DBL）两种学习方法的有机结合，而"协作设计"通常被理解为学习者通过积极交流和共同工作以共享设计任务，共同确定设计约束并共同努力创建共享设计产品的过程。[4][5] DBL 的理念源于"设计是人类经验认识基础上的再发现"的设计思想，而设计与学习的融合则肇始于 20 世纪后期美国科学教育领域"做科学"的教育思想，即强调科学教育中的技术目标，并要求学生在设计、技术和科学中获得"持久的知识和技能"，后来逐渐演变为"当学生被要求设计并制作出需要理解并应用知识的作品时，他们会更深入地学习"。到了 20 世纪 90 年代，基于以上理念，DBL 在实践中逐渐成形，将设计理念融入课堂成为一种卓有成效的教学方法。研究者普遍认为，DBL 是一种基于复杂、真实的社会与技术环境的有效学习方法，能够有效锻炼和提升学习者的设计、技术与生活等素养，培养学习者

---

[1] Robert J. Sternberg, "Expertise in complex problem solving: A comparison of alternative conceptions", in Peter A. Frensch and Joachim Funke, eds., *Complex problem solving: The European perspective*, New York: Lawrence Erlbaum Associates, 1995, pp. 295 – 321.

[2] 付强：《基于网络的协作问题解决学习活动模式探析》，《现代远距离教育》2005 年第 5 期。

[3] 蔡慧英：《语义图示工具支持的协作问题解决学习的研究》，博士学位论文，华东师范大学，2016 年，第 28 页。

[4] Pierre Dillenbourg, Michael James Baker, Agnes Blaye, et al., "The evolution of research on collaborative learning", in Hans Spada and Peter Reimann, eds., *Learning in humans and machine: Towards an interdisciplinary learning science*, Oxford: Elsevier, 1996, pp. 189 – 211.

[5] Henna Lahti, Pirita Seitamaa-Hakkarainen and Kai Hakkarainen, "Collaboration patterns in computer supported collaborative designing", *Design Studies*, Vol. 25, No. 4, 2004, pp. 351 – 371.

元认知、合作与创新等高阶能力。①②③ 对于 DBL 的内涵，Kolodner 认为 DBL 是基于科学学习，为特定阶段的中学生开发的一种通过合作完成设计挑战任务来学习科学知识和技能的基于项目的探究式教学方法；④ Fortus 等人认为 DBL 是一种学习者通过设计人工制品，来获取与应用新科学知识并提升问题解决能力的科学（学科）教学法；⑤ Doppelt 等人则认为 DBL 是一种教师用来推动学生创造，通过创造反映主题、概念和标准的有形物体，以学习设计技术、开展批判性思考和知识建构的教学方式。⑥ 对于 DBL 的过程，则可以回溯研究者对设计过程的探索，戈登·罗伦德与高文认为设计是一个基于探索性与创造性的动态的、非确定性的过程；⑦ Lahti 等人提出设计不仅是一个问题解决的过程，还是一个协作交互（反思性实践）的过程。⑧ 所以在设计过程的生成和表达过程中，社会协作扮演着特别重要的角色。⑨

通过参照与分析已有的问题解决模型和 DBL 过程模型，并结合本节构建的协作知识建构的一般模式，本研究构建了小组知识应用任务的一般模式，其与参照模型的比较与对应情况如表 2-5 所示。

---

① Janet L. Kolodner, "Educational implications of analogy: A view from case-based reasoning", *American Psychologist*, Vol. 52, No. 1, 1997, pp. 57–66.

② 戈登·罗伦德、高文：《设计与教学设计》，《外国教育资料》1997 年第 2 期。

③ 王佑镁、李璐：《设计型学习——一种正在兴起的学习范式》，《中国电化教育》2009 年第 10 期。

④ Janet L. Kolodner, "Learning by Design: Iterations of Design Challenges for Better Learning of Science Skills", *Cognitive Studies*, Vol. 9, No. 3, 2002, pp. 338–350.

⑤ David Fortus, R. Charles Dershimer, Joseph Krajcik, et al., "Design-based science and student learning", *Journal of Research in Science Teaching*, Vol. 41, No. 10, 2004, pp. 1081–1110.

⑥ Yaron Doppelt, Matthew M. Mehalik, Christian D. Schunn, et al., "Engagement and achievements: A case study of design-based learning in a science contex", *Journal of Technology Education*, Vol. 19, No. 2, 2008, pp. 22–39.

⑦ 戈登·罗伦德、高文：《设计与教学设计》，《外国教育资料》1997 年第 2 期。

⑧ Henna Lahti, "Collaborative Designin a Virtual Learning Environment: Three design experiments in textile teacher education", Ph. D. Dissertation, University of Helsinki, 2008.

⑨ Henna Lahti, Pirita Seitamaa-Hakkarainen and Kai Hakkarainen, "Collaboration patterns in computer supported collaborative designing", *Design Studies*, Vol. 25, No. 4, 2004, pp. 351–371.

表2-5　　小组知识应用任务过程模型的构建与对照表

小组知识应用任务的一般模式	1. 个人分析/定义任务问题空间并分享理解	2. 小组讨论/分析/探究任务理解分歧	3. 小组协商获得一致性任务理解与解决方法	4. 检验与改进小组任务理解与解决方法（以及后续的知识应用方案）	5. 小组资源配置与形成知识应用方案
问题解决循环（Sternberg,1995）[①]	1. 确认问题； 2. 定义问题		3. 建构策略； 4. 陈述与问题相关的信息	5. 资源配置； 6. 自我监控； 7. 评价	
PISA问题解决框架（OECD,2013）[②]	1. 探索与理解； 2. 表征（表述与构思）	3. 计划与执行； 4. 监测与反思			
协作问题解决（Yusof, et al.,2012）[③]	1. 个人遇到问题、分析和定义问题	2. 小组讨论、分析、定位和获得解决方案的阶段		3. 概括、呈现和内化阶段	
DBL活动循环及过程（Kolodner et al.,2003）[④]	1. 理解挑战； 2. 澄清问题/提出假设； 3. 设计调查； 4. 实施调查/分析数据； 5. 展示分享		6. 设计规划； 7. 展示分享； 8. 建构和测试/分析和解释/展示分享； 9. 迭代设计		

[①] Robert J. Sternberg, "Expertise in complex problem solving: A comparison of alternative conceptions", in Peter A. Frensch and Joachim Funke, eds., *Complex problem solving: The European perspective*, New York: Lawrence Erlbaum Associates, 1995, pp. 295-321.

[②] OECD, *Pisa 2012 assessment and analytical framework. Mathematics, reading, science, problem solving and financial literacy*, Paris: OECD Publishing, 2013, pp. 130.

[③] Khairiyah Mohd. Yusof, Syed Ahmad Helmi Syed Hassan, Mohammad Zamry Jamaludin, et al., "Cooperative problem-based learning (CPBL): Framework for integrating cooperative learning and problem-based learning", *Procedia-Social and Behavioral Sciences*, Vol. 56, 2012, pp. 223-232.

[④] Janet L. Kolodner, Jacquelyn T. Gray and Barbara Burks Fasse, "Promoting transfer through case-based reasoning: Rituals and practices in learning by design classrooms", *Cognitive Science Quarterly*, Vol. 3, No. 2, 2003, pp. 183-232.

续表

基于设计的科学学习环（Fortus, et al., 2004）[1]	1. 明确并定义背景； 2. 基础研究； 3. 发展个人与小组观点	4. 创作方案与作品； 5. 反馈

第四节　内涵与要素：混合式协作知识建构活动模式理论原型

在教育学视野下，活动模式的内涵与教学模式的内涵基本一致，其皆为教育理论与实践相互联系的中介与桥梁，是基于设计的研究（DBR）在教育领域的典型应用。由此，借鉴教学模式要素，[2] 活动模式则同样由理论基础、活动目标、活动程序、活动环境和活动评价五大要素组成。

在本研究中，通过总结梳理混合式协作知识建构（BCL和协作知识建构）的内涵与原则，归纳借鉴相关领域教学设计模式，构建了一个目标明确、要素完整、过程规范的活动理论框架，由此形成了混合式协作知识建构活动模式的理论原型，回应了核心研究问题1-2，具体内容如图2-8所示。

一　理论原型内涵逻辑

混合式协作知识建构活动模式理论原型的内涵与逻辑主要指的是，基于活动模式五个组成要素在活动模式中的作用与关系，形成的活动模式内部结构与逻辑。

---

[1] David Fortus, R. Charles Dershimer, Joseph Krajcik, et al., "Design-based science and student learning", *Journal of Research in Science Teaching*, Vol. 41, No. 10, 2004, pp. 1081-1110.

[2] 党建宁：《基于移动社交网络的大学翻转课堂教学模式研究》，博士学位论文，西北师范大学，2016年，第110—112页。

第二章 混合式协作知识建构活动模式的设计　　145

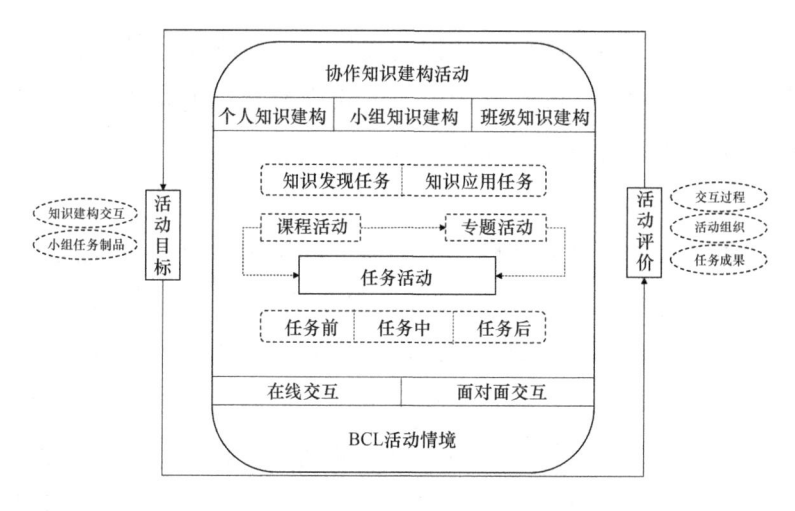

图 2-8　混合式协作知识建构活动模式理论原型

（一）理论基础

理论基础是活动模式的最上位和最基础的要素，涵盖和贯穿了活动的全过程，是一个内隐于活动模式中的支撑要素。在本研究中，第一章已经简要论述了混合式协作知识建构活动模式理论原型构建的主要理论基础，即面向"混合式协作知识建构"的宏观教育理论，如社会性学习理论、混合学习思想、协作知识建构理论等，以及面向"活动设计与组织"的教学设计理论，如活动理论、首要教学原理等。这些理论为其他模式要素提供了指向和规范作用，明确了活动的环境、过程与方法，制约了活动目标与活动评价的设计。而本章前三节中的协作知识建构框架、混合学习过程模型和协作任务过程模型，则是理论基础要素的初步应用，进一步明确了混合式协作知识建构活动模式的过程与方法。

（二）活动目标

活动目标要素是活动模式中外显性的逻辑起点，直接影响到活动模式的具体活动过程与评价方式，也是理论基础要素的具体体现。基于"以学习者为中心"的教育理念，活动目标应在学生整体和学生个体两个层面有所体现。其中，在学生整体层面，应实现全体学生公平性的参与和公共知识的发展；而在学生个体层面，应实现学生的全人发展，即在立德树人的宏观教育目的基础上，促进学生以认知领域为核心的多层面提升。

（三）活动评价

活动评价要素是活动模式中外显性的逻辑终点，是检视活动模式实施过程与结果的方法与标准，也是活动目标要素的对应性体现。在本模式中，一方面，对应活动的目标与实施，活动评价可从交互过程、活动组织和任务成果三方面，检测活动实施的效果，评判活动模式的优劣；另一方面，也可从活动评价的结果，反馈活动环境的配置是否有效、活动程序的设计是否完善，以及活动目标的制定是否合理，从而推动活动模式的修正与迭代。

（四）活动环境

活动环境要素是教学活动中物质与技术环境、教学与策略情境等因素在活动模式中的体现，是活动程序开展的综合空间载体。基于BCL的学习形式，本模式中活动环境要素的核心是技术中介的生生交互环境，即通过在线交互与面对面交互的学习空间与技术整合，构建有效支持混合式协作知识建构活动过程的学习情境和交互方式，从而提升学生参与协作知识建构的积极性、公平性与有效性等。

（五）活动程序

活动程序要素是活动模式的核心要素和必要条件，是教学活动实施的时间序列或逻辑步骤。[①] 活动程序基于理论基础、活动目标、活动环境等要素开展设计与实施，也是活动评价的主要对象。在本模式中，首先，在活动进程上，活动程序的设计以小组知识建构过程设计为核心，班级知识建构和个体知识建构则作为协作知识建构活动设计的补充；其次，在活动层次上，活动程序的设计以任务活

---

① 党建宁：《基于移动社交网络的大学翻转课堂教学模式研究》，博士学位论文，西北师范大学，2016年，第111页。

动设计为核心，课程活动和专题活动则作为任务活动的前置设计条件，分别成为任务活动实施的结构载体和内容载体；最后，在活动步骤上，基于两种任务类型，活动程序的设计以面向小组知识建构过程的任务中环节的设计为核心，任务前和任务后环节则作为构建完整任务逻辑与流程的前置与后续步骤。

由此，活动模式形成了理论基础指导下，总体上活动目标要素作用于活动环境、活动程序与活动评价要素的正向运动逻辑，与活动评价反作用于活动环境、活动程序与活动目标的反向运动逻辑，构建了活动模式实施与迭代的循环结构，并推动了基于 DBR 的螺旋式上升进程。

二　理论原型要素构成

（一）理论基础

在本研究的理论基础部分，已经梳理了混合式协作知识建构活动模式的指导理论。其中，社会性学习理论、混合学习思想、协作知识建构理论作为宏观指导理论，分别阐释了协作学习、混合学习以及协作知识建构的价值和必要性，论证了 BCL 或混合式协作知识建构作为一种新学习形式的必然性，并在理念层面全面指导活动模式的构建。而活动理论、首要教学原理等理论作为设计指导理论，在具体要素和过程设计层面为活动模式的设计提供理论与方法指导。

（二）活动目标

在一般的教学活动中，活动目标在形式上有不同层面的划分，如认知目标、情感与态度目标、动作技能目标等，课程目标、专题目标和任务目标等，以及创新、合作等多元的 21 世纪核心素养。

不过从协作知识建构的角度来说，由于协作知识建构在本质上是一种社会性交互（对话）的过程，其中知识是通过社会性交互活动来建构的,[1] 所以知识发展的过程就是协作知识建构交互发展的过程。[2] 由此,实现知识发展是协作知识建构的核心目标。[3] 但知识发展是一个动态知识创造的过程,体现为知识生成的社会性、知识进化的动态性和知识产品的创造性三大特征。[4] 具体而言,知识发展的过程包括了协作知识建构交互、观点持续改进和公共知识产品三部分,或者说可体现为协作知识建构交互过程和公共知识产品结果两方面。

而在具体的协作知识建构活动中,虽然学习者间的协作知识建构交互不仅是认知层面的交互,也包括了情感和社交层面的交互,但基于知识发展的核心目标,学习者的协作知识建构交互是以认知交互为核心的。并且,学习者协作知识建构的水平或层次有高低之分。[5][6] 这种差异主要体现于学习者交互过程中观点改进的水平,即学习者认知交互的水平。不过,低水平的认知交互虽然意味着较低的协作知识建构水平,但也是高水平认知交互的基础和知识发展过程的必需阶段。因此,推动学习共同体由低水平认知交互向高水平认知交互的发展,是提升协作知识建构水平的核心路径,也是实

---

[1] Rupert Wegerif, "Towards a dialogic understanding of the relationship between CSCL and teaching thinking skills", *International Journal of Computer Supported Collaborative Learning*, Vol. 1, No. 1, 2006, pp. 143 - 157.

[2] Marlene Scardamalia and Carl Bereiter, "Knowledge building: theory, pedagogy, and technology", in Robert Keith Sawyer, ed., *Cambridge handbook of the learning sciences*, Cambridge: Cambridge University Press, 2006, pp. 97 - 118.

[3] Sadhana Puntambekar, "Analyzing collaborative interactions: Divergence, shared understanding and construction of knowledge", *Computers & Education*, Vol. 47, No. 3, 2006, pp. 332 - 351.

[4] 李海峰、王炜:《在线协作知识建构:内涵、模式与研究向度》,《现代远距离教育》2019年第6期。

[5] Charlotte N. Gunawardena, Constance A. Lowe and Terry Anderson, "Analysis of A Global Online Debate and The Development of an Interaction Analysis Model for Examining Social Construction of Knowledge in Computer Conferencing", *Journal of Educational Computing Research*, Vol. 17, No. 4, 1997, pp. 397 - 431.

[6] 柳瑞雪等:《分布式学习环境下的协作学习交互类型研究》,《中国远程教育》2017年第1期。

现知识发展的内在过程。此外，公共知识产品即人工制品的设计是协作知识建构活动开展的主要中介和形成的客观结果，也是学习者进行观点改进的外部呈现。因此，形成高质量的公共知识产品也是实现知识发展的外在结果表现。由此，混合式协作知识建构活动的目标可具化为：(1) 促成高水平的学习者协作知识建构交互过程；(2) 形成高质量的学习者小组任务制品结果。

根据协作知识建构（过程）一般模式中的认知层次划分，可将认知交互水平由低到高细分为共享、论证、协商、改进和应用五个层次。其中共享和论证两个层次属于低水平的知识建构，一般处于学生个体认知的表征与彼此观点磨合的阶段；协商层次属于中水平的协作知识建构，一般处于小组共识的形成阶段；而改进和应用两个层次则属于高水平的协作知识建构，一般处于学生修正小组共识、形成与完善小组任务制品的阶段。[1][2] 其目标框架如图 2-9 所示。

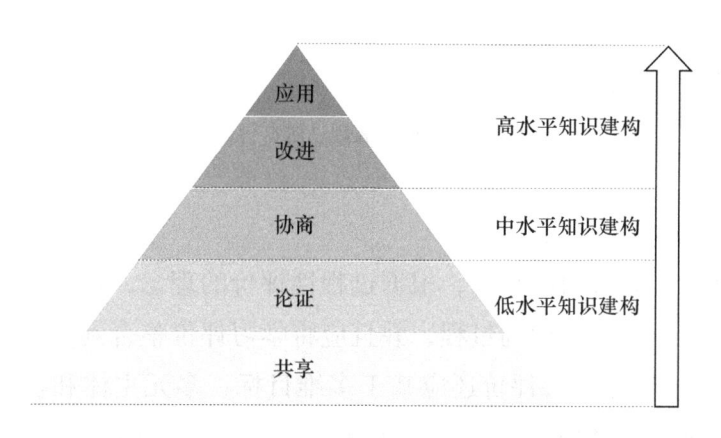

图 2-9 协作知识建构（认知）交互水平目标框架

---

[1] 陈鹏宇等：《在线学习环境中学习行为对知识建构的影响》，《中国电化教育》2015 年第 8 期。

[2] 李海峰、王炜：《在线协作知识建构：内涵、模式与研究向度》，《现代远距离教育》2019 年第 6 期。

而对于小组任务制品质量的目标，主要可分为内容性质量和结构性质量两方面。其中，在内容性质量中，根据具体任务设置，小组任务制品在知识理解和知识应用（推理）层面应达到复杂性理解和创造性应用的水平。而在结构性质量中，根据具体任务设置，小组任务制品应具备合乎要求的内容完整度和结构规范性。其目标框架如图 2-10 所示。

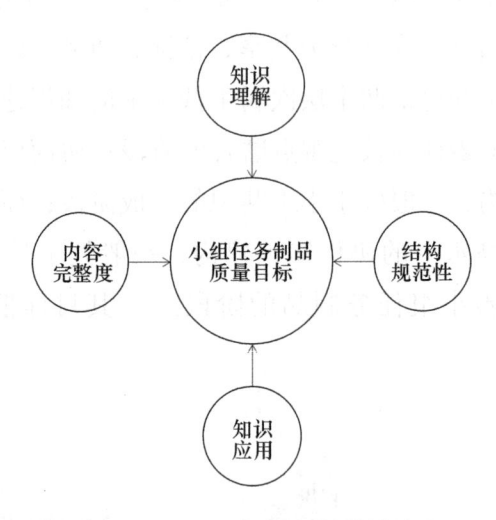

图 2-10　小组任务制品质量目标框架

（三）活动评价

从学习评价角度来讲，根据过程性评价的理念，评价本身即是一个价值认知并建构的过程，并且应将学习评价整合到学习活动过程中。[1] 同时，学习评价还应基于多维目标、多元主体和多样方式开展，即根据过程性与目标性并重的取向开展协作知识建构评价，从学习的多维目标对学习的认知、情感与社交领域开展全面评价，从学习的多元主体尤其是学生的角度开展自评、他评、互评等多主

---

[1] 谢同祥、李艺：《过程性评价：关于学习过程价值的建构过程》，《电化教育研究》2009年第6期。

体评价，以学习过程的多样数据收集方式开展量化与质性相结合的综合评价。①

根据协作知识建构的内涵发展与研究趋势，对混合式协作知识建构的评价需兼顾过程性与结果性、实验性和描述性，即采用以过程性评价和结果性评价相结合、量化分析与质性分析相融合的方式评价协作知识建构的过程与效果。因此，本研究通过对应活动目标要素的分类框架，结合协作知识建构活动的进程与结果，进而基于评价层次和评价维度来构建混合式协作知识建构活动模式的评价框架。

其中，在评价层次上，根据协作知识建构的过程机制，可以得知，协作知识建构可分为个体知识建构和社会（群体）知识建构两个分进程。因此对协作知识建构的评价也可以从个体知识建构和群体知识建构两个层次进行。如钟志贤与曹东云就提出，网络协作学习的评价应从个体和小组两个层面进行。② Strijbos 也认为对于包括 CSCL 在内的协作学习的评价，应从学习者和团队两个层面进行。③ 而在本研究中，基于班组组织结构，社会知识建构又可分为小组知识建构和班级知识建构两个层级，对应生生交互中的小组交互与班级（不分组）交互。因此，对于协作知识建构的评价，可形成以小组知识建构评价为核心，以个体知识建构评价和班级知识建构评价为补充的多层次评价体系，以此全面综合的测评协作知识建构的过程与效果。

而在评价维度上，则根据混合式协作知识建构活动的目标和环境，可基于学习过程、活动组织和学习成果三个维度进行评价。④

---

① 高凌飚：《过程性评价的理念和功能》，《华南师范大学学报》（社会科学版）2004 年第 6 期；钟志贤、曹东云：《网络协作学习评价量规的开发》，《中国电化教育》2004 年第 12 期。

② 钟志贤、曹东云：《网络协作学习评价量规的开发》，《中国电化教育》2004 年第 12 期。

③ Jan-Willem Strijbos, "Assessment of (computer-supported) collaborative learning", *IEEE Transactions on Learning Technologies*, Vol. 4, No. 4, 2010, pp. 59–73.

④ 黄荣怀等：《基于混合式学习的课程设计理论》，《电化教育研究》2009 年第 1 期。

首先，基于混合式协作知识建构活动环境的过程数据收集，可以发现学生的小组在线交互记录、调查结果数据和小组任务制品是最终呈现的三种数据结果。其次，对应混合式协作知识建构活动目标，可以发现，学生交互过程对应的是协作知识建构交互过程，体现为学生小组交互的水平与社会网络的结构，其中小组交互水平主要指以学生认知交互水平为核心、兼顾考察情感和社交层面的交互表现，是指向活动过程的核心评价指标；学生任务成果则对应的是小组任务制品结果，体现为学生完成协作任务中小组任务制品质量与个体任务表现，其中小组任务制品质量为指向活动结果的核心评价指标。此外，学生活动组织（感知）则体现了学生对协作知识建构活动过程的主观感知和评价，可分为学生参与和学生满意程度两部分内容，其中学生参与包括了学生个体对于协作知识建构活动的认知参与、情感参与和行为参与，而学生满意程度主要指学生个体对于协作知识建构活动组织与效果的满意程度。

因此，可从评价的三个层次和三个维度综合构建混合式协作知识建构活动的评价框架，回应了核心研究问题 2-1，如图 2-11 所示。

其中，对交互过程维度的评价侧重于对学习者生生交互过程开展多维交互分析与评价，主要通过内容分析、社会网络分析等形式，量化测评学生的小组交互水平与群体社会网络结构；对活动组织维度的评价侧重于评估学习者在协作知识建构过程中对学习活动（教师主导的教学活动和学生主导的小组知识建构活动）的成效感知，主要通过问卷、访谈等形式获取学习者参与度、满意程度等信息；对任务成果维度的评价侧重于对任务层面学习者小组任务制品与个体任务表现的测评，主要通过基于量规的评价、组间成果评价、小组自评与他评等方式进行。

（四）活动环境

混合式协作知识建构活动模式中的活动环境要素主要包括硬环

第二章　混合式协作知识建构活动模式的设计　　153

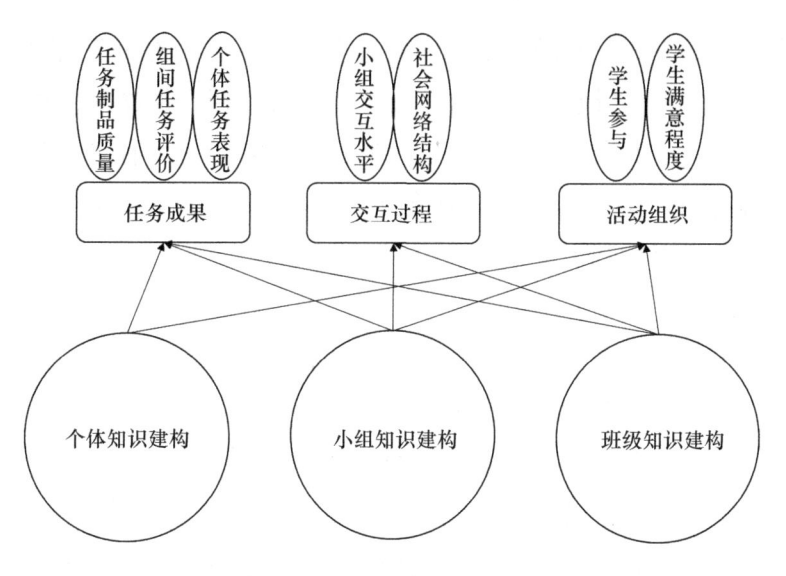

图 2-11　混合式协作知识建构活动模式中的活动评价框架

境和软环境两个层面。硬环境即活动实施过程中的物质与技术环境，一般包括教室、教学技术设备（电子大屏、计算机、麦克风等）、学生便携式智能终端（笔记本电脑、iPad、智能手机等）等内容，以及在此基础上形成的数字技术支持的活动环境。软环境即活动实施过程中基于硬环境形成的教学与策略情境，一般包括教学与干预方式、互动方式与策略、协作工具与支架等内容，以及在此基础上构建的教学活动实践情境。而论其设计核心，则在于在线交互与面对面交互的混合设计。

在本研究中，由于授课对象为刚入学的硕士一年级学生，不仅包括了一些跨专业的学生，而且很多学生在入学前即大学本科末期的一段时间中已经中断了课程学习。而在课程内容以教育信息化领域前沿理论和研究方法为主的条件下，学生需要经过对教育信息化领域基本理论与概念的学习，才能具备比较好的协作知识建构的（前知识）基础。

因此，本研究将构建课堂面对面学习与课后小组协作的 BCL 环境开展混合式协作知识建构活动，即采用教师讲授引导和学生小组协作并重的方式实施教学活动。在这种情况下，为充分发挥教师引导作用，实现"最近发展区"效应，并提升课堂效率，可采用"在线协作学习+面对面教学"的形式组织教学，即任务前以教师课堂讲授和师生互动为主，任务中以小组任务协作和生生互动为主，任务后以教师引导反思和组间互动为主。

（五）活动程序

根据对模型内涵的解释，混合式协作知识建构活动模式中的活动程序，可以细分为活动进程、活动内容（层次）和活动步骤三方面，以下对各部分的活动程序进行具体论述。

1. 活动进程框架

在活动进程中，小组知识建构活动是混合式协作知识建构活动的核心进程。班级知识建构活动主要包括两部分内容，一是教师对于任务相关课程内容的导入，即教师采用多种教学方式展开授课并布置具体任务，这也是学生开展小组知识建构的基础。二是学生组间的小组知识建构成果评价、教师引导下对小组知识建构活动过程与结果的反思两方面，是对小组知识建构活动效果的巩固与提升。而个体知识建构的过程主要包括知识的内化与外化过程，一般来说是内隐于小组知识建构活动和班级知识建构活动之中的。而小组知识建构活动的核心程序即小组交互活动，即有序的共享、论证、协商、改进、应用等过程。其框架如图2-12所示。

2. 活动内容框架

在活动层次中，任务活动是开展混合式协作知识建构活动的基本单元，也是混合式协作知识建构活动的核心层次与内容。关于任务的内涵，研究者有不同的界定，但普遍认为任务对协作学习有重要的促进作用。Willis 认为任务是一类活动，其本质是一种交互过程。[1] Jonassen 认为任务是触发协作学习的重要元素，体现了协作

---

[1] Jane Willis, *A Framework for Task-based Learning*, Harlow, U. K. : Addison Wesley Longman Ltd. , 1996, pp. 23–25.

第二章 混合式协作知识建构活动模式的设计　155

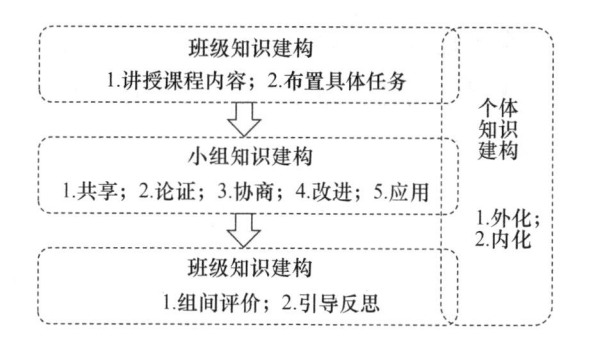

```
┌─────────────────────────┐
│      班级知识建构         │
│ 1.讲授课程内容；2.布置具体任务 │
└─────────────────────────┘       个
           ↓                      体
┌─────────────────────────┐       知
│      小组知识建构         │       识
│ 1.共享；2.论证；3.协商；4.改进；5.应用 │   建
└─────────────────────────┘       构
           ↓                    1.外化；
┌─────────────────────────┐     2.内化
│      班级知识建构         │
│ 1.组间评价；2.引导反思     │
└─────────────────────────┘
```

图 2-12　混合式协作知识建构模式之活动进程框架

学习过程的逻辑性和目的性。[①] 蔡慧英与顾小清认为任务是一种基于协作的教学设计，是面向学生创设学习支架、优化认知负荷、促进知识建构的实现途径。基于以上理解，活动内容框架主要指任务层面的内容框架，主要包括任务目标、任务流程（环节）、信息传递通道、任务评价四方面。

其中，任务目标可根据任务类型和任务内容进行界定。一般而言，知识发现任务主要要求学生对任务对象（概念性知识、程序性知识等）形成复杂性理解和创新性推理，而知识应用任务则要求学生在运用相关知识解决问题或解释现象的过程中，不仅对两种任务对象（知识、问题/现象）形成复杂性理解和创新性推理，并且要求知识应用方案内容完整、结构规范。任务流程则指从布置任务到完成任务的主要环节，一般包括教师布置任务、学生理解任务、学生协作完成任务与学生呈现任务制品四个环节。信息传递通道则是基于活动环境设置的小组交互技术方案，在本研究中，由于主要基于在线交互开展协作知识建构，因此信息传递通道主要包括由腾讯会议、微信等工具构成的在线同步交互通道，和由石墨文档、微信、论坛等工具构成的在线异步交互通道。任务评价则主要指小组

---

① David H. Jonassen, "Designing constructivist learning environments", in Charles M. Reigeluth, ed., *Instructional-design theories and models* (2nd Edition), New Jersey: Lawrence Erlbaum Associates, 1999, pp. 215–239.

任务成果进行的个人任务表现评价和小组任务制品评价,包括组内自评与他评、基于量规的任务制品评价和组间评价。活动层次框架如图 2-13 所示。

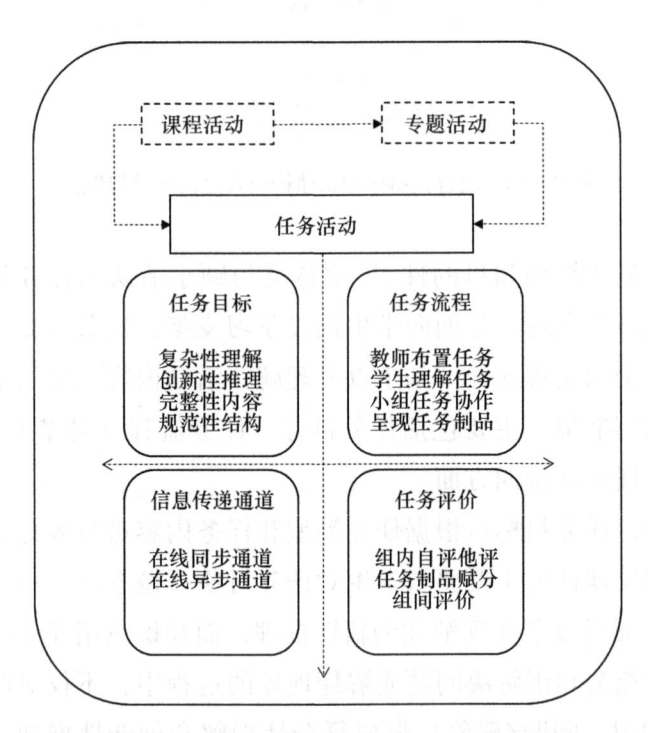

图 2-13　混合式协作知识建构活动模式之活动内容框架

3. 活动步骤框架

活动步骤,即任务活动实施的时序与逻辑步骤,分别为任务前、任务中和任务后三个环节。在本研究中,基于活动环境设计,任务前环节在时序上主要是课中阶段,在内容上主要包括教师传授课程内容和布置协作任务等步骤;任务中环节在时序上主要是课后阶段,在内容上主要包括学生任务理解与表达、小组任务协作、呈现任务制品等步骤;任务后环节在时序上可分为课后和课中两个阶段,其中第一阶段在内容上主要包括基于论坛的组间协作与教师反馈、上传课件与提供材料(下次课的)等步骤;第二阶段在内容上

第二章 混合式协作知识建构活动模式的设计　157

主要包括小组汇报与组间评价、教师总结与组织反思等步骤。框架如图 2-14 所示。

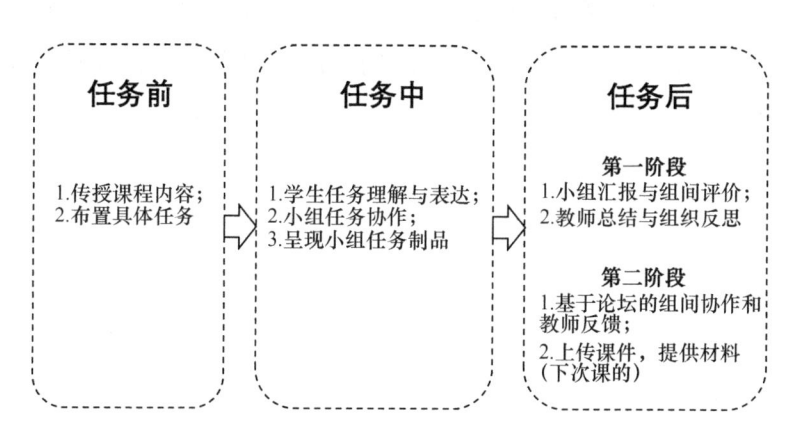

图 2-14　混合式协作知识建构活动模式之活动步骤框架

基于活动进程、活动层次和活动步骤的三个框架，可以整合形成混合式协作知识建构活动模式的活动程序框架，回应了核心研究问题 1-1，如图 2-15 所示。

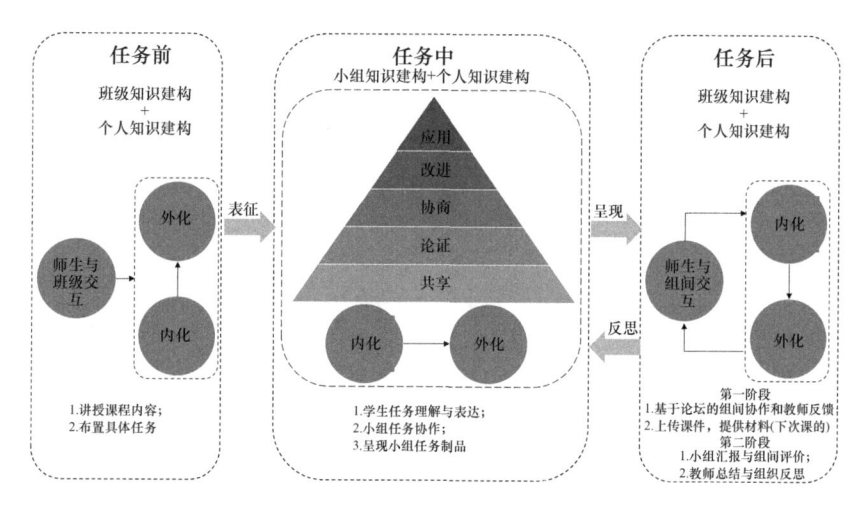

图 2-15　混合式协作知识建构活动模式之活动程序框架

混合式协作知识建构活动模式的活动程序框架基于任务前、任务中、任务后的活动逻辑步骤，统筹了活动程序中的活动进程框架、活动层次框架和活动步骤框架，统一了协作知识建构过程和任务活动流程，形成了逻辑完整、结构规范的混合式协作知识建构活动程序设计。

第三章

研究设计

回顾本研究的核心问题,前三章已经在理论层面梳理了混合式协作学习与协作知识建构的研究发展,以及协作学习研究和实践向BCL转型的过程与机制,并构建了混合式协作知识建构活动模式理论原型。因此,本章及后续章节将通过将混合式协作知识建构活动模式应用于课程实践,对混合式协作知识建构活动模式应用的过程与结果进行分析和测评,验证BCL促进协作知识建构过程与效果实现的作用并探索其机制,进而迭代完善混合式协作知识建构活动模式。

由前文可知,有效设计是开展BCL实践的重要前提,因此在本研究中开展BCL实践就意味着对混合式协作知识建构活动模式的应用,两者是一体的过程;对混合式协作知识建构的评价,即通过构建协作知识建构评价框架对BCL的过程和效果开展综合测评。因此,面向活动模式应用与迭代的研究设计,其主要目的在于通过BCL活动实践,实现混合式协作知识建构活动模式的应用,并解决两个具体问题:一是验证BCL是否有效促成了学习者的协作知识建构;二是探究BCL如何优化协作知识建构过程。其核心内容则在于对混合式协作知识建构活动模式的实践应用,即通过设计科学的实验过程,在实证层面全面地分析与测评混合式协作知识建构活动模式应用的过程和效果。具体而言,即以协作知识建构的视角、混合学习的过程模式和协作学习任务驱动的方式，通过应用混合式协作知识建构活动模式，设计基于 BCL 的协作知识建构情境和课程实践活动。在利用多种工具有效收集学生协作知识建构过程和结果数据的基础上，通过数据量化分析，在实证层面具体地验证 BCL 促成协作知识建构的作用并探索其机制。

因此，本章将从课程活动设计、专题活动设计、具体任务设计、模式迭代设计、评价过程设计和研究工具设计六个方面，具体论述面向混合式协作知识建构模式应用与迭代的研究设计方案。

第一节 课程活动设计

进行基于课程的活动设计是改进教学效果和整合信息技术的必然需求和必备途径，[1] 开展 BCL 更是需要重视课程活动设计。因为"混合"意味着对传统学习流程的变革，如何根据课程与学习需求有效组织学习者、学习环境、学习活动、技术应用等要素以实现协作知识建构过程的优化与效果的提升，关乎课程的成败；而"协作"则意味着由知识传授到知识建构的转变，如何根据课程与学习目标有效开展学习准备、协作知识建构和学习评价等环节以实现高水平的协作知识建构和较全面的学生发展，关乎课程的优劣。

由此，本研究在基于 SPOC 的混合学习过程模式的基础上，通过梳理已有混合学习与协作学习领域的课程设计模型，形成了 BCL 课程活动设计，如图 3-1 所示。总体来说，对应混合学习过程中学习准备、协作知识建构和学习评价三大环节，BCL 课程活动设计框架包括三个阶段：课程设计阶段、课程实施阶段和课程评价阶段。

---

[1] Mike Molesworth, "Collaboration, Reflection and Selective Neglect: Campus-Based Marketing Students' Experiences of Using a Virtual Learning Environment", *Innovations in Education and Teaching International*, Vol. 41, No. 1, 2004, pp. 79-92.

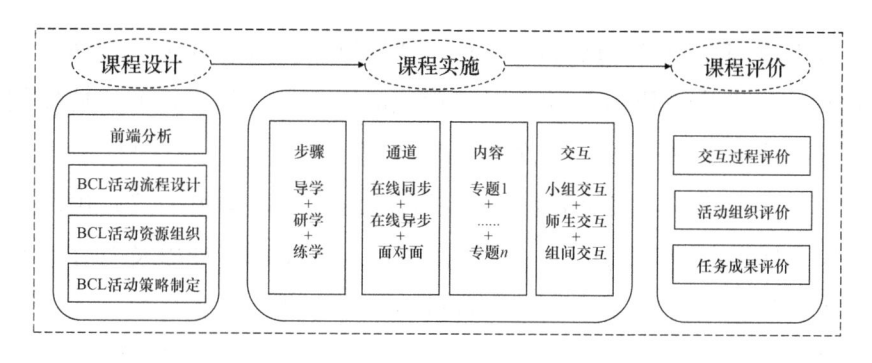

```
┌─────────────────────────────────────────────────────────────────┐
│    ( 课程设计 ) ────→ ( 课程实施 ) ────→ ( 课程评价 )              │
│   ┌──────────┐    ┌────┬────┬────┬────┐   ┌──────────┐          │
│   │ 前端分析  │    │步骤│通道│内容│交互│   │交互过程评价│          │
│   ├──────────┤    │导学│在线│专题│小组│   ├──────────┤          │
│   │BCL活动流程│    │ + │同步│ 1 │交互│   │活动组织评价│          │
│   │设计      │    │研学│ + │ + │ + │   ├──────────┤          │
│   ├──────────┤    │ + │在线│…… │师生│   │任务成果评价│          │
│   │BCL活动资源│    │练学│异步│ + │交互│   └──────────┘          │
│   │组织      │    │   │ + │专题│ + │                          │
│   ├──────────┤    │   │面对│ n │组间│                          │
│   │BCL活动策略│    │   │面 │   │交互│                          │
│   │制定      │    │   │   │   │   │                          │
│   └──────────┘    └────┴────┴────┴────┘                        │
└─────────────────────────────────────────────────────────────────┘
```

图 3-1　BCL 课程活动设计

一　课程设计阶段

（一）前端分析

在课程设计阶段之初，需要通过前端分析，即全面分析课程学习目标、学习者特征、课程学习内容与课程学习条件来研判课程采用 BCL 模式的可行性。主要包括以下内容：（1）课程学习目标分析需要考虑三方面内容，一是课程学习目标的全面性，二是课程学习目标的可及性，三是课程学习目标的层次性。（2）学习者特征分析需要考虑两方面内容，一是学习者特征分析的全面性，二是学习者需求分析的优先性。（3）课程学习内容分析需要考虑两方面内容，一是课程学习内容与课程学习目标的一致性，二是课程学习内容与混合式知识建构的适应性。[①]（4）课程学习条件分析需要考虑三方面内容，一是学习者个人方面的条件，二是课程学习技术工具方面的条件，三是课程学习物理环境方面的条件。基于对以上四方面的前端分析，可以得到应用 BCL 模式开展课程是否可行以及匹配度的判断。

（二）BCL 活动流程设计

在 BCL 活动流程设计部分，主要包括四方面内容，分别是 BCL 任务设计、BCL 技术应用（信息通道组合）、BCL 时序设计和 BCL

---

① 彭绍东：《混合式协作学习的设计与分析》，湖南大学出版社 2016 年版，第 141 页。

学习支持四方面设计内容。其中，(1) BCL 任务设计主要指通过任务驱动形式开展 BCL 活动，以结构化的协作概念学习任务、协作问题解决任务和协作设计任务覆盖课程教学内容、分解课程专题结构、落实课程学习目标并促进学习者的协作知识建构。(2) BCL 技术应用实质上是对面对面交互与在线交互的比例设计以及对在线交互工具的选用，是 BCL 流程设计的重点也是难点。信息通道组合需要结合对课程与学习者的分析，对学习环节与学习情境进行组配，并根据媒体选择定律，基于最小成本和最大价值率，适当地选择与组合媒体，以实现最小的可能成本和最高的协作知识建构效果。[1]
(3) BCL 时序设计主要指通过课堂与课前或课后的课程时序分割课程环节、设置学习任务并分配学习资源，其与 BCL 技术应用关联较为紧密，需要相互配合才能保证课程学习效果。(4) BCL 学习支持主要指基于以上 BCL 流程设计，为 BCL 过程的顺利开展提供环境与技术支持，包括对现实课堂空间、在线学习平台、协作交互媒体及其他学习过程支持工具的提供和整合，并为学习者的使用提供适当指导。

(三) BCL 活动资源组织

在 BCL 资源组织部分，主要包括内容选择、案例开发、资源分配和资源呈现四方面设计内容。其中，(1) 内容选择主要指基于课程学习目标与内容架构，以劣构性内容为主、良构性内容为辅的原则选择合适的学习内容，以协作知识建构内容为主、自主学习内容为辅的原则进行编排，并根据学习者的多元学习需求设置层次丰富的拓展性学习内容。(2) 案例开发主要指基于已有课程学习资源和在线开放学习资源，在专题和任务层面组织适合的专题内容案例和开发匹配的任务开展案例，通过案例的说明和学习支持学生自主与协作探究，引导小组生产性与反思性交互。(3) 资源分配主要指基

---

[1] 李克东、赵建华：《混合学习的原理与应用模式》，《电化教育研究》2004 年第 7 期。

于 BCL 流程设计,为各个课程环节分配空间资源、学习资源、技术资源与教师资源(教师投入),以满足学生个人与小组学习需求,支持学生协作交互与知识建构过程。(4)资源呈现则主要是指将各类学习资源根据实时课程教学进行动态的适应性呈现,并通过文档、音视频、网页、网络链接等多元化的方式组织和呈现学习资源,满足学生对学习资源的适应性和多元性需求。

(四) BCL 活动策略选择

在 BCL 策略制定部分,主要包括小组组建策略、角色分工策略、小组评价策略和学习支持策略四方面设计内容。其中,(1)小组组建策略主要指基于学生多维特征与课程动态变化,开展有效且动态的小组组建工作,以促进协作知识建构共同体的形成。比如在某些教学实践中,教师为提升协作学习过程的参与公平性,会根据学生特征分析对学生进行异质分组。同时在另外一些教学实践中,教师为提升学生的自主性和积极性,会采用学生自由结合的方式进行小组分组。(2)角色分工策略主要指为促进学生的生产性交互和社会性实践,对师生进行角色定位与分工的策略。包括学生小组中的主持人(组长)与组员的角色、组长轮换的规则和角色扮演的策略,而教师则根据学生需要充当学习活动的设计与组织者、知识建构的合作与促进者、学习过程的指导与调控者等角色。[①](3)小组评价策略主要指基于多元课程学习目标体系,根据过程性与结果性评价相结合的原则,预先设计课程评价尤其是小组评价的标准。一般包括小组评价的内容、各部分内容的权重以及更细化的评价内容指标。并且在具体实施过程中,应根据课程开展实际情况对评价标准进行动态调整,以实现以评促学的目的。(4)学习支持策略主要指为促进 BCL 的顺利开展,教师对学生个体与群体、协作知识建构过程与任务进行支持和干预的一种策略。一般包括内容层面、情感

---

① 彭绍东:《混合式协作学习的设计与分析》,湖南大学出版社 2016 年版,第 158 页。

层面和管理层面，比如课程初期培训学生的 BCL 技能、小组初建期间引导小组协作过程、协作知识建构过程中及时反馈学生问题以及积极鼓励优秀小组等。

二 课程实施阶段

（一）步骤

BCL 课程活动的步骤一般可分为三步，即导学、研学和练学。[①] 其中，（1）导学是 BCL 课程活动实施的起始环节，教师一般在此环节提供学习资源、传递学习内容，引导学生进入小组协作知识建构准备状态。此外，还提供学习拓展资源和协作知识建构工具，支持学生小组与班级协作。（2）研学是师生教学互动与学生确定任务计划的环节，由学生小组在资源支持和教师引导下理解任务、选择协作策略与明确活动分工。（3）练学是学生小组深入协作知识建构的环节，也是小组协作知识建构的核心环节，主要指学生小组协作构建与应用人工制品以完成小组任务的过程。另外，也包括在教师的组织引导下，班级学习共同体通过论坛等工具对小组共享呈现的以人工制品为主的活动成果进行评价和讨论后，小组内部进行总结反思的过程。

（二）通道

在 BCL 课程活动中，主要的信息传递通道可分为三类，即在线同步通道、在线异步通道和面对面通道，但三者并不截然对立，尤其是在线同步传递和在线异步传递之间存在着灵活的配置和高度的混合。其中，（1）在线同步传递是学生小组在线协作知识建构的主要方式，即在练学环节以及部分导学环节中，小组成员通过微信、腾讯会议、石墨文档等工具，开展实时高频的协作交互，促进较为深入的协作知识建构。并基于论坛中其他小组与教师对小组人工制

[①] 陈然、杨成：《SPOC 混合学习模式设计研究》，《中国远程教育》2015 年第 5 期。

品的评价，开展组内反思。（2）在线异步传递是班级在线协作的主要方式，也是小组在线协作知识建构的补充方式，即在练学环节以及部分导学环节中，班级学习共同体通过论坛的方式对小组人工制品开展组间评价和讨论，教师也通过学习平台上传学习资料并通过论坛对小组人工制品进行评价反馈，小组则通过微信、石墨文档等方式开展异步低频的协作交互，作为小组协作知识建构的有益补充。（3）面对面传递则是师生交互和生生情感交互的主要方式。教师不仅在面对面课堂中讲授新知，就学习内容与学生进行交互，并且提供有效的问题引导和针对性的小组反馈，促进班级与小组协作。学生小组在面对面课堂中通过丰富的信息交互，对课程引导问题进行实时的讨论，并对小组任务（包括上周任务和本周任务）进行高效的反思和协调，同时促进小组的协作投入和团体情感培养。

（三）内容

在课程实施过程中，课程内容主要以专题的方式进行呈现，并以专题为载体进行任务设计。同时，专题作为每周课程的学习单元，可以围绕知识点进行协作任务的灵活组配。在 BCL 课程活动中，每个完整的专题包括了活动导入、确定计划、任务实施和评价反思等活动环节，形成任务前、任务中、任务后的完整活动流。并且根据课程内容设置，多个专题可以组成一个完整的知识空间，各小组可自行选择感兴趣的专题进行深入的探究。在分工完成此知识空间的学习后，将会通过线下小组汇报的方式，围绕小组人工制品进行班级共享、组间互评和教师点评，进而在促进小组反思的基础上，提升班级学习共同体对课程知识点单元的理解和互促。

（四）交互

在 BCL 课程活动中，主要的交互类型可分为三类，即小组交互、师生交互和组间交互。其中小组交互与组间交互是生生交互的不同形式，而师生交互和组间交互则可归结为班级交互。因此，虽然生生交互中的小组交互是协作知识建构的核心过程，但在 BCL 课程活动中，三种交互类型具有不可分割的密切联系，共同支持了有效的协作知识建构过程。其中，小组交互是开展协作知识建构、生成小组人工制品的核心交互形式，也是知识生成与创新的核心过程。师生交互则是发挥教师主导作用，促进学生和小组实现"最近发展区"的重要交互形式，也是保障协作知识建构效果的重要条件。组间交互则是构建班级学习共同体的重要交互形式，也是在减轻学生学习负荷的前提下，保障学生知识共享、共同发展的重要条件。

三 课程评价阶段

课程评价，即对BCL课程活动过程与效果的评价，主要是根据课程与小组评价标准，对混合式协作知识建构的过程和效果开展具体分析与评价。具体评价过程可从个体知识建构、小组知识建构、班级知识建构三个层次，交互过程、活动组织和任务成果三个维度开展测评，其中对小组知识建构层次的评价最为核心。而在三个评价维度中，交互过程主要根据基于在线工具或课堂录音录像等方式收集的BCL活动过程数据（如交互记录、观察记录等）进行量化评价。活动组织主要指的是在BCL课程活动中，由教师主导的教学活动组织和学生小组主导的协作知识建构活动组织，可根据基于问卷和访谈方式收集的学生BCL课程活动过程感知和评价数据进行综合评价。任务成果主要指的是BCL课程活动过程中，学生小组基于不同专题和任务形成的人工制品，以及某些课程在课程知识点单元结束进行的客观测试，可根据测试成绩和评价量规对小组人工制品质量进行赋值以量化评价。

第二节 专题活动设计

在混合学习过程中，一组面对面课堂教学与学生自主/协作线上学习活动的结合往往构成一个学习单元,① 即形成一个完整的课程教学过程。在本研究中,课程学习内容以专题的形式呈现,在时序设计上等同于混合学习中的学习单元。但一个专题可以包含数个协作学习任务,如多个知识发现任务或者知识发现任务与知识应用任务的组合等,因此专题可以作为介于课程与任务之间的中观学习活动单元。基于已有研究对学习单元的设计与应用模型的研究,本研究通过借鉴基于翻转课堂的混合学习过程模式,结合首要教学原理,形成了 BCL 专题活动设计,如图 3-2 所示。总体来说,BCL 专题活动设计实际上是 BCL 课程实施步骤的细化与深化设计,可分为四步：活动导入、确定计划、任务实施和评价反思。

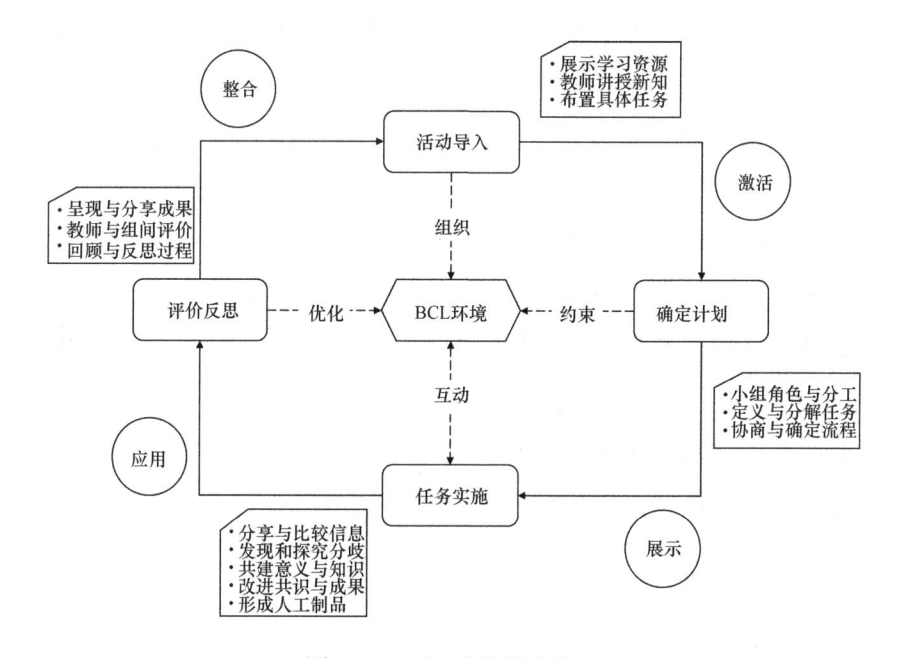

图 3-2　BCL 专题活动设计

一　活动导入

活动导入的过程,实际上就是展示学习资源、教师讲授新知与

---

① 黄荣怀等:《基于混合式学习的课程设计理论》,《电化教育研究》2009 年第 1 期。

布置任务的过程，这也是专题学习活动的开端。在 BCL 活动导入的具体设计中，主要包括以下环节：（1）通过在线平台向学生发布基于新专题内容的学习资源，告知专题学习的目标，激发学生的自主学习；（2）教师结合结构化的专题内容与学生相关问题，在课堂上进行必要的重点内容讲授和互动解惑；（3）根据专题学习目标，布置专题具体任务，引发小组协作知识建构。在这个过程中，学生已有知识作为新知识的基础被激活，从而促进学生的个体认知发展，对应了首要教学原理中的激活原理。

二 确定计划

确定计划的过程，实际上就是学生基于专题任务进行初步协作知识建构的过程。在确定计划环节的具体设计中，主要包括以下内容：（1）根据组长轮换制等组规，进行小组角色分配更新，组织小组协作并形成初步分工；（2）基于对专题学习内容的个体认知，通过小组协作形成对专题任务的初步理解；（3）基于内容与技术资源，选用合适的学习与协作策略，并构建初步的任务解决流程。在这个过程之前，教师重点讲授了专题中的新知识，学生也对新知识形成了协作意义建构（浅显理解），但协作任务的完成需要对新知识的深入理解乃至应用。因此在此过程中，需要教师和小组同伴之间说明与展示新知识以加深任务理解，这对应了首要教学原理中的展示原理。

三 任务实施

任务实施的过程其实就是课后学习小组在线协作知识建构的过程。在 BCL 任务实施的具体设计中，主要包括以下内容：（1）分享与比较信息；（2）发现与探究分歧；（3）共建意义与知识；（4）改进共识与成果；（5）形成知识制品。在这个过程中，学生不仅通过深入协作形成对专题知识的协作建构，而且往往需要对专题知识和协作流程加以应用、调整乃至创新以协作创建知识制品，这对应了首要教学原理中的应用原理。

四 评价反思

评价反思的过程其实就是课后学习小组人工制品的在线展示（或课上基于面对面的小组成果汇报）、同学在线论坛评价与教师在线点评（或班级面对面的成果评价与教师实时点评），并引发小组总结反思的过程，有时也会存在既有在线评价也有面对面评价的情形。在评价反思环节的具体设计中，主要包括以下内容：（1）呈现与分享成果，学生小组（有时同时包括个体）通过在线或面对面的方式向班级学习共同体分享小组人工制品；（2）教师与组间评价，即根据对各小组人工制品的分析，小组间开展相互评价，教师也进行点评与反馈；（3）回顾与反思过程，在展现小组人工制品、分析其他小组成果与听取其他小组和教师评价的过程中，学生通过成果比较和接受教师同学反馈，对任务过程进行回顾与反思。在这个过程中，学生通过对小组成果的评价与对小组过程的回顾，促进了专题知识的内化与整合，对应了首要教学原理中的整合原理。

第三节 具体任务设计

学习情境的设计是开展 BCL 实践的基本前提，也是应用混合式协作知识建构活动模式的重要载体。在本研究的具体任务设计中，主要是根据混合式协作知识建构活动模式，进行任务情境、任务对象和任务支持方面的设计与呈现。

一 任务情境

随着学习科学的不断发展，情境学习、社会化学习等理论开始强调学习情境的重要性，提出知识具备情境性，而学习则发生在情境之中。同时，为了促进学习的发生，这种情境具备真实性、社会性、实践性和文化性，其本质上是一种基于社会实践共同体的互动参与和知识建构情境。① 在此背景下，研究者们对学习情境的设计形成了一定的共识，即学习不仅是一种发生在大脑的个体内部活动，更是一种发生于社会、实践和文化背景下的群体建构活动。

（一）协作学习情境

本研究的协作学习情境设计定位于：内容依赖的协作知识建构任务情境。首先，基于动机理论的视角，明确的学习意图或目标会激发学习者的学习动机，促进学习者的学习参与。而基于任务驱动的协作学习将知识内隐于任务之中，通过任务的完成实现学习目标，有利于知识的迁移和运用。② 其次，在协作情境设计中，任务类型是需要关注的要素之一。③ 根据学科知识依赖程度，协作任务可分为内容独立任务和内容依赖任务，④ 其中内容独立任务指内容的完成不依赖或只依赖基本的学科知识，而内容依赖任务则指内容的完成必须依赖具体的学科知识。已有研究发现，完成内容依赖任务可以有效促进协作学习过程中学习者认知的发展。⑤ 最后，根据协作知识建构的目标与任务的粒度，协作任务还可分为知识发现任务和知识应用任务两类。其中知识发现任务是基于事实的任务，任

---

① 崔允漷、王中男：《学习如何发生：情境学习理论的诠释》，《教育科学研究》2012年第7期。

② 柳素霞、武法提：《基于任务驱动的协作式学习环境设计及实验研究》，《现代远程教育研究》2006年第2期。

③ Jan-Willem Strijbos, Rob L. Martens, Wim M. G. Jochems, et al., "The Effect of Functional Roles on Group Efficiency: Using Multilevel Modeling and Content Analysis to Investigate Computer-Supported Collaboration in Small Groups", *Small Group Research*, Vol. 35, No. 2, 2004, pp. 195 – 229.

④ Esther Care, Patrick Griffin, Claire Scoular, et al., "Collaborative Problem Solving Tasks", in Patrick Griffin and Esther Care, eds., *Assessment and teaching of 21st century skills*, Netherlands: Springer, 2012, pp. 85 – 104.

⑤ Susan-Marie E. Harding, Patrick E. Griffin, Nafisa Awwal, et al., "Measuring Collaborative Problem Solving Using Mathematics-Based Tasks", *AERA Open*, Vol. 3, No. 3, 2017, pp. 1 – 19；王春丽：《发展学习者协作能力的设计研究》，博士学位论文，华东师范大学，2019年，第58页。

务目标只有一个，任务各部分之间无缝集成；而知识应用任务是基于分析/综合的任务，任务目标则一般分解为多个对等的子目标，任务各部分之间可根据共同的总目标和相对独立的子目标形成要求不那么严格的集成。因此，本研究总体上根据内容依赖的协作知识建构任务的定位开展学习情境设计。

（二）具体任务情境

聚焦到具体任务情境，本研究主要依托教育技术学专业课程展开。通过构建小组协作的技术环境，在 BCL 情境下分别设计知识发现任务和知识应用任务，获取学生在小组交互过程中的认知、情感和社交等方面数据，形成基于证据的协作知识建构过程分析和效果评价。因此，本研究的任务情境设计主要具备以下特征：（1）社会性：本研究的任务情境围绕构建社会实践共同体的目标展开设计，通过小组协作的形式进行实践性的社会活动、真实性的行为参与、文化性的社会认同，从而实现社会化的群体知识建构。（2）劣构性：本研究的任务情境围绕劣构性的学科主题"技术与教育整合的关键要素"展开设计，具体作业和任务具有一定的复杂性，均以开放式的问题呈现，没有预设的标准答案，并要求学生在文献查阅和个人理解的基础上，形成具有一定创新性的小组任务制品。（3）统一性：本研究的任务活动在任务结构和难度上要求具备高度的相似性，即在统一的学习活动设计框架下，将课程内容切分为规模和形式相近的专题，并在任务设计中形成较为一致的作业形式和作业难度。（4）同步性：本研究的任务情境，尤其是小组协作交互的情境，主要是基于在线同步交互情境展开的，学生在课后的小组任务协作中，主要依靠微信、腾讯会议等工具进行高频次的同步交互。

二　任务对象

根据对 BCL 已有研究的关键词聚类，可以发现高等教育和大学课程出现的频率颇高,从 BCL 提出到现在始终作为一个热门的研究主题。不可否认的是,高等教育在 BCL 研究和实践中具有显著的优势。一方面,是因为高等教育阶段课程设置相对灵活、信息化程度相对较高并且强调团队合作能力的发展,所以不仅在线学习、混合学习已成为高等教育中一种普遍的学习方式,而且协作学习也成为高等教育中发展学生团队合作能力最常见的教育实践方式。[1]《地平线报告 2014》(高等教育版)也将混合学习和协作学习作为未来高等教育的发展趋势。另一方面,若想开展有效协作,不仅需要学生具备一定水平的协作能力和自主监管能力,并且需要具有挑战性、开放性和复杂性的小组任务以及创造或创新人工知识制品的任务要求,[2] 所以具备较稳定的协作能力、自主学习能力、技术接受能力和研究能力的大学生成为 BCL 领域被选择最多的研究对象。

由此,本研究的研究对象选择了上海某高校新入学的教育技术学专业一年级硕士研究生,课程载体是其专业必修课,课堂环境为配备了交互白板的普通教室。课程包括 26 名学生,但在课程开始时有 1 名学生由于外部原因退出课程,所以课程的正式参与者是 25 名。由于是新入学,在课程开始之时,参与者彼此之间并不熟悉。通过小组分组调查问卷,获取了实验参与者性别、本科专业背景、学习经验以及学习态度等信息,而对其进行分析的过程正对应了课程活动过程框架中前端分析的应用。其中,研究对象的性别与本科

---

[1] Pierre Dillenbourg, "What do you mean by collaborative learning?", in Pierre Dillenbourg, ed., *Collaborative-learning: Cognitive and Computational Approaches*, Oxford: Elsevier, 1999, pp. 1 – 19; Petru L. Curşeu and Helen Pluut, "Student groups as learning entities: The effect of group diversity and teamwork quality on groups' cognitive complexity", *Studies in Higher Education*, Vol. 38, No. 1, 2013, pp. 1 – 17; Petru L. Curşeu, Maryse M. H. Chappin and Rob J. G. Jansen, "Gender diversity and motivation in collaborative learning groups: the mediating role of group discussion quality", *Social Psychology of Education*, Vol. 21, 2018, pp. 289 – 302.

[2] Karin Scager, Johannes Boonstra, Ton Peeters, et al., "Collaborative Learning in Higher Education: Evoking Positive Interdependence", *Cbe Life Sciences Education*, Vol. 15, No. 4, 2016, pp. 1 – 9; 王春丽:《发展学习者协作能力的设计研究》,博士学位论文,华东师范大学,2019 年,第 59—60 页。

专业背景信息如表3-1所示。

表3-1　　　　　　被试性别与本科专业背景信息统计

信息	类别	人数	所占比例
性别	男	8	32%
	女	17	68%
本科专业	教育技术学	22	88%
	非教育技术学	3	12%

学习经验则主要包括数字化学习经验和协作学习经验。其中，在数字化学习经验方面，研究对象中有22人"有过在线（远程）学习经验"，有20人"有过混合学习经验"，没有人是"均没有"。在协作学习经验方面，有23人"有过面对面小组协作经验"，有17人"有过在线（远程）小组协作经验"，有20人"有过混合小组协作经验"，没有人是"均没有"。

而学习态度信息主要包括对小组协作学习效果的认可程度和参与小组协作学习的意愿，具体信息如图3-3、图3-4所示。

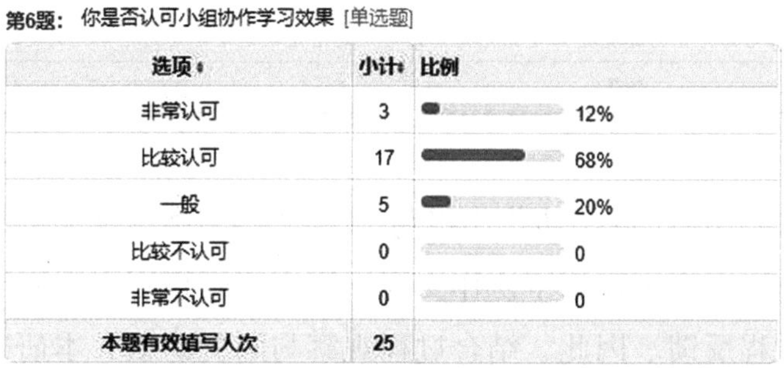

第6题：你是否认可小组协作学习效果 [单选题]

选项	小计	比例
非常认可	3	12%
比较认可	17	68%
一般	5	20%
比较不认可	0	0
非常不认可	0	0
本题有效填写人次	25	

图3-3　参与者小组协作学习效果的认可程度

基于以上学习者特征，根据"组内异质、组间同质"的分

第7题:	你是否乐意参与小组协作学习过程 [单选题]		
选项		小计	比例
非常乐意		8	32%
比较乐意		12	48%
一般		4	16%
比较不乐意		1	4%
非常不乐意		0	0
本题有效填写人次		25	

图3-4 参与者小组协作学习参与意愿

组原则,[①] 通过教师指定的方式对学生进行了分组。根据3—5人的最佳小组规模,[②] 将参与者分为六组,其中5组为4人小组,1组为5人小组。小组名称与小组规模的具体信息如表3-2所示。

表3-2 学生小组及其规模信息

小组名称	小组规模（人）
BCL1	4
BCL2	4
BCL3	4
BCL4	4
BCL5	4
BCL6	5

实验开始后,6个协作小组与25名参与者按照实验要求完成了学习任务,并全员参加了协作交互、调查问卷填写、认知制品提交和学习过程反馈。因此,结合过程观察与随机访谈,本研究共收集

---

① 李浩君等:《基于KNN算法的mCSCL学习伙伴分组策略研究》,《现代教育技术》2014年第3期;曹天生等:《促进学习者之间交互深度的分组策略研究》,《现代教育技术》2020年第6期。

② 毛刚等:《基于活动理论的小组协作学习分析模型与应用》,《现代远程教育研究》2016年第3期。

了6个小组25人份的有效研究数据。

三 任务支持

基于协作学习与具体课程情境设计，通过结合课程学习内容与结构，构建了具体的任务活动支持策略，以应用和迭代混合式协作知识建构活动模式。在任务支持中，本研究采取了主动性支持和选择性支持两种干预方式。

（一）主动性支持

主动性支持是指在三轮研究阶段中，均通过学习设计提供了任务过程支持，主要包括基于混合式协作知识建构模型的教学支持和基于学习平台、微信、腾讯会议和石墨文档的技术支持。具体内容包含协作知识建构过程框架、小组交互形式设计与限定、任务流程与发展目标告知、学习过程中教师实时问题解答、班级评论与反思组织等。其中，协作知识建构过程框架即小组协作知识建构的一般模式，主要包括以下五个步骤：

（1）共享：公开陈述（个人与他人）；表达初步意见；分享学习材料/任务内容；内容集成（形式上罗列）。

（2）论证：提问与质疑；解释和澄清；辩论和推理；观点的比较与分析（深入性整理）。

（3）协商：快速建立（最小）共识（推进讨论）；形成最终共识（基于冲突的共识和基于整合的共识）。

（4）改进：追问；评论；反思；改进。

（5）应用：创建共同知识；形成人工制品；形成认知变化。

（二）选择性支持

选择性支持是指在三轮研究阶段中，均提供了供学生自主选择的学习支架，主要包括技术支架与协作脚本。具体内容包括思维导图工具、元分析研究工具、录屏工具、虚拟式圆桌会议脚本、头脑风暴脚本、组长轮换脚本等。其中，虚拟式圆桌会议脚本与头脑风暴脚本是整体任务活动中使用频率相对较高的两种协作脚本。

虚拟式圆桌会议脚本。本研究基于任剑锋提出的 CSCL 角色扮演式交互活动组织策略，结合角色扮演脚本构建了适用于 BCL 环境的虚拟式圆桌会议脚本。① 主要内容包括角色设置、角色定位、交互步骤与规则三部分。

角色设置：立言者；质疑者；反对者；评判官/主持者（若是 5 人小组，加入表扬者）。

角色定位：（1）立言者：发表观点或个人任务制品，就个人观点立场回复小组成员质疑与反对。（2）质疑者：追问与质疑立言者的发言，促进立言者解释与完善个人观点或任务制品。（3）表扬者：积极支持立言者的发言，正面评价立言者的个人观点或任务制品，给予立言者鼓励和情感支持。（4）反对者：从知识冲突的角度，反向论证立言者个人观点或任务制品的不足，促进立言者进行辩证性的反思。（5）评判官：从任务协调的立场，检查与评判小组成员角色参与情况，引导小组交互，促进圆桌会议顺利推进。

交互步骤与规则：（1）角色分配（第一轮一般由组长担任评判官，并分配角色）。立言者发言，质疑者和反对者提问和质疑，发言者解释与反馈。其中由六条规则：原则上是等质疑者和反对者发言结束，立言者再进行反馈；质疑者与反对者谁先思考成熟，经评判官同意可以先发言；若确实需要进行及时反馈，经评判官同意，可进行不超过三个回合的对话；发言和评论语言要简短精炼，要求不超过 200 字，发言不超过 5 分钟；发言和评论要求有理有据，对观点不对人；一次发言结束后要明确表示此处发言结束，可自身决定结束标记。（2）角色轮换。重做第一步，直至全部观点阐述完毕，即小组所有成员都担任过发言者角色。原则上在角色轮换过程中，每个小组成员都应将所有角色轮换一次。

---

① 任剑锋：《非面对面 CSCL 交互行为促进策略的研究》，博士学位论文，华南师范大学，2006 年，第 68—72 页。

头脑风暴脚本。头脑风暴存在多种方式，从不同维度可分为基于语言的方式与基于文字的方式、面对面方式与在线方式等。本研究中使用的头脑风暴脚本主要是一种基于在线情境的书面头脑风暴方式，利用在线协同编辑工具"石墨文档"开展。主要内容包括交互步骤与交互原则两部分。

交互步骤：（1）确定开放式议题（表述简洁，不做过多限定）；（2）制定规则，主要是在选择主持人、明确任务各环节限制时间、确立个人提交观点的个数与发言（撰写观点）的时间等；（3）个人发表观点（在"石墨文档"中所有成员同步进行）；（4）借鉴他人观点，改进与更新观点（也可发表新观点）；（5）观点评估与综合，形成共识。[1]

交互原则：（1）鼓励畅所欲言（跳出思维框架限制，发散式创新思考）；（2）避免批评（包括自我批评式的论述）；（3）延迟评判（前期不对观点进行评判，直至进入步骤5）；（4）独立思考与彼此借鉴（通过非言语式的交流避免相互干扰的同时进行思维层面的交互，以改进与创新观点）。

第四节 模式迭代设计

为了便于开展研究，考虑到 BCL 实践对教学条件、教学内容、学习者等方面的要求以及研究者深度参与课程设计与实践的便捷性，本研究选择基于上海某高校的硕士研究生专业必修课"教育信息化理论与实践"作为研究情境，研究实践为期一个学期。

本研究主要采取基于设计的研究范式开展混合式协作知识建构活动模式的优化和迭代。根据模型设计部分建构出的混合式协作知识建构活动理论原型，通过三轮迭代循环研究，经过不断的修订和

---

[1] 水志国：《头脑风暴法简介》，《学位与研究生教育》2003 年第 1 期。

完善，形成较为成熟的混合式协作知识建构活动模式。三轮模式迭代设计研究方案如图3-5所示。

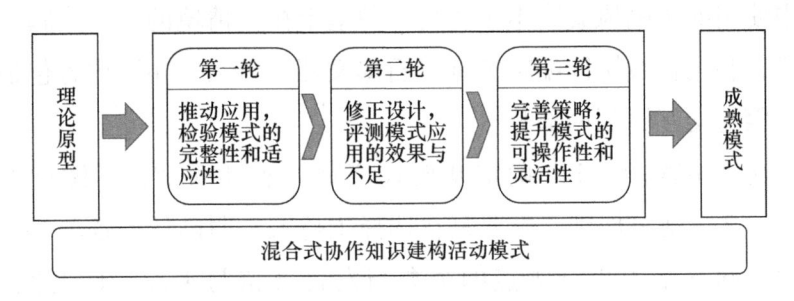

图3-5 活动模式迭代设计研究方案

在此基础上，经过与任课教师的沟通协作，初步确定了活动模式应用内容方案，具体内容如表3-3所示。

表3-3　　　　　　　　活动模式应用内容方案

研究阶段	课程内容	研究目标	研究任务	阶段时长
阶段一	专题一：教育信息化概述 专题二：教育技术学研究范式（上） 专题三：教育技术学研究范式（下） 专题四：国际教育信息化研究前沿 专题五：教育信息化的关键要素概述	开展混合式协作知识建构活动模式的初步应用，检验模式的完整性和适应性	（1）帮助学生熟悉混合式协作知识建构活动实践中的工具、策略与学习方式； （2）帮助教师熟悉混合式协作知识建构活动模式的教学设计与过程组织； （3）通过课堂观察、学生调查和专家咨询，验证混合式协作知识建构活动模式之于课程和学习者的适应性，以及模式中要素的合理性和结构的完整性。以此梳理混合式协作知识建构活动初步模式中存在的问题，分析其原因并提出修正方案	五周 （10课时）

续表

研究阶段	课程内容	研究目标	研究任务	阶段时长
阶段二	专题六：关键要素：设施与环境 专题七：关键要素：工具与应用 专题八：关键要素：资源与服务	修正混合式协作知识建构活动模式的设计与实施，确立模式任务情境，优化模式应用效果	（1）针对第一轮实践出现的问题和需求进行分析反思和模式修正； （2）面向修正后活动模式的应用实践，全面评测活动效果，验证BCL是否有效促成协作知识建构； （3）通过效果测评和学生反馈，进一步明确学生需求，梳理模式应用存在问题和原因，提出修正方案	三周 （6课时）
阶段三	专题九：关键要素：教师准备 专题十：关键要素：研究领导力 专题十一：关键要素：学校领导力	细化完善混合式协作知识建构活动模式的策略方案，提升模式的可操作性和灵活性	（1）针对前两轮实践出现的问题和需求，修正活动模式，完善策略方案； （2）进一步优化各个环节中的设计与实施方案，改进模型的整体框架与部分细节，提升模式的可操作性和有效性； （3）深入解析活动过程，探究学生参与的学习活动设计机制，提升模式的灵活性与扩展性	三周 （6课时）

一 阶段一：推动模式应用

阶段一，即第一轮模式迭代研究的目标是：（1）帮助学生熟悉混合式协作知识建构活动实践中的工具、策略与学习方式；（2）帮助教师熟悉混合式协作知识建构活动模式的教学设计与过程组织；（3）通过课堂观察、学生调查和专家咨询，验证混合式协作知识建构活动模式之于课程和学习者的适应性，以及模式中要素的合理性和结构的完整性。以此梳理混合式协作知识建构活动初步模式中存在的问题，分析其原因并提出修正方案。

虽然大部分的学生都经历过多种形式的协作学习，包括在线协作学习和 BCL，并且通过异质分组，保证了每个小组都拥有 3 名及以上有协作学习经验的学生。但基于对未有经验学生以及学习工具、学习支架和活动模式熟悉度的考虑，在第一轮，本研究对全体参与者（教师与学生）开展了教学设计指导、课程组织指导、学习工具与支架熟悉、小组创建与适应等前期准备工作。

基于学生认知负荷的考量，第一轮研究维持了五周，循序渐进地推动参与者理解活动模式、应用多种学习支持工具。例如在前三周开展了知识发现任务，让学生掌握教育技术学基本概念与理论，并适应小组协作流程与工具，如确定小组规则，如图 3-6 所示；后两周则基于理论与概念知识学习，开展知识应用任务，并反馈此阶段学习过程中出现的问题以及相应建议。

而为了推动模式应用，提升混合式协作知识建构活动模式的完整性与适应性，使之能够有效指导教师教学活动组织实践，并满足课程探究性与学习者主体性需求，本研究在第一轮通过专家咨询和学生调查的方式，获取专家咨询意见和学生反馈建议，对混合式协作知识建构活动模式理论原型进行了修订。

二 阶段二：修正模式设计

阶段二，即第二轮模式迭代研究的目标是：（1）针对第一轮实践出现的问题和需求进行分析反思和模式修正；（2）面向修正后活动模式的应用实践，全面评测活动效果，回应研究问题 2-2，验证 BCL 是否有效促成协作知识建构；（3）结合学生反馈，进一步明确学生需求，梳理模式应用存在问题和原因，提出修正方案。

在混合式协作知识建构活动模式理论原型的构建过程中，基于在线协作学习 + F2FL 相结合的 BCL 环境，提出了活动模式的活动

【组规】
1. 总则
 (1) 尊重组长、服从组长管理；
 (2) 团结一心、维护小组荣誉；
 (3) 认真负责、按时完成任务；
 (4) 团结友爱、互帮互助互学。
2. 发言
 (1) 先准备（落实到文字）后发言，谈看法要有根据；
 (2) 发言围绕讨论中心，不东拉西扯；
 (3) 语言表达力求明白，不啰嗦；
 (4) 别人提出疑问，要针对问题耐心解释，要尽可能作出令人满意的答复。
3. 倾听
 (1) 努力听懂别人的发言，边听边想，记住要点；
 (2) 边听边分辨出和自己发言相同的内容，自己发言时不重复；
 (3) 不要打断别人的发言，有不同意见要耐心听别人的发言后再提出；
 (4) 别人发言如有疑问，请对方解释说明时，说话要有礼貌；
 (5) 学会站在对方立场考虑问题，体会别人的看法和感受。
4. 求助
 (1) 遇到任何问题和困难，先尝试自己解决，带着自己的明确问题再在群内求助；
 (2) 接受帮助后，应肯定对方对你的帮助并表示感谢。
5. 反思
 (1) 虚心考虑别人的意见，修正和补充自己原来看法中不正确、不完善的地方；
 (2) 勇于公开承认自己的错误，肯定与自己不同甚至相反的正确看法。
6. 管理
 (1) 遵守时间安排，按时参与小组讨论、完成小组任务。有突发情况要及时在群内说明，获得其他成员的同意；
 (2) 服从组长安排，服从组内大多数人意见，个人意见可有选择地保留。
7. 组长职责
 (1) 任务分解和分工安排，在征询大家意见的基础上确定DDL；
 (2) 协调成员时间，组织开展讨论；
 (3) 做好讨论记录、任务提醒；
 (4) 实行组长轮值制，轮流顺序为：▇▇ ▇▇ ▇▇

图3-6　某小组组规

程序框架。而基于第一轮的专家评议和学生反馈，本轮对包括活动程序框架在内的活动模式进行了整体修订。而在本轮研究中，将通过对修订后活动程序框架的实施、应用，检测和分析BCL是否有效促成协作知识建构。

第二轮研究将维持三周（三个专题）的时间，以教育信息化三个关键要素为专题内容，学生在每个专题中将完成知识发现任务与知识应用任务各一个。其教学活动设置为课堂中学生自由选择座位，进行教师引导的师生互动和班级交互，小组任务主要通过"课后在线小组协作"完成。在任务完成后，研究者将对任务过程中在线交互记录、调查结果和任务制品等数据进行分析，综合评价与验证活动模式应用效果。

而为了实现模式设计的进一步修正，提升混合式协作知识建构活动模式的适应性和教学效果，本研究在第二轮量化测评的基础上，继续吸收学生反馈建议，对混合式协作知识建构活动模式进行更细化的修订。

三 阶段三：完善模式策略

阶段三，即第三轮模式迭代研究的目标是：（1）针对前两轮实践出现的问题和需求，修正活动模式，完善策略方案；（2）进一步优化各个环节中的设计与实施方案，改进模型的整体框架与部分细节，提升模式的可操作性和有效性；（3）深入解析活动过程，探究学生参与的学习活动设计机制，提升模式的灵活性与扩展性。

第三轮研究将维持三周（三个专题）的时间。以教育信息化的三个关键要素为专题内容，并基于此开展，学生在每个专题中将完成两个知识应用任务。即在掌握领域概念的基础上，形成小组感兴趣的研究题目，并根据真实问题情境设计任务方案。

而为了完善模式策略方案，提升混合式协作知识建构活动模式的可操作性和灵活性，本研究面向第二轮实活动实践中出现的问题，基于数据分析针对性地测评活动策略改善的效果，判断活动模式修正的效用；结合对学生的书面调查和直接交流，促成学生参与学习活动设计，在保证模式可操作性的基础上尽可能地提升模式的弹性空间，以满足学生的多元需求。

第五节 评价过程设计

基于对混合式协作知识建构活动模式中活动评价框架的理解，可以得知活动评价应从个体知识建构、小组知识建构、班级知识建构三个层次和交互过程、活动组织、任务成果三个维度进行评价。以下将在此基础上，从构建具体评价指标框架和形成具体评价过程方案两方面论述评价过程的具体设计，以回应核心研究问题 2-1。

一　评价指标框架

在混合式协作知识建构活动的三个评价层次中，对个体知识建构的评价侧重于对学习者个体在协作知识建构过程中参与程度与表现水平的评价，主要体现在基于话语分析、问卷等方法获取的个体学习参与、个体任务表现等指标；对小组知识建构的评价侧重于对学习者小组在协作知识建构过程中组内交互水平和小组任务制品的评价，主要体现在基于话语分析、社会网络分析、问卷、量规等方法获取的小组交互水平、小组社会网络结构、小组协作活动感知、小组任务制品质量等指标；对班级知识建构的评价侧重在班级学习共同体在协作知识建构过程中班级交互水平和整体活动感知的评价，主要体现于基于社会网络分析、问卷等方法获取的班级社会网络结构、班级教学活动感知、组间任务评价等指标。具体见表3-4。

表3-4　　　　　　　　协作知识建构评价指标

评价层次	评价子维度	获取途径
个人知识建构	个体学习参与	问卷
	个体任务表现	问卷（对小组任务制品质量进行加权计算）
小组知识建构	小组交互水平（核心）	内容（话语）分析
	小组社会网络结构	社会网络分析
	小组学习参与	问卷（取组内成员平均值）
	小组协作活动感知	问卷、访谈
	小组任务制品质量（核心）	量规、问卷
班级知识建构	班级社会网络结构	社会网络分析
	班级教学活动感知	问卷、访谈
	组间任务评价	问卷

而通过对混合式协作知识建构活动评价维度和评价层次之间的关系进行分析,可以发现两者在具体指标和评价方法层面具备内在的一致性。其中,混合式协作知识建构活动评价维度侧重于从学习活动的视角展开评价,将具体的子维度指标归类到交互过程、活动组织和任务成果三个维度中。协作知识建构评价层次侧重于从学习主体的视角展开评价,将具体的评价子维度归类到基于个体、基于小组和基于班级的协作知识建构活动层次中。

由此,通过对两者的结合,可以构建一个坐标轴形式的混合式协作知识建构活动评价指标框架,如图3-7所示。其中,基于一致的评价指标,可将每个具体指标与评价维度和评价层次对应起来。

	个体知识建构	小组知识建构	班级知识建构
任务成果	个体任务表现	小组任务制品质量	组间任务评价
活动组织	个体学习参与	小组学习参与 小组协作活动感知	班级教学活动感知
交互过程		小组交互水平 小组社会网络结构	班级社会网络结构

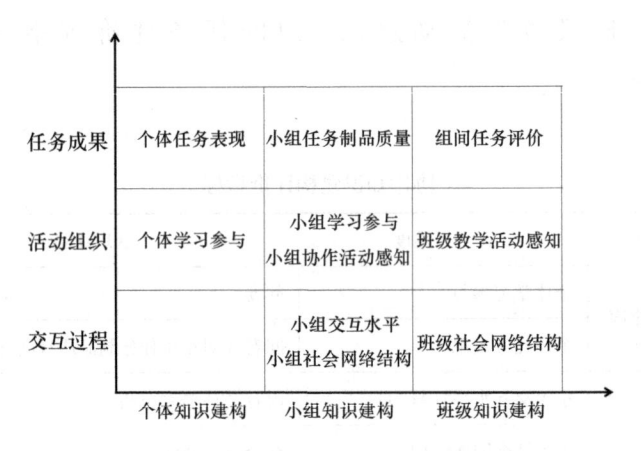

图3-7 混合式协作知识建构活动评价指标框架

具体来讲,(1)从交互过程维度来看,在小组知识建构层次,小组交互水平作为混合式协作知识建构活动的核心评价指标之一,主要指的是学习者小组在小组交互过程中表现出的认知交互水平以及情感与社交层面的交互表现,小组社会网络结构主要指的是小组成员与交互行为之间的社会关系网络结构;在班级知识建构层次,班级社会网络结构主要指的是基于班级的学习共同体在班级交互过程中成员间的社会关系网络结构。(2) 从活动组织维度来看，在个体知识建构层次，个体学习参与指标主要指的是学习者个体在协作知识建构活动过程中感知到的认知参与、情感参与和行为参与；在小组知识建构层次，小组学习参与指标主要指的是基于对组内成员的个体学习参与进行取平均值处理形成的小组认知参与、情感参与和行为参与，小组协作活动感知指标主要指的是学习者对小组交互过程中协作活动工具策略（设计与实施）的满意程度；在班级知识建构层次，班级教学活动感知指标主要指的是基于班级的学习共同体对教师主导的班级教学活动策略的满意程度。(3) 从任务成果维度来看，小组知识建构层次的小组任务制品质量是混合式协作知识建构活动的核心评价指标之一，其主要指的是学习者小组在完成协作任务中形成的任务（知识）制品质量，包括内容性质量和结构性质量；而个体知识建构层次的个人任务表现则主要指的是学习者个体在协作知识建构活动过程中基于自评和他评（组内）确定的组内任务表现，班级知识建构层次的组间任务评价则主要指的是学生基于知识制品质量和小组汇报表现进行的组间评价结果。

二 评价过程方案

在三轮的混合式协作知识建构活动模式迭代过程中，依据混合式协作知识建构评价框架对活动模式应用效果进行综合量化测评，不仅是验证混合式协作知识建构活动模式应用效果的重要方式，也是修正混合式协作知识建构活动模式的重要实证依据。因此，本研究的混合式协作知识建构活动效果评价方案可从数据收集和数据分析两方面进行论述。

（一）数据收集方案

本研究重点关注学生在多元交互情境下的协作知识建构过程，即探讨学生协作知识建构的过程和结果。因此本研究的核心任务是构建学生混合式协作知识建构活动模式，进而开展 BCL 教学实践，并依据混合式协作知识建构评价框架，从个体知识建构、小组知识建构和班级知识建构三个层面，以及交互过程、活动组织和任务成果三个维度对混合协作知识建构模式的应用效果进行全面验证。因此，本研究中的核心数据主要来源于学生协作知识建构过程中的认知发展、情感体验、交互行为、社会网络、学习过程感知与评价、人工（知识）制品等数据。根据研究需要，分别采用交互记录、感知量表、问卷、访谈等方法获取和处理所需数据。

  本研究通过将 25 名学生分成 6 个学习小组，开展数据采集。具体设计如下。首先，为了获取学生交互过程维度数据，本研究利用微信、学习平台论坛、腾讯视频会议等工具获取学生在线交互记录，通过内容分析、社会网络分析等方法，得到多个协作知识建构层次中学生交互过程的认知、情感和社交（社交行为和社会网络）数据。其次，为了获取学生活动组织维度数据，本研究利用协作学习参与量表、论坛开放式问题和访谈等方式获取学生对小组协作活动和整体教学活动的感知数据，通过主题分析、统计分析等方法，获取多个协作知识建构层次中学生对活动组织的参与度、满意程度等数据。最后，为了获取学生任务成果维度数据，本研究通过评价量规和在线投票工具对学生小组创建知识制品的赋分与评价，以及利用自评与他评问卷对小组成员在任务过程中的表现进行评价，形成对学生小组和个体层次知识建构成果的量化评价。此外，为了实现混合式协作知识建构活动模式的优化和完善，本研究通过德尔菲法、调查法获取相关专家和学生对混合式协作知识建构活动模式的评价与修正数据。总体而言，数据收集工作的核心任务是完成对混合式协作知识建构活动过程数据尤其是小组交互数据的全方位收集。数据收集方案的整体设计如表 3-5 所示，从数据类别、数据说明、收集时间、收集途径和收集目的等方面介绍了数据收集的过程。

表 3-5　　　　　　　　　　　数据收集一览

数据类别	数据说明	收集时间	收集途径	收集目的
学习者特征数据	学习者背景信息	第一轮研究	问卷	构建异质小组
学习者交互数据	协作过程中的交互文本与音视频	第二轮与第三轮研究	微信、腾讯会议、录音笔、论坛	评价交互过程
学习者小组任务制品数据	基于任务形成的概念共识、知识应用方案等知识制品	第二轮与第三轮研究	论坛、石墨文档、作业文档	评价任务成果
学习者学习参与数据	学习者对学习过程的参与感知	第二轮与第三轮研究	量表	评价活动组织
学习者表现评价数据	学习者的自我表现评价以及对小组成员表现的评价	第二轮与第三轮研究	问卷、访谈	评价活动组织
学习者过程反馈数据	学生对各研究阶段的问题反馈与建议	三轮研究	论坛、访谈	改进活动模式
专家评议数据	专家对活动模式的评价与改进数据	第一轮研究	问卷	改进活动模式
学习者访谈数据	整体性的实践总结与反思	第二轮与第三轮研究	访谈（面对面与在线）	验证与改进活动模式

在所有的数据类别中，学习者特征数据已在本章研究对象部分进行了展示和分析，其余各类别数据的具体示例如下所示。

学习者交互数据：包括学生基于微信、学习平台论坛、在线视频会议、面对面等形式形成的交互记录。其中，基于微信的小组交互数据和基于论坛的班级交互数据分别如图3-8、图3-9所示。

学习者小组任务制品数据：主要指学生小组在第二轮和第三轮研究阶段中，对于知识发现和知识应用任务，所创建和提交的概念

图 3-8　小组微信交互数据示意

图 3-9　班级论坛交互数据示意

共识、问题解决方案和设计方案等任务知识制品，如图 3-10 所示。

学习者学习参与和表现评价数据：主要指学生在混合式协作知识建构活动模式应用过程的认知、情感和行为层面的学习参与（感知），以及对自身和小组成员在小组协作任务过程中表现的自评与

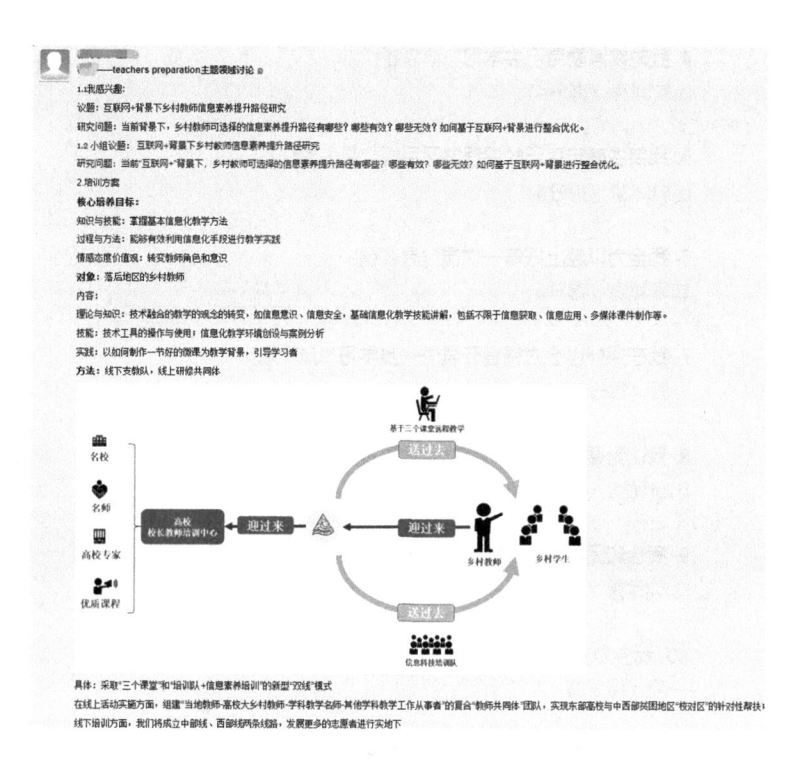

图3-10　学习者小组任务制品数据示意

他评。其中，学习参与数据和表现评价数据分别如图3-11、图3-12所示。

学习者过程反馈与访谈数据：主要指学生对混合式协作知识建构活动模式应用的反馈、总结与建议，包括对相关调查问题的回复以及在半结构化访谈中对总体实践总结与反思。其中，论坛回复数据与访谈数据分别如图3-13、图3-14所示。

专家评议数据：主要指在第一轮研究过程中，基于专家评议问卷中评议表和开放式问题等形式，获取到的专家对混合式协作知识建构活动模式的评价和建议数据，如图3-15所示。

（二）数据分析方案

本研究数据分析以混合式协作知识建构评价为落脚点，依据混合式协作知识建构评价框架，对获取到的多源实践数据进行综合分

4. 我时常激励自己去学习* [量表题]
比较同意（得分4）

5. 我自主确定自己的课程学习目标* [量表题]
比较同意（得分4）

6. 我全力以赴上好每一次课* [量表题]
非常同意（得分5）

7. 我在课外也会对课程开展进一步学习* [量表题]
一般（得分3）

8. 我认为课程中所学内容对我很重要* [量表题]
比较同意（得分4）

9. 我会和同学/小组成员在课后讨论课程内容* [量表题]
非常同意（得分5）

10. 我会为上课事先做好准备* [量表题]
一般（得分3）

图 3－11　学习者学习参与数据示意

8. 在Key factors: [illegible]任务过程中，对自己在以下不同层面的表现进行评价：* [矩阵量表题]

(1) (1) 共享：分析问题、表达观点和分享资料
良好 （分值4分）

(2) (2) 论证：质疑同伴观点，探究观点分歧
中等 （分值3分）

(3) (3) 协商：改进个人观点，形成小组共识
良好 （分值4分）

(4) (4) 应用：共识的表述、问题的解决与方案的形成
中等 （分值3分）

(5) (5) 反思：深化共识，改进观点/方案
中等 （分值3分）

(6) (6) 协调：组织协作流程，促进共同参与
中等 （分值3分）

该矩阵题平均分：3.33

9. 在Key factors: [illegible]任务过程中，根据小组成员任务整体表现，将小组成员（包括自己）排序填入以下表格（示例如下）* [矩阵文本题]

(1) 优秀
[illegible]

(2) 良好
[illegible]

(3) 中等
[illegible]

(4) 合格
无

(5) 不合格
无

图 3－12　学习者表现评价数据示意

析。通过采用量化统计和内容分析相结合的方法，围绕两个核心研究问题提供解决方案，从总体上论述利用数据分析对研究问题进行

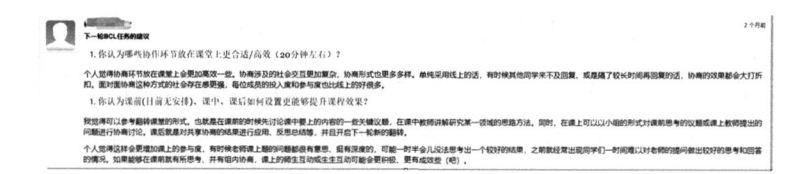

> **下一轮SCL任务的建议**
> 1. 你认为哪些协作环节放在课堂上更合适/高效（20分钟左右）？
>
> 个人觉得协商环节放在课堂上会更加高效一些，协商涉及的社会交互更加复杂，协商形式也更多样，单纯采用线上的话，等其他同学来不及回复，或是耗了较长时间再回复的话，协商的效果都会大打折扣。面对面协商这种方式的社会存在感更强，每位成员的投入度和参与度提升都会更多一些。
>
> 2. 你认为课前(目前无安排)、课中、课后如何设置更能提升课程效果？
>
> 我觉得可以参考翻转课堂的理念，也就是在课前把你所讨论课中要上的内容的关键观点，在课堂上可以小组对课前思考的结果或基上教师提出的问题进行协商/讨论。课后就是对共享的成果进行应用、反思总结，并且开启下一轮的协商/讨论。
>
> 个人觉得这样要增加线上的参与度，而不能仅依靠老师提出问题都有意思，虽有洞察，可能一时半会儿没法思考出一个较好的结果，之前就没有等同学们一时间做出比对老师的问题出的思考和回答的情况。如果能够在课前就有所思考，并有组内协商、课上的师生互动也能会更加轻松，更有效益些（哈）。

图3-13 学习者过程反馈数据示意

访谈者：我们从第一个问题开始，我们经历了三轮协作，抛去我们第一轮适应性过程，就第二轮和第三轮的混合式协作来说。你认为这两轮协作中，课程效果都怎么样？可以分别简单评论一下是否达到你的预期，以及是否满意。

被访谈者：其实我在上这门课之前也没有什么期待，我觉得整体都挺好的。因为协作任务的话，它主要还是依靠我们小组成员的共同努力，所以我就觉得我们小组的成员都挺团结的，然后也都比较懂的合作。而且我们组有赵梓宏同学，他会来把握我们小组的学习方向，然后规定学习任务的一些时间节点，我们其他几个人都会配合完成，所以就感觉整体的进度和完成度也都挺好的。然后如果第一阶段是单纯线上协作的话，我当时也是第一次接触，每名组员他都会被分配到一个角色，这样就保证了我们每个人可以充分的参与，不仅可以积极发表自己的想法，然后也可以通过思考来提出一些质疑等等，我觉得也都挺有意思的，但是当时是需要文字记录的，这样的话就感觉可能效率和思考范围就会受到一些限制。然后第二阶段的话就可能更加适应了，而且是混合式的，就感觉也可以避免一些单纯线上的弊端，感觉线下也很方便，而且后面学长你们也做了一些调整，可以在线上讨论，可以在课堂上，包括在课下然后讨论，就感觉效果会更好一些。

图3-14 访谈数据示意

二、混合式协作知识建构活动评价框架

请您对该评价框架中的各个维度及其包含的各个指标进行打分和评议。

评议表

一级评价维度评议

层次	维度	1	2	3	4	5	修改意见
个体知识建构	活动组织	□	□	☑	□	□	
	任务成果	□	□	☑	□	□	
小组知识建构	交互过程	□	□	□	□	☑	
	活动组织	□	□	□	□	☑	
	任务成果	□	□	□	□	☑	
班级知识建构	交互过程	□	□	□	□	☑	
	活动组织	□	□	□	□	☑	
	任务成果	□	□	□	□	☑	

图3-15 专家评议数据示意

实践验证的思路。以下就两个核心问题的解决探讨本研究的数据分析方案。

1. 如何有效设计混合式协作知识建构活动

本问题的主要意图是构建混合式协作知识建构活动模式，以指导 BCL 的有效实践。在数据分析层面，则主要是在利用已有文献资料提出混合式协作知识建构活动相关模型的基础上，通过学生反馈与建议、专家评议、教学观察等方式，进行混合式协作知识建构模式的优化和迭代。如对学生反馈与建议数据的分析，本研究从学生调研问题数据和访谈数据中，通过主题编码的方式筛选出与学生活动设计反馈相关的主题数据，进行基于内容的深入分析，从而获取学生对混合式协作知识建构活动过程的需求与期望，以及在活动之后对混合式协作知识建构过程的问题反馈与反思建议。以下将从交互记录、过程反馈与访谈数据中抽取相关内容以作示例说明。

某学生学习过程反馈中的活动设计反馈相关内容。

(1) 某学生对虚拟式圆桌会议脚本的反馈

这次的协作支架在一定程度上提高了成员的参与度，保证了每名成员都能积极、聚精会神地参与小组讨论；也能让小组讨论更加逻辑清晰、观点明了。但有一些不足的是，在大家本身都比较积极地进行讨论时，过分地强调按步骤使用角色脚本会在一定程度上降低协作的效率。很多时候，大家在讨论中会有灵光乍现的点子、问题，但因为要遵循脚本的规则，这些想法很有可能会被忽略、错过，这是非常可惜的一件事情。

(2) 某学生对第一轮模式应用实践过程的反馈

我认为课前可以提前告知下一节课的学习内容和学习目标，让我们有思想上的准备，另外，上传课件，布置任务可以在课前完成。课上可以留一些时间小组交流想法，比如针对下节课的学习任务，应当从哪些方面着手，小组协作基本全在课后环节，有点头轻脚重。

(3) 某学生对第三轮模式应用实践过程的反馈

课程中后二十分钟的课上讨论我们一般是对课后讨论区中发布

的任务和问题进行讨论，算是做一个小规模的头脑风暴，但一般不会形成成熟的结论，20分钟的时间没办法查找资料并共享观点，所以都是泛泛讨论初步看法以及制订下一步计划和分工，效率不是很高。建议将课后的组间评价放在课堂快结束的时候，比如利用这20分钟小组共同对其他组的成果进行评价与自我反思，这样会将反思和评价这一块内容做得更好。

某学生访谈中的活动设计反馈相关内容。

访谈者：最后一个问题，之前在论坛上大家对第二轮活动模式设计和第三轮活动模式设计都提了意见。结合这些意见，就是说从课程设计的角度来讲，你认为应该如何解决这些小组协作中存在的问题？

被访谈者：之前学长不是给过我们一个，比如说是最开始的组长轮责制，您提出来之后我们才开始用的，感觉蛮有用。感觉是不是最开始的时候给我们一些这种引导性的方法，或者说是头脑风暴的那种形式，这样子的话可以帮助我们就快速建立一个小组合作的基础。尤其是我们刚研一，而且大四这一个阶段其实是几乎没有协作任务的，完了之后，这样子可以帮助我们快速找到以前协作的感觉，完了之后也能知道我们在协作过程当中大概要有一个什么样的过程。

访谈者：就是说加强教师的支持，多给你们一些策略上的、工具上的、方法上的支持，对吧？

被访谈者：是的。而且这种支持的话，我感觉并不一定非要课堂或者是什么样，只要说是稍微提一下，尤其是到了研究生这个阶段，只要你提一下，其实我们大概就会往那个方向自主探索了。

2. 混合式协作学习如何促进协作知识建构效果？

本问题的主要意图在于验证BCL，即混合式协作知识建构活动模式的应用，能否有效促成学习共同体的协作知识建构，以及探究其优化知识建构过程的作用机制。在数据分析层面，则主要是在混合式协作知识建构活动模式的应用实践过程中，通过对协作知识建构效果数据的分析与对比，发现模型应用实践中存在的问题以及验证模型迭代后问题能否得到解决。从而在数据分析的基础上，探寻优化模型的动因与机制。

其中，混合式协作知识建构活动模式应用效果的量化与分析，可以从交互过程、活动组织和任务成果三个维度进行。在交互过程层面，通过对小组交互数据进行编码并赋予分值，可以获取学生小组在协作知识建构过程中认知、情感和社交三个方面的交互水平。在活动组织层面，通过基于学习参与量表的调查，可以获取学生在认知、情感与社交维度的参与水平，即认知参与度、情感参与度、行为参与度和总体参与度。此外，可结合调查数据对活动组织进行补充解释。在任务成果层面，基于学生表现评价数据和小组任务制品数据，可以获取学生个人任务表现 $P(i) = M(i)_{个人} / M(i)_{小组}$，以及小组任务制品分数 $N(i)$、小组学习成果总分 $\sum N(i)$。其中，学生个人自评/互评系数中 $M(i)_{个人}$ 是第 i 次任务小组内所有成员对该成员评价分（包括自评分）的均值，而 $M(i)_{小组}$ 则是第 i 次任务所有小组成员 $M(i)_{个人}$ 的平均值。

而对于混合式协作知识建构活动模式迭代过程中问题解决效果的评价，则可依据多维度数据结果进行选择性的比较。依据混合式协作知识建构评价框架，在个体知识建构和小组知识建构层次，可同时从交互过程、活动组织和任务成果三个维度对协作知识建构过程与结果进行分析比较；而在班级知识建构层次，则可同时从交互过程和活动组织两个维度对协作知识建构过程与结果进行分析比较。

第六节　研究工具设计

本研究的研究工具主要包括小组交互工具、班级交互工具、数据收集工具和数据转化工具,对研究工具的设计与应用则主要对应课程活动过程框架中的课程设计与课程实施环节。其中小组交互工具和班级交互工具,主要用来收集学生小组在协作知识建构过程中的交互数据、人工制品数据、教师反馈数据和学生反馈数据;数据收集工具和数据转化工具则主要用来收集与分析学生及小组在协作知识建构过程中的学习者背景数据、协作学习参与数据、过程表现自评与互评数据、协作知识建构过程整体感知数据,并分析得出学生及小组的协作知识建构交互质量、个体学习贡献度、小组人工制品质量等数据。

一 小组交互工具

本研究中的小组交互工具包含同步和异步通信工具,主要包括移动社交软件"微信"、在线协作文档工具"石墨文档"和在线视频云会议软件"腾讯会议"。

(一) 微信

对于教育领域而言,研究者关于社交媒体对学习形式与过程影响的研究已然是车载斗量。仅就微信而言,微信作为移动学习、混合学习和协作学习等学习模式的支持工具,已成为教育技术领域研究者越发关注的研究主题。陈露遥与严大虎提出基于微信的交互能够有效地促成移动学习,并能以良好的交互方式创造有效学习环境。[1] 柳瑞雪等人结合 Moodle 和微信构建了分布式的协作学习环境,发现相较 Moodle,基于微信的交互情境更加真实,交互信息时效性更强,更适合学习者之间人际情感方面的表达。[2] 崔向平基于微信设计和实践了校际协作学习活动,并验证了其对学生深度学习

---

[1] 陈露遥、严大虎:《微信支持下移动学习资源设计探析》,载《第十四届教育技术国际论坛论文集》,西安,2015 年 9 月,第 111 - 117 页。
[2] 柳瑞雪等:《分布式学习环境下的协作学习交互类型研究》,《中国远程教育》2017 年第 1 期。

的促进作用。[①]

在本研究中，微信群聊作为学生小组在线即时交互的主要工具，在学生知识建构过程中发挥着重要的工具中介作用，也是收集小组交互记录的核心工具。学生的群聊交互信息统计如表3-6所示。

表3-6　　　　　　　　　微信小组群聊信息统计

群聊（小组）名	信息量（条）
BCL1	2389
BCL2	1694
BCL3	1409
BCL4	1706
BCL5	2003
BCL6	2292

（二）石墨文档

文本是一种重要的信息载体，文本可以较充分地体现信息传播者的意图，不仅包含文本本身的信息，还反映了信息接收者对信息的理解程度。[②] 在线交互文本通过将言语信息转化为文本信息，体现了符号化、可视化和认知留存的特征，不仅更有效地外化和分享了信息发布者的观点，并且赋予了交互参与者更高效的论证空间和更充分的反思时间。尤其是当进行批判性的对话和反思时，"写"比"说"有更多内在的、可论证的优势。

在线协作文档作为一种同时支持同步和异步交互的在线文本工

[①] 崔向平：《基于微信的校际协作学习活动设计研究》，《兰州大学学报》（社会科学版）2020年第3期。

[②] 杨戴萍：《远程开放教育视域下的网络文本通信研究》，《高教学刊》2015年第15期。

具，在近些年来越发受到 CSCW（计算机支持的协同工作）和 TECL（技术增强的协作学习）等领域的重视。在市场上，随着 CSCW 方式的流行，产生了诸如 Office365、Google Docs、Etherpad、石墨文档、金山文档、腾讯文档等比较成熟和流行的在线协作文档工具。而在教育领域尤其是 TECL 领域，在线协作文档也日益成为协同协作、复杂任务协作等方面的重要工具。如杨丽君等人利用在线协作文档工具 Office365（前身）构建了基于本科生毕业设计的师生结对协作模式，[1] 有效提升了师生沟通效率和学生毕业设计质量；刘明等人利用基于 Etherpad 开发的实时协同写作环境在某双语教学课程中进行了实证研究，发现在线协作文档工具能够显著提高学生的学习专注度，并在一定程度上提高学生的学习成绩；[2] 王孝金与穆肃、郑兰琴等人分别利用石墨文档结合学习平台或社交媒体构建了在线协作学习环境，[3] 其中王孝金与穆肃更是发现基于石墨文档的协作活动有效促进了学生的深层学习，并且对学生交互有显著的正向影响。

在本研究中，石墨文档作为学生小组在线协作知识建构的主要异步工具，也是获取学生异步交互数据的重要工具，如虚拟式圆桌会议社会脚本的应用一般即利用石墨文档开展。本研究通过结合微信与石墨文档共同构建了基于文本的小组在线协作环境，成为支持学生协作知识建构过程的重要情境。学生的石墨文档交互过程如图 3-16 所示，其信息统计则如表 3-7 所示。

---

[1] 杨丽君等：《利用在线文档协作和项目管理系统构建论文指导信息平台》，《中国电化教育》2009 年第 6 期。

[2] 刘明等：《实时协同写作环境对学习专注度、成绩的影响》，《现代教育技术》2018 年第 7 期。

[3] 王孝金、穆肃：《在线学习中深层次学习影响因素研究》，《电化教育研究》2020 年第 10 期；郑兰琴等：《联结在线协作学习设计与分析模型及应用研究》，《电化教育研究》2020 年第 11 期。

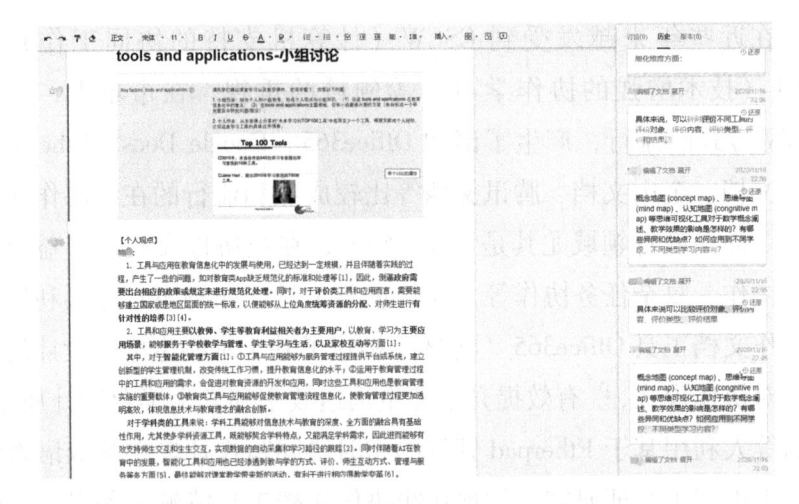

图 3-16　小组石墨文档协作示意

表 3-7　　石墨文档小组创建文档信息统计

小组	创建文档（个）
BCL1	11
BCL2	7
BCL3	7
BCL4	15
BCL5	18
BCL6	8

（三）腾讯会议

在线视频会议作为一种重要的同步交互方式，在远程教育领域已发展为一种重要的教学形式。而在协作学习领域，在线视频会议等基于同步通信的协作一般作为面对面协作的一种替代形式。[1] 不

---

[1]　Mingzhu Qiu and Douglas McDougall, "Foster strengths and circumvent weaknesses: Advantages and disadvantages of online versus face-to-face subgroup discourse", *Computers & Education*, Vol. 67, 2013, pp. 1-11.

过这种替代并不能起到完全等同的效用。Van der Kleij 等人研究发现，与面对面小组相比，视频电话会议小组对团队过程和结果的感知满意度较低。[1] Sins 等人也通过研究发现，与面对面交流相比，在线聊天小组比面对面小组完成给定学习任务的时间更长。[2]

但是，对于在线交互而言，采用在线视频会议等同步通信技术仍具有较大的进步性和必要性。同步和异步通信技术都允许学习者随时随地进行协作，但是它们所传递的信息种类也受到不同的限制。[3] 尽管当前异步通信技术仍然是在线交互的主要形式，但异步交互的互动量一般较少，难以保证交互过程的连续性和完整性。而密集的社会互动被认为是协作学习的本质，[4] 因此利用同步通信技术增加在线学习环境中的社会交互数量便成为教育技术领域的一种共识。[5]

本研究中，腾讯会议作为学生小组同步在线交互的主要工具。由于支持密集的语言交互和有效的录屏，腾讯会议也是收集学生小组交互数据的重要工具。腾讯会议与微信和石墨文档共同构建了同步交互形式与异步交互形式、基于文本形式与基于言语形式相混合的在线协作环境，有效促进了学生小组的协作知识建构过程。学生小组的腾讯会议交互过程如图 3-17 所示。

---

[1] Rick van der Kleij, Jan Maarten Schraagen, Peter Werkhoven, et al., "How Conversations Change Over Time in Face-to-Face and Video-Mediated Communication", *Small Group Research*, Vol. 40, No. 4, 2009, pp. 355-381.

[2] Patrick H. M. Sins, Elwin R. Savelsbergh, Wouter R. van Joolingen, et al., "Effects of face-to-face versus chat communication on performance in a collaborative inquiry modeling task", *Computers & Education*, Vol. 56, No. 2, 2011, pp. 379-387.

[3] Heisawn Jeong and Cindy E. Hmelo-Silver, "Seven affordances of computer-supported collaborative learning: How to support collaborative learning? How can technologies help?", *Educational Psychologist*, Vol. 51, No. 2, 2016, pp. 247-265.

[4] Stephen J. H. Yang, Irene Ya-Ling Chen and Norman W. Y. Shao, "Ontology enabled annotation and knowledge management for collaborative learning in virtual learning community", *Journal of Educational Technology & Society*, Vol. 7, No. 4, 2004, pp. 70-81.

[5] Fatma Cemile Serçe, Kathleen Swigger, Ferda NurAlpaslan, et al., "Online collaboration: Collaborative behavior patterns and factors affecting globally distributed team performance", *Computers in Human Behavior*, Vol. 27, No. 1, 2011, pp. 490-503.

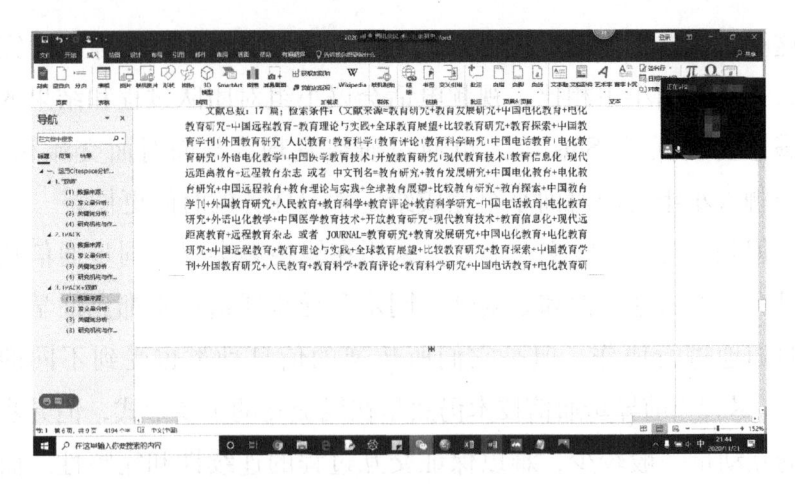

图 3-17　小组腾讯会议协作示意

二　班级交互工具

本研究中的班级交互工具包含同步和异步通信工具,主要包括移动社交软件微信和在线论坛。其中基于微信的班级群聊与之前的小组群聊在功能和作用上并无显著差异,此处不再赘述。另外,此处仅讨论作为生生交互与师生交互重要平台的在线论坛,对于学生—学习内容交互及其支持工具 Moddle 平台不做拓展论述。

在线论坛作为经典的在线异步交互工具,可有效促进学习者协作知识建构尤其是面向复杂科学概念,[①] 也有助于提升学习者诸如创新能力和批判性思维能力等高阶思维能力。[②] 由此,在线论坛自 CSCL 诞生以来便成为其重要的交互工具和重点研究对象,Wein-

---

① Jeremy Roschelle, "Learning by collaborating: Convergent conceptual change", *The Journal of the Learning Sciences*, Vol. 2, No. 3, 1992, pp. 235-276; Noriko Hara, Curtis J. Bonk and Charoula Angeli, "Content analysis of online discussion in an applied educational psychology course", *Instructional Science*, Vol. 28, 2000, pp. 115-152.

② Shirley Booth and Magnus Hultén, "Opening dimensions of variation: an empirical study of learning in a Web-based discussion", *Instructional Science*, Vol. 31, 2003, pp. 65-86; Patricia Comeaux and Ele McKenna-Byington, "Computer-mediated communication in online and conventional classroom: some implications for instructional design and professional development programmes", *Innovations in Education and Teaching International*, Vol. 40, No. 4, 2003, pp. 348-355.

berger 与 Fischer 便认为 CSCL 的主要形式就是学习者通过基于文本的异步讨论板（即在线论坛）进行交流。在线论坛至今仍是技术增强的协作学习领域主要的交互工具之一。[1] Tsai 基于在线论坛构建了网络增强的 BCL 模式，有效提升了学生的课程参与度。[2] Teplitski 等人研究发现，通过在线论坛构建基于学生生成性问题的 BCL 模式，有效提升了学生的学习成绩。[3]

在本研究中，论坛作为学生组间异步交互、作业发布/提交/反馈的主要工具，由此也成为收集学生小组人工制品数据和学习过程反馈数据的重要工具。论坛不仅为学生小组提供了基于人工制品的评价和反思，也为基于班级的学习共同体构建提供了重要技术环境。学生的论坛发帖情况如图 3-18 所示，其信息统计则如表 3-8 所示。

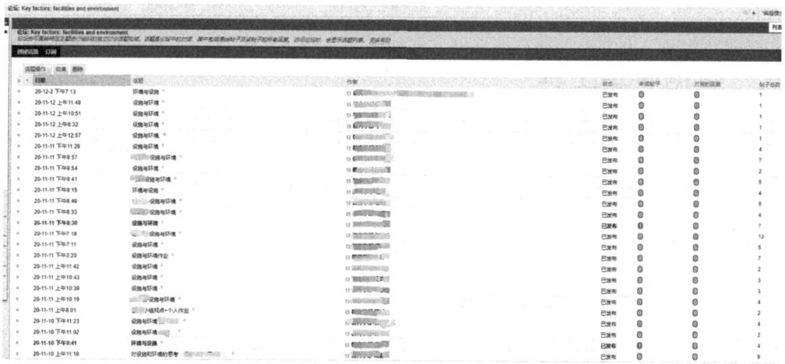

图 3-18 学生论坛发帖情况示意

---

[1] Armin Weinberger and Frank Fischer, "A framework to analyze argumentative knowledge construction in computer-supported collaborative learning", *Computers & Education*, Vol. 46, No. 1, 2006, pp. 71-95.

[2] Chia-Wen Tsai, "Involving students in a blended course via teacher's initiation in web-enhanced collaborative learning", *Cyberpsychol Behav Soc Networking*, Vol. 13, No. 5, 2010, pp. 577-580.

[3] Max Teplitski, Tracy Irani, Cory J. Krediet, et al., "Student-Generated Pre-Exam Questions is an Effective Tool for Participatory Learning: A Case Study from Ecology of Waterborne Pathogens Course", *Journal of Food Science Education*, Vol. 17, No. 3, 2018, pp. 76-84.

表 3-8　　　　　　　论坛学生发帖与回帖信息统计

学生	发帖数	回帖数	学生	发帖数	回帖数
1A	14	48	4A	13	69
1B	13	17	4B	14	21
1C	13	15	4C	14	8
1D	14	64	4D	13	33
2A	13	38	5A	13	33
2B	15	12	5B	13	52
2C	14	26	5C	13	12
2D	13	37	5D	14	34
3A	13	18	6A	13	17
3B	13	56	6B	13	46
3C	13	35	6C	13	38
3D	13	16	6D	13	8
			6E	13	1

三　数据收集工具

本研究中的数据收集工具主要包括小组分组调查问卷、专家咨询问卷、（协作任务表现）自评与他评问卷、协作学习参与量表和半结构化访谈。

（一）小组分组调查问卷

小组分组调查问卷主要用来收集学生的背景数据以支持异质分组，包括学生的性别、学习基础、学习经验与协作学习态度与意向等信息。问卷主要内容如表 3-9 所示。

表 3-9　　　　　　　小组分组调查问卷主要内容

问题	选项
性别	1. 男；2. 女
本科专业	1. 教育技术学；2. 非教育技术学
是否有数字化学习经验	1. 有过在线（远程）学习经验；2. 有过混合学习经验；3. 均没有

续表

问题	选项
是否有小组协作学习经验	1. 有过面对面小组协作经验；2. 有过在线（远程）小组协作经验；3. 有过混合小组协作经验；4. 均没有
是否认可小组协作学习效果	李克特五点量表
是否乐意参与小组协作学习过程	李克特五点量表

（二）专家咨询问卷

专家咨询问卷主要用来收集领域专家对混合式协作知识建构活动模式的评价与修改建议。在德尔菲研究中，一般没有明确规定专家的人数要求。研究者认为，如果专家是相对同质的，由10人到15人组成的专家组就可以产生有效的结果。本研究对10位专家进行了有效的咨询，这些专家均为教育信息化研究领域的专业学者，且具备较为丰富的教学经验，对混合学习和协作学习具备较深入的研究与实践经验，属于同质的专家样本。这些专家均取得了"双一流"大学的博士学位，男女性别比例为60%和40%。

根据上文构建的混合式协作知识建构活动模式理论原型，本研究从活动程序和评价指标两个方面分别构建了混合式协作知识建构活动程序框架和混合式协作知识建构活动评价框架。由此，基于两个框架确立了本研究的专家咨询问卷，详见附录1。

（三）自评与他评问卷

问卷主要收集学生在每阶段协作任务过程中对自身与小组成员表现的评价，反映小组成员在小组协作过程中的个体任务表现。另外，在对小组成员进行评价时，可以在同一评定下按顺序填写多个成员姓名，如在"良好"评定中填写"张三""李四"，则代表认为两者表现均为良好，但张三表现好于李四。自评与他评问卷在不同时间施测时虽然专题内容并不一致，但问题形式与核心内容是一致的，问卷的主要内容如表3-10所示，完整自评与他评问卷见附录2。

表 3-10　　　　　　　　　自评与他评问卷主要内容

问题		选项
在工具与应用专题的任务过程中，对自己在以下不同层面的表现进行评价	共享	李克特五点量表
	论证	李克特五点量表
	协商	李克特五点量表
	反思	李克特五点量表
	应用	李克特五点量表
	协调	李克特五点量表
在工具与应用专题的任务过程中，根据小组成员任务整体表现，将小组成员（包括自己）排序填入以下表格	优秀	填入小组成员姓名
	良好	填入小组成员姓名
	中等	填入小组成员姓名
	合格	填入小组成员姓名
	不合格	填入小组成员姓名

（四）协作学习参与量表

学习参与一般可分为认知、情感与行为三个维度，[1] 是测量学习活动和学生主体性发挥程度的标尺，[2] 也是评价学习效果的重要指标。[3] 本研究通过借鉴和修订 Gunuc 与 Kuzu 构建的学生课堂参与量表，[4] 从认知参与、情感参与（生生关系和师生关系）、行为参与三个维度构建了协作学习参与量表。

协作学习参与量表主要收集学生对于第二轮实验和第三轮实验学习参与的感知。根据施测结果，对量表进行信度分析，量表总体

---

[1] Jennifer A. Fredricks, Phyllis C. Blumenfeld and Alison H. Paris, "School Engagement: Potential of the Concept, State of the Evidence", *Review of Educational Research*, Vol. 74, No. 1, 2004, pp. 59–109; Peter E. Kahn, "Theorising student engagement in higher education", *Studies in Higher Education*, Vol. 38, No. 5, 2013, pp. 758–773.

[2] 李文昊、白文倩：《反思型异步学习模式中的学生参与度研究》，《远程教育杂志》2011年第3期。

[3] George D. Kuh, "Assessing What Really Matters to Student Learning Inside The National Survey of Student Engagement", *Change*, Vol. 33, No. 3, 2001, pp. 10–66.

[4] Selim Gunuc and Abdullah Kuzu, "Student engagement scale: development, reliability and validity", *Assessment & Evaluation in Higher Education*, Vol. 40, No. 4, 2015, pp. 587–610.

Alpha 值为 0.926，信度较高。量表主题内容与各维度信度可见表 3-11，完整协作学习参与量表见附录 3。

表 3-11　　　　　　　　协作学习参与量表主要内容

维度	题项数量	选项	信度（Alpha 值）
认知参与	10 道	李克特五点量表	0.807
情感参与：生生关系	6 道	李克特五点量表	0.734
情感参与：师生关系	10 道	李克特五点量表	0.897
行为参与	4 道	李克特五点量表	0.744

（五）半结构化访谈

半结构化访谈能够向受访者收集相对标准化的质性数据，以进一步探究问题的深层次原因。由于在三轮实验阶段结束后都通过论坛收集到了全体学生的质性反馈数据，因此本研究仅在第二轮实验和第三轮实验结束后，基于随机选择的方式在每小组选取了一名学生进行半结构化访谈。访谈问题主要涉及对活动模式应用过程中对小组协作过程与班级教学过程的满意程度与总体评价，小组协作过程中存在的问题与原因，以及课程设计上的建议等方面（访谈提纲详见附录 4）。

四　数据转化工具

本研究中的数据转化工具主要包括协作知识建构交互编码框架和小组任务制品评价量规。

（一）协作知识建构交互编码框架

由于本研究中的小组交互记录主要来源于学生基于微信的文本交互、基于腾讯会议的言语交互以及面对面的研究交互，交互相对密集且意义较为碎片化。为了保证编码的客观性与连续性，本研究将所有交互信息（句子）作为分析单元。因此，本研究基于 Gunawardena 等人的社会知识建构编码框架、[①] 甘永成的虚拟学习社区知识建构编码框架、[②] Hou 与 Wu 的知识建构与社会交互编码框架[③]和 Harris 等人的交互情绪编码框架,[④] 构建了基于认知、情感、社交(包括交流与协调)三个维度的协作知识建构交互编码框架,具体内容如表3-12所示。

表 3-12　　　　　　　　协作知识建构交互编码框架

一级维度	二级维度	内涵	示例
	共享	公开陈述(个人与他人); 表达初步意见; 分享学习材料/作业要求; 内容集成(形式上罗列)	关于这个问题,我觉得…… 我同意A的看法/我觉得A说得不对; 这是大家的个人观点部分,我都放在文档里了
认知	论证	提问与质疑; 解释和澄清; 辩论和推理; 观点的比较与分析(深入性整理)	你为什么认为是这样呢? 因为……我认为应该这样理解; 之前A和B都讲了……所以关于这一点我认为……/我认为在两种观点中,A的观点更合理,因为……
	协商	快速建立最小共识(推进讨论); 形成共识(基于冲突的共识和基于整合的共识)	对的,那么下一个问题; 小组认为文献综述是研究方法(A是对的,B是错的)/小组认为文献综述既是研究方法,也是研究内容(整合了A和B的观点)

[①] Charlotte N. Gunawardena, Constance A. Lowe and Terry Anderson, "Analysis of A Global Online Debate and The Development of an Interaction Analysis Model for Examining Social Construction of Knowledge in Computer Conferencing", *Journal of Educational Computing Research*, Vol. 17, No. 4, 1997, pp. 397-431.

[②] 甘永成:《虚拟学习社区中的知识建构和集体智慧研究》,博士学位论文,华东师范大学,2004年,第190—192页。

[③] Huei-Tse Hou and Sheng-Yi Wu, "Analyzing the social knowledge construction behavioral patterns of an online synchronous collaborative discussion instructional activity using an instant messaging tool: A case study", *Computers & Education*, Vol. 57, No. 2, 2011, pp. 1459-1468.

[④] Steven C. Harris, Lanqin Zheng, Vive Kumar, et al., "Multi-Dimensional Sentiment Classification in Online Learning Environment", paper delivered to 2014 IEEE Sixth International Conference on Technology for Education, Amritapuri, Kerala, December 18-21, 2014.

续表

一级维度	二级维度	内涵	示例
认知	改进	追问； 评论； 反思； 改进	A 你这一部分是不是内容不够具体呀？ 我觉得这次任务做得太仓促了，效果不好； 我觉得我们下次应该提前进行文献检索； 听了老师的反馈，我觉得我们这部分要改一下
认知	应用	创建共同知识； 形成人工制品； 形成认知变化	关于技术的意义，小组的共同观点是……； 完成协作文档/小组 ppt/小组论文； 大家协作能力和效率显著提升
情感	积极	积极的态度、认同、正面的内容与反馈	优秀的组长/[点赞]/期待组长引领我们走向胜利
情感	消极	消极态度、否定、不良的情绪、负面的内容与反馈	我再也不汇报了/我也有点窒息/我再也不当组长了
情感	中立	没有显著倾向性（肯定或否定）的陈述	感觉需要读很多文献
情感	困惑	没有显著倾向性的疑问	为什么我总是掉线？
情感	开玩笑	自嘲、调侃、软化之前发言、消除尴尬	生无可恋脸/坏笑
社交：交流	角色相关	识别与确认角色的互动	只有 A 没来了/是我在说话
社交：交流	技术相关	技术问题相关的互动	我好像掉线了/我这边信号不好
社交：交流	学习主题相关	学习主题相关的互动	感觉任务量有些大
社交：交流	任务无关	与学习讨论任务完全无关的互动	食堂的饭不错/我在外面拍了好多照片
社交：协调	领导或下达命令	对任务协调给予具体指导	A 做第一部分，明天前完成
社交：协调	评论任务协调	对当前任务协调提出意见和建议	建议调整分工/可以/好的/好像不太行
社交：协调	有关任务协调的问题	对当前任务协调方法的质疑/疑问	你觉得分工合理吗？A 的时间是否足够？

在后续的交互记录编码实践中，为了保证编码结果的客观性，本研究基于两位编码人员进行同步编码。在正式编码前，我们对两位编码人员进行了培训，以保证其对协作知识建构交互编码框架形成正确的理解。编码过程中，两位编码者在完成一个阶段编码后，会对编码进行对比。如在编码第一阶段（200条）结束后，对编码结果进行了一致性分析，两位编码者的Cohen's kappa系数为0.743（处于0.61—0.80区间），一致性较高，说明协作知识建构编码框架的可信度较高。另外，对于存在分歧的地方，两位编码者与研究者进行了沟通协商，直至达成共识后，调整已有编码并继续进行下阶段编码。

（二）小组任务制品评价量规

任务（知识）制品质量是评价协作学习效果的重要指标。根据Linn等人提出的知识整合评估框架，[1] 本研究从知识理解的层次与知识推理（应用）的程度来评价小组任务制品的内容性质量，其中理解的层次由低到高可分为不正确理解、部分正确理解、基本正确理解、复杂性理解。[2] 而知识推理是基于特定的规则，从已有知识获得新知识的过程，[3] 因此其程度由低到高则可分为无效推理和有效推理。前者指从已有知识到新知识间的推理逻辑是错误无效的，后者则指由已有知识推理出新知识的逻辑过程是有效成立的。[4] 不过基于评价量规的可操作性，本研究将有效推理按照复杂度划分为简单推理和创新推理，即前者仅实现了知识关系的发现，而后者则是实现了知识内容的创新。具体评价量规如表3-13所示。

---

[1] Marcia C. Linn, Hee-Sun Lee, Robert Tinker, et al., "Teaching and Assessing Knowledge Integration in Science", *Science*, Vol. 313, No. 5790, 2006, pp. 1049–1050.

[2] 蔡慧英：《语义图示工具支持的协作问题解决学习的研究》，博士学位论文，华东师范大学，2016年，第101页。

[3] Luis Tari, "Knowledge Inference", in Werner Dubitzky, Olaf Wolkenhauer, Kwang-Hyun Cho, et al., eds., *Encyclopedia of Systems Biology*, New York: Spring, 2013, pp. 1074–1078.

[4] 官赛萍等：《面向知识图谱的知识推理研究进展》，《软件学报》2018年第10期。

表 3-13　　　　　　　小组任务制品内容质量评价量规

量规维度	层级	分值	权重
知识理解	复杂性理解	4	50%
	基本正确理解	3	
	部分正确理解	2	
	不正确理解	1	
知识推理（应用）	创新推理	3	50%
	简单推理	2	
	无效推理	1	

另外，关于小组任务制品的质量不仅要考虑其内容性质量，还要考虑其结构性质量，[①] 尤其是知识应用任务的任务知识制品。而结构性质量一般可从内容完整度和结构规范性两个维度来考量。因此，完整的小组人工制品评价量规如表 3-14 所示。

表 3-14　　　　　　　小组任务制品评价量规

一级维度	二级维度	等级	分值	权重
内容性质量	知识理解	复杂性理解	4	30%
		基本正确理解	3	
		部分正确理解	2	
		不正确理解	1	
	知识推理	创新推理	3	30%
		简单推理	2	
		无效推理	1	
结构性质量	内容完整度	优	3	30%
		中	2	
		差	1	
	结构规范性	优	3	10%
		中	2	
		差	1	

---

① 蔡慧英：《语义图示工具支持的协作问题解决学习的研究》，博士学位论文，华东师范大学，2016 年，第 102 页。

在后续的小组任务制品评价（评分）实践中，为了保证评价结果的客观性，由两位评分人员同时进行评分。在正式评分前，研究者对两位评分人员进行了培训。评分过程中，两位评分人员在完成三个小组任务制品评价后，会对评分结果进行具体指标层面上的对比。两位评分人员的 Cohen's Kappa 系数为 0.766（处于 0.61—0.80 区间），一致性较高，说明小组任务制品评价量规的可信度较高。同样，对于存在分歧的地方，两位评分人员与研究者进行协商并达成共识后，继续进行了后续评分。

第四章

混合式协作知识建构活动模式的应用与优化

回顾本研究的两个核心问题，一是如何有效设计混合式协作知识建构活动，二是 BCL 如何促进协作知识建构效果。这两个核心问题已经在理论与文献层面进行了论证，仍有待实践验证。因此，本章通过对混合式协作知识建构活动模式三个周期的应用实践，在验证混合式协作知识建构活动模式效果的基础上，根据迭代设计方案实现模式的优化完善，以进一步提升其有效性、可操作性和灵活性。此外，根据实践的过程与结果，通过发现问题、分析原因和提出对策的逻辑，解析和构建 BCL 促进协作知识建构的机制。

第一节 第一轮：模式引介与初步应用

一 活动模式理论原型的初步应用

（一）活动模式引介

1. 面向授课教师

由于授课教师是一位教育技术学专业的资深教授，并具备丰富的教学经验，且担任"教育信息化理论与实践"课程任课教师多年。因此，授课教师本身对于混合式协作知识建构的认可度与接受度较高，并对相关教学理念和活动设计都有较深入的理解，且对于课程熟悉和掌握程度很高。

于是，在研究开始之前的准备工作中，研究者作为课程助教，主要工作是和授课教师协商完成课程内容与教学任务的安排、学习材料与教学工具的选用、活动情境与教学环节的设置等工作，从而使授课教师对于混合式协作知识建构活动的过程与组织具备较全面的认识，并在修正已有教学设计基础上形成面向 BCL 的教学设计。此外，研究者（助教）还明确了与授课教师的课程任务分工，即授课教师在课程与活动过程中主要负责课程内容资源的确定、课程目标与结构的设置、课堂过程的授课与组织，以及基于课堂的学生引导与反馈；助教则主要负责协作任务活动与模式应用流程的设计以及统筹组织工作，在实验过程中的主要任务是：向学生介绍实验背景与任务流程、组织学生应用技术工具和协作脚本、在学习平台上传学习资料与课程公告、在线解答学生学习过程问题、布置学生学习任务、基于论坛提供任务指导与反馈等。因此，研究者在深度参与课程教学的基础上，与授课教师共同把控教学活动过程，以促进实现混合式协作知识建构活动模式的有效应用实践。

2. 面向参与学生

为了全面了解参与课程活动与研究实践学生的基本状况，了解学生的学习者特征以实现异质分组，本研究设计了小组分组调查问卷，收集了学生的性别、学科背景、已有学习经验、协作学习态度等信息。问卷共发放与回收 25 份，其中有效问卷 25 份。具体调查结果在第四章第二节研究对象部分已进行了呈现。

通过调查可以发现，首先，在学习基础方面，作为教育技术学专业的一年级硕士研究生，25 名学生中有 22 名（88%）在本科阶段同样为教育技术学专业，这说明绝大部分学生拥有一定的前验知识，对课程领域知识具备较好的认知基础，适合以协作知识建构的方式开展课程学习。其次，在学习经验方面，25 名学生均具备数字化学习的经验，其中22名（88%）学生具备在线（远程）学习的经验，21名（84%）学生具备混合学习的经验，这说明所有学生都在一定程度上熟悉技术增强的学习形式，也对信息技术在课程中的应用具备较好的接受度和适应性。同时，25名学生均具备小组协作学习的经验，其中23名（92%）学生具备面对面小组协作的经验，17名（68%）学生具备在线（远程）小组协作的经验，20名（80%）学生具备混合小组协作的经验，这说明所有学生都在一定程度上熟悉小组协作学习的方式，并具备基础的小组协作能力，能够较好地适应以小组协作为主的课程教学方式并具备对小组协作过程给出反馈与建议的能力。因此，通过对学生学习经验的调查，可以发现大部分学生具备较好的经验与能力基础来适应混合式知识建构活动模式，并参与学习活动的设计。最后，在协作学习态度方面，25名学生均认可小组协作学习的效果，其中17名（68%）学生持比较认可的态度，3名（12%）学生持非常认可的态度，这说明学生普遍认识与体会到协作学习提升学习效果的作用。此外，25名学生中有24名（96%）均乐意（继续）参与小组协作学习，其中12名（48%）学生持比较乐意的态度，8名（32%）学生持非常乐意的态度，这说明学生普遍能够接受以小组协作为主的课程教学方式。但值得注意的是，不仅有1名学生对（继续）参与小组协作学习持比较不乐意的态度，且有4名学生持中立的态度。而这种学生普遍认可协作学习效果与部分学生不乐意继续参与协作学习之间的矛盾，则反映了协作学习过程可能出现的学习者体验不佳问题，这也对协作知识建构活动模式的设计提出了要求，即在保障协作知识建构活动效果的基础上，应满足和回应学习者的多元学习需求。

以上调查数据不仅可作为学生分组的依据，也反映出学生对混合式协作知识建构活动模式良好的接受度和适应性。因此，在课程正式开始之前，研究者通过在课程平台发布课程介绍，并在课堂详细讲解课程设计与教学安排，回答学生相关问题，就活动模式向参与实验的学生进行了说明与解释。部分内容如图4-1、图4-2所示。整体而言，在课堂交互过程中，学生基于初步的了解表示出对混合式协作知识建构活动模式的积极期待，形成了促进活动模式实施的有利氛围。

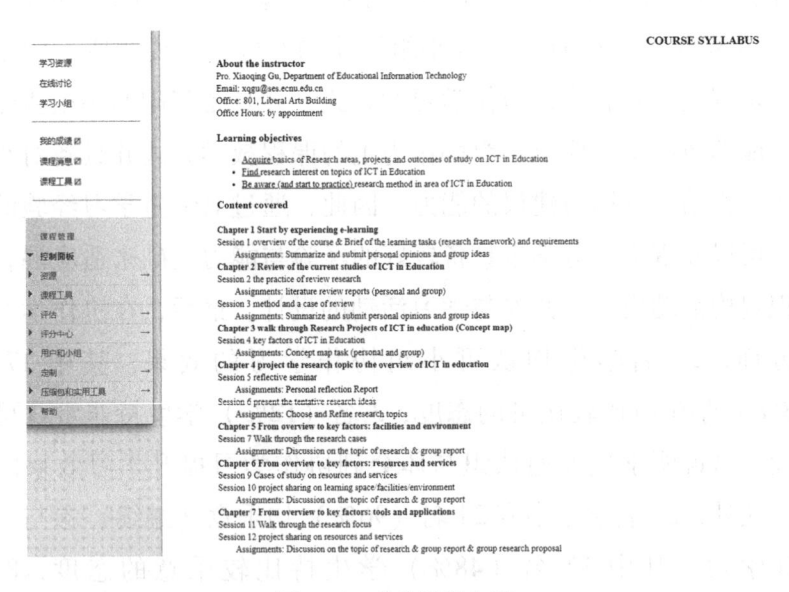

图4-1 在线课程介绍

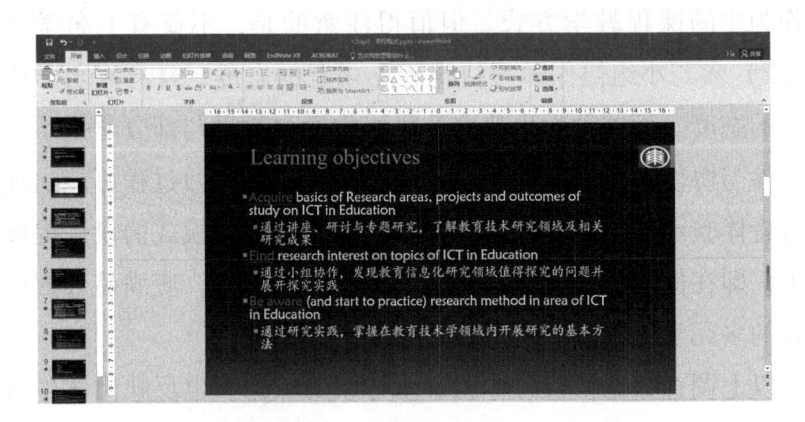

图4-2 线下课程讲解

第四章　混合式协作知识建构活动模式的应用与优化　　215

（二）活动模式组织实施

1. 组建班级和小组微信群

教师组建班级微信群，将全体学生加入群中。通过班级微信群，教师可以发布课程通知信息，分享课程学习资源，回答学生学习疑惑，并组织引导学生自主学习与进行班级讨论，提供学生组间分享与交互空间。此外，根据分组情况，各小组自行组建小组微信群，作为小组交互的主要空间，协作完成学习任务。微信群组建情况如图4-3所示。

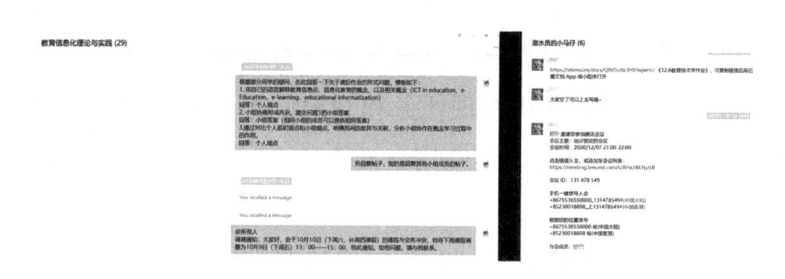

图4-3　班级微信群与小组微信群示意

2. 发布学习资源

教师在确定学习内容后，制作学习课件、扩展资源和实践案例，并在在线学习平台上进行发布。示例如图4-4所示。

图4-4　学习平台上发布的学习资源

在本阶段发布的学习资源主要集成在5个学习专题PPT中，包括教育信息化的基本理论与概念、教育信息化领域的研究范式、国际教育信息化前沿研究与项目实践、教育信息化的关键要素概述等内容。通过对这些内容的学习，学生可以对教育信息化研究与实践领域产生整体的认识和直观的感受。

3. 组织课堂教学

在课堂教学过程中，教师根据 BCL 任务实践过程模型的两种形式，初步尝试性地应用了混合式协作知识建构过程模型。

教师根据"在线协作学习 + F2FL"的教学情境，在任务前环节，即第一次的后半部分课堂中，以教师讲授与师生（班级）交互为主开展"导学性"课堂教学，旨在引导和组织基于班级的概念转变性学习，促进学生对教育信息化领域基本理论、概念与方法的习得，并布置劣构性的知识发现任务和知识应用任务推动学生对专题知识的复杂性理解和创新性应用。而在第二次的前半部分课堂中，以小组任务制品为主线，开展小组汇报、组间评价、总结反思等"研学性"活动，促进学生对专题知识的深入性探究和协作知识建构过程的反思性实践。

4. 开展任务协作

无论是知识发现任务还是知识应用任务，基于课后的小组在线任务协作都是小组知识建构的核心环节。课后小组任务协作环节主要包括小组协作交互（以生成任务制品）、呈现小组任务制品、基于论坛的组间协作和教师反馈三个步骤。其中，小组协作交互以生成小组任务制品为目标，利用微信、腾讯会议、石墨文档等交互工具和概念图、协作脚本等策略工具，进行持续深入的小组协作交互，促成深层的协作知识建构。而呈现小组任务制品主要指在完成协作任务之后，小组通过在线学习平台上的在线论坛提交与分享小组任务制品。基于论坛的组间协作和教师反馈则主要指基于小组在论坛中上传的小组任务制品，学生之间按照要求开展的组间互动，包括提问、比较、评论等方面，以及教师对于学生小组任务制品和个人观点的评价反馈。

如在专题 5 中，学生需要根据对课程内容的理解以概念图的形式呈现教育信息化的要素框架，以 BCL5 小组为例。首先，BCL5 小组四名组员根据个人理解分别构建了概念图，如图 4-5 所示。

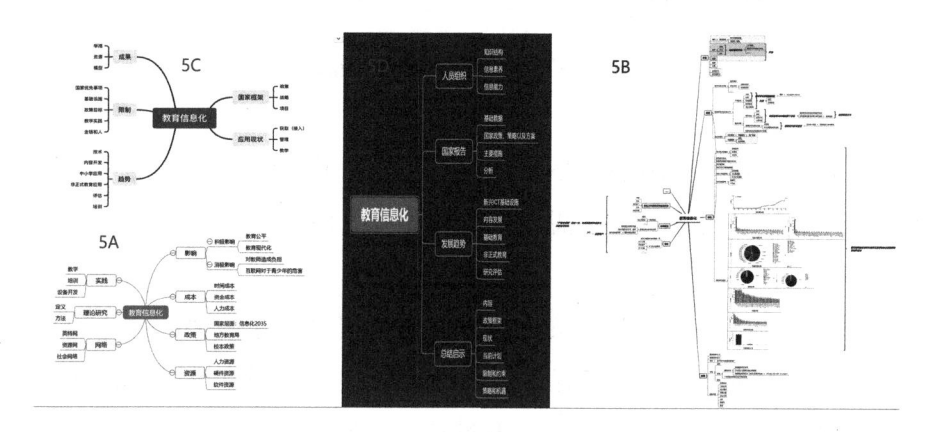

图 4-5　BCL5 小组成员个体概念图

其次，BCL5 小组通过微信、腾讯会议和石墨文档等多个交互工具开展小组交互，旨在形成小组共识，即在个体概念图的基础上，形成小组任务制品（概念图）。其中，小组成员通过持续的讨论与协商，认为概念图在要素层面需要涵盖得尽量全面与详细，而在呈现方面应尽量精简、准确，最终形成了教育信息化关键要素的小组共识并构建了小组概念图。其过程和结果分别如图 4-6、图 4-7 所示。

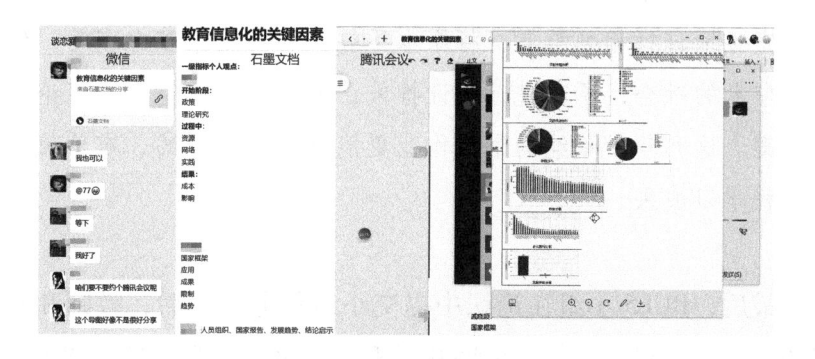

图 4-6　BCL5 小组任务交互过程

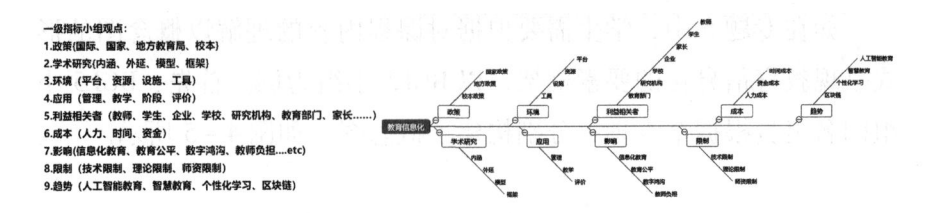

一级指标小组观点：
1.政策(国际、国家、地方教育局、校本)
2.学术研究(内涵、外延、模型、框架)
3.环境(平台、资源、设施、工具)
4.应用(管理、教学、阶段、评价)
5.利益相关者(教师、学生、企业、学校、研究机构、教育部门、家长……)
6.成本(人力、时间、资金)
7.影响(信息化教育、教育公平、数字鸿沟、教师负担……etc)
8.限制(技术限制、理论限制、师资限制)
9.趋势(人工智能教育、智慧教育、个性化学习、区块链)

图4-7 BCL5小组任务制品

再次，BCL5小组成员在个体层面比较了个体概念图与小组概念图的异同，并进行了反思，其示例如下（5B）。

> 个人的思维导图绘制中对相关要素进行了延伸，并将相关有价值的信息进行了呈现，整体的思路是从教育信息化的实施基础——环境，到应用，再到对应用过程的问题进行解决——研究，再到国家等上位的调控——政策，最后才是教育信息化服务的对象——人。在一级指标的选取过程中漏掉了成本和限制两个方面。
>
> 而在小组讨论的过程中，综合大家的想法进行讨论能够将教育信息化的key factors列举得相对全面，并就指标的层级和相互关联进行辨析，以确保整体框架的合理性。
>
> 因此，在协作交流的过程中，能够让我从不同的观点视角来进行思考，有助于打开思路、发散思维，从而能够更加全面完善地进行相关思考，将原本不够完善的框架整合完善，经过信息的融合，不断进行论证推敲，最后形成完整的小组论证方案。这相较于单纯的个人作业更能激发有意义的、有价值的课程学习成果。

最后，BCL5小组在论坛中提交小组任务制品后，教师和其他组的学生通过对其进行评论展开了班级互动，示例如图4-8所示。

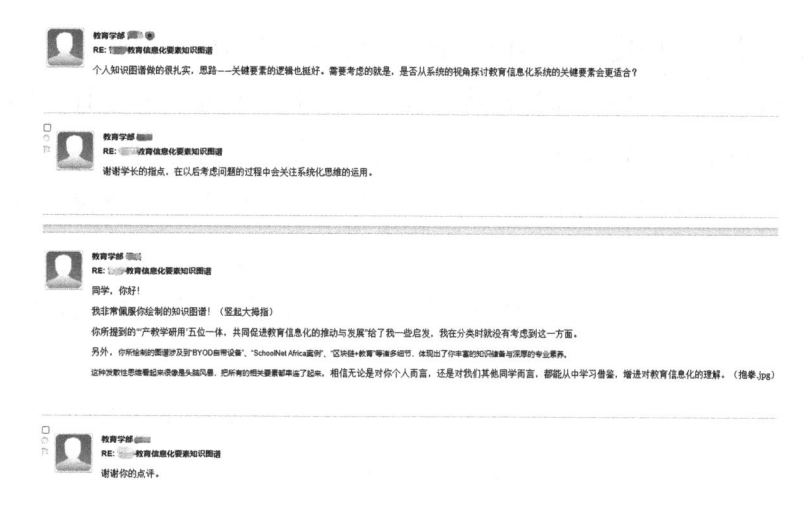

图 4-8 BCL5 小组某成员参与的班级交互

二 基于专家和学生的评价反馈

(一) 专家评议

本研究利用电子问卷对 10 位专家开展了评议活动。在有效时间内，收回了全部的 10 份有效问卷，其中 8 位专家提出了具体的修改建议。本研究将对各位专家的评议结果与修改意见进行总结分析，以形成混合式协作知识建构活动模式理论原型的修正方向。

对专家评议结果的量化分析主要从平均值、满分度、众数和集中度四个指标进行，其中平均值主要指所有专家对于某项指标所评分值的平均值，满分度主要指某项指标的所有专家评分中满分（即 5 分）所占的比例，众数主要指某项指标的所有专家评分中占比例最高的分数。而集中度是衡量专家组对于量表指标评分是否一致性的重要指标，本研究采用四分位集中度来呈现这一指标，其由上四分位数减去下四分位数得出，因此集中度一般来说值越小越好。在李克特五点量表中，当集中度小于 1.8 时，表示量表集中度良好，其中当集中度等于 0 时，量表集中度最好。当集中度大于 1.8 时，表示量表的集中度相对不佳，量表指标则一般需要进行调整。[1]

根据混合式协作知识建构活动模式的理论模型，专家评议的对象主要包括活动程序框架和活动评价指标框架两部分内容。

1. 混合式协作知识建构活动模式之活动程序框架评议过程与结果

根据混合式协作知识建构活动的活动程序框架，其以任务前、任务中、任务后的活动逻辑步骤，统筹整合了协作知识建构过程、任务活动流程与教学活动时序。以下主要就活动程序框架的完整性和适应性进行评议，具体评议结果如表4-1所示。

表4-1　　混合式协作知识建构活动程序框架评议结果

维度	步骤	平均值	满分度	众数	集中度
任务前：课中（第一次后半）	讲授课程内容（师）	4.5	60%	5	1
	布置具体任务（师）	4.8	90%	5	0
任务中：课后	学生任务理解与表达（生）	4.6	90%	5	0
	小组任务协作（生）	4.9	90%	5	0
	呈现小组任务制品（生）	4.8	90%	5	0
任务后：课后	基于论坛的组间协作（生）与教师反馈（师）	4.9	90%	5	0
	上传课件，提供材料（师）	4.4	70%	5	0.75
任务后：课中（第二次前半）	小组汇报与组间评价（生）	4.8	80%	5	0
	总结与组织反思（师）	4.9	90%	5	0

专家组评议结果显示，框架内所有步骤的平均分都在4.5分及以上，众数均为5，集中度都在1及以下，说明混合式协作知识建构活动的活动程序框架整体较为合理。其中，任务前：课中（第一次后半）维度中"讲授课程内容"步骤的满分度相对较低，不过

---

[1] 吴建新等：《专家视野中的职业教育校企合作长效机制设计——运用德尔菲专家咨询法进行的调查分析》，《现代大学教育》2014年第5期。

其他评估值尚处于良好范围内，可结合专家具体意见进行进一步优化。

2. 混合式协作知识建构活动评价框架的评议过程与结果

根据混合式协作知识建构活动的评价指标体系，混合式协作知识建构活动的评价框架可从个体知识建构、小组知识建构、班级知识建构三个层次，以及交互过程、活动组织、任务成果三个维度来构建。在专家咨询问卷中，分别对评价框架维度以及具体指标的重要程度进行了评议。其中，对评价框架各维度重要程度的评议结果如表4-2所示。

表4-2　　混合式协作知识建构活动评价框架维度评议结果

层次	维度	平均值	满分度	众数	集中度
个体知识建构	活动组织	4.1	40%	5	1.75
	任务成果	4.5	70%	5	0.75
小组知识建构	交互过程	4.8	80%	5	0
	活动组织	4.6	70%	5	0.75
	任务成果	4.6	70%	5	0.75
班级知识建构	交互过程	4.7	70%	5	0.75
	活动组织	4.4	50%	5	1
	任务成果	4.6	70%	5	0.75

评议结果显示，各位专家对混合式协作知识建构活动评价框架中评价维度的界定比较认可，其中对小组知识建构层面的三个评级维度认可度最高，并且对于三个层面中交互过程评价维度认可度最高，这表示专家们认同小组协作知识建构是混合式协作知识建构活动的核心形式，而交互过程是评价混合式协作知识建构活动的核心维度。

而对于混合式协作知识建构活动评价框架的具体指标，专家组的评议结果如表4-3所示。

表4-3　　混合式协作知识建构活动评价框架指标评议结果

层次	维度	指标	平均值	满分度	众数	集中度
个体知识建构	活动组织	个体学习参与	4.7	80%	5	0
	任务成果	个体任务表现	4.4	60%	5	1
小组知识建构	交互过程	小组交互水平	4.6	70%	5	0.75
		小组社会网络结构	4.5	70%	5	0.75
	活动组织	小组学习参与	4.7	80%	5	0
		小组协作活动感知	4.5	60%	5	1
	任务成果	小组任务制品质量	4.5	70%	5	0.75
班级知识建构	交互过程	班级社会网络结构	4.6	70%	5	0.75
	活动组织	班级教学活动感知	4.5	70%	5	0.75
	任务成果	组间任务评价	4.6	70%	5	0.75

专家组评议结果显示，框架内所有指标的平均分都在4.5分及以上，众数均为5，满分度都在60%及以上，说明混合式协作知识建构活动评价框架整体较为合理。不过多位专家共同指出，评价指标的设计过于追求完整性，可能需要进行简化。整体框架的修订将结合专家具体意见，开展指标优化。

（二）学生反馈

在混合式协作知识建构活动模式的第一轮初步应用过程中，基于对学生的反馈，可以发现，学生们普遍认可混合式协作知识建构活动模式的应用效果，认为活动模式的应用，首先是提高了学生学习的主体性和主动性，促进了学生的学习参与；其次是提升了学生学习过程的灵活性和发展性，回应了学生的多元需求；最后则是增强了学生之间的人际关系，培养了学生的团队意识和协作能力。

不过，发现模式仍存在以下三方面问题。（1）在新专题开始前，即课后（下次课前）阶段，由于只上传了学习资料而缺少指向性的前置学习引导，学生对新专题内容的预习难以把握重点。（2）在任务布置方面，以劣构性问题为主更能激发与提升学生协作知识建构的动机与效果。不过作为研究生一年级学生，整体研究能力和专业知识能力相对薄弱，在问题理解与解决方面容易出现理解困难和效率低的问题。（3）在小组生成任务制品和小组汇报后开展的组间投票方面，在可以投自己小组的情况下，容易出现投票不公正的现象。

经过分析可以发现，学生在此阶段反馈的问题主要是基于过程适应、认知负荷和小组奖励提出的。学生在肯定活动模式整体性效果良好的前提下，基于自身学习基础与特征，认为第一轮中的活动模式未能充分考虑到当前学生专业知识能力和研究能力相对不足的情况，提供的学习支持需要加强。另外，小组奖励方面的反馈，表明小组奖励的设置得到了学生的认可与重视，有效地调动了学生的积极性，形成了"组内协作，组间竞争"的学习氛围。

三 面向活动模式理论原型的反思

通过上述的专家评议和学生反馈，结合教学观察与反思，研究者对于混合式协作知识建构活动模式具备了较为整体的认识与理解。首先，该模式顺应了技术融入教学的教育变革方向，通过构建线上线下混合学习空间回应了学生主体性和多元性需求，得到了专家在理论层面和学生在实践层面的认可，具备较好的现实适应性。其次，该模式遵循课程与教学逻辑，充分融合混合学习和协作学习的理念与优势，以协作知识建构为主要目标和核心过程，形成较为系统的设计与应用模型，在应用实践过程中体现出较好的合理性与完整性。不过该模式当前作为基于理论构建的系统原型，在初步应用的过程仍体现出了一定的不足之处，主要有以下三方面。

（1）学习资源方面，内容制作和呈现方面不够丰富，资源的层次性和丰富性有待提升。

（2）教学设计方面，学习支持不够充分，导致学生在学习负荷和过程适应方面感受到一些压力。

（3）学习评价方面，评价指标上过于追求完整性，在实施过程中也造成学生一定的负担。

而通过与专家组和授课教师的进一步研究讨论，针对混合式协作知识建构活动模式在初步应用过程中暴露出的主要问题，提出了以下改进措施。

（1）修正活动模式。根据专家组的评议意见，在活动程序上开展对混合式协作知识建构活动模式的修订，梳理活动环节。同时，在具体指标层面上开展对混合式协作知识建构活动评价框架的修订，明确评价重心，简化评价步骤。

（2）细化活动设计。在修正活动模式基础上，改进与细化活动设计。重点根据学生的需求与过程反馈，增加学习支持，减轻学习负荷，改进协作知识建构活动程序，形成更具适应性与有效性的活动设计方案。

（3）优化教学组织。对教学组织的优化主要包括对师生交互、教学策略、资源呈现等方面在实践上的优化。即在活动模式初步应用经验的基础上，通过加强教师实时干预提升师生交互的有效性，通过推动学生参与设计提高教学策略的适应性，通过丰富内容形式和序列增强资源呈现的层次性。

第二节　第二轮：模式效果测评与修正

一　活动模式理论原型的初步修正

根据研究者与教学人员的分析反思，拟从以下三点落实混合式协作知识建构活动模式修正工作：（1）依据活动目标框架，将活动目标具化为以认知层面为核心，兼顾情感和社交层面的多维目标，并从宏观到具体实现多层目标的落实；（2）通过分解与梳理原活动程序框架，调整活动过程中师生分工，增设学习支持内容；（3）进一步梳理混合式协作知识建构活动评价框架，明确每个维度上的评价过程与评价方式。

（一）明确活动目标

1. 明确宏观的课程目标

在活动目标框架基础上，结合实践课程、学生需求和活动理念，形成学期课程学习目标。（1）认知层面：帮助初入研究生阶段的教育技术学专业学生，了解教育信息化领域的重要研究与实践成果，理解教育信息化研究领域基本理论概念，并初步掌握教育信息化研究领域基本研究方法。（2）情感层面：通过 BCL 教学方式，激发学生学习的主体性与积极性，促进学生学习的公平性参与；通过 BCL 教学方式，增强学生学习的责任感与存在感，提升学生的团队意识与互助情感。（3）社交层面：通过 BCL 教学方式，培养与提升学生组成小组、小组活动、思想交流等社交技能；[1] 通过 BCL 教学方式，培养与增强学生接纳同伴、建立信任、宽容理解、有效沟通、化解矛盾等社交行为意识。

2. 明确中观的专题目标

由于专题内容的不同，所以其目标的具体内容有所不同。不过在整体上，其应达成的目标可设定为：（1）在认知层面，面向专题内容，学生不仅应理解其核心概念知识（或理论、方法等知识），还需要将这些知识应用到研究或实践领域；（2）在情感层面，基于专题学习与小组任务协作，激发学生对学习内容的兴趣，鼓励学生与小组对相关议题的主动探究；（3）在社交层面，在小组与班级协作过程中，学生应能够主动表达观点、合理论证并达成共识，能够进行有效任务协调以按时完成任务。

3. 明确微观层面的任务目标

任务目标与任务内容联系紧密，因此具有更多元的设置，在此仅就一致性的一般目标进行简要论述：（1）在认知层面，面向任务

---

[1] Jane S. Prichard, Lewis A. Bizo and Robert J. Stratford, "The educational impact of team-skills training: Preparing students to work in groups", *British Journal of Educational Psychology*, Vol. 76, No. 1, 2006, pp. 119–140.

对象，学生应形成复杂性理解和创新性应用（推理），且在知识应用过程中形成内容完整、结构规范的知识应用方案；（2）在情感层面，在任务过程中，学生能够积极主动地进行资料收集和沟通协商，能够团结互助地完成任务与构建任务制品；（3）在社交层面，在小组任务协作过程中，学生能够自主完成小组分工协调和协作知识建构，形成友善的团队氛围，进入深层的知识建构。

（二）修正活动程序

首先，根据专家评议的结果，混合式协作知识建构活动模式的原活动程序框架具备较好的整体性和适应性，步骤设计合理性较强。不过，几位专家也对部分内容提出了一些比较中肯的修改意见：专家D提出课中（第一次后半）维度中"讲授课程内容"步骤，出现了表述不准确的问题；专家E和专家F提出课后维度中"基于论坛的组间协作与教师反馈"步骤表述不够清晰，需要描述清楚具体过程内涵，同时组间协作也不够具体，容易产生歧义。基于以上意见，本研究将"讲授课程内容"步骤修正为"导入学习内容（教师引导个体探究）"步骤，将"基于论坛的组间协作与教师反馈"步骤修正为"基于论坛的组间讨论与教师反馈"步骤。其中，前者是为了增加教师授课方式的灵活性，可根据专题内容结构制定合适的教学内容传递方式，贯彻"教师主导、学生主体"的教学设计与实施原则。后者是因为各小组任务制品在论坛上发布之后，对之后的回帖（教师要求）并没有进行时间上的限制，学生回帖与教师回帖一般是同步进行的，不存在时序上的差异，因此不需要将两个具体活动分离。另外，组间的论坛交互最主要的作用是学生对每个小组的任务制品进行了解和浅层次的评价讨论，因此可将组间协作改为组间讨论。

其次，根据学生反馈意见，需要增加一些学习支持环节，以提升学生的学习过程适应性，并降低其认知负荷。因此，研究者一方面将作为学生学习支架的活动程序框架进行了细化，以支持学生进一步适应活动过程。如将任务中阶段的"学生任务理解与表达"拆分为"收集资料，理解问题"和"组织概念，形成观点"两个步骤，将"小组任务协作"步骤拆分为"初步协作，确定计划"和"小组深入任务协作"两个步骤。另一方面，则通过增加教师步骤来提供更多学习支持，如在任务前阶段"布置具体任务"步骤后增加了"设置任务目标""开展任务说明"等步骤；在任务后阶段的课后环节为下一次任务活动增加了"布置引入问题"和基于引入问题的"收集资料，理解任务""组织概念，形成观点"和"小组协作概念理解"等步骤。

由此，修正后的混合式协作知识建构活动程序框架如图 4-9 所示，经过修改的步骤均用倾斜字体标出。

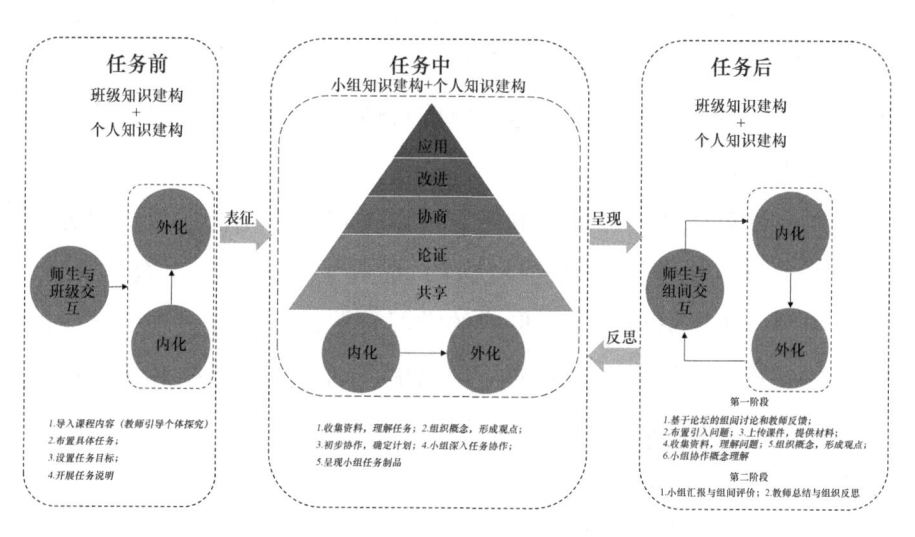

图 4-9　混合式协作知识建构活动模式之活动程序框架修正

其中，在任务前阶段，"设置任务目标"主要指设置与告知学生本次任务的多领域目标，以与任务内容密切相关的认知领域目标为主；"开展任务说明"主要指通过呈现任务案例和详细讲解任务要求，促进学生小组任务理解。在任务中阶段，由"学生任务理解与表达"拆分而来"收集资料，理解任务"主要指学生需要在已有学习资料的基础上，通过学习教师提供的拓展学习材料或自主搜寻的其他学习资料，对任务进行自主探究和整体理解；而"组织概念，形成观点"主要指需要将资料学习基础上达成的理解与观念进行梳理和整合，以形成逻辑一致、表达合意的可理解观点。由"小组任务协作"拆分而来的"初步协作，确定计划"主要指小组初步协作形成任务理解共识和初步任务协调计划的过程；而"小组深入任务协作"则主要指小组基于生成任务制品而开展的深入完整的协作知识建构过程。在任务后阶段的课后环节，增设的四个步骤中，"布置引入问题"主要指教师通过班级微信群向学生发布基于新专题内容的概念性引入问题，以引导学生把握预习重点，开展自主探究；"收集资料，理解问题"与"组织概念，形成观点"与任务中阶段的两个步骤相似，是基于引入问题开展自主探究的过程与方式；"小组协作概念理解"主要指学生小组通过课前的在线协作意义建构，对概念性引入问题形成前置性的小组共同理解，达成良好的前概念基础。

而通过对活动程序框架的修正可以发现，首先，学习资源方面表现出了内容制作与呈现的层次性，形成了引入问题、教学课件、任务案例、拓展资料等多元形式的学习资源，以及在呈现时序上的层次性。其次，学习支持方面呈现出更详细的过程指引和更多的教师参与，由此将进一步降低学生认知负荷，提升活动模式的适应性。

(三) 简化评价指标

首先，根据专家评议的结果，混合式协作知识建构活动评价框架已具备较好的整体性和适应性，并且框架中具体指标的解释也获得了专家的高度认可。不过也有几位专家提出了较为中肯的修改意见，主要集中于以下两点。(1) 个体知识建构层次活动组织维度个体学习参与指标。专家J提出，根据指标的具体解释，个体学习参与虽然是通过量表直接得出，但基于个人学习参与得出的小组学习参与在评价上作用更大。（2）班级知识建构层次任务成果维度的组间任务评价指标。专家 E 提出，根据指标的具体解释，组间任务评价主要是在小组任务制品质量的基础上，通过小组投票的方式选出最佳小组，那么该指标实质上应包含在小组任务制品质量指标中。基于以上意见，本研究将删除个体学习参与指标，将组间任务评价指标并入小组知识建构层次任务成果维度中小组任务制品质量指标中，并改为小组任务制品质量（师评+生评）。

其次，根据教学观察与学生反馈，学生普遍谈到参与的调查项目有些多，希望能够减少问卷的填写，尤其是开放性的问题。另外，小组投票的方式需要尽量公平。基于以上反馈，研究者一方面利用问卷星工具制作和发放电子问卷链接，使学生可以在手机微信上进行填写，增强学生填写问卷的便捷性；另一方面，则通过问题合并的方式，将开放性的小组协作活动评价与班级教学活动评价合并，减少学生回答问题的数量。此外，通过与学生面对面交互的方式，调整了小组投票的规则，要求学生基于各小组任务制品与汇报表现进行他评式投票，每轮选出两个最优小组，即每位学生只能投票给其他小组，而研究者通过审查后台数据保证投票规则的执行。

由此，修正后的混合式协作知识建构活动评价框架如图 4-10 所示。

经修正后，混合式协作知识建构活动评价框架在保证数据收集与过程测评完整性的基础上，对指标体系与评价步骤进行了简化。此外，修正后的评价框架更加突出了小组知识建构过程的核心地位，且提升了学生参与调查的意愿与配合程度，增强了活动评价框架的可操作性。

二 修正版活动模式的实践应用

第二轮模式应用与改进的重点是针对第一轮活动实践出现的问题进行修正，验证混合式协作知识建构活动模式的应用效果，以提

	个体知识建构	小组知识建构	班级知识建构
任务成果	个体任务表现	小组任务制品质量（师评+生评）	
教学组织		小组学习参与 小组协作活动感知	班级教学活动感知
交互过程		小组交互水平 小组社会网络结构	班级社会网络结构

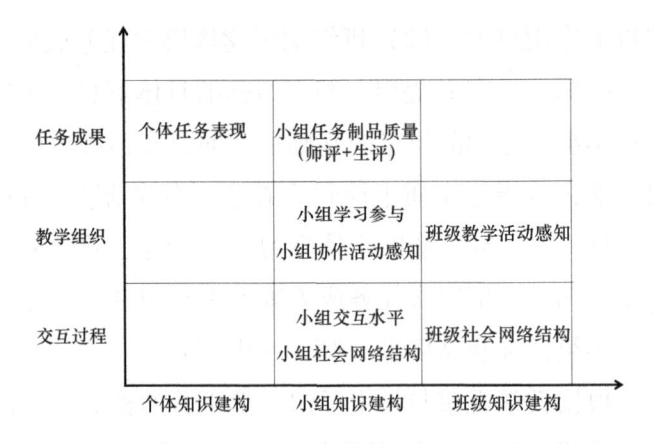

图4-10　混合式协作知识建构活动模式之活动评价框架修正

高活动模式的有效性和实用性。上文通过对活动模式中活动程序框架和活动评价框架的修订与细化，进一步提升了活动模式的适应性。本轮活动实施主要通过在专题6、专题7、专题8中分别应用活动模式，以开展对其应用效果的评价分析。以下就将从任务前、任务中和任务后三个阶段论述本轮活动实施的具体过程。

（一）任务前阶段

任务前阶段是学生获取完成任务所需知识的基础，明确任务目标与要求的阶段，一般包括布置引入问题，"上传课件，提供材料"，基于引入问题的"收集资料，理解问题""组织概念，形成观点"和小组协作概念理解，导入学习内容，布置具体任务，设置任务目标，进行任务说明等步骤。

任务前阶段被分割到了前一专题的课后环节和本专题的课中（第一次后半）环节，以专题7为例（下同）。在本轮活动实践中，前一专题（专题6）的课后环节主要指学生对本专题（专题7）内容的自主学习过程，包括了布置引入问题，"上传课件，提供材料"，基于引入问题的"收集资料，理解问题""组织概念，形成观点"和小组协作概念理解等步骤。而专题7的课中（第一次后半）环节主要指课堂教学过程，包括了导入学习内容、布置具体任务、设置任务目标、进行任务说明等步骤。需要说明的是，在活动步骤框架的基础上，前专题（专题6）课后阶段的小组协作概念理解环节是在专题7课前线上进行的，专题7课中（第一次后半）阶段的导入学习内容环节采用以教师通过教学互动引导学生个体探究为主的教学方式，以提升知识传递的效率。

（二）任务中阶段

任务中阶段是学生小组在获取知识基础和具体任务的前提下，通过小组知识建构过程，生成小组任务制品并提交呈现的阶段。其一般包括了基于任务的"收集资料，理解任务"与"组织概念，形成观点""初步协作，确定计划"，小组深入任务协作和呈现小组任务制品等步骤。

在活动模式具体应用过程中，任务中阶段处于本专题（专题7）课后环节。在本轮活动实践中，小组任务协作的所有环节在时间上是连续展开实施的，在交互形式上都是基于在线交互展开实施的，并在任务规定时间内完成。

专题7的具体任务有两项：（1）谈谈 tools and applications 在教育信息化中的意义（结合个人和小组思考，形成个人观点与小组共识）；（2）在 tools and applications 主题领域，你和小组最感兴趣的方面（各自形成一个研究题目与研究问题/假设）。具体任务过程以BCL2小组为例。首先，BCL2小组成员通过在小组微信群中的初步协商，确定通过基于文本的虚拟式圆桌会议脚本开展小组任务协作，并在石墨文档中确定了发言的顺序和方式，如图4-11所示。

其次，BCL2小组主要通过石墨文档开展小组深入任务协作，即根据虚拟式圆桌会议脚本进行角色分配与观点交互，通过持续的小组知识建构构建了小组任务制品。而脚本协作的过程，不仅包括了小组深入任务协作和呈现小组任务制品等步骤，实际上也内含了"收集资料，理解任务"与"组织概念，形成观点"等前提步骤。其过程和结果分别如图4-12、图4-13所示。

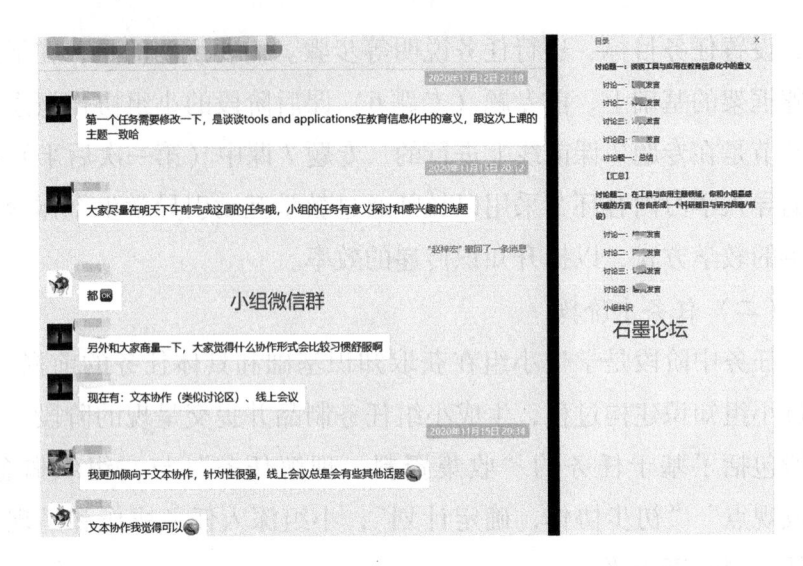

232　基于知识建构的混合式协作学习设计与评价

图 4-11　BCL2 小组成员个人观点呈现与资料分享

图 4-12　BCL2 小组虚拟式圆桌会议过程

第四章 混合式协作知识建构活动模式的应用与优化　　233

> 讨论题一：谈谈工具与应用在教育信息化中的意义
> 总结
> 请大家根据上面讨论交流的情况，结合小组内其他同学的观点以及你自己更新后的观点，列出你所认为的"工具与技术在教育信息化中的作用"，2-3点即可。
> 1.郑岚
> 　　工具与教学法紧密结合能够促进教育理论的发展
> 　　教育信息化过程的发展依托着工具和应用而展开
> 　　合理应用设计得当的工具有助于信息化人才的培养
> 2.司琪
> 　　有助于提升课堂有效性
> 　　有助于打造创新型的智慧课堂
> 　　有助于形成新的教育教学实践方案
> 　　有助于培养信息化人才
> 3.洋洋
> 　　促进教学
> 　　促进信息化人才培养
> 　　促进学习者学习、教师教学、教务管理，甚至推动教育创新。
> 4.梓宏
> 　　促进信息化人才的培养，包括学生、教师和管理人员的信息化能力
> 【汇总】
> 1.对于学生：
> 　　（1）支持知识的可达性——学习者能够通过资源网、信息网、学习平台等各种途径获取知识，进行相关学习活动；
> 　　（2）实现学习的延伸性——学习者能够进一步理解所学知识；
> 　　（3）表现知识的外显性——学习者能够促进使学习工具内在知识转换为外在呈现形式，促进学习者对知识更好的掌握；
> 　　（4）体现知识的演变性——学习者能通过协作共享工具等对知识进行交流、反馈与协作创建。
> 2.对于教师：
> 　　（1）提升课堂的有效性——信息技术工具为解决教学问题提供了更多的思路和可行的方法，这对于促进教学活动顺利开展有重要意义，有助于教师打造创新型的智慧课堂；
> 　　（2）提高自身的信息化教学水平——教师利用先进的工具和技术，能够更准确高效地识别教学中的问题，有助于教师改进教学方法、创新教学手段，形成新的教育教学实践，同时培养其信息素养。
> 3.对于管理员：
> 　　（1）实践教务管理的信息化——现代技术有利于在在校学生和校外活动的广泛联系，辅助管理者进行信息化教务管理；
> 　　（2）提高自身信息化教务管理水平——工具和技术的应用能够影响管理者的信息化意识，管理者可以通过技术构建学校、家长、企业、高校的互助网络，共同推动教育信息化的实现，在这个过程中，管理者的信息素养同以得到一定培养。
> 　　总之，tools and applications可以支持学习者学习、教师教学、教务管理，甚至推动教育创新，教育信息化离不开一系列tools and applications，即我们需要"道器合一"、"学以致用"。另一方面，教师、学生、管理者，甚至是家长，也要用好工具，真正实现信息技术与教育教学的深度融合，从而推动教育信息化不断向前迈进。
>
> 讨论题二：在工具与应用主题领域，你和小组最感兴趣的方面（各自形成一个科研题目与研究问题/假设）
> 小组共识
> 选题：个性化学习工具对学习者自主学习意识的影响研究
> 研究问题：个性化学习工具是否会导致学习者过度依赖智能工具所提供的支持和服务，从而降低学习者的自主学习能力和意识？如果是降低，那么具体的影响情况是如何的？如果没有降低，是否个性化学习工具对自主学习意识又有什么影响？
> 研究思路：采用质性研究方法，在使用过个性化学习工具的学生中选取经典个例，对其进行个案研究。通过深度访谈、行为观察和记录等方法收集质性数据后，对数据进行编码分析，从中提炼出个性化学习工具对自主学习影响的相应结论。

图 4-13　BCL2 小组任务共识呈现

（三）任务后阶段

任务后阶段是基于小组任务制品及其生成过程，开展班级评价与反思的阶段，若不论对下一专题内容的提前布置，一般包括了基于论坛的组间讨论与教师反馈、小组汇报与组间评价、教师总结与组织反思等步骤。

其应用过程中任务后阶段都被分割到了本专题（专题7）的课后环节和下一专题（专题8）的课中（前半）环节。其中，专题7的课后阶段包括基于论坛的组间讨论与教师反馈这一步骤。虽然有两个回帖的主体，但回帖是同时进行的，是（别组）学生和教师分别对小组任务制品进行提问、评价、质疑等在线交互的过程。而下一专题（专题8）的课中（前半）环节，包括小组汇报与组间评价、教师总结与组织反思两个步骤。首先开展的小组汇报与组间评价评价步骤，是小组通过制作任务过程和任务制品展示PPT，在课堂上进行班级汇报，轮流汇报完毕后进行小组投票，以选出本轮最佳小组的过程。之后开展的教师总结与组织反思步骤，是教师基于

学生小组任务制品与汇报过程，开展总结性评价和引导性反思的过程。

三　活动模式应用效果的综合测评

在本轮活动实践中，核心目标是评价与验证混合式协作知识建构活动模式的应用效果。在三个专题六个任务的学习过程中，通过多种工具获取了学生交互、调查、任务制品等数据，而基于以上数据利用活动评价框架从整体和专题两个层次综合测评活动模式应用效果，也是本轮活动实践的核心工作。

而根据活动评价框架，对本轮活动模式应用效果的测评将从个体知识建构、小组知识建构和班级知识建构三个层次展开，其中小组知识建构是测评的核心层次；此外，在每个层次中，都从交互过程、教学组织和任务成果三个维度实施测评，其中交互过程是测评的核心维度和数据源。因此，以下将以小组知识建构、个体知识建构、班级知识建构的顺序论述具体的测评过程。

（一）小组知识建构层次

由修正后的混合式协作知识建构活动评价框架可知，在小组知识建构层次，交互过程维度的具体测评指标为小组交互水平和小组社会网络结构，活动组织维度的具体测评指标为小组学习参与和小组协作活动感知，任务成果维度的具体指标为小组任务制品质量（师评＋生评）。

1．小组交互水平

小组交互水平尤其是认知交互水平，是评价小组知识建构效果的核心指标，而对小组交互水平的量化基于对小组交互过程的编码。在本轮活动模式应用阶段，学生小组主要通过微信群聊和在线视频会议这两种以同步交互为主的交互方式开展小组协作，学生在交互过程中情感与认知都呈现高度交织的状态。因此，本研究通过转译在线视频交互过程为文字记录，并将其按时序插入微信交互记录中，进行统一的编码和分析。此外，对学生小组在石墨文档中进行的异步交互记录，也对其进行了编码处理。

本研究通过对小组交互记录的深入分析，对本轮活动模式应用阶段小组交互过程进行量化评估。根据协作知识建构交互编码框架，在数量层面对各小组的交互行为进行了统计，并从内容层面对小组交互记录进行分析，获取各协作小组在认知、情感和社交三个维度上的交互水平，即认知交互水平、情感交互水平、社会交互水平。

（1）数量层面：小组发言量

在小组层面，交互行为的数量即小组发言量是小组交互水平的一种体现。虽然还需要对其进行内容层面的深入分析，但小组总发言量与人均发言量可以作为小组交互水平的一种辅助证据。本轮活动模式应用阶段小组整体发言情况如表4-4所示。

表4-4　　　第二轮活动模式应用阶段小组发言量情况统计

小组	人数（人）	发言量（条）	人均发言量（条）
BCL1	4	1065	266
BCL2	4	568	142
BCL3	4	634	159
BCL4	4	1776	444
BCL5	4	2254	564
BCL6	5	2596	519

根据表4-4可以得知，各小组在第二轮活动模式应用阶段的三个专题学习过程中，小组间交互行为的数量都具有比较明显的差距，其中BCL5小组和BCL6小组交互最为密集，两组小组成员人均发言数量均超过500条；而BCL2小组和BCL3小组人均发言数量最少，均不超过160条。

（2）内容层面：小组交互水平

通过对本轮活动模式应用阶段各小组整体协作交互过程进行了编码和分析，即以小组为单位，从认知维度、情感维度和社交维度（包含两个子维度）对协作知识建构过程进行了统计分析。各小组基于三个维度的交互情况如表4-5所示。

表4-5　第二轮活动模式应用阶段各小组协作知识建构编码结果

协作知识建构 小组	认知	情感	社交 交流	社交 协调	社交 合计
BCL1	742	998	228	163	391
	34.8%	46.8%	10.7%	7.6%	18.3%
BCL2	295	523	143	103	246
	27.7%	49.2%	13.4%	9.7%	23.1%
BCL3	311	627	202	128	330
	24.5%	49.4%	15.9%	10.1%	26.0%
BCL4	964	1597	517	327	844
	28.3%	46.9%	15.2%	9.6%	24.8%
BCL5	1358	2045	650	255	905
	31.5%	47.5%	15.1%	5.9%	21.0%
BCL6	1138	2207	1149	312	1461
	23.7%	45.9%	23.9%	6.5%	30.4%

第一，小组认知交互水平。

在计算各小组认知交互水平时，通过将共享、论证、协商、改进和应用五个交互层次划分为低水平、中水平和高水平的协作知识建构（认知）交互层次，并分别赋值1—3分，然后利用每层次的分数乘以其在协作知识建构过程中所占的比例，即可得到总分范围为1—3的认知交互水平分数。本轮活动模式应用阶段各小组认知层面的交互编码结果与认知交互水平分数如表4-6所示。

表4-6　　第二轮活动模式应用阶段各小组认知交互编码结果

认知层次 小组	低水平	中水平	高水平	认知交互水平
BCL1	504	168	70	1.41
	67.9%	22.6%	9.4%	
BCL2	180	48	67	1.62
	61.0%	16.3%	22.7%	
BCL3	192	54	65	1.59
	61.7%	17.4%	20.9%	
BCL4	696	197	71	1.35
	72.2%	20.4%	7.4%	
BCL5	854	385	119	1.46
	62.9%	28.4%	8.8%	
BCL6	848	180	110	1.35
	74.5%	15.8%	9.7%	

为了直观显示各小组认知交互水平，本研究构建了折线图来呈现各小组结果，具体结果见图4-14。

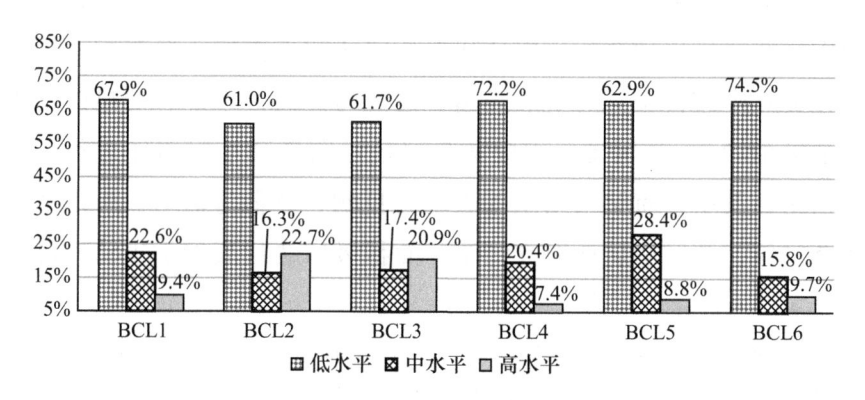

图4-14　第二轮活动模式应用阶段各小组认知交互水平

由上述图表可知，各小组间认知交互层次的分布总体比较一致，即低水平的认知交互占比最高，中高水平的认知交互占比相对较低,这也表明学生小组在本轮活动模式应用阶段认知交互水平总体相对不高,需要进一步探究从低水平协作知识建构交互向高水平协作知识建构交互推进的方法与策略。此外,还可以发现,小组间的认知交互层次存在具有细微差别的两种分布类型,即 BCL2 小组和 BCL3 小组的认知交互层次分布中,高水平的认知交互占比高于中水平的认知交互,而其他四个小组中高水平的认知交互占比低于中水平的认知交互,这也成为 BCL2 小组和 BCL3 小组认知交互水平分数高于其他小组的原因。

第二,小组情感交互表现。

小组情感交互水平是学习者在交互过程中的情绪表现。在编码过程中,依据交互编码框架,本研究将除去"任务无关"之外的所有交互记录都进行了情感维度编码,分为消极、困惑、中立、开玩笑、积极五种情绪。其中,消极情绪主要体现为自身的消极态度,对其他成员观点的反对、行为的批评,以及因协作过程不顺畅或中断而出现的无聊或焦虑情绪;[1] 困惑情绪和中立情绪都和学生认知过程紧密相关,其中困惑情绪一般是在学生认知失衡的阶段出现,表现为对自身和小组其他成员观点不确定或质疑、追问等话语,[2] 而中立情绪是出现在学生由认知失衡向认知平衡的转变过程,即学生在交互中进行中立的观点表达、论证与协商,不带有明显的积极或消极情绪;[3] 开玩笑与积极情绪都是正向推动小组协作进程的正向情绪,其中开玩笑情绪主要表现为自嘲、调侃等话语,可以活跃团队气氛、缓解尴尬或对立情绪,而积极情绪代表着学生认知已重

---

[1] Anthony R. Artino and Kenneth D. Jones, "Exploring the complex relations between achievement emotions and self-regulated learning behaviors in online learning", *The Internet and Higher Education*, Vol. 15, No. 3, 2012, pp. 170–175.

[2] Sidney D'Mello, Blair Lehman, Reinhard Pekrun, et al., "Confusion can be beneficial for learning", *Learning & Instruction*, Vol. 29, No. 1, 2014, pp. 153–170.

[3] Karen Gasper and Cinnamon L. Danube, "The Scope of Our Affective Influences: When and How Naturally Occurring Positive, Negative, and Neutral Affects Alter Judgment", *Pers Soc Psychol Bull*, Vol. 42, No. 3, 2016, pp. 385–399.

新达到平衡,主要体现为小组成员间的观点认同、彼此鼓励/夸赞等话语,能够促进小组共识形成,提供情感激励。[1]

因此,可根据五种情绪的意义,将其划分为负向、中性和正向三个情感层次,分别赋值1—3分,然后利用每情感层次的分数乘以其在整个情感交互过程中所占的比例,即可得到总分范围为1—3分的$K_{情感}$分数。各小组情感层面的交互编码结果与情感交互水平分数如表4-7所示。

表4-7 第二轮活动模式应用阶段各小组情感交互编码结果

情感层次 小组	负向	中性	正向	情感交互水平
BCL1	49	826	123	2.07
	4.9%	82.8%	12.3%	
BCL2	13	325	185	2.33
	2.5%	62.1%	35.4%	
BCL3	14	442	171	2.25
	2.2%	70.5%	27.3%	
BCL4	26	1257	308	2.18
	1.6%	79.0%	19.4%	
BCL5	42	1693	310	2.13
	2.1%	82.8%	15.2%	
BCL6	63	1952	192	2.06
	2.9%	88.4%	8.7%	

同样,为了直观显示和对比各小组情感交互水平,本研究构建了折线图来呈现各小组对比结果,见图4-15。

由图表可知,各小组间情感交互层次的分布总体比较一致,即

---

[1] Steven C. Harris, Lanqin Zheng, Vive Kumar, et al., "Multi-Dimensional Sentiment Classification in Online Learning Environment", paper delivered to 2014 IEEE Sixth International Conference on Technology for Education, Amritapuri, Kerala, December 18-21, 2014.

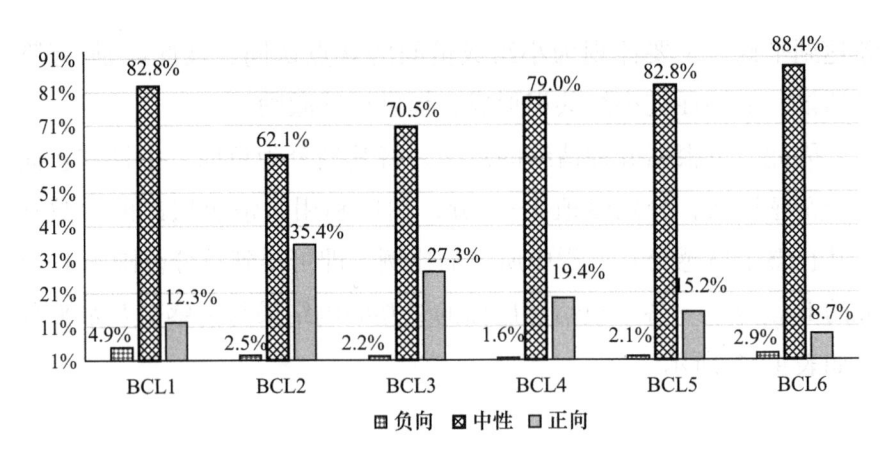

图4-15 第二轮活动模式应用阶段各小组情感交互水平

中性的情感交互占比最高,正向的情感交互次之,负向的情感交互占比最低。这也表明,学生在小组交互过程中的情感积极性相对较高,且交互的主要内容主要聚焦于任务本身的理性客观协作。此外,从表4-7中可以发现,BCL2小组和BCL3小组的正向情感交互占比相对高于其他四个小组,而中性情感交互占比相对低于其他四个小组,这也成为BCL2小组和BCL3小组情感交互分数相对较高的原因。

第三,小组社会交互水平。

小组社会交互水平可从交流与协调两部分内容进行考量,由于其包含子维度较多,将通过维度编号进行缩写,各子维度编号如表4-8所示。需要说明的是,由于本研究中小组交互场景的特殊性,"任务无关"维度的小组交互是内嵌于任务交互过程中的,其对小组整体交互过程具有一定程度的影响。虽然"任务无关"维度在许多研究中被视为无效交互而弃之不用,但也有研究指出任务无关的交互对于学生的整体交互过程具有一定的影响与调节作用。[1] 因此,本研究将与任务无关的交互视为整体社会交互的一部分,在社交维

---

[1] Huei-Tse Hou and Sheng-Yi Wu, "Analyzing the social knowledge construction behavioral patterns of an online synchronous collaborative discussion instructional activity using an instant messaging tool: A case study", *Computers & Education*, Vol. 57, No. 2, 2011, pp. 1459-1468.

度上进行了编码。

表4-8　　　　　　　　社会交互子维度编号

社交维度	子维度	编号
交流	学习主题相关	SI11
	技术相关	SI12
	角色相关	SI13
	任务无关	SI14
协调	领导或下达命令	SI21
	评论任务协调	SI22
	有关任务协调的问题	SI23

对于各小组社会交互水平的分析，因为交流与协调之间的复杂关系，本研究通过将其拆分为交流水平与协调水平两个指标间接呈现。其中，交流子维度主要指学生在小组交互过程中的行为属性表现，即学生在内容属性上属于任务相关的学习主题/技术/角色等领域或任务无关领域呈现的交互行为比例。协调子维度则主要指学生在小组交互过程中的任务协调表现，即学生在任务协调各个层面中呈现的交互行为比例。[①] 各小组具体社会交互编码与分析结果见表4-9。

表4-9　　　第二轮活动模式应用阶段各小组社会交互编码结果

社交\小组	交流				协调		
	SI11	SI12	SI13	SI14	SI21	SI22	SI23
BCL1	90	31	40	67	75	65	23
	39.5%	13.6%	17.5%	29.4%	46.0%	39.9%	14.1%

---

① Huei-Tse Hou and Sheng-Yi Wu, "Analyzing the social knowledge construction behavioral patterns of an online synchronous collaborative discussion instructional activity using an instant messaging tool: A case study", *Computers & Education*, Vol. 57, No. 2, 2011, pp. 1459-1468.

续表

社交 小组	交流				协调		
	SI11	SI12	SI13	SI14	SI21	SI22	SI23
BCL2	77	18	40	45	47	51	5
	42.8%	10.0%	22.2%	25.0%	45.6%	49.5%	4.9%
BCL3	133	20	42	7	48	68	12
	65.8%	9.9%	20.8%	3.5%	37.5%	53.1%	9.4%
BCL4	286	46	6	179	89	165	73
	55.3%	8.9%	1.2%	34.6%	27.2%	50.5%	22.3%
BCL5	360	59	22	209	80	128	47
	55.4%	9.1%	3.4%	32.2%	31.4%	50.2%	18.4%
BCL6	585	146	29	389	99	143	70
	50.9%	12.7%	2.5%	33.9%	31.7%	45.8%	22.4%

本研究构建了折线图来呈现各小组在交流和协调维度各层次的分布结果，如图4-16、图4-17所示。

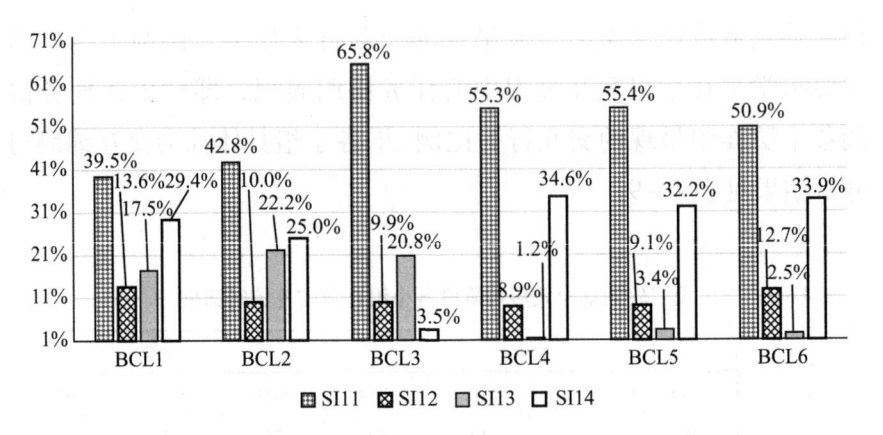

图4-16 第二轮活动模式应用阶段各小组社会（交流）交互水平

由上述图表可知，在社会交互的交流维度，小组间的整体交互层次分布较为相似。其中，学习主题相关的交互占比最高，是学生社会交互（交流）的主要内容；技术相关的交互占比比较一致，均

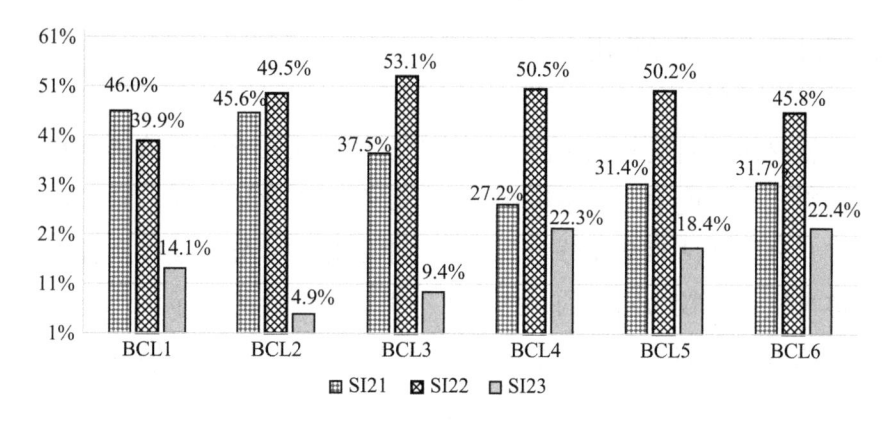

图 4-17 第二轮活动模式应用阶段各小组社会（协调）交互水平

为 10% 左右且主要集中于网络通信问题方面；角色相关的交互占比方面，BCL1 小组、BCL2 小组和 BCL3 小组相对高于其他三个小组，表明这三个小组在成员角色的定位与明确方面进行了相对充分的交互；而任务无关的交互，也在 BCL5 小组之外的其他五个小组中形成了比较高的占比，均达到 30% 左右，而这种情况在以同步交互为主的小组长期交流过程中往往是难以避免的，[①] 但也是小组成员之间建立团队感情的一种方式。

而在社会交互的协调维度，小组间的整体交互层次分布较为一致。其中，"有关任务协调的问题"占比最低，说明各个小组在协调层面较好地完成了任务分工与推进，且 BCL2 小组和 BCL3 小组相对其他小组"问题"更少或解决得更快；"评论任务协调"在除 BCL1 小组之外的其他五个小组中占比最高，表示各小组对于任务协调进行了较为充分的讨论；同样，"领导或下达命令"在除 BCL1 小组之外的其他五个小组中占比居中，且在所有小组中都占 27% 以上，表示各小组中都出现了领导者的角色，并发挥了其在小组任务

[①] Huei-Tse Hou and Sheng-Yi Wu, "Analyzing the social knowledge construction behavioral patterns of an online synchronous collaborative discussion instructional activity using an instant messaging tool: A case study", *Computers & Education*, Vol. 57, No. 2, 2011, pp. 1459-1468.

协调过程中的领导作用。

(3) 小结

就整体小组交互水平而言,可以发现在认知交互、情感交互和社会交互等维度中,各小组在交互层次分布上整体较为一致,在认知交互分数和情感交互分数上也未产生明显的差异,这表明各小组整体来讲还是较为同质的,达到了小组组建设计的目标。

值得注意的是,六个小组中还是出现了分层情况,即虽然差距不大,但 BCL2 小组和 BCL3 小组在多个交互维度上水平均高于其他四个小组。基于认知交互分数和情感交互分数进行 K-means 聚类,六个小组可分为高分组和低分组两大组别,可发现 BCL2 小组和 BCL3 小组被分为高分组,其他四个小组被分为低分组。而通过对高分组与低分组进行在认知交互分数和情感交互分数指标上进行独立样本 T 检验,发现两组在认知交互分数和情感交互分数上均有显著差异。其分析结果如表 4-10 所示。这种显著差异的存在,可结合学生反馈和过程观察进行分析,以探究影响小组交互水平的因素。

表 4-10 　　第二轮活动模式应用阶段高低分小组交互水平
独立样本 T 检验结果

小组交互水平	F	T	Df	P
认知交互分数	4.856	-5.207	4	0.006*
情感交互分数	0.098	-3.784	4	0.019*

注: *$p < 0.050$。

此外,通过 Pearson 相关分析可以得知,小组认知交互水平和小组情感交互水平之间显著相关,而两者与小组发言量之间均不存在显著的相关关系,具体分析结果如表 4-11 所示。这说明小组发言量对小组整体交互水平并没有显著影响,而小组情感交互水平则显著影响小组认知交互水平。因此,可通过促进小组情感交互,来提升小组认知交互水平。

表4-11　　　　第二轮活动模式应用阶段小组交互水平
指标间的相关性分析结果

指标	小组发言量	小组认知交互水平	小组情感交互水平
小组发言量	1	-0.784	-0.727
小组认知交互水平	-0.784	1	0.841*
小组情感交互水平	-0.727	0.841*	1

注：*p<0.050。

2. 小组社会网络结构

小组知识建构过程是一个参与者不多，关系却相对复杂的社会网络。其中，人际社会网络主要是发言者与回复者两种角色间的关系。由于本研究中小组交互主要以同步交互为主，交互量巨大且不存在严格的发言与回复关系。并且大多数小组采用了组长轮换制的策略，组间的人际网络结构具备较强的同质性，所以在此不对小组内的人际社会网络进行分析。而本研究中的"小组社会网络结构"指标主要指小组成员与交互行为之间的二模社会网络结构。这种二模社会网络结构，不仅体现了小组知识建构过程中组内学生个体交互行为属性分布，并且充分探究了组间交互行为网络的结构，从另一角度呈现并解释了小组交互水平的构成。

中心性是度量整个网络中心化程度的重要指标，其中点度中心性（中心度）表示网络中一个节点与所有其他节点相联系的程度，常用来测量社会网络的总体凝聚力或整合度。而中心度又可分为局部（节点）中心度和整体中心度（中心势）。节点中心度可分为绝对中心度和相对中心度，其中绝对中心度是指与此节点连接的其他节点的个数；相对中心度是指此节点在整个网络中的相对中心性，是对绝对中心度进行归一化处理的结果。而网络的中心势是指一个网络在多大程度上是围绕某个或某些特殊节点建立起来的，其值越接近1，表明处于中心节点对其他节点的控制力越高，即网络越具有集中趋势。本研究通过社会网络的绝对中心度、相对中心度和网络中心势三个指标来量化和呈现小组成员以及小组整体在交互水平上的差异。

在二模社会网络中，可以面向交互行为的具体编码结果，进行认知、情感与社交三个层面的中心度分析，以展示小组交互层面的社会网络结构。以下以专题7为例，在高分组和低分组中各抽取一组，即BCL2小组和BCL6小组，进行小组社会网络结构的分析。基于对小组交互记录的编码数据，通过UCIENT软件的中心性度量对两个小组的中心度进行分析，可得出小组在认知、情感、社交等维度交互网络的节点中心度以及中心势，结果如表4-12所示。

表4-12 专题7阶段两小组社会网络的中心性分析

小组	成员	绝对中心度			相对中心度			网络中心势		
		认知	情感	社交	认知	情感	社交	认知	情感	社交
BCL2	2A	1517	5401	483	0.817	0.689	0.454	37.7%	26.89%	46.38%
	2B	840	3357	563	0.452	0.428	0.529			
	2C	1232	5724	894	0.663	0.73	0.839			
	2D	1079	4198	648	0.581	0.536	0.608			
BCL6	6A	6146	21804	10412	0.547	0.634	0.516	30.34%	28.56%	30.36%
	6B	5046	20038	9373	0.449	0.583	0.465			
	6C	6358	22289	13520	0.566	0.648	0.671			
	6D	3986	15523	12380	0.355	0.452	0.614			
	6E	32	2338	3555	0.003	0.068	0.176			

而通过UCIENT软件对小组成员与交互行为之间的关系数据进行可视化处理，可以得到专题7阶段BCL2小组和BCL6小组的二模社会网络图，如图4-18、图4-19所示。

由表4-12可知，BCL2小组认知与社会网络的中心势均高于BCL6小组，说明BCL2小组中成员认知与社会交互网络的中心节点

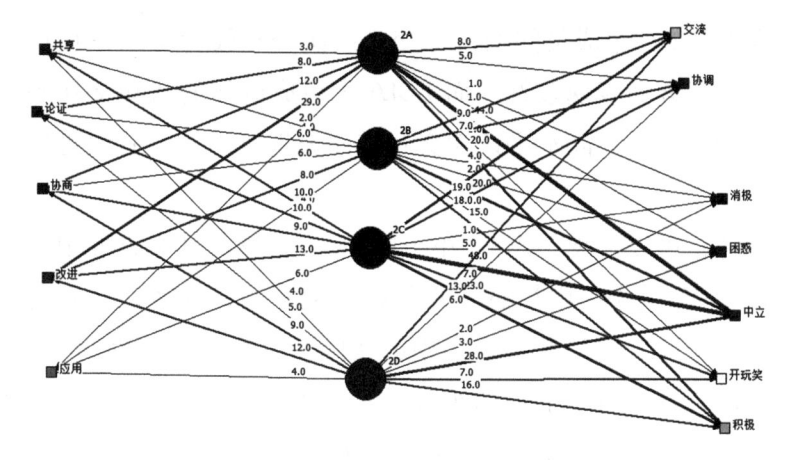

图 4-18　专题 7 阶段 BCL2 小组二模社会网络结构

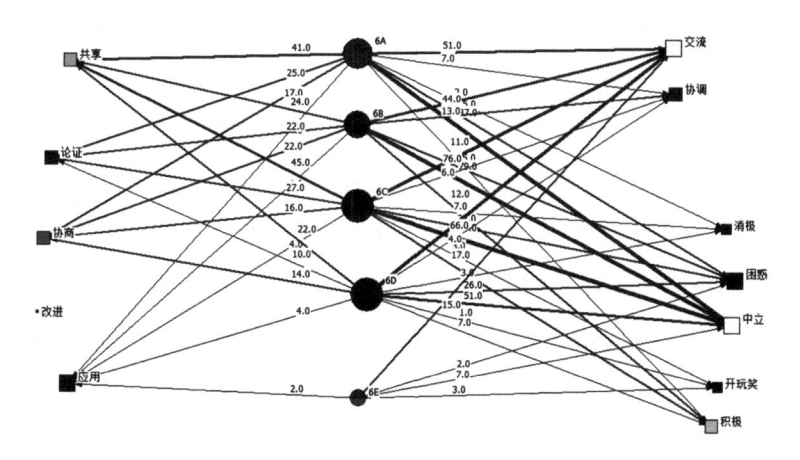

图 4-19　专题 7 阶段 BCL6 小组二模社会网络结构

影响力高于 BCL6 小组，即 BCL2 小组认知网络中的 2A 和社会网络中的 2C，对组内其他成员的影响力较强，由此成员间的联系更加紧密。在情感网络中，两个小组的中心势差距很小，说明两个小组间情感交互表现（行为）的中心节点影响力大致相同，即 BCL2 小组中的 2C 与 BCL6 小组中的 6D 对组内其他成员的情感影响力大致相同。

由图 4-18、图 4-19 可知，两个小组在认知层面存在较大差异,即 BCL2 小组成员间的认知交互层次分布较为均匀,且在高水平认知交互方面表现较好。而 BCL6 小组成员间的认知交互层次分布差异较大,且在高水平认知交互方面表现较差,没有改进层面的交互。

此外,可以发现,BCL2 小组中 2C 在情感与社交方面中心度最高,说明 2C 是小组中情感交互与社会交互的领导者,尤其是在交流和协调层面,这与教师观察中的实际情况相吻合,因为 2C 在专题 7 阶段担任 BCL2 小组的组长一职。而在 BCL6 小组中 6E 在认知、情感、社会网络中的中心度都是最低,与其他组员间差距较大且交互行为(发言)很少,说明 6E 在专题 7 阶段小组协作参与很低,存在一定的"搭便车"的行为,需要教师加以注意和干预。

3. 小组学习参与

小组学习参与指的是教(与)学活动中学生小组在认知、情感(生生关系与师生关系)和行为等维度的学习参与度,主要通过学生协作学习参与量表进行量化数据收集与分析,是评价小组协作活动效果的重要指标。通过对学生协作学习参与量表结果的统计分析,可以得第二轮活动模式应用阶段各小组在认知、情感与行为参与维度上的分布,具体信息见表 4 – 13 和图 4 – 20。

表 4 – 13　　第二轮活动模式应用阶段各小组协作学习参与度

小组	统计	协作学习参与				
		认知参与	情感参与:生生	情感参与:师生	行为参与	总体
BCL1	M	36.75	22.5	38.25	17.5	115
	SD	2.28	1.19	1.48	1.66	4.95
BCL2	M	40.5	24.5	41.25	16.75	123
	SD	5.59	2.29	5.80	2.77	14.40
BCL3	M	38.5	25.5	39.25	19.25	122.5
	SD	3.20	3.20	4.44	0.83	5.59

续表

小组	统计	协作学习参与				
		认知参与	情感参与：生生	情感参与：师生	行为参与	总体
BCL4	M	38.5	23.25	38	18.25	118
	SD	2.29	2.28	3.39	2.05	5.00
BCL5	M	42.25	26	43.25	18	129.5
	SD	5.58	1.87	5.45	2.00	13.59
BCL6	M	34.4	20.8	34.2	16.8	106.2
	SD	4.27	2.79	9.00	2.32	10.59
总体	M	38.82	23.64	38.84	17.72	118.52
	SD	4.86	3.01	6.34	2.22	16.82

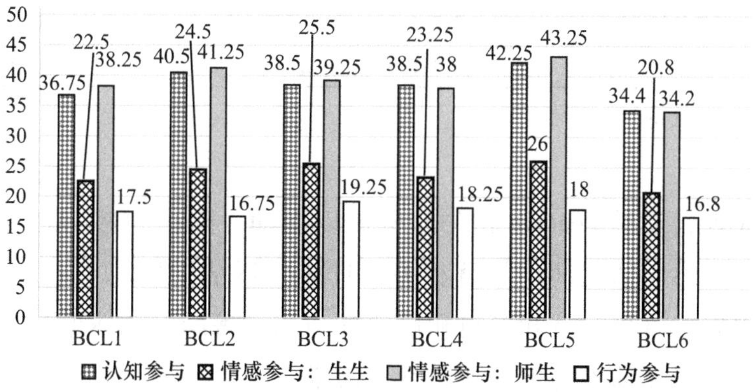

图4-20 第二轮活动模式应用阶段各小组学习参与度

就小组学习参与而言，可以发现在各个参与层次中，各小组在层次分布上整体较为一致，但班级总体参与度（小组平均参与度）并不高，尤其是生生关系（相对分数最低，只有0.788）。并且需要注意的是，六个小组中还是出现了分层情况，基于各个层次的参与度和总体参与度进行K-means聚类，六个小组同样可分为高分组和低分组两大组别，其中BCL5小组、BCL2小组和BCL3小组被分为高分组，其他三个小组被分为低分组。而通过对高分组与低分组进行在各个层次的参与度和总体参与度指标上进行独立样本 T 检验，发现两组在情感参与层次中生生关系参与度和总体参与度上均有显著差异，其分析结果如表 4-14 所示。这种显著差异的存在，表现出低分组对小组内部关系不满意的态度，教师应在此方面进行干预和调整。

表 4-14　　第二轮活动模式应用阶段高低分小组学习
参与（度）独立样本 T 检验结果

小组学习参与	F	T	Df	P
认知参与（度）	0.033	-2.405	4	0.074
情感参与（度）：生生关系	0.959	-3.713	4	0.021*
情感参与（度）：师生关系	0.264	-2.538	4	0.064
行为参与（度）	0.517	-0.579	4	0.593
总体参与（度）	0.942	-2.843	4	0.047*

注：* $p < 0.050$。

此外，通过 Pearson 相关分析可以得知，除行为参与之外，各具体学习参与值之间均显著相关，具体分析结果如表 4-15 所示。可以得知，首先，认知参与和情感参与均显著影响总体参与，而行为参与却对总体参与无显著影响，这说明学生的认知参与和情感参与比行为参与更能体现学生的学习参与情况；其次，情感参与尤其是师生关系显著影响认知参与，这说明不仅小组内生生关系有效影响了学生认知层面的学习参与，并且学生认为与教师之间的关系对其认知投入影响更大。因此，为提升学生在活动过程中的认知参与和总体参与，教师不仅需要通过增强小组内部情感和调整小组内部关系来提升其生生关系，更应通过增加师生有效沟通和教师存在来提升与学生的师生关系。

表4-15 第二轮活动模式应用阶段小组学习参与（度）
指标间的相关性分析结果

指标	认知参与	情感参与：生生	情感参与：师生	行为参与	总体参与
认知参与	1	0.897*	0.973**	0.250	0.971**
情感参与：生生	0.897*	1	0.901*	0.569	0.971**
情感参与：师生	0.973**	0.901*	1	0.233	0.971**
行为参与	0.250	0.569	0.233	1	0.435
总体参与	0.971**	0.971**	0.971**	0.435	1

注：*p<0.050，**p<0.010。

4. 小组协作活动感知

小组协作活动感知主要指的是学习者对小组协作活动（设计与实施）的满意程度，在本轮任务实践中主要通过问卷（开放性问题）和访谈获取学生感知数据。通过梳理学生的回复与反馈，发现学生对小组协作活动的总体满意程度偏低，分析后的小组满意程度如表4-16所示。

表4-16 第二轮活动模式应用阶段学生对小组协作活动
组织的满意程度

满意程度	非常不满意（1分）	比较不满意（2分）	基本满意（3分）	比较满意（4分）	非常满意（5分）
BCL1		√			
BCL2				√	
BCL3				√	
BCL4			√		
BCL5				√	
BCL6	√				

虽然学生整体认可活动模式的应用效果，认为基于活动模式的协作活动组织有效促进了同伴交流与感情、提升了小组熟练度、基

于在线的虚拟式圆桌会议脚本比较有趣并有效促进公平参与等。但大部分学生认为只依靠课后在线的方式进行小组任务协作存在一些问题，尤其是低分组中 BCL1 和 BCL6 两组的学生。通过对学生回复的主题分析，第二轮活动模式应用阶段协作活动组织过程的不足，除了网络稳定性不佳等技术障碍之外，主要体现在小组内部支持的不足和小组任务协调困难两方面，具体问题和示例如表 4-17 所示。而这也为活动模式的进一步修正提供了依据和方向。

表 4-17　第二轮活动模式应用阶段学生对小组协作活动组织的问题反馈

问题维度	具体问题	示例
小组内部支持不足	小组凝聚力不足，如熟悉度不够、组员关系出现问题、小组合作意识低等情况	我觉得专题 6 的线上讨论效果不是很好，我觉得一个方面就是因为可能大家都不是太熟悉，然后抓不到要点
	学习临场感低，如情感反馈和支持不足、参与感低等问题	还有在线上有的时候，对方虽然开着麦，你都不知道他在干什么。我们很多时候 4 个人明明应该都在线，最后变成两个人在这儿说话，另外两个人不出声了
	协作效率较低，如时间利用效率低、小组探讨不够深入等问题	专题 6 课后讨论的时候，我感觉讨论的话可能还是有点偏表面一点，并不是特别深入
小组任务协调困难	过程监控不足，导致学生责任感弱、注意力分散等问题	有一种那种在线上的时候责任就逃避掉了。觉得说反正他们讨论得挺好的，然后我就在这做自己的事情，等他们有结论了，然后暂停（做自己的事情）就行了
	缺少组织核心，导致小组规则感不强、活动组织能力低等问题	就是说没有一开始好像就没有一个人真正把这个小组给组织起来
	准备工作不足，导致协作过程中出现冷场、问题无法解决等情况	可能我们准备得不是特别好，然后每个人可能到时候就没话说了，有的时候出了问题也没有很好的解决方法

5. 小组任务制品质量（师评+生评）

对第二轮活动模式应用阶段各小组任务制品质量的量化分析，主要基于两方面数据：一是教师根据评价量规对小组任务制品的直接赋分，即师评；二是学生根据小组任务制品的呈现与分享（汇报）的组间评价，即生评。

（1）小组任务制品质量（师评）

根据任务设计与实践，在第二轮活动模式应用阶段，共获得6份小组任务制品，其中知识发现任务制品3份（T1、T3、T5）、知识应用任务制品3份（T2、T4、T6）。通过构建的小组任务制品评价量规，可以得知每次任务$S_{任务满分}$为3.3分，以十分制对小组人工制品进行赋分，即$S_{任务分} = （S_{维度分} * 维度系数） * 10/S_{任务满分}$，具体赋分情况如表4-18所示。

表4-18　第二轮活动模式应用阶段各小组人工制品评价得分情况

小组	T1	T2	T3	T4	T5	T6	总分
BCL1	7.1	7.3	8.6	6.4	8.6	10	48
BCL2	8.6	9.1	8.6	9.1	8.6	10	54
BCL3	8.6	9.1	10	9.1	8.6	9.1	54.5
BCL4	7.1	8.2	7.1	9.1	8.6	9.1	49.2
BCL5	10	8.2	10	8.2	8.6	8.2	53.2
BCL6	7.1	5.5	8.6	8.6	7.3	45.3

由表4-18可以看出，在小组认知制品质量的师评层面，同样产生了分数的分层，不过具体的数据分析将结合生评层面数据，形成完整的小组认知制品质量分数后开展。

（2）小组任务制品质量（生评）

根据组间投票的设计，学生在课堂小组汇报结束后，开展了小组投票活动。基于学生的反馈意见，本轮活动实践中，小组投票采取他评的方式，要求学生只能投其他小组。而得票最多的两个小组成为本专题活动阶段最优小组，并获得小组任务制品的加分（1分）。其中，由于存在票数相同的情况，因此最佳小组的个数有时可能超过两个。第二轮活动模式应用阶段的三个专题中，最优小组名单的具体情况如表4-19所示。

表4-19　　　第二轮活动模式应用阶段最优小组获得情况

专题	最优小组	
专题6	BCL4	BCL5
专题7	BCL2	BCL1、BCL3、BCL4、BCL5
专题8	BCL4	BCL2、BCL5

（3）小组任务制品质量（综合）

因此，第二轮活动模式应用阶段，各小组任务制品质量的师评得分、生评得分以及最终分数如表4-20所示。

表4-20　　　第二轮活动模式应用阶段各小组任务制品质量最终分数

任务制品得分	BCL1	BCL2	BCL3	BCL4	BCL5	BCL6
师评得分	48	54	54.5	49.2	53.2	30.9
生评得分	1	2	1	3	3	0
总得分	49	56	55.5	52.2	56.2	30.9

就小组任务制品质量而言，六个小组中出现了比较明显的分层情况，基于任务制品的三个分数进行K-means聚类，如果分成两类，则形成了BCL6单组一个组别，其他五个小组一个组别的聚类情况，意义不大。因此，在小组任务制品质量方面，本研究将六个小组分为高分组、中分组和低分组三个组别，其中BCL5小组、BCL2小组和BCL3小组被划分为高分组，BCL4小组和BCL1小组被划分为中分组，BCL6小组被划分为低分组。而通过三个组别两

两在师评得分和总得分指标上进行独立样本 T 检验，结果如表 4 – 21 所示。

表 4 – 21   第二轮活动模式应用阶段高低分小组任务制品质量
独立样本 T 检验结果

组别	任务制品分数	F	T	Df	P
低分组—中分组	师评得分		– 17.032	1	0.037*
	总得分		– 7.109	1	0.089
低分组—高分组	师评得分		– 30.376	2	0.001*
	总得分		– 60.048	2	0.000*
中分组—高分组	师评得分	0.310	– 8.000	3	0.004*
	总得分	137.143	– 3.285	1.034	0.182

注：*p < 0.050。

可以发现，低分组与中分组、中分组与高分组之间均在师评得分上有显著差异，但在总得分上无显著差异，而低分组与高分组之间则在师评得分和总得分上均有显著差异。前者说明在相邻的两个组别间，小组任务制品质量的组间差异性并不大，生评得分起到了一定弥补组间差距的作用；而后者则说明在高分组与低分组之间，任务制品质量确实存在显著的差异。因此，如何提升低分组以及中分组的小组任务制品质量，是下一步活动模式修订的主要任务之一。

6. 小组知识建构层次测评小结

基于以上小组知识建构层次五个评价指标的结果与分析，可以发现，在第二活动模式应用阶段，活动模式应用的效用，即小组知识建构效果，虽然整体上得到了学生主体的认可，但也暴露出一些问题，主要包括：（1）小组认知交互水平总体相对不高；（2）班级小组平均总参与度相对不高；（3）小组协作活动组织总体满意程度相对不高；（4）小组间出现了分层现象，其中低分组问题比较严重。

(二) 个体知识建构层次

由修正后的混合式协作知识建构活动评价框架可知，在个体知识建构层次，评价指标主要指任务成果维度的个体任务表现。

基于学生自评与他评问卷，可以从内容专题层面获取小组成员自评与他评结果，即基于第二轮三个专题学习过程获取个体组任务表现数据。根据 $D(i) = M(i)_{个人}/M(i)_{小组}$ 的公式，计算得到每个专题中的学生的个体任务表现。其中，$M(i)_{个人}$ 是第 i 次任务小组内所有成员对该成员评价分（包括自评分）的均值，而 $M(i)_{小组}$ 则是第 i 次任务所有小组成员 $M(i)_{个人}$ 的平均值。然后，经过累加三个专题的个体组任务表现分数 $D(i)$，便可得到第二轮活动模式应用阶段的个体总任务表现，具体结果如表 4-22 所示。

在个体任务表现方面，可以通过个体任务表现分数发现每个小组内的核心人员，并通过组内标准差分析小组成员间个体任务表现的差异程度，这在一定程度上也反映了小组的公平性参与情况。由表 4-22 可以得知，每个小组中都存在着公认的任务表现最佳成员，也是一般意义上的小组核心人员或领导者，如 BCL2 小组中的 2C 和 BCL3 小组中的 3A。这也符合过程观察中的事实，2C 在第二轮活动模式应用阶段一直担任 BCL2 小组的组长，而 BCL3 小组虽然经历了组长轮换，但 3A 始终是 BCL3 小组的意见领袖。而在组内标准差上，经过进行 K-means 聚类，同样可以将六个小组划分为高分组（强公平性组）和低分组（弱公平性组），其中 BCL4 小组和 BCL6 小组为低分组，其他四个小组为高分组。通过观察可以得知，低分组之所以表现出较弱的公平性参与，是因为两个小组中不但拥有一个任务表现很突出的核心组员，也都拥有一个（或两个）任务表现相当差的小组成员。这种个体任务表现很不均衡的小组，或者说中心人物和"搭便车"成员共存的小组，教师应当加强对小组组内关系的关注，并及时进行干预。

表 4-22　　　第二轮活动模式应用阶段各小组个体任务表现

小组与成员		个体任务表现	标准差	小组与成员		个体任务表现	标准差
BCL1	1A	3.11	0.194	BCL4	4A	3.00	0.335
	1B	2.96			4B	2.50	
	1C	2.71			4C	3.44	
	1D	3.23			4D	3.07	
BCL2	2A	3.11	0.269	BCL5	5A	2.83	0.186
	2B	2.81			5B	3.26	
	2C	3.39			5C	3.10	
	2D	2.70			5D	2.82	
BCL3	3A	3.09	0.052	BCL6	6A	3.37	0.569
	3B	2.97			6B	3.78	
	3C	2.97			6C	3.10	
	3D	2.97			6D	2.58	
					6E	2.17	

此外，通过对三个专题间组内标准差变化趋势的观察，可以发现高分组中各小组的情况并不一致。就 BCL1 小组和 BCL2 小组而言，其组内标准差结果如表 4-23 所示。

表 4-23　第二轮活动模式应用阶段专题中两小组个体任务表现变化

小组	组内标准差		
	专题 6	专题 7	专题 8
BCL1	0.067	0.081	0.119
BCL2	0.095	0.089	0.094

由表 4-23 可知，BCL1 小组的组内标准差在三个专题过程中呈逐步增大的趋势，而 BCL2 小组的组内标准差则基本保持稳定一致的态势，因此，虽然 BCL1 小组的阶段总体组内标准差小于 BCL2 小组，但 BCL1 更需要教师通过观察与调查，探寻小组成员个体任

务表现差异逐步增大的原因，促进小组成员间的公平性参与。

（三）班级知识建构层次

由修正后的混合式协作知识建构活动评价框架可知，在班级知识建构层次，评价指标主要包括交互过程维度的班级社会网络结构，以及活动组织维度的班级教学活动感知。

1. 班级社会网络结构

班级知识建构过程是一个参与者众多且关系比较相对复杂的社会网络。学生基于异步论坛开展人际交互，虽然交互数量和重要性都不及小组交互，但依然是班组组织结构下协作知识建构的重要方式。在构建班级论坛发帖与回帖的关系矩阵的基础上，通过UCIENT软件的密度、中心性等分析功能，可以呈现出班级（人际）社会网络的结构特征。其中网络密度主要指的是网络中各个参与者之间联系的紧密度，可以用来衡量社会网络对于参与者的影响。同时，班级社会网络由于参与者之间存在有向的连接关系，所以网络的度数中心性有点入中心度（入度）和点出中心度之分。其中，入度可以表示参与者被他人回复（被关注）程度，出度则可以表示一个人回复（关注）他人的程度。以专题7为例，其班级社会网络分析结果如表4-24和图4-21所示。

表4-24　　　　专题7阶段班级社会网络结构

参与者	出度	入度	网络出度中心性	网络入度中心性	密度
T	25	35			
1D	7	5			
3B	7	3			
4A	7	2	0.295	0.434	0.427
1A	6	7			
5B	6	2			
5A	5	1			
6B	4	4			

第四章 混合式协作知识建构活动模式的应用与优化

续表

参与者	出度	入度	网络出度中心性	网络入度中心性	密度
2D	4	2			
4D	4	5			
2A	3	2			
3C	3	2			
3D	2	3			
4B	2	2			
1C	1	3			
5D	1	3			
2B	1	2	0.295	0.434	0.427
6D	1	0			
4C	1	1			
3A	1	1			
6A	1	3			
1B	1	1			
2C	1	2			
5C	1	4			
6C	1	2			
6E	1	0			

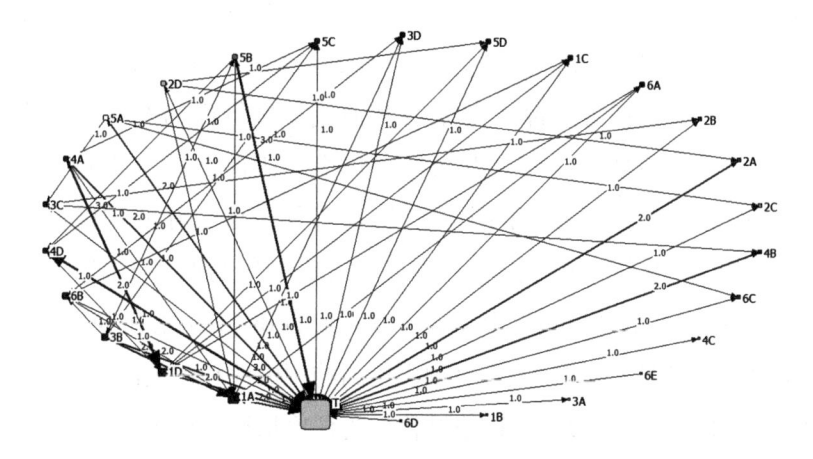

图4-21 专题7阶段班级社会网络结构

由图表可知，在班级整体社会网络层面，网络密度为0.427，与网络结构中实际上最大的密度值0.5相比，呈现出专题7中基于论坛的班级社会网络密度指标比较优异，说明班级社会网络中成员交互的紧密度较高。而网络入度中心性高于网络出度中心性的情况，则说明核心节点（成员T，即教师）对论坛中被回复行为的影响力相对较高，而对论坛中回复别人行为的影响力相对较低。这是由于教师在论坛中发布任务，学生回帖提交小组任务制品（包含个人作业），于是至少每位学生都对教师进行一次回复。同时教师对于按时提交小组任务制品的同学，至少进行一次回帖。因此，教师对论坛中被回复行为的影响力呈现较高的状态。不过，教师虽然对学生们的回帖数量（回复他人行为）提出了要求，但回帖主要还是依靠学生自身的主动性，因此教师对论坛中回复他人行为的影响力相对较低。

而在个体层面，可以发现，教师（成员T）的出度（25）和入度（35）都是班级中最高的，在出度上位居其次的是1D、3B、4A（均为7）和1A、5B（均为6），在入度上位居其次的是1A（7）和1D、4D（均为5），这些也是积极关注他人或被关注度较高的核心成员。同时，班级中也出现了1B、4C、3A（出度、入度皆为1）和6D、6E（出度为1，入度为0）等边缘成员，这些成员实际上都只是提交了小组任务制品，并未与其他成员进行任何交互（教师对前三人进行了回帖，后两人并未按时提交，因此教师未进行回帖）。而这些成员可能需要教师的干预，以提升其论坛交互的积极性。

由此，与小组知识建构过程中组间对比产生的形势不同，在小组知识建构层次多数评价指标上均处于低分组的BCL1小组和BCL4小组，其部分成员在班级论坛讨论中呈现出更高的积极性和被关注度。这在一定程度上体现了以班级社会网络结构作为评价指标的作用。

2. 班级教学活动感知

班级教学活动感知主要指的是学习者对教师主导的班级教学活

动（设计与实施）的满意程度，同样通过问卷（开放性问题）和访谈获取学生感知数据。通过梳理学生的回复与反馈，发现在第二轮活动模式应用阶段学生对班级教学活动的满意程度一般。分析后的小组满意程度如表4-25所示。

表4-25 第二轮活动模式应用阶段学生对班级教学活动组织的满意程度

满意程度	非常不满意 （1分）	比较不满意 （2分）	基本满意 （3分）	比较满意 （4分）	非常满意 （5分）
BCL1		√			
BCL2				√	
BCL3			√		
BCL4			√		
BCL5				√	
BCL6		√			

通过对学生回复的主题分析，虽然学生整体认可活动模式的应用效果，认为基于活动模式的教学活动组织充分赋予了学生与小组学习的自主性和灵活性，并且提供了充足的学习资源和学习支架，对学生和小组自主学习过程形成了较为明确的指导。但基于问卷与访谈中要求的问题反馈，学生认为在第二轮活动模式应用阶段，教学活动组织过程的不足主要体现在学生任务负担重和教师介入不充分两方面，具体问题和示例如表4-26所示。

表4-26 第二轮活动模式应用阶段学生对班级教学活动组织的问题反馈

问题维度	具体问题	示例
学生任务 负担重	对单纯依靠在线交互形式完成小组任务不适应、不满意	因为单纯在线交互的话，我们可能就只是在网上进行一个交流，但是网上交流相对于面对面交流，总感觉缺少了一点什么，总感觉我们交流的话可能没有效果。 单纯依靠在线的话，其实有的时候我们会浪费比较多的时间

续表

问题维度	具体问题	示例
学生任务负担重	对单纯依靠课后时间完成任务理解、分工协调和生成任务制品，感觉负担有些重	课上可以留一些时间用来小组交流想法，比如针对下节课的学习任务，应当从哪些方面着手，小组协作基本全在课后环节，有点头轻脚重。之前难免会有由于课后时间不够，导致协商环节被弱化。
教师介入不充分	小组协作过程缺乏教师的指导和反馈	因为任务全都是我们小组课后在做，但是有时候中间碰到一些大家很困惑的问题，就很想让老师指导一下，但时间上有时候也不大好找老师问。在做任务的过程中，有时候有一些两难的选择，其实就是一层纸的问题，就很需要老师帮忙指导一下，但因为后面还有很多环节，当时没能解决，后来也就没管了

3. 小结

在班级知识建构层次，可以发现班级交互过程中，学生的个体表现与其在小组交互中的表现并不一致，这在一定程度上说明班级知识建构存在异于小组知识建构的特征与过程。另外，学生对于第二轮活动模式应用阶段教学活动组织的满意程度总体一般，主要体现在学生任务负担重和教师介入不充分两方面。

四 面向修正版活动模式的反思

在评测过程中，基于小组知识建构、个体知识建构和班级知识建构三个层次，对第二轮活动模式应用进行了全面的分析和评价。基于评测结果以及学生的反馈建议，在此进行问题总结分析，并提出改进思路。

(一) 问题总结与反思

1. 问题总结

根据评测结果与学生反馈，在第二轮活动模式应用阶段，首先，学生整体认可活动模式的修订与应用效果。学生普遍认为在本轮活动实践中，学习资源的呈现更加丰富合理，学习目标与学习过程更加明确，活动评价过程更加简化便捷，并且在一定程度上减轻了认知负荷，提升了教师的参与感。同时，基于学生反馈的活动模式修正，也增加了学生的活动设计参与感，提升了学生学习的积极性。其次，各小组在小组交互过程中呈现较为一致的交互层次分布，说明小组间具备较为良好的同质性。此外，学生的论坛交互体现出班级社会网络中成员较高的交互紧密性。

然而，第二轮活动模式应用过程也存在一些不足之处。在测评结果中，可以发现学生小组高水平的协作知识建构（认知）交互相对不高，班级总体学习参与度不足，小组分层中低分组在多方面存在活动效果较差等问题。而从学生反馈中可以得知，学生对小组协作活动和班级教学活动组织的满意程度相对不高，认为存在小组内部协调与支持存在不足、学习负担依然偏高、教师干预依然不充分等问题。

2. 原因分析

首先，在活动测评方面，根据梳理出的主要问题，可以对评价指标之间的关系进行分析，以发现其内部联系，进而锚定关键因素。数据分析结果如表4-27所示。

表4-27 第二轮活动模式应用阶段协作知识建构活动评价指标相关性分析结果

评价指标	认知交互	情感交互	总体参与（度）	任务表现组内标准差	协作满意程度	教学满意程度	任务制品质量
认知交互	1	0.841*	0.596	-0.636	0.703	0.597	0.626
情感交互	0.841*	1	0.552	-0.435	0.798	0.698	0.665
总体参与（度）	0.596	0.552	1	-0.747	0.878*	0.876*	0.910*

续表

评价指标	认知交互	情感交互	总体参与（度）	任务表现组内标准差	协作满意程度	教学满意程度	任务制品质量
任务表现组内标准差	-0.636	-0.435	-0.747	1	-0.582	-0.392	-0.844*
协作满意程度	0.703	0.798	0.233	-0.582	1	0.911*	0.806
教学满意程度	0.597	0.698	0.876*	-0.392	0.911*	1	0.741
任务制品质量	0.626	0.665	0.910*	-0.844*	0.806	0.741	1

注：*$p<0.050$。

可以发现，对于认知交互水平和小组任务制品质量这两个核心结果指标，一是情感交互水平对认知交互水平有显著影响，具体分析后，发现代表认知失衡的"困惑"情感不仅对认知交互水平有显著影响（$r=-0.986$，$p=0.000$），并且对高水平的认知交互也有显著影响（$r=-0.892$，$p=0.017$）；二是小组学习总体参与度对小组协作活动组织满意程度、班级教学活动组织学生满意程度与小组任务制品质量均有显著影响；三是（个体任务表现）组内标准差对小组任务制品质量有显著影响。因此结合学生评价指标结果，可以认为：（1）学生困惑情感（认知失衡）较高的现状是导致小组认知交互水平相对较低的原因之一；（2）个体任务表现组内标准差较大和学生学习参与度不高是导致学生小组任务制品质量不高的原因之一，尤其是对于低分组；（3）学生学习参与度不高是导致学生活动组织（小组协作活动组织与班级教学活动组织）满意程度不高的原因之一。

其次，在学生反馈层面，可以发现，学生对于活动组织的意见，主要是面向单纯依赖课后在线协作完成小组任务而提出的，而这也是导致学生满意程度不高的主要原因。其中，在小组协作活动组织方面，部分小组反映小组内部协调困难和支持不足，在某种程度上也是小组成员关系不佳的体现；在班级教学活动组织方面，部分小组反映需要教师进一步介入，在某种程度上也是教师实时反馈和干预不足的体现。

此外，结合教学观察，可以发现，高水平认知交互相对不足的另外一个原因是，学生在任务过程中在任务理解层面开展了大量的交互，而面向问题的本质内容或任务方案制定则探究的深入性和交互的持续性有所不足。

（二）改进方向与思路

基于在本轮活动实践中发现的问题及原因分析，通过研究反思以及与教学人员的沟通交流，提出了新一轮的改进方向与思路。

1. 修正活动模式，更新活动环境与活动程序

基于学生反馈的焦点问题，即单纯依赖课后在线交互进行小组任务协作导致活动组织效果不佳，进行活动模式修正。一方面，调整活动环境，在课堂中增设小组面对面交互环节，形成 F2FCL + 在线协作学习的 BCL 任务情境；另一方面，基于活动环境调整，更新活动程序，将整体任务流程分解到课前、课中、课后三个环节中，形成更为有效的活动组织方式。

2. 调整小组结构，促进学生积极与公平参与

面向活动效果不佳和组内关系出现问题的低分组，基于学生需求和意愿，进行学生自选式的小组重新分组，以重置小组状态，提升小组新鲜感与活力，并增加小组凝聚力，促进学生小组支持与投入，从而提升小组学习参与的积极性和公平性，保证小组知识建构的效果。

3. 加强教师干预，促进学生小组高水平交互

通过对活动模式的进一步修正，进一步满足学生需求，将小组知识建构过程中的论证、协商等层次的小组交互前移至课中环节，增强教师对小组任务协作过程的指导和干预，提升学生对任务方案制订或问题本质内容协作探究的深入性和持续性，促进小组交互从

低水平到高水平的推进。

第三节　第三轮：模式优化与策略完善

一　活动模式的再次修正与优化

根据研究者与教学人员的分析反思，拟从已形成的三个改进方向形成具体改进，落实混合式协作知识建构活动模式的再修正工作。

（一）切换活动环境，增设课堂面对面小组交互情境

基于学生反馈意见，一方面单纯依赖课后在线交互进行小组任务协作导致活动模式应用效果不佳，另一方面学生提出应将"论证""协商"以及初步"任务协调"等小组交互活动放到课堂以面对面交互的形式进行，示例如下：

学生1A：

我认为明确任务内容，制订实施计划，协商文本/PPT框架、相互质疑过程更适合放在课堂上。对于完成小组任务来说，确定任务目标、实施计划是非常重要的，这决定了小组最终的成果是否符合老师要求和协作过程的效率。相互质疑的环节需要对方即时做出回答，面对面的交流可以更深入。

学生3A：

我觉得协作环节中的论证、协商环节在面对面的情境下会获得更好的协作效果。论证和协商是对协作水平要求最高的两个环节，需要小组成员进行有机的监控与调节。我觉得在课堂上进行协作时，大家都会更好地、全身心地参与到协作中，可以促进观点的探究与协商。同时，面对面的交流不受网速、声音嘈杂等的影响，也更加方便组员之间的实时交流。

学生 4B：

个人认为小组协商的环节可放在课堂上进行，课后线上讨论花费的时间很多，并且没有集中的面对面讨论高效。并且，课上若能对小组讨论结果进行针对性的点评，会更有助于我们对知识点的理解。

于是，研究者在安排学生以小组为单位进行座位选择的基础上，增设课堂面对面小组交互情境，即在课中（前 5 分钟）安排学生进行基于引入问题的小组概念协作，在课中（后 20 分钟）安排学生进行小组初步任务协作。这些改进旨在提升学生小组交互的效率与参与、协作的深入性和持续性，并增强小组协作过程中教师存在和实时反馈，从而提升活动效果和满足学生需求。由此，研究者将活动模式中之前的"F2FL + 在线协作学习"形式的 BCL 活动环境，切换为新的"F2FL + 在线协作学习"形式的 BCL 活动环境。

（二）调整活动程序，更新活动内容与步骤

在基于"F2FL + 在线协作学习"形式的 BCL 活动环境中，为满足学生进行课堂面对面小组交互的需求，活动程序必然需要进行两方面的调整，一是任务阶段（任务前、任务中、任务后）活动步骤的重新组织，二是任务过程中信息传递通道的重新配置。

1. 活动步骤的重新组织

基于新的活动环境中任务前、任务中、任务后等环节的活动内容变化，对活动步骤需要进行新的组织，形成更加均衡的小组知识建构过程。

总体来说，任务前阶段对应课前和（大部分）课中两个阶段，主要面向学生的自主学习、教师引导下的小组协作概念理解和课程内容导入过程。其中，第一阶段包括上传课件与提供材料、布置引入问题，以及（基于引入问题的）收集资料与理解问题、组织概念与形成观点等步骤；第二阶段对应包括（基于引入问题的）小组协作概念理解步骤、导入课程内容（包括基于引入问题的班级讨论）、布置具体任务、设置任务目标、开展任务说明等步骤。

任务中阶段对应（部分）课中和（部分）课后两个阶段，主要面向教师引导下和学生自主的小组任务协作过程。其中，第一阶段包括收集资料与理解任务、组织概念与形成观点、初步协作与确定计划等步骤；第二阶段包括小组深入任务协作和呈现小组任务制品步骤。

任务后阶段对应课后和（下一次）课中两个阶段，主要面向基于小组任务制品的评价与反思过程。其中，第一阶段主要是基于论坛的组间讨论和教师反馈步骤；第二阶段主要包括（基于上次小组任务制品的）小组汇报与组间评价及教师总结与组织反思两步骤。修正后的活动步骤框架如图 4-22 所示。

```
任务前                        任务中                    任务后
第一阶段                      第一阶段                  第一阶段
1.上传课件，提供材料；         1.收集资料，理解任务；     1.基于论坛的组间协作
2.布置引入问题；              2.组织概念，形成观点；        和教师反馈
3.收集资料，理解任务；         3.初步协作，确定计划       第二阶段
4.组织概念，形成观点          第二阶段                  1.小组汇报与组间评价；
第二阶段                      1.小组深入任务协作；       2.教师总结与组织反思
1.小组协作概念理解；          2.呈现小组任务制品
2.导入课程内容；
3.布置具体任务；
4.设置任务目标；
5.开展任务说明
```

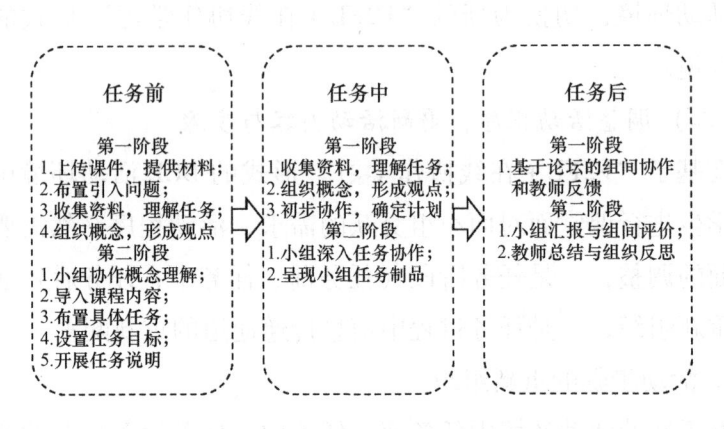

图 4-22　活动步骤框架修正

2. 信息传递通道的重新配置

在新的活动环境和活动程序（步骤）下，可以发现小组概念（引入问题）协作和小组任务协作的情境均发生了变化。由此，活动模式需要基于任务交互情境重新配置信息传递通道。

在任务交互过程中，存在课堂初步协作与课后深入协作两种不同的信息传递方式。其中，课堂初步任务协作旨在对任务"问题空间"与解决方法形成初步的共同性理解，并形成初步的任务分工协调，基于面对面交互进行，一般只涉及共享、论证与协商三个环节。课后深入任务协作则旨在完成协作任务的基础上，对任务问题本质内容形成深入的乃至创新的意义建构，且协作时间宽裕（课后一周时间），因此一般需要学生通过进一步查阅资料，形成较为深入的任务理解后，通过共享、论证、协商、改进和应用进行高水平的协作知识建构，形成完整的小组知识应用方案。因此，在共享、论证与协商环节，学生小组可基于在线或面对面交互情境，灵活选用与组合小组喜欢的信息传递通道，如在线同步、在线异步、面对面等形式，进行观点共享、比较、辨析、论证，并生成一致性概念。而在改进与应用环节，即对小组任务方案的评估、改进与应用的过程中，一般是在课后基于线上的交互情境。其中，改进需要较密集的交互，可灵活选用在线同步和在线异步等信息传递通道，而应用则侧重于对小组人工制品的构建与呈现，一般通过在线异步的方式进行。信息传递通道的具体配置如表 4-28 所示。

表 4-28　　　　　　　　信息传递通道的重新配置

小组知识建构过程	协作情境	可选择信息传递通道
1. 共享	在线：支持多线程（并发）的概念表述、呈现和记录； 面对面：支持高效率的信息交互，促进学习者参与	在线同步：腾讯会议、微信； 在线异步：石墨文档、微信； 面对面：课堂实时讨论
2. 论证	在线：过程灵活，自主性高，可以进行充分的思考和信息检索； 面对面：小组单进程讨论，不易产生信息过载和讨论迷失方向的问题	在线同步：腾讯会议、微信； 在线异步：石墨文档、微信； 面对面：课堂实时讨论

续表

小组知识建构过程	协作情境	可选择信息传递通道
3. 协商	在线：有助于创设可视化概念情境，利用多元协作技术； 面对面：有助于情感交流和达成初步共识	在线同步：腾讯会议、微信； 在线异步：石墨文档、微信； 面对面：课堂实时讨论
4. 改进	在线：充分的信息收集，可回顾之前在线交互记录、教师与其他小组的评价反馈	在线同步：腾讯会议、微信； 在线异步：石墨文档、微信、论坛
5. 应用	在线：多元的知识制品创建形式，如在线测试、概念图等	在线异步：石墨文档、论坛

（三）开展小组重组，促进小组内部关系和谐

根据学生反馈，在教师指定分组的异质分组设计中，部分小组出现了小组支持和协调难以改善的问题，尤其是在低分组中。于是研究者在和授课教师商议之后，为促进小组内部和谐，提升小组协作的效率和积极性，开展了基于学生自由组合方式的小组重组活动。

此次小组重组的过程中，在向学生讲解重组小组的作用和意义并强调保持全员纳入的基础上，授课教师赋予了学生自由构建小组的自主性，同时并不强制要求学生必须换组。经过学生自由商议后，形成了新的小组结构，即 BCL1 小组、BCL4 小组和 BCL6 小组进行了部分组员更换，而 BCL2 小组、BCL3 小组和 BCL6 保持原状，未进行组员更换。重新分组后的小组具体人员配置如表 4-29 所示。

表 4-29　　　　　重组后的小组人员配置

原小组	原成员	新小组	新成员	原小组	原成员	新小组	新成员
BCL1	1A	BCL1（改）	1B	BCL4	4A	BCL4（改）	4A
	1B		1C		4B		4B
	1C		1D		4C		1A
	1D		4D		4D		6B

续表

原小组	原成员	新小组	新成员	原小组	原成员	新小组	新成员
BCL2	2A	BCL2	2A	BCL5	5A	BCL5	5A
	2B		2B		5B		5B
	2C		2C		5C		5C
	2D		2D		5D		5D
BCL3	3A	BCL3	3A	BCL6	6A	BCL6（改）	6A
	3B		3B		6B		6C
	3C		3C		6C		6D
	3D		3D		6D		6E
					6E		4C

可以发现，小组重组的情况回应了第二轮活动模式应用阶段的评测结果，即多数情况下处于低分组的 BCL1 小组、BCL4 小组和 BCL6 小组，相对不满意小组内部支持与协调效果，更有重组小组的意愿。

（四）加强教师干预，介入小组协作过程

基于学生反馈，研究者强化了活动模式中的教师干预措施。一方面，这种强化基于对课堂（任务前）环节的重新组织，即将学生基于引入问题的概念协作和学生初步任务协作等环节纳入课堂（任务前）面对面的交互中，使得在减轻学生课后任务负担的基础上，教师可以主动地参与到小组协作过程中，引导小组讨论与协调，提供实时反馈和干预，促进小组深入性和持续性的交互，以促成和维持学生高水平的协作知识建构（认知）交互。另一方面，经过与授课教师沟通，首先应在学生课前准备工作方面加强外部引导与监督，即对于学生基于引入问题的自主探究过程，设置主动干预措施，在鼓励学生就引入问题与教师开展在线交流的基础上，要求学生在课程开始前将引入问题的个人答案提前发送到班级微信群中；其次，教师应根据学生反馈，灵活调整学生任务量与任务难度，如实现高工作量任务与低工作量任务的交替布置，在可达成任务目标的合理范围内减轻学生任务负担。

由此,基于活动程序的更新设计与教师干预措施的强化,形成了新的任务程序框架,如图4-23所示。

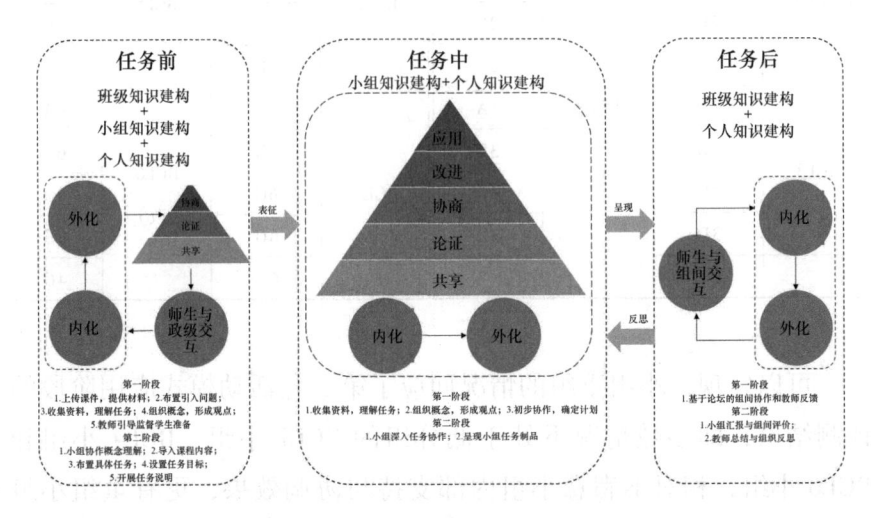

图4-23 混合式协作知识建构活动模式之活动程序框架修正(第二次)

二 再修版活动模式的深化应用

第三轮模式应用与改进的重点是,通过分析前两轮活动实践中出现的问题及其原因,指向性地进行活动模式修正,进一步完善活动模式策略方案和优化活动模式应用效果,以提升活动模式的可操作性和灵活性。基于对小组结构的调整、活动程序框架的修订以及教师干预的强化,当前的活动模式已经在提升小组凝聚力、减轻学生任务负担、增强教师存在等方面进行了改进。本轮活动实施主要通过在专题9、专题10、专题11中分别应用再次修正后的活动模式,针对性地评价分析对其应用效果,验证活动模式改进的成效,并且通过工具推介整合和策略改进完善,并形成最终的成熟模式。以下就将从工具推介整合和策略改进完善两个方面简述本轮活动实施的过程。

(一) 工具推介整合

在之前的活动实践过程中，研究者已经向学生推介并应用了以微信为核心平台的小组交互工具集，即基于微信集成的微信群、腾讯会议、石墨文档等工具和以大夏平台（Moddle）为核心平台的班级交互工具，即基于大夏平台集成的在线论坛、课程公告、学习资源等工具（功能板块）。不过，对其他学习过程工具并未进行限定，有学生自由选择应用。

而在学生和小组自主学习的过程中，基于自身需求与偏好对许多学习技术工具进行了应用，其中有些工具不仅具备良好的学习支持功效，还可以无缝接入已有的工具集中。在本轮活动实践中，通过将这些工具有选择地整合到课程学习工具集中，一方面可以丰富学生的学习工具选择，增强技术对协作知识建构过程的赋能效果，另一方面也提升了学生活动过程的实践主体性和设计参与度，并满足其多元学习需求。

学生推介工具主要包括课件制作与呈现工具、学习笔记/博客工具、文献管理工具等，均由学生发现并进行推荐。其中，部分工具最终被纳入课程学习工具集，提供下载链接和简单使用手册，供全体学生选择使用。示例如下。

1. 课件制作与呈现工具：Prezi 与 Articulate Storyline（节选）

Prezi 是一个演示文稿制作工具，与传统 PPT 制作不同的是，Prezi 是以思维导图的模式来创作演示文稿的，可以展示出不同要点间的从属关系。同时通过缩放动作和快捷动作增强演示文稿与演示者的交互性。演示者可以根据自己演示的需要，进行某个模块的放大/缩小、旋转切换等操作。通过这种文稿的动态展示，演示者可以按照自己的逻辑思路进行演示，可以让观众随着他的演示节奏来看细节内容或看全局内容，从而更加清晰地展示自己的逻辑思路与思考方式。

2. 学习笔记/博客工具：Evernote、OneNote 与 WordPress（节选）

我选择介绍的是 Evernote，印象笔记，相信不少同学也都使用过这款软件，我是使用快 3 年了。作为一款笔记软件，它的应用场景主要有以下 7 种：

- 记录一切（文字、图片、音频、视频、附件、联系人）
- 待办清单（每日事项、临时工作）
- 收藏一切（娱乐、生活、工作、学习）
- 缓冲处理器（待阅文章、信息）
- 知识管理（读书、写作、学习）
- 思维管理（灵感管理、思路整理）
- 储物柜（衣物管理、家庭整理）

（1）最简单的就是笔记功能，包括文字记录、图片记录、音频记录、视频记录及联系人记录。我的印象笔记里有一个固定的笔记本：随手记，我每次都是随手打开，然后马上写下当时的笔记，事后再统一整理。

（2）待办清单，我们每天都会待办事项，我借用印象笔记的复选框功能构建待办清单，将这一天内的工作或临时性的工作列出来，然后用清单的方式进行处理，保证高效。

（3）收藏一切，这个是我最常用的功能，不管是看文章、看资料、看网页、看视频，对于一些我重点需要关注的信息，我都会用它的剪藏功能进行收藏。

（4）收藏完毕，其实就是起到了缓冲处理器的功能，能把文章读完，在进行二次筛选和处理的时候，进行统一整理，然后沉淀下来，纳入自己的知识体系中。

（5）知识管理，这也是我前面一篇分享心得里讲到的，作为个人成长的重要方面，读书、写作、学习，印象笔记是我不可或缺的高效工具，也是我的核心工具，通过印象笔记，作为一个中心点链接到其他工具。

（6）思维管理，印象笔记手机端有一个插件功能，我们可以不用经过二次、三次、四次点击才建立笔记，而是可以直接通过插件新建一个空白笔记本，将你的思路说出来或者记录下来或者拍下来。

（7）储物柜功能，这个我目前刚刚在尝试，也是一个比较高端的功能，将所有的衣物进行拍摄编码，编到一个笔记本里面去，这样可以控制自己购买欲望，也可以进行断舍离。

3. 文献管理工具：Zotero 与 Endnote（节选）

Zotero 是我目前主要在用的文献管理工具。Zotero 是一款免费和开源的参考文献管理软件，它集参考文献的收集、管理、群组共享、引用、自动同步功能于一体。

首先在参考文献的收集上，Zotero 作为 Firefox 浏览器的一个扩展，面对想要下载的文献，只需要点击 Firefox 的扩展图标即可将该文献完整的参考信息保存到 Zotero 的个人图书馆中，包括文献的类型、文献来源、作者信息等，还有可获得的 pdf 文件，用户也可以自行为其加上标签、批注、笔记、附件等内容。

在文献的管理和共享上，Zotero 支持用户创建群组和文件夹，对文献进行归类处理，方便用户查询。同时群组功能上，可以添加群组成员，从而该群组下的所有文献都是在群组成员中共享的，关于群组成员的权限也可以由群主设置，便于协作。

在参考文献的引用方面，Zotero 可以在 word 中使用。根据导入的文献信息，生成引用目录，同时引用的参考文献样式和语言均是可选的。Zotero 会把文章中引用过的文献，自动地按引用样式排列，假若删除一条或多条引用文献，就会引起文献目录的变化，为了顺应这种变化，单击更新文献目录就可实现自动重新排序，若引用参考文献格式需要调换，Zotero 也可以实现参考文献格式的统一快速变换。

在自动同步方面，Zotero 在线同步包含两个部分：数据同步和文件同步。数据同步指的是实现文献项目、注释、超链接、标签（不含附加文件）本地电脑和服务器同步。文件同步则是对附加文件以及用户个人文件的同步。Zotero 文献库内容存储在云端，允许通过任何电脑联网进入文献库。

总之，Zotero 在参考文献的收集和管理方面的功能是比较全面的，关键是免费使用，且用户友好，界面简单，功能清晰，节省了许多在参考文献上花费的时间。

（二）策略改进完善

在之前的活动实践过程中，研究者已经向学生推介了一些典型的学习策略方案，如虚拟式圆桌会议脚本、头脑风暴脚本、组长轮换脚本等。在之前的学生策略应用中，学生普遍认可这些策略提升学习积极性和公平性参与的作用，不过也提出了一些应用中的问题。尤其是对于虚拟式圆桌会议脚本的应用，学生普遍承认虚拟式圆桌会议脚本具备帮助小组明确讨论目的、聚焦任务主题、清晰讨论逻辑、辩证分析问题以及促进交互参与等正向功能，但也反映出由于过于结构化的脚本限制了小组交互的灵活性。

在本轮活动实践中，基于学生反馈和师生讨论，学生对于虚拟式圆桌会议脚本实现了基于小组的多元创新式应用，并通过分享汇报的方式向班级学生进行了推介，提升了活动策略应用的灵活性和可操作性。其改进过程如下。

1. 学生基于应用过程提出问题反馈

学生对于虚拟式圆桌会议脚本的应用过程与效果提出了反馈意见，其主要问题可梳理为以下三点：(1)角色的职责限定，导致交互过程中碰撞出的"灵光闪现"类观点由于不符合角色而不能及时地表达，甚至被遗忘；(2)角色的轮换式分配，导致容易产生角色立场与本身观点的不一致，由此表达的观点就会失真；(3)注意力的分化，导致无法将全部注意力集中于交互内容上，容易产生分神现象。不过各小组由于小组风格不同，对于脚本应用反馈有不同的偏重，如BCL1小组更强调脚本推进协作过程质量与效率的正向促进作用，BCL3小组则只强调了角色的职责限定问题。

2. 教师反馈与师生讨论

根据学生的反馈意见，首先，教师通过在线论坛回应了学生提出的部分问题，并且也有其他（组外）学生提出了一些解决的办法，如注意力的分化问题，教师和部分同学均提出可采用事先分配角色的方式，有目的地进行交互，以减少在角色设置上的注意力分配。然后，教师在课堂上就虚拟式圆桌会议脚本的应用与学生展开了面对面的讨论，主要包括角色职责的再明确、脚本交互步骤的灵活化以及脚本应用的情境与方式等方面，形成了基于小组需求灵活化应用虚拟式圆桌会议脚本的原则。

3. 小组的创新应用与分享

在经过充分的交流讨论后，学生对虚拟式圆桌会议脚本展开了基于小组需求的创新性应用，形成了多元的应用方式，并在班级中进行了汇报分享。以下以BCL1小组的改进进行简要论述。

原虚拟式圆桌会议脚本的主要内容如下所示。

（1）角色设置：立言者；质疑者；反对者；评判官/主持者；表演者（选用）。

（2）角色定位：阐明每个角色的职责与分工。

（3）交互步骤：①角色分配；②角色轮换。

（4）交互规则：①原则上是等质疑者和反对者发言结束，立言者再进行反馈；②质疑者与反对者谁先思考成熟，经评判官同意可以先发言；③若确实需要进行及时反馈，经评判官同意，可进行不超过三回合的对话；④发言和评论语言要简短、精炼，要求不超过200字，发言不超过5分钟；⑤发言和评论要求有理有据，对观点不对人；⑥一次发言结束后要明确表示此处发言结束，可自身决定结束标记；⑦原则上在角色轮换过程中，每个小组成员都应将所有角色轮换一次。

BCL1小组改进后的虚拟式圆桌会议脚本的主要内容如下所示：

（1）角色设置、角色定位与交互规则不变；

（2）整体交互步骤，即角色分配与角色轮换两步骤不变；

（3）升级新的具体交互流程，主要包括：①在统一时间内，基于石墨文档进行半同步文字协作；②事先规定讨论基本框架，明确讨论过程步骤和发言顺序；③各轮次（BCL1小组是四轮）中的立言者首先将自身观点提交到石墨文档中，其他角色成员进行自主思考；④在规定的统一时间，半同步开展四轮讨论，即每轮次中的质疑者、反对者、评判官按照发言顺序，相对同步地将自身观点提交到石墨文档中；⑤就质疑者与反对者的发言，立言者进行反馈，在评判官主持下开展有限制（每人不超过3次）的持续交流；⑥形成初步结论，并立刻开展基于腾讯会议的头脑风暴，不限角色地充分表达各自观点，深化讨论结果。

BCL1小组对虚拟式圆桌会议脚本的改进主要体现在两方面。（1）将脚本的应用分成了两个阶段，即第一阶段确立讨论流程和发言者发布观点，第二阶段则是相对同步地同时开展多轮次的观点交互。这样做有效提升了思考的深度和交互的效率，也解决了注意力分化的问题。（2）将头脑风暴链接或纳入讨论进程中。这样做有效避免了角色的职责限定和固定分配，每个组员可以充分表达之前讨论中碰撞出的观点。

三 活动模式的修正效果测评

在本轮活动实践中,核心目标是评价与验证混合式协作知识建构活动模式的改进效果。在三个专题六个任务的学习过程中,通过对核心评价指标的测评,即对小组认知交互水平、小组学习参与、小组任务制品质量、小组协作活动感知、个体任务表现和班级教学活动感知六个指标的分析评价,验证第三轮活动模式改进与应用的效果。

(一) 小组认知交互水平

本轮活动模式应用阶段各小组认知层面的交互编码结果与认知交互水平分数如表4-30所示。

表4-30　　第三轮活动模式应用阶段各小组认知交互编码结果

认知层次 小组	低水平	中水平	高水平	认知交互水平
BCL1(改)	558 63.3%	167 18.9%	157 17.8%	1.55
BCL2	240 47.2%	105 20.7%	143 28.1%	1.73
BCL3	330 53.3%	151 24.4%	138 22.3%	1.69
BCL4(改)	1265 62.7%	516 25.6%	238 11.8%	1.49
BCL5	663 55.0%	403 33.4%	140 11.6%	1.57
BCL6(改)	749 64.1%	264 22.6%	156 13.3%	1.49

为了直观显示各小组认知交互水平,本研究构建了折线图来呈现各小组结果,具体结果见图4-24。

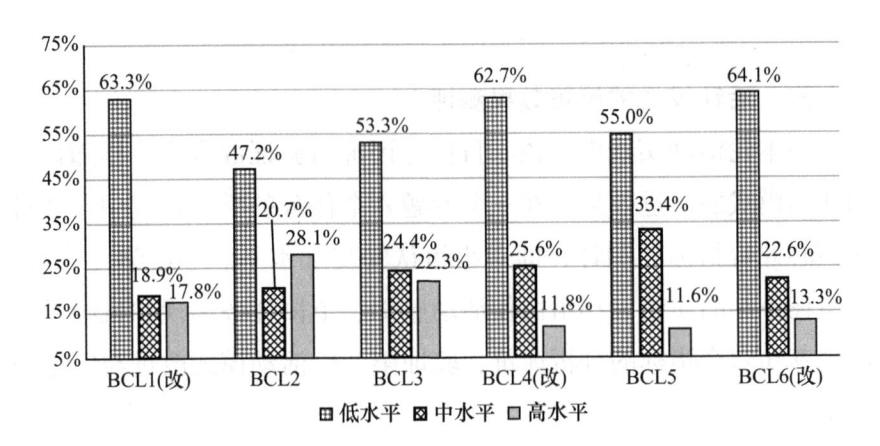

图 4-24　第三轮活动模式应用阶段各小组认知交互水平

由图表可知，在第三轮活动模式应用阶段，各小组间认知交互层次的分布总体比较一致，且各小组的中、高水平认知交互占比和认知交互水平分数相比第二轮活动模式应用阶段均有不同程度的提升。其中，全体小组的平均中高水平认知交互占比达 41.8%，虽然仍低于低水平认知交互占比，但较第二轮活动模式应用阶段提升了 8.5 个百分点。通过配对样本 T 检验，两轮活动实践的高水平认知交互存在显著性差异（t = 4.449，p = 0.007），认知交互水平分数也存在显著性差异（t = 16.056，p = 0.000），说明在第三轮活动模式应用阶段，不仅各小组适应了活动模式调整以及小组结构调整，并且活动模式的改进显著提升了学生小组的认知交互水平，并有效促进了学生小组认知交互由低水平向高水平的推进。

值得注意的是，基于第三轮活动模式应用阶段认知交互分数进行 K-means 聚类，六个小组仍可分为高分组和低分组两大组别，BCL2 小组和 BCL3 小组仍被分为高分组，其他四个小组被分为低分组。并且通过对高分组与低分组在认知交互分数指标上进行独立样本 T 检验，发现两组在认知交互分数上均有显著差异。但随着活动的持续，在第三轮活动模式应用阶段的最后一个专题，即专题 11 阶段中，不仅聚类的结果发生了变化，即 BCL（改）小组、BCL2

小组和 BCL3 小组被分为高分组，其他三组被分为低分组，并且高分组与低分组在认知交互分数上并没有显著差异。具体分析结果如表 4-31 所示。

表 4-31　　第三轮活动模式应用阶段高、低分小组认知交互水平独立样本 T 检验结果

小组认知交互水平	F	T	Df	P
第三轮活动模式应用阶段	3.314	-6.716	2.798	0.008*
具体专题 11 阶段	0.012	-2.732	3.975	0.053

注：$*p < 0.050$。

由此，随着第三轮活动实践的深入，高、低组间在认知交互水平层面的差异由显著性差异向非显著性差异的转变，说明了学生对第三轮活动模式的适应是一个渐进的过程，并且第三轮活动模式的应用是能够提升小组认知交互水平（尤其是低分组），并缩减组间认知交互水平差异的。

（二）小组学习参与

通过对第三轮活动模式应用阶段学生协作学习参与量表的统计分析，可以得到在本阶段各小组在认知、情感与行为参与维度上的分布，具体信息见表 4-32。

表 4-32　　第三轮活动模式应用阶段各小组协作学习参与度

小组	统计	协作学习参与				
		认知参与	情感参与：生生	情感参与：师生	行为参与	总体
BCL1（改）	M	35.75	23.5	38	17.75	115
	SD	3.70	1.50	3.54	1.79	6.75
BCL2	M	43.75	27.25	45	19.5	136
	SD	2.77	1.64	2.55	0.87	5.70

续表

小组	统计	协作学习参与					
^	^	认知参与	情感参与：生生	情感参与：师生	行为参与	总体
BCL3	M	44.75	28.75	45.5	19.25	138.25
^	SD	3.03	1.09	2.96	1.30	7.19
BCL4（改）	M	44.25	26.5	42.5	18.5	131.75
^	SD	5.72	3.77	3.91	2.60	15.42
BCL5	M	41.5	27	43.75	18	130.25
^	SD	7.16	2.12	6.26	2.00	16.93
BCL6（改）	M	35.25	23.5	36.75	16	111.5
^	SD	4.41	1.85	4.29	1.90	9.47
总体	M	40.92	26.04	41.96	18.08	127
^	SD	5.97	2.99	5.15	2.19	14.76

根据表4-32可知，通过配对样本T检验，可以发现，在第三轮活动模式应用阶段中小组总体学习参与度较第二轮活动模式应用阶段有显著提升（t=2.849，p=0.036），其中情感参与维度的生生关系（t=5.409，p=0.003）和师生关系（t=2.869，p=0.035）均有显著提升。这说明，在第三轮活动实践中增设面对面小组交互环节，并通过有效促进师生关系和生生关系，有效提升了学生的学习参与。

（三）小组任务制品质量

根据任务设计与实践，在第三轮活动模式应用阶段，共获得6份知识应用任务制品（T1、T2、T3、T4、T5、T6）。具体师评赋分情况如表4-33所示。

表4-33　第三轮活动模式应用阶段各小组人工制品评价得分情况

小组	任务与得分（师评）						
^	T1	T2	T3	T4	T5	T6	总分
BCL1（改）	7.1	8.2	8.2	8.2	9.1	9.7	50.5
BCL2	8.6	8.6	9.7	9.1	9.1	10	55.1

续表

小组	任务与得分（师评）						总分
	T1	T2	T3	T4	T5	T6	
BCL3	8.6	10	8.6	8.2	10	9.1	54.5
BCL4（改）	7.1	8.2	8.6	8.6	9.1	9.7	51.3
BCL5	8.6	9.1	8.6	9.1	10	9.1	54.5
BCL6（改）	7.1	8.6	8.6	7.3	8.2	8.6	48.4

第三轮活动模式应用阶段的三个专题中，最优小组名单的具体情况如表4-34所示。

表4-34　第三轮活动模式应用阶段最优小组获得情况

专题	最优小组	
专题9	BCL5	BCL2
专题10	BCL2	BCL1
专题11	BCL1	BCL2

因此，第二轮活动模式应用阶段，各小组任务制品质量的师评得分、生评得分以及最终分数如表4-35所示。

表4-35　第三轮活动模式应用阶段各小组任务制品质量最终分数

任务制品得分	BCL1（改）	BCL2	BCL3	BCL4（改）	BCL5	BCL6（改）
师评得分	50.5	55.1	54.5	51.3	54.5	48.4
生评得分	2	3	0	0	1	0
总得分	52.5	58.1	54.5	51.3	55.5	48.4

在小组任务制品质量方面，虽然与第二轮活动模式应用阶段相比，第三轮活动模式应用阶段并未显著提升，但就全体小组平均分而言，第三轮活动模式应用阶段提升了3.4分，并且组间的得分差异，即组间标准差由9.75降为3.40。这说明在第三轮活动实践中，

活动模式的应用在小幅度提升全体小组任务制品质量的基础上（对原低分组大幅提升），有效减少了组间的差异，促进了各小组的均衡发展。

（四）小组协作活动感知

通过梳理学生的回复与反馈，发现在第三轮活动模式应用阶段，学生对小组协作活动的总体满意程度较高，且较第二轮活动模式应用阶段有显著提升（t = 3.953，p = 0.011）。分析后的小组满意程度如表 4 - 36 所示。

表 4 - 36　　　第三轮活动模式应用阶段学生对小组协作活动组织的满意程度

满意程度	非常不满意（1分）	比较不满意（2分）	基本满意（3分）	比较满意（4分）	非常满意（5分）
BCL1（改）				√	
BCL2					√
BCL3					√
BCL4（改）				√	
BCL5					√
BCL6（改）				√	

所有学生小组均认为第三轮活动实践相对第二轮活动实践，在活动组织过程中提供了更有效的小组支持，并提升了小组协调的水平。这在第三轮活动模式应用阶段各小组协作学习参与量表结果也有体现。通过对访谈的主题分析，受访者主要从提升交互效率、促进学习参与、增强情感支持等方面论述了第三轮活动模式修正的效果。

其中，重组后形成的 BCL1（改）、BCL4（改）和 BCL6（改）小组均对小组重组进行了正面评价，认为小组重组在一定程度上增加了小组的沟通效果，提升了小组支持水平。不过，BCL6 小组受访者也提出由于还是缺少核心组织人物，小组整体状态变化不显著，小组协作进程依然不够理想。

（五）个体任务表现

通过对学生自评与他评问卷的量化分析，可得到第三轮活动模式应用阶段的个体总任务表现及组内标准差，具体结果如表4-37所示。

表4-37　　第三轮活动模式应用阶段各小组个体任务表现

小组与成员		个体任务表现	标准差	小组与成员		个体任务表现	标准差
BCL1（改）	1B	2.7	0.193	BCL4（改）	4A	3.13	0.229
	1C	3.15			4B	2.6	
	1D	3.19			1A	3.13	
	4D	2.97			6B	3.13	
BCL2	2A	3	0.106	BCL5	5A	3.07	0.041
	2B	3			5B	2.97	
	2C	3.15			5C	3.02	
	2D	2.85			5D	2.97	
BCL3	3A	3.03	0.030	BCL6（改）	6A	3.29	0.447
	3B	2.97			6C	3.04	
	3C	2.97			6D	2.9	
	3D	3.03			6E	2.26	
					4C	3.51	

根据表4-37可知，通过配对样本T检验，在第三轮活动模式应用阶段各小组的个体任务表现组内标准差较第二轮活动模式应用阶段有显著降低（t = -3.423，p = 0.019）。这说明在第三轮活动实践中，活动模式的修正有效促进了各小组成员间的参与公平性，"搭便车"的行为得到有效遏制。

（六）班级教学活动感知

通过梳理学生的回复与反馈，发现在第三轮活动模式应用阶段，学生对班级教学活动的满意程度较高，且较第二轮活动模式应用阶段有显著提升（t = 5.000，p = 0.004）。分析后的小组满意程度如表 4 – 38 所示。

表 4 – 38　　　　第三轮活动模式应用阶段学生对班级教学
活动组织的满意程度

满意程度	非常不满意（1分）	比较不满意（2分）	基本满意（3分）	比较满意（4分）	非常满意（5分）
BCL1					√
BCL2					√
BCL3					√
BCL4				√	
BCL5					√
BCL6				√	

根据对访谈记录的主题分析，对于班级教学活动组织而言，受访者普遍认可了第三轮活动模式的应用效果，认为第三轮的活动模式提供了更多更实时的教师反馈，增加了课堂参与度，减轻了任务负担，提升了课堂与课外学习活动的连贯性等。

（七）小结

经过对六个关键评级指标的量化分析，可以发现，在第三轮活动实践中活动模式的应用效果明显优于第二轮，即活动模式的改进效果显著。这种提升主要体现于：（1）小组认知交互水平、小组任务制品质量等六项评价指标在数据层面的直接提升；（2）学生小组间表现差异的缩小；（3）学生反馈意见由主要提出问题向主要认可效果的转变。由此，回应了核心研究问题 2 – 2。

而结合第二轮模式应用与改进中的原因分析，可以得知 BCL 优化协作知识建构过程的机制：（1）基于混合式小组交互情境，通过强化教师对学生协作过程的介入和引导，可促进学生由低水平认知交互向高水平认知交互的推进,从而有效提升小组认知交互水平;(2)基于混合式小组交互情境,通过强化教师对整体教学过程的监督与干预,可有效提升学生学习参与(尤其是情感参与),进而提高学生对整体教学活动组织的满意程度;(3)基于混合式小组交互情境,学生通过自主调整小组结构,可优化小组内部支持与协调,并提升学生学习参与的积极性和公平性,进而提升小组任务制品质量。由此,初步回应了核心研究问题 2-3。

四 活动模式步骤的灵活改进

基于过程观察、评测结果以及学生反馈,第三轮的活动模式已具备较好的可操作性和灵活性,且在应用效果上达到整体满意的程度。而在调查过程中,为进一步完善混合式协作知识建构活动模式,研究者不仅通过开放式问题向全体学生进行了问卷调研,并且通过在每小组随机选择一位成员进行深度访谈,旨在获取全面的学生问题和建议反馈。通过梳理学生反馈,可以发现,学生针对活动模式中的某些具体活动步骤提出了具体的问题与建议。问题与示例如下。

第一,基于引入问题的小组协作概念理解:讨论时间过短。

> 课堂讨论时间很紧,其由于时间限制,讨论的效率会比较高,但是对于一些课前准备得不够充分的问题课上的时间不足以让小组形成一个比较有深度的共识。
> 可以适当增加第一阶段达成共识的时间,这几次课程都是 5 分钟,形成共识十分仓促,不能进行充分讨论。
> 感觉课前讨论的时间还是有点短的,小组讨论的时间有点不够。

第二,基于任务理解与分工的小组初步任务协作:目标不够明确。

　　课后 20 分钟的讨论的目的可以更有针对性一些，目前还是太散，容易导致讨论的方向不确定、内容不够针对。
　　第二次讨论是否发挥作用一方面取决于小组自身，包括组长的领导力和小组沟通的有效性，容易在小事上纠结；另一方面如果大家对问题比较熟悉的话，效率会比较高，能够对下次任务内容进行明确并完成分工，但如果需要时间思考再进行讨论这个时间就没有什么意义，导致无法发挥这 20 分钟的真正效用。

　　针对以上两点问题，可根据具体需求形成比较灵活的改进策略。对于第一个问题，可根据引入问题数量与重要性，以及课程环节与时长安排，形成两种改进方向：（1）若引入问题比较重要且课程安排比较灵活，可以延长讨论时间；（2）若有复数多个引入问题且课程时间较为紧张，可采取小组提前分工的方式，每个小组负责一个问题。
　　对于第二个问题，首先可在明确讨论目标的基础上，即讨论要完成以下目标：（1）任务的基本理解；（2）小组分工计划；（3）对于任务仍存在的问题。并形成文本发在论坛或班级微信群中。其次可根据任务难度与小组协作情况，形成两种改进方向：（1）若任务难度较高或小组反馈问题较多，可现场与学生交流，指导小组任务理解；（2）若任务难度一般且小组完成较快，可适当缩减小组讨论时间，并进行一定的组间讨论。

　　五　活动模式的应用推广策略
　　总体来讲，在构建混合式协作知识建构活动模式理论原型的基础上，经过三轮活动模式的实践过程、观察评价与总结反思，可在实践层面总结出一套相对完整的配套活动策略体系。从而在理论与实践结合的基础上，提升活动模式的可操作性和灵活性，实现活动模式在"是何""为何"和"如何"层面的完整构建，使应用者不仅知其然也知其所以然，并且能够知行合一，从而在更广阔的教育实践场域中推动混合式协作知识建构活动模式的持续更新、成熟和完善。以下将从指导原则、过程策略和拓展策略三方面论述活动模式的策略体系。

（一）指导原则

指导原则是活动策略制定的原则依据和理念规范，也是混合式协作知识建构活动模式设计与实施的原则性和理念性策略。首先，需要保证混合式协作知识建构活动真正实现了学习共同体的形成和公共知识的改进创新，而不陷入"有协作无建构"的无意义交互；其次，需要保证混合式协作知识建构活动是基于活动目标和学习需求而进行的"混合"，而不是倒果为因，徒增负担地为了混合而混合。

1. 以协作知识建构为目标导向

以协作知识建构为目标，不仅是促进学习者发展高阶知识和21世纪核心素养的基本要求，也是混合式协作知识建构活动的本质属性和基本前提。协作知识建构作为一种以学生为主体、以 ICT 为支撑、以集体知识创造为核心的学科教育方法，不仅是实现公共知识改进与创新的核心过程，也是学习共同体参与社会实践的核心过程，旨在使学生成为知识的创造者，从而能够更加直接有效地培养学习者的创新能力。在混合式协作知识建构活动中，协作知识建构是活动设计与实施的根本目的，是整合个体学习过程与群体互动活动的基本路径，也是实现学生学习共同体智慧发展的核心方式。

2. 以学生为中心的活动理念

以学生为中心，不仅是教育改革发展的必然方向，也是混合式协作知识建构活动实践的内在要求。当前教育领域，为满足当代互联网社会（高级）人力资源需求，培养学生以创新、协作等为核心能力的 21 世纪核心素养，成为教育发展的必然要求。与此同时，基于立德树人的根本任务，推动学生的全面化和个性化发展，培养德才兼备、经世致用之"成人"，是教育本身的价值所在。而在内外双重推动的作用下，以学生为中心的理念，即教育以学生为主体、教学以学生学习需求为中心，成为当代教育实践发展之圭臬。在混合式协作知识建构活动中，学生是构建学习共同体的核心，尤其是在学生协作小组中。只有充分发挥学生的主动性和主体性，满足学生学习需求，才能真正实现协作知识建构的目标。

3. 以教师为主导的教学原则

以教师为主导，不仅是实现学生最近发展区的有效方式，也是混合式协作知识建构活动组织的基本路径。以教师为主导，一方面是对应"以教师为中心"向"以学生为中心"的转变，是教育由工业化倾向转变为现代化倾向带来的必然影响，教师的角色不再是知识的权威和课堂的中心，而需要转变为学生学习活动中的引导者和促进者；另一方面，在教育过程中，学生作为教育对象，必然需要教育者帮助其在知识技能与社会化等方面发展成长，在这方面教师是促进学生实现"最近发展区"不可缺失的角色。在混合式协作知识建构活动中，教师不仅是整体教学活动的主要设计者与组织者，也是学生协作知识建构过程中的引导者和促进者。

4. 技术工具的客观与理性应用

在当前教育领域，技术与教育的融合是大势所趋，也是教育现代的主要实现方式之一。因此，以 ICT 为代表的技术工具成为当前教育领域中教育手段、教育环境、教育内容等要素的重要组成部分。尤其是在互联网时代，随着 ICT 的迅猛发展，各种技术工具层出不穷，如何选用合适的技术工具进行教学成为摆在教学设计和实施者面前的新问题。对此，有些研究者提出，技术与教育的融合指的就是"在技术中学习"，即技术成为学习的载体，浸润学习的全部环节。而在混合式协作知识建构活动中，基于目的理性，技术的核心应该只是一种合目的之手段，① 即利用技术学习，技术及技术媒介的环境并不是必然的、不能变更的学习条件，而是学习过程中的一个可插拔的插件，教师和学习者可根据学习需要灵活的设计和切换学习媒介与环境。

（二）过程策略

过程策略是面向活动模式具体实施阶段与程序的操作方法与实施策略。一般来说，过程策略体系是以教师教学策略设计为基础，并在活动过程中基于学生需求和活动进程进行补充与调整，进而整合形成的兼顾可操作性、适应性与灵活性的活动过程方案。

1. 学习资源制作与呈现的层次性

在本研究中，教学活动的组织与实施是一个逐步深入、循序渐进的过程，而在活动导入环节，即任务前阶段的学习资源呈现过程亦是如此。首先是布置引入问题环节，为了引导学生自主学习（预习）过程，教师在此环节应提供课程学习的课件资源；其次是导入课程内容环节，在完成课程基础内容的授课后，教师在此环节应为学生提供拓展性的学习资源，供有兴趣或学有余力的学生开展进一步探究；最后是在布置具体任务环节，为了促进学生任务理解与完成，教师在此环节应提供任务案例资源，说明和展示任务的性质、要求与解决流程等信息。因此，学习资源的提供应服务于教学活动的程序与需求，根据教学活动设计与实施进行多层次的制作与呈现。

2. 学习工具选用与整合的自主性

在本研究中，学习工具被视为一种技术手段，是基于人（学习）的目的而选用的技术媒介和设计的技术环境。而在这个过程中，应以目的理性为前提，基于学生需求，选用与整合学习支持工

---

① 贾同:《大数据对高等教育发展的推动研究》，硕士学位论文，西南大学，2015年，第46页。

具体体系。在本研究中，教师制定了基本的学习平台工具，即基于微信的小组交互工具集和基于论坛的班级交互工具集，但并未强制要求学生使用比较配套的腾讯会议、石墨文档等工具，学生也可根据小组需求选用 QQ 视频、微信视频、金山文档、谷歌文档等工具。同时，在思维导图制作、文献综述研究、屏幕录制等方面，教师更是只进行了工具推荐，由学生自己选用合适的工具。此外，教师还通过让学生推介学习工具的方式，进一步提升学生学习工具选用的参与性和自主性，并通过与学生协商的方式整合出了一套适用、好用、愿用的学习工具集。因此，在基于学习目的选用学习工具的前提下，应以满足学生需求为核心，通过充分发挥学生自主性，选用和整合学习工具体系，提升学生的技术接受程度，以充分发挥技术的赋能效用。

3. 协作任务设计与布置的适应性

在本研究中，小组任务活动是混合式协作知识建构活动模式的核心程序，也是学习共同体建立维持和协作知识建构的核心过程。由此，对小组协作任务的设计便成为教学设计的重要内容。在本研究中，小组协作任务可分为知识发现任务与知识应用任务，其面向不同层次的学习内容与目标而设计。不过需要注意的是，基于混合式协作知识建构活动的指向性，即更适用于劣构知识领域、更面向学生高阶能力、更需要学生自主与协作学习能力基础，小组协作任务应明确任务目标，结合学生认知水平，进行合理性的设计。此外，在小组协作任务设计与布置的过程中，需要根据学生反馈，尤其是任务负担方面，遵循适量原则，并在难度方面开展周期性的调整，以保证学生小组协作任务完成的质量。

4. 教师开展支持与干预的充分性

在本研究中，教师是教学活动的主要设计者和组织者，也是学生协作知识建构的引导者和促进者。因此，教师在活动过程中对学生提供学习支持和干预是非常有必要的。在本研究中，教师在课程前期阶段主要从工具与策略提供、学习资源与内容导入、班级评价与反思等层面提供学习支持与干预，赋予学生小组任务协作活动充分的自主性。不过，从学生反馈来看，教师在学习支持和干预方面尚显不足。因此，在课程后期阶段，教师基于学生需求，在学生学习准备（预习）、小组任务协作以及小组内部关系等方面加强学习支持与干预。学生由此反馈，教师充分的学习支持与干预，进一步减轻了学习负荷并提高了小组协作任务的效率，进一步提升了小组关系并促进了学生主动与公平的学习参与。因此，教师在实施学习支持与干预的过程中，应有效获取和理解学生需求，面向（整体或个体）学生存在学习困难或学习负荷较高的环节，提供多元和充分的支持工具与干预手段。

（三）拓展策略

拓展策略是基于对混合式协作知识建构活动模式的总结与反思，面向未来改造与发展提出的方向性策略。首先，在 BCL 情境设置方面，本研究探索了两种 BCL 情境的适用性和效果，应用者可根据适合的 BCL 活动情境开展更多元的探究；其次，在活动测量评价方面，本研究主要基于小组知识建构过程进行了评测分析，应用者可根据课程形式与目标开展更多层面的效果评价；最后，在应用领域范围方面，本研究主要面向高等教育领域的教育技术学专业课程构建了混合式协作知识建构活动模式，应用者可根据具体的学段、学科与课程，面向不同认知与能力水平的学习者，开展更多元丰富的设计与应用。

1. 信息通道的拓展策略

在 BCL 活动情境中，根据协作形式和混合比重，可以构成多元的呈现形式，也由此形成了丰富的信息传递通道配置方式。在本研究中，基于课程环境条件和学生能力水平，主要应用了"在线协作学习 + 面对面学习（在线协作为主）"和"在线协作学习 + 面对面协作学习（在线协作与面对面协作并重）"的两种 BCL 情境，并以此选用合适的技术工具配置了信息传递通道。而在后续的应用中，应用者可根据具体的环境条件和教学需求，构建适应性的 BCL 情境，并选用与整合满足师生需求的技术工具，配置有效的信息传递通道。

2. 活动评价的拓展策略

在混合式协作知识建构活动中，一般来讲，无论具体学习目标有何不同，实现学生的协作知识建构是核心学习目标之一。在此基础上，基于过程的群体知识建构（认知交互）水平和基于结果的任务制品质量是必然的核心评价指标。而在此之外，根据具体的学习目标，活动评价可以多种方式、在多个层面、构建多元指标展开具体设计。在本研究中，混合式协作知识建构活动评价框架的构建，是以小组知识建构层次和交互过程维度为核心，以重点评价小组知识建构的过程和效果。而在后续的应用中，应用者可根据学习目标进行灵活性的活动评价设计与实施。比如应用者要重点考察小组内部关系，则可补充小组人际社会网络指标。

3. 应用领域的拓展策略

论及混合式协作知识建构活动模式的应用领域，其本身就存在一定的范围限制。前文已经论述过，活动模式更适用于开放性的劣构知识领域，更面向学生协作、批判性思维、创新等高阶能力的培养，并需要学生具备一定的信息技术、自主学习和协作学习的能力基础。因此，整体上来说，活动模式更适用于高等教育领域。不过，随着当前 21 世纪核心素养的全学段贯彻、教育信息化的全面建设以及"以学生为中心"教育理念的全面落实，在基础教育领域，混合式协作知识建构活动模式也存在应用和推广的空间。基础教育领域的应用者可依据学习目标，通过适当简化活动程序、强化教师引导，将课堂作为协作知识建构的核心场域，实现活动模式对学生学习减负增效的作用。

第五章

总结与反思

混合式协作学习作为学校教育与课程改革的重要发展趋势,如何设计和发挥其效用是当前教育设计与实践者面临的重要挑战。本研究以协作知识建构的视角,通过基于设计的研究,构建了混合式协作知识建构活动模式,验证了活动模式的应用效果,探究了协作知识建构的过程,并提出了优化协作知识建构效果的策略和机制。本章主要面向对核心研究问题的回应,对整体研究进行了总结与展望,概括性地论述了研究的过程、发现与不足,以及未来的研究方向与落脚点。

第一节 研究总结与创新点

一 研究总结

总体来说,本书立足于学校教育发展,构建了面向学校教育与课程改革的混合式协作知识建构活动模式,验证并探究了 BCL 何以提升协作知识建构效果。为了回应核心研究问题,本书采取基于设计的研究范式,利用文献分析、统计分析、内容分析、问卷调查等方法开展了理论与实证相结合的研究过程。围绕核心研究问题,本书开展的主要工作如下。

（一）以小组知识建构为核心，设计了混合式协作知识建构活动过程

回应"混合式协作知识建构的基本过程是什么"这一具体研究问题，混合式协作知识建构活动的过程可从两个方面进行解读。

一是其理论过程。在此方面已有许多研究者对协作知识建构理论过程进行了论述。其中 Stahl 提出的协作知识建构模型将个体知识建构与社会知识建构作为协作知识建构过程中两个有机连接的子进程，清晰论述了协作知识建构的理论过程。而在本书中，基于班组结构将社会知识建构又分为了小组知识建构和班级知识建构两个子进程，提出了以小组知识建构为核心的协作知识建构框架，论述了混合式协作知识建构的理论过程。

二是其实践过程。首先，本书将任务活动界定为混合式协作知识建构活动的基本单位和核心过程，由此，混合式协作知识建构的实践过程即指的是混合式协作知识建构任务活动过程。其次，基于协作知识建构框架，以及课前、课中、课后的课程时序结构，本书构建了任务前、任务中与任务后的三阶段混合式协作知识建构任务活动过程。具体实践过程如图 5-1 所示。

（二）基于理论逻辑与实践应用，构建了混合式协作知识建构活动模式

回应"如何构建混合式协作知识建构活动模式"这一具体研究问题，本书基于理论逻辑和实践应用两方面，构建了混合式协作知识建构活动模式。

在理论逻辑层面，本书首先从协作知识建构过程、混合学习过程和协作学习任务过程三个方面，提出了相应理论模型，以此为混合式协作知识建构活动模式的构建提供过程和方法基础。然后，本书结合理论与文献研究，从模式内涵和模式要素两个层面，构建混合式协作知识建构活动模式的理论原型。其中，模式内涵主要论述了以任务为核心的活动模式设计逻辑，模式要素则主要论述了活动

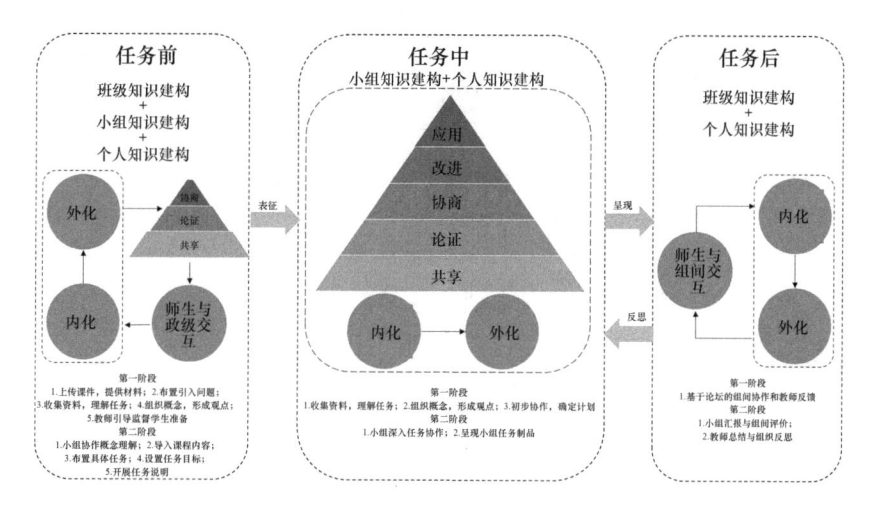

图 5-1　混合式协作知识建构任务活动过程

模式要素的设计过程与具体内容。

在实践应用层面，本书基于设计的研究范式，通过三轮模式应用与改进，迭代形成了相对完整和成熟的混合式协作知识建构活动模式，其具体内容如图 5-2 所示。此外，还从指导原则、过程策略和拓展策略三个层面构建了混合式协作知识建构活动模式配套的活动策略体系，由此完成了对混合式协作知识建构活动模式的整体设计。

（三）通过整合多元评价层次与评价维度，综合评估了协作知识建构效果

回应"如何具体评估学习者的协作知识建构效果"这一具体研究问题，本书基于"混合性"分析方法，从协作知识建构的三个结构层次和协作知识建构活动的三个分析维度，提出了一个综合的活动评价框架。

本书认为，对混合式协作知识建构的评价需兼顾过程性与结果性、实验性和描述性，即采用以过程性评价和结果性评价相结合、量化分析与质性分析相融合的方式评价协作知识建构的过程与效果。因此本书通过对应活动目标要素的分类框架，结合协作知识建

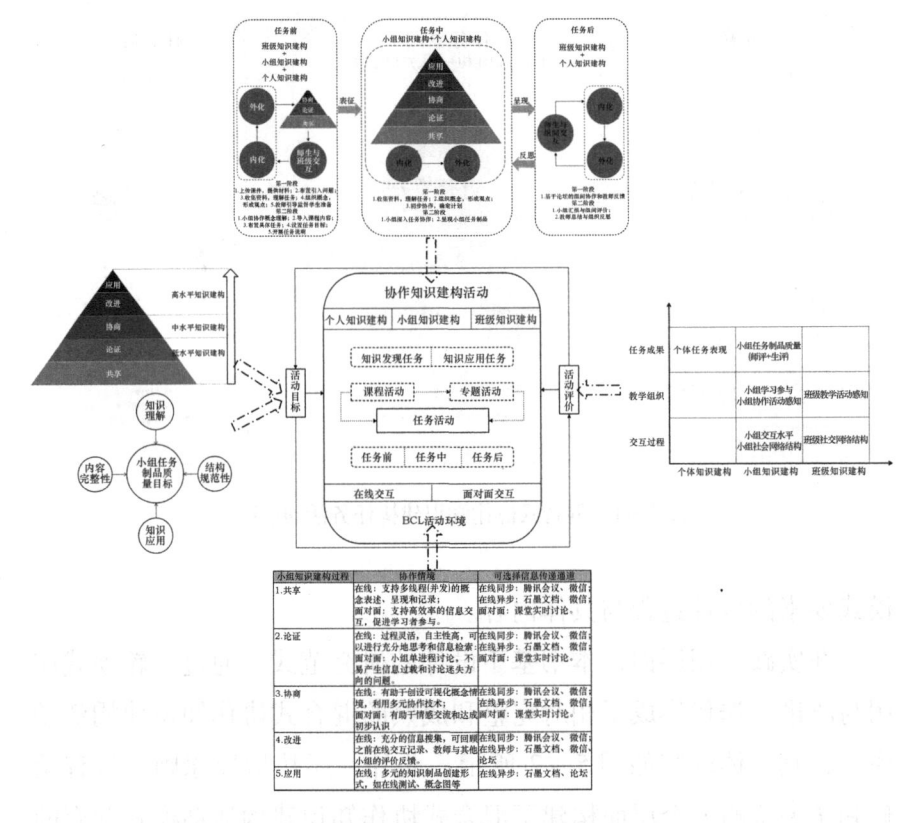

图 5-2 混合式协作知识建构活动模式的整体谱系框架

构活动的进程与结果，进而基于评价层次和评价维度来构建混合式协作知识建构活动模式的评价框架。

其中，在评价层次上，根据协作知识建构的过程机制，可以将混合式协作知识建构分为个体知识建构、小组知识建构和班级知识建构三个层次。从而，形成以小组知识建构评价为核心，以个体知识建构评价和班级知识建构评价为补充的多层次评价体系。而在评价维度上，则根据混合式协作知识建构活动的目标和环境，可以从交互过程、活动组织和任务成果三个维度对活动的过程与结果进行评价。其中，属于社交（行为）领域的学生交互过程（记录），整合了学生在生生交互中认知、情感（情绪）和社交等领域的表现，有效回应了活动目标，是混合式协作知识建构活动评价的核心维度。由此，可从评价的三个层次和三个维度综合构建混合式协作知识建构活动的评价框架。

而对于活动评价框架的具体指标，在理论与文献层面，基于全面评测混合式协作知识建构活动过程与效果的目标，形成了与评价层次和评价维度相对应的评价指标集。此后，在活动模式应用过程中经过专家评议，最终简化形成了包括小组交互水平、小组任务制品质量（师评＋生评）、小组社会网络结构、小组学习参与、小组协作活动感知、个体任务表现、班级社会网络结构、班级教学活动感知八个指标在内的评价指标框架，图5-2中也有所展示。

此外，基于学生反馈意见，对于评价的实施过程进行了调整与优化，降低了学生调查数据的获取难度，增强了活动评价框架的可操作性。

（四）基于实践验证，BCL能够有效促成学习者的协作知识建构

回应"BCL是否有效促成了学习者的协作知识建构"这一具体研究问题，本书基于课程实践，验证了BCL对协作知识建构的促成效果。

本书采用基于设计的研究范式，通过三轮迭代实验，测量评价了混合式协作知识建构活动模式的应用与修订效果。在第二轮应用实践中，通过对混合式协作知识建构活动的全面测评，学生虽然整体认可活动模式的应用效果，但依然暴露出活动过程中的一些问题，主要包括：（1）小组认知交互水平总体相对不高；（2）小组总体参与度相对不高；（3）活动组织总体满意程度相对不高；（4）小组间出现了分层现象，其中低分组问题比较严重。

而通过对活动模式的进一步修订，在第三轮应用实践中，通过针对性对模式应用效果进行再次测评，发现：（1）小组认知交互水平、小组任务制品质量等六项评价指标出现数据层面的明显提升，表明混合式协作知识建构活动的过程得到了有效优化，并且活动的

效果得到了显著提升；（2）学生小组间表现差异的缩小，表明活动模式的应用有效促进了整体学生的均衡发展；（3）学生反馈意见由主要提出问题向主要认可效果的转变，表明学生普遍认可活动模式应用效果的完整性、适应性、可操作性和灵活性。由此，可以认为，经过多轮修订，最终形成的基于BCL的协作知识建构活动模式，即混合式协作知识建构活动模式，有效促进了学习者的协作知识建构效果。

（五）基于问题与原因分析，提炼BCL优化协作知识建构过程的机制

回应"BCL优化协作知识建构过程的作用机制是什么"这一具体研究问题，本书基于逻辑分析与教学反思，提出了BCL优化协作知识建构过程的机制。

本书通过对混合式协作知识建构活动模式进行多轮的应用实践，基于学生反馈、专家评议与教学观察等方式，梳理总结了活动模式应用实践过程中出现的问题，并进行了原因分析。

在第二轮应用实践中，面向存在的问题，通过在评测数据、学生反馈和教学反思等层面提炼和分析了问题出现的原因，发现：（1）代表认知失衡的"困惑"情感对整体认知交互水平和高水平的认知交互均有显著的负向影响。因此，学生困惑情感（认知失衡）较高的现状是导致小组认知交互水平相对较低的原因之一。（2）学生面向问题的本质内容或任务方案制订方面，协作探究的深入性与持续性不足，是高水平认知交互相对较少的原因之一。（3）单纯依赖课后在线协作完成小组任务，即面对面小组交互的相对缺失，是导致学生对活动组织满意程度不高的主要原因。（4）小组学习参与（度）对小组协作活动组织满意程度、班级教学活动组织学生满意程度与小组任务制品质量均有显著影响。因此，学生学习参与度不高是导致学生活动组织满意程度不高的原因之一。（5）代表组内公平性参与水平的个体任务表现组内标准差，对小组

任务制品质量有显著影响。因此，结合原因（4），组内标准差较大和学生学习参与度不高是导致学生小组任务制品质量不高的原因之一，尤其是对于低分组。

而基于问题存在的原因对活动模式进行针对性的修正，在第三轮应用实践中，活动模式的效果得到了明显提升，由此可以发现BCL优化协作知识建构过程的作用机制主要为：（1）面对面交互和在线交互的有效混合，通过强化教师对学生协作过程的介入和引导，可促进学生由低水平认知交互向高水平认知交互的推进，并加速学生由认知失衡向认知平衡的转变，从而有效提升小组认知交互水平。（2）基于混合式小组交互情境，通过强化教师对于整体教学过程的监督与干预，可有效提升学生学习参与（尤其是情感参与），减轻学生任务负担，进而提高学生对整体活动组织的满意程度。（3）基于混合式小组交互情境，根据学生意愿对小组结构的调整，可优化小组内部支持与协调，并提升学生学习参与的积极性和公平性，进而提升小组任务制品质量。

二　研究创新点

首先，本书基于协作知识建构的视角，梳理了协作学习的发展演进过程，明确了BCL作为技术与课程融合的新范式及混合学习与协作学习结合的新路径，探究了BCL促进协作知识建构的机制。这在一定程度上丰富了混合学习与协作知识建构等领域的理论体系，也对学校教育和课程改革进行了一次尝试性的理论探索。

其次，本书通过对协作知识建构过程、混合学习过程和协作任务过程进行理论梳理和模型建构，提出了包括理论基础、活动目标、活动评价、活动环境与活动程序五个要素的混合式协作知识建构活动模式。并且，本书在理论原型的基础上，通过实践应用与迭代修正，总结出了相应的活动目标框架、活动评价框架、活动环境模式、活动程序框架与活动策略体系，形成了相对成熟的系统性混合式协作知识建构活动模式。

再次，本书详细论述了混合式协作知识建构活动模式的设计过程，具体阐释了活动模式中的活动目标分类、评价指标构建、学习环境设计、操作流程步骤以及应用推广策略，为学校课程改革与一线教学设计与实践者提供了可借鉴的经验与案例。

最后，本书通过对混合式协作知识建构活动模式的应用实践，形成了调查、统计分析、内容（主题）分析、社会网络分析等方法有效结合的"混合性"数据分析方法，分析并呈现了活动模式应用过程中可能存在的问题、相应原因与解决的对策，可在方法与机制层面为研究者提供一定的参考和启发。

第二节　研究不足与反思

一　研究不足

本书在研究过程与结果方面尚存在一些不足，主要体现为以下两方面。

（1）研究样本偏少。由于现实原因，本书实验参与者全部来自上海某高校的教育技术学专业硕士一年级研究生，样本文化背景信息较为单一，且男女比例固定。因此，缺失了在专业背景、学段、年龄、地域（文化）、性别等方面的多元化考察。

（2）研究周期偏短。由于需要研究者的深度参与，本书只开展了一个学期的应用实践，未进行长期的追踪实验研究。因此，可能导致学生在认知、情感与社交等层面的变化不够显著。

二　研究反思

基于研究过程中发现的探索空间与出现的不足之处，后续研究主要从以下三方面展开。

（1）纳入多元人口学背景的研究样本，考查人口学变量差异下

BCL 对学习者协作知识建构的促进作用。纳入多学段、多专业的学习者作为研究样本，通过有效设计实验过程，获取多元背景的学习者在混合式协作知识建构活动中的表现，进一步探寻 BCL 优化协作知识建构过程与提升协作知识建构效果的机制。

（2）明确影响混合式协作知识建构活动效果的关键因素，构建影响因素与效果指标间的因果链。通过更为严谨的实验过程设计，探究影响 BCL 过程中协作知识建构效果的重要因素，并通过长期多轮的对比试验，逐步检测验证这些关键因素的影响作用，从而形成影响因素与效果评价指标间的因果链，构建混合式协作知识建构影响因素模型。

（3）通过学习分析的方法，尝试探索混合式协作知识建构活动过程的多模态数据表征。首先，可以通过对在线学习系统后台数据的挖掘，获取更为全面的学生在线行为数据，从而构建混合式协作知识建构活动过程中的学生行为序列，更好地表征和探究学生在活动过程中的行为转变。其次，可以通过捕捉和分析学生在混合式协作知识建构活动过程中的表情数据，从而更为准确地表征分析与学生在活动过程中的情感变化。

第六章

后续研究探索与展望

基于知识建构的混合式协作设计研究,其核心目标在于"构建混合式知识建构活动模式,形成混合式知识建构设计模型与实践方案",两个核心问题在于"如何有效设计混合式协作知识建构活动""混合式协作学习如何促进协作知识建构效果",由此在研究设计中采用了基于班组结构,即班级授课制形式下以小组交互为核心的协作知识建构框架。而在数据分析过程中,也主要在小组层面开展数据分析与结果论证。

在后续的研究探索中,笔者从三个方面实现了对前期设计研究的延续。第一,通过在个体层面开展数据分析,挖掘了学生个体学习参与和学业成绩之间的深层关系,分析了学生个体知识建构的结果,可视为在个体知识建构层面对前期研究的补充。第二,基于已有研究工具的不足,如当前的知识建构理论模型无法良好契合学生微信群互动中非线性交互的新特性、学习参与量表无法很有效地定义和区分行为参与与认知参与等,尝试对研究工具进行反思和优化。第三,基于研究反思与展望部分的观点,研究者以本科师范生公修课为实验载体,纳入了专业背景多元、地域(文化)差异明显、性别比例多样的学习者群体(班级)作为研究样本,对学习者个体层面的地域(文化)、学习动机、学习参与等变量,小组层面的性别组成、反馈感知等变量,班级层面的专业背景、交互方式等变量，做了持续的考察，可视为在前期基础上对协作知识建构过程与模式的持续性、深入性探究。

第一节　学生个体知识建构效果分析

该研究以教育技术学专业课程"教育信息化理论与实践"为载体，基于多主体、多维度、多方法有效混合的多元评价方式，评测混合式协作学习任务实践的过程与结果，并采用准实验的方法探究其学习效果。研究结果表明：（1）混合式协作学习的持续开展对学生的学习参与水平、小组人工制品质量及个体学业表现有显著正向影响；（2）混合式协作学习过程中学生的学习参与对学业表现有显著正向影响，其中行为参与影响效应最大。[1]

一　文献综述与问题提出

（一）混合式协作学习效果的评价方法

对包括BCL在内的协作学习效果的评价，一般强调评价角度、评价方法和评价主体的多元化，即应基于小组与个体两个角度，采用评价量表、问卷、访谈等多种方式，由教师和学生共同实施的兼顾过程性与结果性的综合评价。[2]

其中，学习参与作为反映学生学习过程的重要因素，是测量学习活动和学生主体性发挥程度的标尺，[3] 也是评价学生学习效果的重要指标。[4] 对于协作学习来说，学生的学习参与尤为重要，学生参与到小组知识建构活动是开展协作学习的基本前提和必然途径。

---

[1] 贾同、顾小清：《基于多元评价的混合式协作学习效果实证分析》，《中国远程教育》2024年第5期。

[2] 刘黄玲子、黄荣怀：《协作学习评价方法》，《现代教育技术》2002年第1期。

[3] 李文昊、白文倩：《反思型异步学习模式中的学生参与度研究》，《远程教育杂志》2011年第3期。

[4] 龚朝花等：《智慧学习环境中的学习投入问题研究》，《电化教育研究》2018年第6期。

一般而言，学习参与可分为认知参与、情感参与和行为参与三个维度。[①] 可通过问卷调查、观察、内容分析、统计分析等方法进行测量。而对于BCL而言，由于需要综合考量包括面对面学习与在线学习的总体学习参与，因此一般采用问卷调查（自我报告）的方式由学生对自身学习参与进行评价。[②]

而学业表现是评价学习效果最常用的指标之一，可从多个层面进行测量。在协作学习中，形成人工制品是学习者协同知识建构活动开展的主要中介和形成的客观结果，因此人工制品质量是评价学习者学业表现的重要指标。其中，BCL中人工制品的形式较为多样，包括不同媒介方式的小组汇报、研究论文、实验报告、设计作品等，[③] 通常涉及自评、他评、互评等多主体评价方式。[④] 不过，由于人工制品多作为小组共同完成的学习成果，仅依靠人工制品难以实现对学习者个体具体参与和贡献的有效评价。由此，研究者提出开展基于同伴互评的个体贡献度评价以提升协作学习评价的效度。如张红英等人采用"个人自评+小组互评"的方式综合评价了BCL过程中学生的个体贡献度，并将其作为学业表现评价的主要指标。[⑤]

（二）学习参与对学业表现的正向影响

学习参与和学业表现不仅作为评价学生学习效果的重要指标，两者之间也存在着必然的相关关系。其中，学习参与被认为是学习

[①] Jennifer A. Fredricks, Phyllis C. Blumenfeld and Alison H. Paris, "School engagement: Potential of the concept, state of the evidence", *Review of Educational Research*, Vol. 74, No. 1, 2004, pp. 59–109.

[②] Fredricks, J. A., Michael Filsecker and Michael A. Lawson, "Student engagement, context, and adjustment: Addressing definitional, measurement, and methodological issues", *Learning and Instruction*, Vol. 74, No. 4, 2016, pp. 1–4.

[③] 何文涛等：《协作学习活动设计的困境与出路》，《电化教育研究》2021年第3期。

[④] 张红波：《基于任务驱动的协作学习活动的研究与实践》，《中国电化教育》2009年第12期。

[⑤] 张红英等：《基于自评与互评的网络协作学习贡献度评价》，《现代远程教育研究》2019年第2期。

发生的先决条件，是学习中表现、保持、坚持、成就的必要或重要因素，[①] 成为影响教学改革成功的重要因素。由此，对学习者学习参与的评价越发得到教育质量管理层面的重视。

大量研究指出，学习者的学习参与对学业表现产生促进作用，[②③] 并通过实践验证了学习参与对学业表现的正向影响。[④] 其中，大部分研究注重探讨多种变量中学习参与作为中介变量对学业表现的促进作用，如李汪洋通过数年的追踪数据探讨了青少年学习参与在教育期望与学业成就中的中介作用；[⑤] 王纾则根据大学影响力模型分析框架论证了在大学生教育过程中学习参与作为过程变量对输出变量学习收获的影响。[⑥]

此外，也有部分研究具体探究了学习参与不同维度对学业成就的影响，不过一方面对学习参与具体维度及要素的设计并不统一，另一方面则相对缺乏 BCL 情境下学习参与和学业表现间相关关系的实证探究。

（三）问题的提出

随着协作学习研究的持续深入，研究者发现单纯基于在线交互来推动学生全面发展，在过程与效果上存在一些难以突破的局限。BCL 正是基于对在线协作学习的反思而提出，旨在结合面对面协作与在线协作的优势，整合正式学习与非正式学习，提升学校教育质

[①] Robert M. Carini, George D. Kuh and Stephen P. Klein, "Student engagement and student learning: Testing the linkages", *Research in Higher Education*, Vol. 47, No. 1, 2006, pp. 1–32.

[②] Yibing Li, Jacqueline V. Lerner and Richard M. Lerner, "Personal and ecological assets and academic competence in early adolescence: The mediating role of school engagement", *Journal of Youth and Adolescence*, Vol. 39, No. 7, 2010, pp. 801–815.

[③] 王洪江等：《自主学习投入度实时分析方法及应用研究》，《电化教育研究》2017 年第 10 期。

[④] 李艳燕等：《在线协作学习中小组学习投入的分析模型构建及应用》，《中国远程教育》2020 年第 2 期。

[⑤] 李汪洋：《教育期望、学习投入与学业成就》，《中国青年研究》2017 年第 1 期。

[⑥] 王纾：《研究型大学学生学习性投入对学习收获的影响机制研究——基于 2009 年"中国大学生学情调查"的数据分析》，《清华大学教育研究》2011 年第 4 期。

量和课堂学习效果,成为协作学习发展的新方向。虽然已有研究指出 BCL 对学习者的学习效果有显著的提升作用,然而以学习参与和学业表现的视角,基于多元主体和方式开展综合评价的 BCL 实证研究仍有待补充。鉴于此,该研究尝试结合学生自由互评、教师评价的方法,探究以下两个问题。(1) BCL 能否有效提升学生的学习效果?(2) BCL 过程中学习参与如何影响学生的学业表现?

二 研究设计

(一) 研究对象及课程简介

与前期研究相同。

(二) 研究过程与方法

该研究提出的多元主体评价方式,主要包括面向论坛帖子的人工制品评价(教师评价)、面向学生任务表现的组内互评(学生自评+互评)、面向小组任务表现的组间互评(学生评价),以此形成对学生学习效果的综合评价。

此外,大量研究指出,采用学生评价将显著影响学生的学习参与。[1] 为聚焦 BCL 本身对学习参与的影响,该研究虽采取了多元主体评价的方式,但在 BCL 过程中除组间评价以外,并未将其他评价(学习参与、人工制品、个体贡献度)结果反馈给学生。

(三) 数据统计与处理

该研究主要以前期研究中阶段三(第三轮模式迭代)的 3 次专题任务活动(专题 9、专题 10 和专题 11)的学习数据作为数据来源。

在数据统计与处理部分,该研究选取了前期研究中阶段三中的 3 次专题任务活动(专题 9、专题 10 和专题 11)的学习数据作为数据来源。主要包括学生学习参与、小组人工制品、个体贡献度与学

---

[1] 梁云真:《基于量规的同伴互评对在线学习认知、情感投入度及学习成效的影响研究》,《电化教育研究》2018 年第 9 期。

生半结构化数据。其中该研究在学习参与数据的处理中,将前期研究中阶段二结束后的学习参与测量结果可作为本研究的前测,阶段三结束后的学习参与测量可作为本研究的后测。并在后测中分析检验出一份无效问卷,因此该研究中与学习参与相关的分析均使用24位学生的数据。

三 研究结果

(一)混合式协作学习中学生学习参与整体水平

通过配对样本T检验,可对学生在前测和后测中的整体学习参与和三个细分维度的均值、标准差、相关系数和差异性等指标进行统计分析,数据结果如表6-1所示。

表6-1　　　　　　　　前测、后测学习参与水平

维度	组别	均值	标准差	相关系数	t
认知参与	前测	34.29	4.73	0.531**	2.663*
	后测	37	5.47		
情感参与:生生关系	前测	23.63	3.13	0.334	3.519**
	后测	26.17	3.04		
情感参与:师生关系	前测	38.38	6.17	0.511*	3.018**
	后测	41.92	5.36		
行为参与	前测	17.63	2.26	0.674**	1.460
	后测	18.17	2.24		
整体学习参与	前测	113.92	13.74	0.555**	3.404**
	后测	123.25	14.68		

注:* $p<0.05$,** $p<0.01$。

根据配对样本T检验结果,后测中的学生整体学习参与水平及认知参与、情感参与(生生关系与师生关系)和行为参与三个细分维度均高于前测(均值差异分别为9.33、2.71、2.54、3.54和0.54)。其中除行为参与以外,后测中整体学习参与及认知参与、

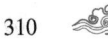

情感参与（生生关系）和情感参与（师生关系）等指标均显著高于前测。上述数据表明，BCL 的持续开展有效地提升了学生的学习参与水平。

具体到各个细分维度，详细数据情况如下。

（1）认知参与维度。在认知参与维度，后测与前测得分差异最大的题项是"我会为上课事先做好准备"，得分差异为 0.63 分；其次是"我认为课程中所学内容对我很重要"和"我用了足够的时间和精力去学习"，得分差异分别为 0.5 分和 0.41 分。上述数据表明，BCL 在认知参与层面有效地提升了学生对课程的学习准备、学习时间和精力参与等方面。

（2）情感参与维度。在情感参与（生生关系）中，后测与前测得分差异最大的题项是"我在这门课程上有较为亲密的伙伴"，得分差异为 0.67 分；其次是"我喜欢在课堂上见到我的伙伴"，得分差异分别为 0.56 分。而在情感参与（师生关系）中，后测与前测得分差异最大的题项是"老师有关注到我的学习兴趣和需求"，得分差异为 0.67 分；其次是"我认为这门课程很有意思"和"当我需要老师时，我总能很方便地联系到他们"，得分差异分别为 0.58 分和 0.5 分。上述数据表明，BCL 在情感参与层面有效地提升了学生对学习伙伴（小组成员）的积极依赖，以及学生对教师存在的感知和课程情感体验。

（3）行为参与维度。在行为参与维度，第一，后测与前测得分差异最大的题项是"我尽力做好了分配给我的小组任务"，得分差异为 0.25 分；其次是"我遵守了课堂规范"，得分差异为 0.21 分。而剩下的两个题项"我认真倾听了同学/小组成员的发言"与"我及时完成了课程作业/任务"得分差异分别为 0.08 分和 0 分。第二，学生在前、后测中题项平均得分为 4.41 分和 4.54 分，说明学生在前、后测中行为参与均处于较高水平。上述数据表明，虽然学生在小组任务执行和课堂活动开展中的参与有了一定程度的提升，但由于作为行为参与核心指标的"遵守规则"与"及时完成任务"在得分上并没有体现出显著差异,[1] 因此在整体学生行为参与层面未有显著提升,这与之前沙景荣等的研究结论一致。[2]

(二)混合式协作学习中学生学业表现整体水平

1. 小组人工制品质量

根据小组人工制品评价量表,以及学生组间评价形成的小组加分,可以获取三个专题小组人工制品质量的最终得分。其中每专题中包括2个子任务,每个子任务形成一个小组人工制品,而每个小组人工制品评分为10分制,因此每个专题中人工制品的满分值为20分(不算小组加分)。对三个专题各小组得分分别进行配对样本T检验,数据分析结果见表6-2。

表6-2　　　　　学生小组人工制品得分配对样本 T 检验

专题	成对差分 均值	成对差分 标准差	成对差分 均值的标准误	t	P
专题10—专题9	0.500	1.634	0.667	0.749	0.487
专题11—专题10	1.483	0.808	0.330	4.494	0.006
专题11—专题9	1.983	1.680	0.686	2.890	0.034

根据数据结果可以发现,随着 BCL 的持续开展,学生整体小组人工制品得分持续提升。对各专题任务制品得分进行配对样本 T 检验,可以发现,专题11得分较专题10和专题9均产生了显著提高。其中专题11与专题10间整体小组人工制品得分平均数差异为1.483,达到显著性水平($p = 0.006 < 0.05$);专题11与专题9间

---

[1] Jerry Chih-Yuan Sun and Robert Rueda, "Situational interest, computer self-efficacy and self-regulation: Their impact on student engagement in distance education", British Journal of Educational Technology, Vol. 43, No. 2, 2012, pp. 191-204.

[2] 沙景荣等:《混合式教学中教师支持策略对大学生学习投入水平改善的实证研究》,《中国电化教育》2020年第8期。

整体小组人工制品得分平均数差异为 1.983，同样达到显著性水平（p=0.034<0.05）。上述数据表明，BCL 的持续开展有效地提升了学生小组人工制品的质量。

2. 个体贡献度与学业表现

根据学生自评与他评问卷，可得到学生在各个专题中小组协作学习过程中的个人贡献度，并根据学业表现计算公式得出学生个体的学业表现得分。

通过对个体贡献度的测量，在某种程度上可以反映小组内部组织情况，并呈现小组核心成员或"搭便车"成员。根据数据结果可以发现，三个专题任务过程中，各小组成员的组内个体贡献度水平总体较为稳定。同时也显现出了小组中的核心成员，如 BCL2 小组中的 2C（个体贡献度为 1.05）、BCL6 小组中的 6B（个体贡献度为 1.17），以及疑似"搭便车"成员，如 BCL4 小组中的 4D（个体贡献度为 0.84）、BCL6 小组中的 6E（个体贡献度为 0.83）。

而通过对学生个体学业表现的配对样本 T 检验，数据分析结果见表 6-3。我们可以发现，与学生小组人工制品质量相似，学生专题 11 中的学业表现较专题 10 和专题 9 均产生了显著提高。其中专题 11 与专题 10 间学业表现得分平均数差异为 1.460，达到显著性水平（p=0.000<0.05）；专题 11 与专题 9 间整体小组人工制品得分平均数差异为 1.947，同样达到显著性水平（p=0.000<0.05）。上述数据表明，BCL 的持续开展有效地提升了学生个体的综合学业表现。

表 6-3　　　　　　学生个体学业表现配对样本 T 检验

专题	成对差分 均值	成对差分 标准差	成对差分 均值的标准误	t	P
专题 10—专题 9	0.487	1.670	0.334	1.458	0.158
专题 11—专题 10	1.460	0.841	1.113	8.687	0.000
专题 11—专题 9	1.947	0.348	0.348	5.597	0.000

（三）学习参与对学业表现的影响效应

1. 整体学习参与对学业表现的影响

为了识别整体学习参与对学业表现的影响，该研究通过对学习参与得分（各维度）进行 K-means 聚类，可将班级学生分为高学习参与（13 人）和低学习参与（11 人）两组。通过对两组学生的总体学业表现（三个专题总成绩）进行独立样本 T 检验，数据分析结果见表 6-4。我们可以发现，高学习参与小组在三个专题和总体学业表现中平均分数均高于低学习参与小组，并且在专题 9 和总体学业表现中形成显著差异。上述数据表明，在 BCL 学习过程中整体学习参与的提升可有效提高学生总体学业表现。而结合教师观察和学生访谈，专题 10 和专题 11 中两类学习参与小组之间学业表现呈现的不显著差异，主要是随着学期期末考试的临近和小组协作能力的逐步提升，学生的实际学习参与虽产生了一定的波动，但依然能够以较高水平完成小组协作任务，这也与三个专题中小组人工制品得分稳步提升的数据相吻合。

表 6-4　　　　　　学生个体学业表现独立样本 T 检验

专题与组别		均值	标准差	均值的标准误	F	t
专题 9	高分组	17.879	1.155	0.320	3.902	2.535*
	低分组	16.150	2.121	0.639		
专题 10	高分组	18.154	1.348	0.374	0.021	1.966
	低分组	17.076	1.328	0.400		
专题 11	高分组	19.483	0.714	0.198	4.800*	1.452
	低分组	18.780	1.466	0.442		
总体	高分组	55.515	2.261	0.627	8.025*	2.403*
	低分组	52.005	4.373	1.319		

注：$*p<0.05$，$**p<0.01$。

2. 学习参与各维度对学业表现的影响效应

在学生学习参与各维度与总体学业表现的相关分析中,我们可以发现学生学业表现和认知参与、情感参与和行为参与三个维度间存在显著的相关关系。其中,学生学业表现与认知参与的相关系数为0.562,达到显著性水平（p = 0.004 < 0.05）；学生学业表现与情感参与的相关系数为0.440,达到显著性水平（p = 0.031 < 0.05）；学生学业表现与行为参与的相关系数为0.613,达到显著性水平（p = 0.001 < 0.05）。由以上数据可知,学生学业表现与行为参与的相关性最高、与情感参与的相关性最低。

在此基础上,我们可通过回归分析获取学习参与子维度对学业表现的影响效应。虽然作为自变量的学习参与各维度之间存在相关性,但自变量的共线性统计量处于合理范围的话,并不影响进一步开展回归分析。[①] 由表6-5中的共线性统计量可知,自变量的容差均大于0.1、方差膨胀系数（VIF）均小于10,说明变量能够进行多元回归分析。由回归分析结果可知,学习参与三个维度与学业表现的多元相关系数为0.797,R^2为0.635,调整后R^2为0.580,且F改变量呈显著性。在解释变异量方面,三个变量共可解释58%的变异量,整体解释变异量达到显著水平。在影响显著性方面,认知参与和行为参与对学业表现有显著影响,而情感参与未呈现显著性。在变量影响性方面,行为参与对学业表现影响最强,情感参与对学业表现影响最弱。上述数据表明,在BCL学习过程中,提高认知参与和行为参与水平可有效提升学生学业表现,其中提升行为参与水平效果更好。

[①] 牟智佳:《MOOCs学习参与度影响因素的结构关系与效应研究——自我决定理论的视角》,《电化教育研究》2017年第10期。

表6-5　　　　　　学习参与各维度对学业表现的影响效应

模型	非标准化系数		标准化系数	t	显著性	共线性统计量	
	B 的估计值	标准误	Beta 分布			容差	VIF
（常量）	24.079	5.558		4.322	0.000		
认知参与	0.350	0.094	0.508	3.738	0.001	0.989	1.011
情感参与	-0.022	0.102	-0.047	-0.220	0.828	0.397	2.518
行为参与	1.014	0.362	0.603	2.801	0.011	0.394	2.535

3. 情感参与负向（不显著）影响学业表现的原因分析

基于情感参与对学业表现的不显著负向影响，我们可以面向总体学业表现对情感参与的具体维度和题项开展逐步回归分析。首先，在生生关系和师生关系两个维度上，逐步回归分析发现，被排除的师生关系对学业表现产生了不显著的负向影响，而生生关系与学业表现的相关系数为0.495，R^2为0.245，调整后R^2为0.211，且F改变量呈显著性。由此，进一步对生生关系维度的6个题项开展逐步回归分析发现，仅保留下的题项"当我需要同伴时，我总能很方便地联系到他们"与学业表现的相关系数为0.664，R^2为0.440，调整后R^2为0.415，且F改变量呈显著性；而题项"我非常注重与小组成员一起学习""我在课程学习过程中乐于助人"则对前者产生了不显著的负向影响。其次，对师生关系维度的10个题项开展逐步回归分析发现，仅保留下的题项"老师尊重我的个性"与学业表现的相关系数为0.459，R^2为0.210，调整后R^2为0.174，且F改变量呈显著性；而题项"老师会主动与我互动/交流"则对前者产生了不显著的负向影响。结合学生访谈，则可以发现，一些非常注重并积极参与小组协作的学生往往对小组其他成员提出较高的要求，并引发一定的小组协调问题。此外，一些学生在访谈中表示，虽然感觉与教师间的交流和反馈很有用，但教师的互动与反馈多是面向小组，并且一些深度追问对学生形成了一定的负担。上述数据表明，在情感参与中，学生间的便捷联系和教师对学生的尊重可以提升学生的学业表现，而小组成员要求与参与不一致、教师反馈增加学习负荷等问题则可能在一定程度上负向影响学生的学业表现。

四 研究结论与讨论

（一）研究结论

结合研究问题，该研究得出的结论主要包括以下两方面。

1. 该研究以实证的方式验证了 BCL 对学习者学习效果的提升作用

在该研究中，通过三次的 BCL 专题任务实践，基于多元评价方法，发现学生的学习参与、小组人工制品质量和个体学业表现均获得了显著提升。这证明 BCL 在继承在线协作学习优化学习者学习效果优势的基础上，也弥补了在线协作学习在促进学生学习参与方面的不足，在一定程度上增强了 BCL 作为协作学习发展方向的说服力。

2. 该研究相对深入地探究了 BCL 提升学习者学习效果的机制

在该研究中，基于量化分析的方法，发现 BCL 中学生的学习参与显著影响学生的学业表现，且其三个子维度不同程度地影响了学生的学业表现。这不仅验证了学习者学习参与正向影响学业表现在 BCL 情境中的适用性，也基于 BCL 实践发现了一些新的具体问题，在一定程度上丰富了学习效果机制研究的情境性。

（二）研究讨论

面向本研究及后继研究，可形成以下几点讨论。

1. 在已有研究基础上，该研究进一步证实了 BCL 对学生学习效果的正向促进作用

通过结合教师评价和学生评价（含自评与他评）、个体评价与团体（小组）评价，该研究验证了 BCL 对学生学习参与和学业表现的提升作用。在此基础上，该研究具体探究了学生学习参与对学

业表现的影响作用，发现行为参与对学业表现的影响效应最强，但在前、后测中学生行为参与却并未形成显著性差异，这与之前刘司卓等的研究结论相吻合。[1] 而深入探讨这一现象的成因，则可能要回归到学习参与的内涵与测量研究领域视角中来。Henrie 等指出目前在学生参与研究领域，缺乏对学生参与定义、模型和操作的一致性是最大的挑战。[2] 聚焦行为参与，许多学习行为在一定程度上被认为是学习过程中认知与情感的外显行为展示，并且当前的研究中，行为参与和认知参与在指标上往往存在重复。因此，探究学习参与对学业表现的影响效应的具体机制，需要构建更为明确的新学习参与理论框架与评价体系来进一步验证和解释。

2. 情感参与何以负向（不显著）影响学生学业表现

基于学生访谈，发现情感参与水平的提高可能主要作用于学生对课程活动组织满意程度的提升，因为访谈学生普遍认为小组协作活动和班级教学活动的组织效果产生了明显的提升，这也符合 Andrew 等人已有研究的结论。[3] 而结合逐步回归分析结果，发现学生小组间的协调问题与教师反馈的方式问题则在一定程度上负向影响了学生的学业表现。这也对教师开展 BCL 实践提出了更高的要求，一是需要加强对学生小组的适时介入，及时干预异质小组成员间出现的沟通问题，促成小组任务期望的一致，防止高期望成员协作积极性的降低，推动自组织小组的形成；二是在进一步增加师生互动的基础上，满足并平衡小组师生互动需求和学生个体师生互动需求，并且教师反馈应充分考虑学生的学习状态和负荷，基于学生学情和学力在合适时机开展具备层次性与递进性的有效追问。

---

[1] 刘司卓等：《直播课学习行为投入评价的实证研究》，《中国远程教育》2021 年第 2 期。

[2] Curtis R. Henrie, Lisa R. Halverson and Charles R. Graham, "Measuring student engagement in technology-mediated learning: A review", *Computers & Education*, Vol. 90, 2015, pp. 36 – 53.

[3] Andrew J. Wefald and Ronald G. Downey, "Construct dimensionality of engagement and its relation with satisfaction", *The Journal of Psychology*, Vol. 143, No. 1, 2009, pp. 91 – 112.

第二节 已有研究工具的反思与优化

在开展研究过程和分析研究结果期间,根据研究需求,精心选用和设计了研究工具。但经过深入的应用实践,会发现部分研究工具和研究目标之间并未达到很好的适配效果。前文已经初步探讨了学习参与量表与学习参与内涵适配的问题,这里主要从交互工具与知识建构理论模型的适配、测评工具与知识建构评价框架的适配两个方面来讨论。

一 交互工具与知识建构理论模型的适配

国内外研究者基于不同的视角和情境构建了多元的协作知识建构模型,用以阐释和分析知识建构的发生逻辑。Gunawardena 等以社会建构主义原则作为理论框架,基于对在线异步交互(文字论坛)情境,提出了包括分享与比较信息、发现与探究分歧、协商意义与共建知识等在内的五阶段交互知识建构层次模型。[1] Stahl 基于在线异步交互(计算机软件平台)情境,提出了包括个人观点表达、共享理解、生成并表示知识制品等在内的十一阶段知识建构模型。[2] 前期研究也是主要参考这两个模型构建了基于班组结构的协作知识建构框架,而此类知识建构模型一般是基于在线、异步和一对一的线性交互工具和情境而构建的。

然而,以微信、腾讯会议为核心载体的在线交互工具中,学生

---

[1] Charlotte N. Gunawardena, Constance A. Lowe and Terry Anderson, "Analysis of A Global On-line Debate and The Development of an Interaction Analysis Model for Examining Social Construction of Knowledge in Computer Conferencing", *Journal of Educational Computing Research*, Vol. 17, No. 4, 1997, pp. 397–431.

[2] Gerry Stahl, "A model of collaborative knowledge-building", in Barry J. Fishman and Samuel F. O'Connor-Divelbiss, eds., *Fourth International Conference of the Learning Sciences*, New Jersey: Lawrence Erlbaum Associates, 2000, pp. 70–77.

的交互在对话层面往往是非线性的,一位学生的发言有时是面向某个具体小组成员,有时是面向所有小组成员,甚至一句话可能同时包含以上两种情况;学生的发言在时序上是自由的(主要是微信小组群),小组成员间往往会出现同时发言(文本打字)的情况,由此经常会看到针对上一个发言的回复与上一个发言并不相邻,而是中间存在数条相关或不相关的发言;学生的交互是实时和高频次的(主要是腾讯会议),小组成员在在线视频会议中的交互,与线下的面对面交互情境相似,存在交互频次高(讨论难深入,话题易转移)、交互时间长(轮流发言消耗大量时间)等特征。

由此,后期研究需要突破目前交互工具与知识建构理论模型适配性不足的问题,一方面,通过重新建构有效支持多元交互(异步与同步混合、在线与面对面混合、一对一与一对多混合)的混合式协作学习情境的知识建构模型;另一方面,则通过定义混合式协作学习情境的设计约束,整合教学任务、交互工具、学习资源等要素,设计技术赋能的灵活性、开放式知识建构环境。

二 测评工具与知识建构过程分析的适配

由前文可知,目前知识建构评价主要采用的是过程性评价和终结性评价相结合、个体评价和群体评价相结合的综合评价方法,其中以面向群体的过程性评价,尤其是对学生小组交互过程的内容分析和社会网络分析成为知识建构评价的核心内容。(1)在内容分析方法中,一般是将学生多元交互方式下生产的对话内容转译为交互文本并进行编码分析。国内外研究者基于多种理论视角和分析单元开发了多元的编码体系,比较经典的有 Henri 基于认知技能分类和主题/意义分析单元的五维编码体系、[①] Gunawardena 等基于社会建

[①] France Henri, "Computer conferencing and content analysis", in Anthony R. Kaye, ed., *Collaborative learning through computer conferencing*, Berlin-Heidelberg: Springer, 1992, pp. 117–136.

构主义和消息分析单元的五阶段交互知识建构编码框架,[1] 以及 Garrison 等基于探究社区理论和消息分析单元的四阶段编码体系。[2] (2) 在社会网络分析方法中,主要基于学习者在团体中的关系信息,即发言、回复以及发言与回复的对应,对协作团体及个体的社会网络特征进行分析,主要通过节点度量(出度、入度、中心性等)和整体网络度量(网络规模、网络密度、中心势等)等指标来体现。

然而,与交互工具遇到的不适配问题相似,社会网络分析方法也比较适用于一对一的线性交互,即发言与回复是明确并对应的,而面对当前已然形成的多元交互情境和非线性交互内容,无法充分对学生协作知识建构过程的复杂关系数据进行全面分析。而基于文本编码的内容分析方法由于需要将音视频转译为文本,在相当程度上损失了交互过程中的情感数据(积极、中立、消极等)和行为数据(停顿、犹豫、语速表现等),并且面对大量交互数据,人工编码在一致性上也存在一定的不稳定。因此,内容分析方法也不足以在全场景中实现对学生协作知识建构过程的深入性分析。

由此,后期研究需要突破目前测评工具与知识建构过程分析适配性不足的问题,系统建模方法或是"良方"。系统建模方法是主要利用计算机技术,特别是机器学习等人工智能技术,从某个或某些方面对现实系统进行抽象,进而构建系统数学模型的方法。系统建模方法在协作知识建构过程分析中,主要是面向学习者交互过程的系统建模,能够利用可计算的方法分析协作学习群体的交互言

---

[1] Charlotte N. Gunawardena, Constance A. Lowe and Terry Anderson, "Analysis of A Global Online Debate and The Development of an Interaction Analysis Model for Examining Social Construction of Knowledge in Computer Conferencing", *Journal of Educational Computing Research*, Vol. 17, No. 4, 1997, pp. 397–431.

[2] D. Randy Garrison, Terry Anderson and Walter Archer, "Critical inquiry in a text-based environment: Computer conferencing in higher education", *The Internet and Higher Education*, Vol. 2, No. 2–3, 1999, pp. 87–105.

行，进而预测其交互过程的动态变化。[1] Cen 等则认为当前对 CSCL 的评估缺乏对群体内交互动态的严谨量化和详细洞察，由此通过极端学习机和分类回归树等机器学习技术和系统建模方法成功预测了团队协作学习的表现。[2]

第三节　多元样本与多模态数据纳入

在前期研究的基础上，研究者以某大学本科师范生公修课"现代教育技术应用"为实验载体，开展混合式协作知识建构（教学）活动。研究主要从多元自变量和多模态数据两个层面进行拓展。

一　多元自变量的设计与纳入

（1）被试变量。在进行学生分组调查时，可以获取到学生的籍贯、年龄、专业、已有学习经验、学习态度、课程认知等信息，具体考查各被试变量对协作知识建构中学生学习参与、学生交互水平、期末考试成绩、教学活动满意度等因变量的影响。

（2）作业变量。在混合式协作知识建构（教学）活动开展过程中，通过不同的分组设计，可获得诸如分组方式（如学生自主分组、异质分组、随机分组），小组性别构成（如男多女少、女多男少、单一性别）等作业变量。而通过对活动设计的灵活调整，可获得诸如评价方式（如教师评价、同侪评价），评价结果反馈（是否将评价结果反馈给学生）等作业变量。并具体分析各作业变量对协作知识建构中所考察因变量的影响。

通过在自变量层面进行设计和拓展，可以更深入地考察和筛选

---

[1] 郑兰琴：《协作学习交互分析方法之反思》，《现代远程教育研究》2013 年第 5 期。
[2] Ling Cen, Dymitr Ruta, Leigh Powell, et al., "Quantitative approach to collaborative learning: performance prediction, individual assessment, and group composition", *International Journal of Computer-Supported Collaborative Learning*, Vol. 11, No. 2, 2016, pp. 187–225.

影响学生混合式协作知识建构活动效果的自变量，构建混合式协作知识建构活动影响因素与效果指标间更全面的映射关系，为混合式协作知识建构活动模式的优化及教学干预的实施提供证据支撑。

二 多模态数据的获取与表征

（1）认知数据。从学生分组调查问卷和学生学习参与量表中，分别获取学生课程认知感知和认知参与感知数据。从学生交互记录中，提取学生个人与小组认知过程数据。从学生小组任务制品和考试成绩中，获取学生认知结果数据。

（1）情感数据。从学生交互文本记录中（以小组微信交互记录为主），提取学生文本情感数据。从学生课堂交互记录中（以课堂录音为主），提取学生音频情感数据。从学生课下视频会议记录中（以腾讯会议交互记录为主），提取学生视频情感数据。另外，从学生学习参与量表中，获取学生情感参与感知数据。

（3）行为数据。基于学习通、雨课堂等在线学习平台，获取学生在线学习时间、在线学习进度、资源点击与下载等学习行为数据。基于微信、腾讯会议等交互平台，获取学生发言（主动发言与回复发言）时间、发言数量等交互行为数据。另外，从学生学习参与量表中，获取学生行为参与感知数据。

通过对学生混合式协作知识建构过程中多模态数据的获取和整合，可以较为有效地表征和探究学生在活动过程中认知、情感、行为等多元层面的转变，实现对混合式协作知识建构活动模式效果的全面评价和有效验证，进而在混合式协作知识建构过程中实现对学生的数字画像。

参考文献

Accelerole, "5 Easy Steps on How to Implement Blended Learning in Your Company", https：//accelerole.com/author/accelerole-one/.

Alexios Brailas, Stella-Maria Avani, Christina Gkini, et al., "Experiential learning in action：A collaborative inquiry", *The Qualitative Report*, Vol. 22, No. 1, 2017.

Alfred P. Rovai and Hope M. Jordan, "Blended learning and sense of community：A comparative analysis with traditional and fully online graduate courses", *International Review of Research in Open and Distributed Learning*, Vol. 5, No. 2, 2004.

Allen I. Elaine, Jeff Seaman and Richard Garrett, *Blending in：The Extent and Promise of Blended Education in the United States*, Newburyport, MA：Sloan Consortium, 2007.

Al-Samarraie Hosam and Noria Saeed, "A systematic review of cloud computing tools for collaborative learning：Opportunities and challenges to the blended-learning environment", *Computers & Education*, Vol. 124, 2018.

Ana-B. González, María-José Rodríguez, Susana Olmos, et al., "Experimental evaluation of the impact of b-learning methodologies on engineering students in Spain", *Computers in Human Behavior*, Vol. 29, No. 2, 2013.

Ana-Maria Bliuc, Peter Goodyear and Robert A. Ellis, "Research focus and methodological choices in studies into students' experiences of blended learning in higher education", *The Internet and Higher Education*, Vol. 10, No. 4, 2007.

Andrew J. Wefald and Ronald G. Downey, "Construct dimensionality of engagement and its relation with satisfaction", *The Journal of Psychology*, Vol. 143, No. 1, 2009.

Annegret Goold, Naomi Augar and James Farmer, "Learning in virtual teams: Exploring the student experience", *Journal of Information Technology Education: Research*, Vol. 5, No. 1, 2006.

Anthony R. Artino and Kenneth D. Jones, "Exploring the complex relations between achievement emotions and self-regulated learning behaviors in online learning", *The Internet and Higher Education*, Vol. 15, No. 3, 2012.

Anupama Prashar, "Assessing the flipped classroom in operations management: A pilot study", *Journal of Education for Business*, Vol. 90, No. 3, 2015.

Anuradha A. Gokhale, "Collaborative learning and critical thinking", *Journal of Technology Education*, Vol. 7, No. 1, 1995.

Armando Fox, "From MOOCs to SPOCs", *Communications of the ACM*, Vol. 56, No. 12, 2013.

Armin Weinberger and Frank Fischer, "A framework to analyze argumentative knowledge construction in computer-supported collaborative learning", *Computers & Education*, Vol. 46, No. 1, 2006.

Aubrey Golightly and Christo P. Van Der Westhuizen, "An Assessment of Hybrid Collaborative Learning in Geography Micro-teaching: A South African Case Study", *International Journal of Educational Sciences*, Vol. 12, No. 2, 2016.

Barbara Gabbert, David W. Johnson and Roger T. Johnson, "Cooperative Learning, Group-to-Individual Transfer, Process Gain, and the Acquisition of Cognitive Reasoning Strategies", *Journal of Psychology*, Vol. 120, No. 3, 1986.

Barbara L. Smith and Jean T. MacGregor, "What is collaborative learning?", in Anne S. Goodsell, Michelle R. Maher, Vincent Tinto, et al., eds., *Collaborative Learning: A Sourcebook for Higher Education*, State College, PA: National Center on Postsecondary Teaching, Learning, and Assessment, 1992.

Barbara Means, Yukie Toyama, Robert Murphy, et al., "The effectiveness of online and blended learning: A meta-analysis of the empirical literature", *Teachers College Record*, Vol. 115, No. 3, 2013.

Barbara Rogoff, "Cognition as collaborative process", in William Damon, Deanna Kuhn and Robert S. Siegler, eds., *Handbook of Child Psychology: Vol. 2. Cognition, Perception, and Language (5th edition)*, Hoboken, New Jersey: John Wiley & Sons Inc., 1998.

Bersin & Associates, "Blended learning: what works?", https://www.scribd.com/document/363635023/blended-bersin-doc.

Bodong Chen, Marlene Scardamalia and Carl Bereiter, "Advancing knowledge-building discourse through judgments of promising ideas", *International Journal of Computer Supported Collaborative Learning*, Vol. 10, No. 4, 2015.

Bradley L. Kirkman, Benson Rosen, Paul E. Tesluk, et al., "The Impact of Team Empowerment on Virtual Team Performance: The Moderating Role of Face-to-Face Interaction", *Academy of Management Journal*, Vol. 47, No. 2, 2004.

Brigid Barron, "When smart groups fail", *The Journal of the Learning Sciences*, Vol. 12, No. 3, 2003.

Bruce W. Tuckman, "Evaluating ADAPT: A hybrid instructional model combining web-based and classroom components", *Computers & Education*, Vol. 39, No. 3, 2002.

Bünyamin Atici andYalin Kiliç Türel, "Students' perceptions, interaction and satisfaction in the interactive blended courses: A case study", in Sean B. Eom and J. Ben Arbaugh, eds., *Student satisfaction and learning outcomes in e-learning: An introduction to empirical research*, IGI Global, 2011.

Carlavan Boxtel, Josvan der Linden and Gellof Kanselaar, "Collaborative learning tasks and the elaboration of conceptual knowledge", *Learning and Instruction*, Vol. 4, No. 10, 2000.

Carmen Wolf, Teresa Schaefer, Katarina Curkovic, et al., "Empowering public employment service practitioners' peer facilitation with peer coaching training", *International Journal of Evidence Based Coaching and Mentoring*, Vol. 16, No. 1, 2018.

Carolina Rodriguez, Roland Hudson and Chantelle Niblock, "Collaborative learning in architectural education: Benefits of combining conventional studio, virtual design studio and live projects", *British Journal of Educational Technology*, Vol. 49, No. 13, 2018.

CarolineHaythornthwaite, "Building social networks via computer networks: Creating and sustaining distributed learning communities", in K. Ann Renninger and Wesley Shumar, eds., *Building virtual communities: Learning and change in cyberspace*, Cambridge: Cambridge University Press, 2002.

Chad N. Loes and Ernest T. Pascarella, "Collaborative Learning and Critical Thinking: Testing the Link", *Journal of Higher Education*, Vol. 88, No. 5, 2017.

Charles D. Dziuban, Joel L. Hartman and Patsy D. Moskal, "Blended learning", *EDUCAUSE Center for Applied Research Bulletin*, No. 7, 2004.

Charlotte N. Gunawardena, Constance A. Lowe and Terry Anderson, "Analysis of A Global Online Debate and The Development of an Interaction Analysis Model for Examining Social Construction of Knowledge in Computer Conferencing", *Journal of Educational Computing Research*, Vol. 17, No. 4, 1997.

Chia-Wen Tsai, "Achieving effective learning effects in the blended course: A combined approach of online self-regulated learning and collaborative learning with initiation", *Cyberpsychology, Behavior, and Social Networking*, Vol. 14, No. 9, 2011.

Chia-Wen Tsai, "How to involve students in an online course: A Redesigned online pedagogy of collaborative learning and self-regulated learning", *International Journal of Distance Education Technologies (IJDET)*, Vol. 11, No. 3, 2013.

Chia-Wen Tsai, "Involving students in a blended course via teacher's initiation in web-enhanced collaborative learning", *Cyberpsychol Behav Soc Networking*, Vol. 13, No. 5, 2010.

Chia-Wen Tsai, "The role of teacher's initiation in online pedagogy", *Education + Training*, Vol. 54, No. 6, 2012.

Chih-Yang Chao, Yuan-Tai Chen and Kuei-Yu Chuang, "Exploring students' learning attitude and achievement in flipped learning supported computer aided design curriculum: A study in high school engineering education", *Computer Applications in Engineering Education*, Vol. 23, No. 4, 2015.

Chiung-Hui Chiu and Hsieh-Fen Hsiao, "Group differences in computer supported collaborative learning: Evidence from patterns of Taiwanese students' online communication", *Computers & Education*, Vol. 54,

No. 2, 2010.

Christopher J. Cushion and Robert C. Townsend, "Technology-enhanced learning in coaching: A review of literature", *Educational Review*, Vol. 71, No. 5, 2019.

Christos Troussas, Akrivi Krouska and Maria Virvou, "Social interaction through a mobile instant messaging application using geographic location for blended collaborative learning", paper delivered to 2017 8th International Conference on Information, Intelligence, Systems & Applications (IISA), sponsored by Institute of Electrical and Electronics Engineers, Larnaca, Cyprus, August 27–30, 2017.

Craig Barnum and William Paarmann, "Bringing introduction to the teacher: A blended learning model", *T. H. E Journal*, Vol. 30, No. 2, 2002.

Curtis J. Bonk and Charles R. Graham, eds., *The handbook of blended learning: Global perspectives*, local designs, San Francisco: Pfeiffer, 2005.

Curtis R. Henrie, Lisa R. Halverson and Charles R. Graham, "Measuring student engagement in technology-mediated learning: A review", *Computers & Education*, Vol. 90, 2015.

Cycles of Learning, "Explore-flip-apply: introduction and example", http://www.flipteaching.com/files/archive-sep-2011.php.

Cyril Rebetez, Mireille Bétrancourt, Mirweis Sangin, et al., "Learning from animation enabled by collaboration", *Instructional Science*, Vol. 38, No. 5, 2010.

D. Randy Garrison and Heather Kanuka, "Blended Learning: Uncovering Its Transformative Potential in Higher Education", *The Internet and Higher Education*, Vol. 7, No. 2, 2004.

D. Randy Garrison, Terry Anderson and Walter Archer, "Critical inquiry in a text-based environment: Computer conferencing in higher education", *The Internet and Higher Education*, Vol. 2, No. 2 - 3, 1999.

Daniel D. Suthers, "Technology Affordances for Intersubjective Meaning Making: A Research Agenda for CSCL", *International Journal of Computer Supported Collaborative Learning*, Vol. 1, No. 3, 2006.

Daniel Lambach, Caroline Kärger and Achim Goerres, "Inverting the large lecture class: active learning in an introductory international relations course", *European Political Science*, Vol. 16, 2017.

David E. Brown and John Clement, "Overcoming misconceptions via analogical reasoning: Abstract transfer versus explanatory model construction", *Instructional Science*, Vol. 18, No. 4, 1989.

DavidFortus, R. Charles Dershimer, Joseph Krajcik, et al., "Design-based science and student learning", *Journal of Research in Science Teaching*, Vol. 41, No. 10, 2004.

David H. Jonassen and Hyug Ⅱ Kwon, "Communication patterns in computer mediated versus face-to-face group problem solving", *Educational Technology Research and Development*, Vol. 49, No. 1, 2001, pp. 35 - 51.

David H. Jonassen, "Designing constructivist learning environments", in Charles M. Reigeluth, ed., *Instructional-design theories and models (2nd Edition)*, New Jersey: Lawrence Erlbaum Associates, 1999.

David Spann, "5 innovative ways to use virtual classrooms in higher education", paper delivered to The 29th ASCILITE Conference, sponsored by ascilite association, Wellington, New Zealand, November 25 - 28, 2012.

David W. Johnson and Roger T. Johnson, "Cooperation and Competition", in James D. Wright, ed., *International Encyclopedia of the Social &*

Behavioral Sciences (Second Edition), Oxford: Elsevier, 2015.

Deborah Lindell, Catherine Koppelman and Nadine Marchi, "A Unique, Hybrid Approach to the Clinical Immersion Experience", *Journal for Nurses in Professional Development*, Vol. 34, No. 4, 2018.

Don Passey, "Technology-enhanced learning: Rethinking the term, the concept and its theoretical background", *British Journal of Educational Technology*, Vol. 59, No. 3, 2019.

Donatella Cesareni, Stefano Cacciamani and Nobuko Fujita, "Role taking and knowledge building in a blended university course", *International Journal of Computer-Supported Collaborative Learning*, Vol. 11, No. 1, 2016.

Duncan R. Morris, Allyson F. Hadwin, Carmen L. Z. Gress, et al., "Designing roles, scripts, and prompts to support CSCL in gStudy", *Computers in Human Behavior*, Vol. 26, No. 5, 2010.

Eduardo Salas, Nancy J. Cooke, and Michael A. Rosen, "On teams, teamwork, and team performance: Discoveries and developments", *Human factors*, Vol. 50, No. 3, 2008.

Elisa Monteiro and Keith Morrison, "Challenges for collaborative blended learning in undergraduate students", *Educational Research and Evaluation*, Vol. 20, No. 7-8, 2014.

Ellen B. Susman, "Cooperative learning: A review of factors that increase the effectiveness of cooperative computer-based instruction", *Journal of Educational Computing Research*, Vol. 18, No. 4, 1998.

Endah Retnowati, Paul Ayres and John Sweller, "Can collaborative learning improve the effectiveness of worked examples in learning mathematics?", *Journal of Educational Psychology*, Vol. 109, No. 5, 2017.

Esther Care, Patrick Griffin, Claire Scoular, et al., "CollaborativeProblem Solving Tasks", in Patrick Griffin and Esther Care, eds., *Assess-

ment and teaching of 21st century skills, Netherlands: Springer, 2012.

Eva Hammar Chiriac and Kjell Granström, "Teachers' leadership and students' experience of group work", *Teachers & Teaching*, Vol. 18, No. 3, 2012.

Faridah Hanim Yahya, Hafiza Abas, Rahmah Lob Yussof, "Integration of screencast video through QR Code: An effective learning material for m-Learning", *Journal of Engineering Science and Technology*, Special Issue, 2018.

Fatma Cemile Serçe, Kathleen Swigger, Ferda Nur Alpaslan, et al., "Online collaboration: Collaborative behavior patterns and factors affecting globally distributed team performance", *Computers in Human Behavior*, Vol. 27, No. 1, 2011.

Ferial Khaddage, Christoph Lattemann and Eric Bray, "Mobile apps integration for teaching and learning. (Are Teachers Ready to Re-blend?)", paper delivered to Society for Information Technology & Teacher Education International Conference, sponsored by Association for the Advancement of Computing in Education (AACE), Nashville, Tennessee, March 7, 2011.

Fern Faux, Angela Mcfarlane, Nel Roche, et al., "Futurelab: Learning with handheld technologies", https://telearn.archives-ouvertes.fr/hal-00190331.

Florence Martin, Lynn Ahlgrim-Delzell and Kiran Budhrani, "Systematic review of two decades (1995 to 2014) of research on synchronous online learning", *American Journal of Distance Education*, Vol. 31, No. 1, 2017.

France Henri, "Computer conferencing and content analysis", in Anthony R. Kaye, ed. *Collaborative learning through computer conferencing*, Berlin-Heidelberg: Springer, 1992.

Frank Fischer, Johannes Bruhn, Cornelia Gräsel, et al., "Fostering collaborative knowledge construction with visualization tools", *Learning and Instruction*, Vol. 12, No. 2, 2002.

Fredricks, J. A., Michael Filsecker and Michael A. Lawson, "Student engagement, context, and adjustment: Addressing definitional, measurement, and methodological issues", *Learning and Instruction*, Vol. 43, No. 4, 2016.

Freydis Vogel, Christof Wecker, Ingo Kollar, et al., "Socio-cognitive scaffolding with computer-supported collaboration scripts: A meta-analysis", *Educational Psychology Review*, Vol. 29, No. 3, 2017.

Gavin Northey, Rahul Govind, Tania Bucic, et al., "The effect of 'here and now' learning on student engagement and academic achievement", *British Journal of Educational Technology*, Vol. 49, No. 2, 2018.

George D. Kuh, "Assessing What Really Matters to Student Learning Inside The National Survey of Student Engagement", *Change*, Vol. 33, No. 3, 2001.

George J. Strike and Kenneth A. Strike, "A revisionist theory of conceptual change", in Richard A. Duschl and Richard J. Hamilton, eds., *Philosophy of science, cognitive psychology, and educational theory and practice*, New York: State University of New York Press, 1992.

Gerard Prendergast, "Blended collaborative learning: Online teaching of online educators", http://www.globaled.com/articles/Gerard Prendergast2004.pdf.

Gerry Stahl, "A model of collaborative knowledge-building", in Barry J. Fishman and Samuel F. O'Connor-Divelbiss, eds., *Fourth International Conference of the Learning Sciences*, New Jersey: Lawrence Erlbaum Associates, 2000.

Gerry Stahl, "Contributions to a theoretical framework for CSCL", in Gerry Stahl, ed., *Computer Support for Collaborative Learning: Foundations for a CSCL Community*, Boulder, Colorado: Erlbaum, 2002.

Gerry Stahl, "Rediscovering CSCL", in Koschmann Timothy, Rogers P. Hall and Naomi Miyake, eds., *CSCL 2: Carrying forward the conversation*, New Jersey: Lawrence Erlbaum Associates, 2002.

Gerry Stahl, *Group cognition: Computer support for building collaborative knowledge*, Cambridge: The MIT Press, 2006.

Gerry Stahl, Timothy Koschmann and Dan Suthers, "Computer-supported collaborative learning: an historical perspective", in Robert Keith Sawyer, ed., *Cambridge handbook of the learning sciences*, Cambridge: Cambridge University Press, 2006.

Glenn G. Smith, Allen J. Heindel and Ana T. Torres-Ayala, "E-learning commodity or community: Disciplinary differences between online courses", *Internet & Higher Education*, Vol. 11, No. 3-4, 2008.

Glenn Gordon Smith, Chris Sorensen, Andrew Gump, et al., "Overcoming student resistance to group work: Online versus face-to-face", *Internet and Higher Education*, Vol. 14, No. 2, 2011.

Greg L. Stewart and Murray R. Barrick, "Team structure and performance: Assessing the mediating role of intrateam process and the moderating role of task type", *Academy of management Journal*, Vol. 43, No. 2, 2000.

Gregory L. Waddoups and Scott L. Howell, "Bringing Online Learning to Campus: The Hybridization of Teaching and Learning at Brigham Young University", *International Review of Research in Open & Distance Learning*, Vol. 2, No. 2, 2002.

Guan-Yu Lin, "Scripts and mastery goal orientation in face-to-face versus computer-mediated collaborative learning: Influence on performance, affective and motivational outcomes, and social ability", *Computers &*

Education, Vol. 143, 2020.

Gustavo Zurita and Miguel Nussbaum, "Computer supported collaborative learning using wirelessly interconnected handheld computers", *Computers & Education*, Vol. 42, No. 3, 2004.

Hans-Rüdiger Pfister and Maria Oehl, "The impact of goal focus, task type and group size on synchronous net-based collaborative learning discourses", *Journal of Computer Assisted Learning*, Vol. 25, No. 2, 2009.

Harvey Singh, "Building effective blended learning programs", *Educational Technology*, Vol. 43, No. 3, 2003.

Harvi Singh and Chris Reed, "A white paper: Achieving success with blended learning", *Centra Software*, No. 1, 2001.

Heisawn Jeong and Cindy E. Hmelo-Silver, "Seven affordances of computer-supported collaborative learning: How to support collaborative learning? How can technologies help?", *Educational Psychologist*, Vol. 51, No. 2, 2016.

Heisawn Jeong, Cindy E. Hmelo-Silver and Kihyun Jo, "Ten years of computer-supported collaborative learning: A meta-analysis of CSCL in STEM education during 2005 – 2014", *Educational Research Review*, Vol. 28, 2019.

Helen Caldwell, "Mobile technologies as a catalyst for pedagogic innovation within teacher education", *International Journal of Mobile and Blended Learning (IJMBL)*, Vol. 10, No. 2, 2018.

Henk G. Schmidt, Sofie M. M. Loyens, Tamara Van Gog, et al., "Problem-Based Learning is Compatible with Human Cognitive Architecture: Commentary on Kirschner, Sweller, and Clark (2006)", *Educational Psychologist*, Vol. 42, No. 2, 2007.

Henna Lahti, "Collaborative Designin a Virtual Learning Environment: Three design experiments in textile teacher education", Ph. D. Dissertation, University of Helsinki, 2008.

Henna Lahti, PiritaSeitamaa-Hakkarainen and Kai Hakkarainen, "Collaboration patterns in computer supported collaborative designing", *Design Studies*, Vol. 25, No. 4, 2004.

Higher Education Academy, "Technology enhanced learning", https://www.heacademy.ac.uk/individuals/strategic-priorities/technology-enhanced-learning# section-2.

Higher Education Funding Council for England, "Enhancing learning and teaching through the use of technology: A revised approach to HEFCE's strategy for e-learning", http://www.hefce.ac.uk/media/hefce1/pubs/hefce/2009/0912/09_12.pdf.

Howard S. Barrows and Robyn M. Tamblyn, *Problem-based learning: An approach to medical education*, New York: Springer Publishing. Company, 1980.

Huei-Tse Hou and Sheng-Yi Wu, "Analyzing the social knowledge construction behavioral patterns of an online synchronous collaborative discussion instructional activity using an instant messaging tool: A case study", *Computers & Education*, Vol. 57, No. 2, 2011.

Hui Tong and Yan-jun Yang, "The Design and Implementation of Blended Collaborative Learning", paper delivered to 2018 9th International Conference on Information Technology in Medicine and Education (ITME), Hangzhou, China, October 19-21, 2018.

Hulya Avci and Tufan Adiguzel, "A Case Study on Mobile-Blended Collaborative Learning in an English as a Foreign Language (EFL) Context", *International Review of Research in Open and Distributed Learning*, Vol. 18, No. 7, 2017.

Hyo-Jeong So and Curtis J. Bonk, "Examining the Roles of Blended Learning Approaches in Computer-Supported Collaborative Learning

(CSCL) Environments: A Delphi Study", *Educational Technology & Society*, Vol. 13, No. 32, 2010.

Hyo-Jeong So, "When groups decide to use asynchronous online discussions: collaborative learning and social presence under a voluntary participation structure", *Journal of Computer Assisted Learning*, Vol. 25, No. 2, 2009.

Ina Blau and Tamar Shamir-Inbal, "Re-designed flipped learning model in an academic course: The role of co-creation and co-regulation", *Computers & Education*, Vol. 115, 2017.

Ingo Kollar, Frank Fischer and Friedrich W. Hesse, "Collaboration scripts-a conceptual analysis", *Educational Psychology Review*, Vol. 18, No. 2, 2006.

Ingrid le Roux and Lynette Nagel, "Seeking the best blend for deep learning in a flipped classroom-viewing student perceptions through the Community of Inquiry lens", *International Journal of Educational Technology in Higher Education*, Vol. 15, No. 1, 2018.

Isolina Oliveira, Luis Tinoca and Alda Pereira, "Online group work patterns: How to promote a successful collaboration", *Computers & Education*, Vol. 57, No. 1, 2011.

J. D. Fletcher, Sigmund Tobias and Robert A. Wisher, "Learning anytime, anywhere: Advanced distributed learning and the changing face of education", *Educational Researcher*, Vol. 36, No. 2, 2007.

J. Richard Hackman, Lawrence E. Jones and Joseph E. McGrath, "A set of dimensions for describing the general properties of group-generated written passages", *Psychological Bulletin*, Vol. 67, No. 6, 1967.

Jackie Gerstein, "The flipped classroom", http://www.scoop.it/t/the-flipped-classroom.

Jane E. Brindley, Christine Walti and Lisa M. Blaschke, "Creating effective collaborative learning groups in an online environment", *International Review of Research in Open and Distributed Learning*, Vol. 10, No. 3, 2009.

Jane S. Prichard, Lewis A. Bizo and Robert J. Stratford, "The educational impact of team-skills training: Preparing students to work in groups", *British Journal of Educational Psychology*, Vol. 76, No. 1, 2006.

Jane Willis, *A Framework for Task-based Learning*, Harlow, U. K.: Addison Wesley Longman Ltd. , 1996.

Janet L. Kolodner, "Educational implications of analogy: A view from case-based reasoning", *American Psychologist*, Vol. 52, No. 1, 1997.

Janet L. Kolodner, "Learning by Design: Iterations of Design Challenges for Better Learning of Science Skills", *Cognitive Studies*, Vol. 9, No. 3, 2002.

Janet L. Kolodner, Jacquelyn T. Gray and Barbara Burks Fasse, "Promoting transfer through case-based reasoning: Rituals and practices in learning by design classrooms", *Cognitive Science Quarterly*, Vol. 3, No. 2, 2003.

Jan-Willem Strijbos, "Assessment of (computer-supported) collaborative learning", *IEEE Transactions on Learning Technologies*, Vol. 4, No. 4, 2010.

Jan-Willem Strijbos, Rob L. Martens, Wim M. G. Jochems, et al. , "The Effect of Functional Roles on Group Efficiency: Using Multilevel Modeling and Content Analysis to Investigate Computer-Supported Collaboration in Small Groups", *Small Group Research*, Vol. 35, No. 2, 2004.

Jared M. Carman, "Blended learning design: Five key ingredients", *Agilant Learning*, 2005.

Jasmina Lazendic-Galloway, Michael Fitzgerald and David H. McKinnon,

"Implementing a Studio-based Flipped Classroom in a First Year Astronomy Course", *International Journal of Innovation in Science and Mathematics Education*, Vol. 24, No. 5, 2016.

Jeff Cain, "Exploratory implementation of a blended format escape room in a large enrollment pharmacy management class", *Currents in Pharmacy Teaching and Learning*, Vol. 11, No. 1, 2019.

Jenna Mittelmeier, Bart Rienties, Dirk Tempelaar, et al., "The influence of internationalised versus local content on online intercultural collaboration in groups: A randomised control trial study in a statistics course", *Computers & Education*, Vol. 118, 2018.

Jennifer A. Fredricks, Phyllis C. Blumenfeld and Alison H. Paris, "School Engagement: Potential of the Concept, State of the Evidence", *Review of Educational Research*, Vol. 74, No. 1, 2004.

Jennifer A. Fredricks, Phyllis C. Blumenfeld and Alison H. Paris, "School engagement: Potential of the concept, state of the evidence", *Review of Educational Research*, Vol. 74, No. 1, 2004.

Jeremy Roschelle, "Learning by collaborating: Convergent conceptual change", *The Journal of the Learning Sciences*, Vol. 2, No. 3, 1992.

Jeroen Janssen and Daniel Bodemer, "Coordinated computer-supported collaborative learning: Awareness and awareness tools", *Educational Psychologist*, Vol. 48, No. 1, 2013.

Jeroen Janssen, Gijsbert Erkens, Gellof Kanselaar, et al., "Visualization of participation: Does it contribute to successful computer-supported collaborative learning?", *Computers & Education*, Vol. 49, No. 4, 2007.

Jerry Chih-Yuan Sun and Robert Rueda, "Situational interest, computer self-efficacy and self-regulation: Their impact on student engagement in distance education", *British Journal of Educational Technology*,

Vol. 43, No. 2, 2012.

Jessica Dehler, Daniel Bodemerb Jürgen Buder, et al., "Guiding knowledge communication in CSCL via group knowledge awareness", *Computers in Human Behavior*, Vol. 27, No. 3, 2011.

Jessica L. Wildman, Amanda L. Thayer, Michael A. Rosen, et al., "Task types and team-level attributes: Synthesis of team classification literature", *Human Resource Development Review*, Vol. 11, No. 1, 2012.

Jing Ping Jong, "The effect of a blended collaborative learning environment in a small private online course (SPOC): A comparison with a lecture course", *Journal of Baltic Science Education*, Vol. 15, No. 2, 2016.

John R. Anderson, *Cognitive psychology and its implications (7th edition)*, New York: Worth Publishers, 2009.

Jon Bergmann, "Reframing the flipped learning discussion", http://www.jonbergmann.com/reframing-the-flipped-learning-discussion/.

Jonathan Tapson, "MOOCs and the Gartner Hype Cycle: A very slow tsunami", http://pando.com/2013/09/13/moocs-and-the-gartner-hype-cycle-a-very-slow-tsunami.

Jon-Chao Hong, Ming-Yueh Hwang, Nien-Chen Wu, et al., "Integrating a moral reasoning game in a blended learning setting: effects on students' interest and performance", *Interactive Learning Environments*, Vol. 24, No. 3, 2016.

José Antonio Marcos, Alejandra Martínez, Yannis A. Dimitriadis, et al., "Interaction Analysis for the Detection and Support of Participatory Roles in CSCL", in Yannis A. Dimitriadis, Ilze Zigurs and Eduardo Gómez-Sánchez CRIWG, eds., *Groupware: Design, Implementation, and Use*, Berlin-Heidelberg: Springer-Verlag, 2006.

Josianne Basque and Beatrice Pudelko, "The effect of collaborative knowledge modeling at a distance on performance and on learning", paper delivered to First International Conference on Concept Mapping (CMC 2004), Pamplona, Spain, September 14 – 17, 2004.

Juanjuan Chen, Minhong Wang, Paul A. Kirschner, et al. , "The role of collaboration, computer use, learning environments, and supporting strategies in CSCL: A meta-analysis", *Review of Educational Research*, Vol. 88, No. 6, 2018.

Karel Kreijns, Paul A. Kirschner and Wim Jochems, "Identifying the pitfalls for social interaction in computer-supported collaborative learning environments: a review of the research", *Computers in human behavior*, Vol. 19, No. 3, 2003.

Karen Gasper and Cinnamon L. Danube, "The Scope of Our Affective Influences: When and How Naturally Occurring Positive, Negative, and Neutral Affects Alter Judgment", *Pers Soc Psychol Bull*, Vol. 42, No. 3, 2016.

Karin Scager, Johannes Boonstra, Ton Peeters, et al. , "Collaborative Learning in Higher Education: Evoking Positive Interdependence", *Cbe Life Sciences Education*, Vol. 15, No. 4, 2016.

Kerri-Lee Krause, "Griffith University Blended learning strategy", http://kenanaonline.com/files/0038/38852/blended-learning-strategy-january-2008-april-edit.pdf.

Khairiyah Mohd Yusof, Syed Ahmad Helmi Syed Hassan, Mohammad Zamry Jamaludin, et al. , "Cooperative problem-based learning (CPBL): Framework for integrating cooperative learning and problem-based learning", *Procedia-Social and Behavioral Sciences*, Vol. 56, 2012.

Kimberly Wilson and Anupama Narayan, "Relationships among individual task self-efficacy, self-regulated learning strategy use and academic performance in a computer-supported collaborative learning environment", *Educational Psychology*, Vol. 36, No. 2, 2016.

Kyungbin Kwon, Ying-Hsiu Liu and Lashaune P. Johnson, "Group regulation and social-emotional interactions observed in computer supported collaborative learning: Comparison between good vs. poor collaborators", *Computers & Education*, Vol. 78, 2014.

Lars Kobbe, Armin Weinberger, Pierre Dillenbourg, et al., "Specifying Computer-Supported Collaboration Scripts", *International Journal of Computer-Supported Collaborative Learning*, Vol. 2, No. 2, 2007.

LauraLlambí, Elba Esteves, Elisa Martinez, et al., "Teaching tobacco cessation skills to Uruguayan physicians using information and communication technologies", *Journal of Continuing Education in the Health Professions*, Vol. 31, No. 1, 2011.

Laura Naismith, Byoung Hoon Lee and Rachel M. Pilkington, "Collaborative learning with a wiki: Differences in perceived usefulness in two contexts of use", *Journal of Computer Assisted Learning*, Vol. 27, No. 3, 2011.

Linda Harasim, "Online education: An Environment for Collaboration and Intellectual Amplification", in Linda Harasim, ed., *Online education: Perspectives on a new environment*, New York: Praeger Publishers, 1990.

Linda Mesh, "A curriculum-based approach to blended learning", *Journal of E-learning and Knowledge Society*, Vol. 12, No. 3, 2016.

Ling Cen, Dymitr Ruta, Leigh Powell, et al., "Quantitative approach to collaborative learning: performance prediction, individual assessment, and group composition", *International Journal of Computer-Supported Collaborative Learning*, Vol. 11, No. 2, 2016.

Lori Foster Thompsonand Michael D. Coovert, "Teamwork online: The effects of computer conferencing on perceived confusion, satisfaction and postdiscussion accuracy", *Group Dynamics: Theory, Research, and Practice*, Vol. 7, No. 2, 2003.

Louis S. Nadelson, Benjamin C. Heddy, Suzanne Jones, et al., "Conceptual change in science teaching and learning: Introducing the dynamic model of conceptual change", *International Journal of Educational Psychology*, Vol. 7, No. 2, 2018.

Luis Miguel Serrano-Cámara, Maximiliano Paredes-Velasco, Carlos-María Alcover, et al., "An evaluation of students' motivation in computer-supported collaborative learning of programming concepts", *Computers in Human Behavior*, Vol. 31, 2014.

Luis Tari, "KnowledgeInference", in Werner Dubitzky, Olaf Wolkenhauer, Kwang-Hyun Cho, et al., eds., *Encyclopedia of Systems Biology*, New York: Springe, 2013.

Lyra P. Hilliard and Mary K. Stewart, "Time well spent: Creating a community of inquiry in blended first-year writing courses", *The Internet and Higher Education*, Vol. 41, 2019.

Marcia C. Linn, Hee-Sun Lee, Robert Tinker, et al., "Teaching and Assessing Knowledge Integration in Science", *Science*, Vol. 313, No. 5790, 2006.

Margaret Driscoll, "Blended learning: Let's get beyond the hype", *E-learning*, Vol. 1, No. 4, 2002.

Maria Concetta Brocato, "Blended learning environments, flipped class and collaborative activities to teach databases in a secondary technical school", paper delivered to International Conference on Informatics in Schools: Situation, Evolution and Perspectives-ISSEP 2015, September 28-October 1, Ljubljana, Slovenia, 2015.

Maria De Santo and Anna DeMeo, "E-training for the CLIL teacher: e-tutoring and cooperation in a Moodle-based community of learning",

Journal of e-Learning and Knowledge Society, Vol. 12, No. 3, 2016.

Marianne E. Krasny, Bryce DuBois, Mechthild Adameit, et al., "Small Groups in a Social Learning MOOC (sIMOOC): Strategies for Fostering Learning and Knowledge Creation", *Online Learning*, Vol. 22, No. 2, 2018.

Mark Guzdial and Jennifer Turns, "Effective discussion through a computer-mediated anchored forum", *The Journal of The Learning Sciences*, Vol. 9, No. 4, 2000.

Marlene Scardamalia and Carl Bereiter, "Computer Support for Knowledge-Building Communities", *Journal of the Learning Sciences*, Vol. 3, No. 3, 1994.

Marlene Scardamalia and Carl Bereiter, "Knowledge building: theory, pedagogy, and technology", in Robert Keith Sawyer, ed., *Cambridge handbook of the learning sciences*, Cambridge: Cambridge University Press, 2006.

Marlene Scardamalia and Carl Bereiter, "Knowledge building environments: Extending the limits of the possible in education and knowledge work", in Anna M. DiStefano, Kjell Erik Rudestam and Robert J. Silverman, eds., *Encyclopedia of distributed learning*, Thousand Oaks: Sage Publications, 2003.

Marlene Scardamalia and Carl Bereiter, "Knowledge Building", in James W. Guthrie, ed., *Encyclopedia of Education* (second edition), New York: Macmillan Reference, 2003.

Marlene Scardamalia, "Collective Cognitive Responsibility for the Advancement of Knowledge", in Barry Smith, ed., *Liberal Education in a Knowledge Society*, Chicago: Open Court, 2002.

Marta Arguedas, Thanasis Daradoumis and Fatos Xhafa, "Analyzing how emotion awareness influences students' motivation, engagement, self-regulation and learning outcome", *Educational Technology and Society*, Vol. 19, No. 2, 2016.

Martin Oliver and Keith Trigwell, "Can 'blended learning' be redeemed?", *E-learning and Digital Media*, Vol. 2, No. 1, 2005.

Martin R. Reardon, "Instructional leadership and blended learning: Confronting the knowledge gap in practice", in Yukiko Inoue, ed., *Cases on online and blended learning technologies in higher education: Concepts and practices*, Hershey, PA: IGI Global, 2010.

Matt Bower, Barney Dalgarno, Gregor E. Kennedy, et al., "Design and implementation factors in blended synchronous learning environments: Outcomes from a cross-case analysis", *Computers & Education*, Vol. 86, 2015.

Matt Donovan and Mclissa Carter, "Blended Learning: What Really Works", http://www.arches.uga.edu/mikeorey/blendedLearning/.

Max Teplitski, Tracy Irani, Cory J. Krediet, et al., "Student-Generated Pre-Exam Questions is an Effective Tool for Participatory Learning: A Case Study from Ecology of Waterborne Pathogens Course", *Journal of Food Science Education*, Vol. 17, No. 3, 2018.

Means Barbara, Toyama Yuki, Murphy Robert, et al., *Evaluation of evidence-based practices in online learning: A meta-analysis and review of online learning studies*, Washington, DC.: Centre for Learning Technology, 2009.

Mengping Tsuei, "Development of a peer-assisted learning strategy in computer-supported collaborative learning environments for elementary school students", *British Journal of Educational Technology*, Vol. 42, No. 2, 2011.

Michael Baker and Kristine Lund, "Promoting reflective interactions in a CSCL environment", *Journal of Computer Assisted Learning*, Vol. 13,

No. 3, 1997.

Michael Kerres and Claudia De Witt, "A didactical framework for the design of blended learning arrangements", *Journal of Educational Media*, Vol. 28, No. 2-3, 2003.

Michelene T. H. Chi, "Active-constructive-interactive: a conceptual framework for differentiating learning activities", *Topics in Cognitive Science*, Vol. 1, No. 1, 2009.

Michelene T. H. Chi, James D. Slotta and Nicholas De Leeuw, "From things to processes: A theory of conceptual change for learning science concepts", *Learning & Instruction*, Vol. 4, No. 1, 1994.

Mike Molesworth, "Collaboration, Reflection and Selective Neglect: Campus-Based Marketing Students' Experiences of Using a Virtual Learning Environment", *Innovations in Education and Teaching International*, Vol. 41, No. 1, 2004.

Mingzhu Qiu and Douglas McDougall, "Foster strengths and circumvent weaknesses: Advantages and disadvantages of online versus face-to-face subgroup discourse", *Computers & Education*, Vol. 67, 2013.

Mohammad Rishad Faridi and Ryhan Ebad, "Transformation of higher education sector through massive open online courses in Saudi Arabia", *Problems and Perspectives in Management*, Vol. 16, No. 2, 2018.

N. Patricia Salinas Martínez and Eliud Quintero Rodríguez, "A hybrid and flipped version of an introductory mathematics course for higher education", *Journal of Education for Teaching*, Vol. 44, No. 1, 2018.

N. Sharon Hill, Kathryn M. Bartol, Paul E. Tesluk, et al., "Organizational context and face-to-face interaction: Influences on the development of trust and collaborative behaviors in computer-mediated groups", *Organizational Behavior and Human Decision Processes*, Vol. 108, No. 2, 2009.

Nan Yang, Patrizia Ghislandi and Sara Dellantonio, "Online collaboration in a large university class supports quality teaching", *Educational Technology Research and Development*, Vol. 66, No. 3, 2018.

Nancy Law and Elaine Wong, "Developmental Trajectory in Knowledge Building: An Investigation", in Barbara Wasson, Sten Ludvigsen and Ulrich Hoppe, eds., *Designing for Change in Networked Learning Environments*, Dordrecht: Springer, 2003.

Nancy M. Trautmann, "Interactive learning through web-mediated peer review of student science reports", *Educational Technology Research and Development*, Vol. 57, No. 5, 2009.

National Centre For Vocational Education Research Ltd., *Putting general education to work: the key competencies report*, Canberra: Australian Education Council and Ministers of Vocational Education, Employment and Training, 1992.

Nicolas Michinov and Estelle Michinov, "Face-to-face contact at the midpoint of an online collaboration: Its impact on the patterns of participation, interaction, affect, and behavior over time", *Computers & Education*, Vol. 50, No. 4, 2008.

Niki Gitinabard, Yiqiao Xu, Sarah Heckman, et al., "How Widely Can Prediction Models be Generalized? An Analysis of Performance Prediction in Blended Courses", *IEEE Transactions on Learning Technologies*, Vol. 12, No. 2, 2019.

Nikolaos Pellas and Efstratios Peroutseas, "Gaming in Second Life via Scratch4SL: Engaging high school students in programming courses", *Journal of Educational Computing Research*, Vol. 54, No. 1, 2016.

Nikolaus T. Butz, Robert H. Stupnisky, Erin S. Peterson, et al., "Motivation in synchronous hybrid graduate business programs: A self-determination approach to contrasting online and on-campus students",

Journal of Online Learning & Teaching, Vol. 10, No. 2, 2014.

Noria Saeed Baanqud, Hosam Al-Samarraie, Ahmed Ibrahim Alzahrani, et al. , "Engagement in cloud-supported collaborative learning and student knowledge construction: a modeling study", *International Journal of Educational Technology in Higher Education*, Vol. 17, No. 1, 2020.

Noriko Hara, Curtis J. Bonk and Charoula Angeli, "Content analysis of online discussion in an applied educational psychology course", *Instructional Science*, Vol. 28, 2000.

Norman Vaughan, "Designing for aninquiry based approach to blended and online learning", *Revista Eletrônica de Educação*, Vol. 9, No. 3, 2015.

Nynke De Jong, Johanna Krumeich and Daniëlle Verstegen, "To what extent can PBL principles be applied in blended learning: Lessons learned from health master programs", *Medical Teacher*, Vol. 39, No. 2, 2017.

OECD, *Pisa 2012 assessment and analytical framework. Mathematics, reading, science, problem solving and financial literacy*, Paris: OECD Publishing, 2013.

Online Educa Conference, "Workshops on Blended Collaborative Learning", http://www. carnet. hr/edupoint/radionice/arhiva/rad01/predavac? CARNetweb = . 2002.

Patricia Comeaux and Ele McKenna-Byington, "Computer-mediated communication in online and conventional classroom: some implications for instructional design and professional developmentprogrammes", *Innovations in Education and Teaching International*, Vol. 40, No. 4, 2003.

Patrick H. M. Sins, Elwin R. Savelsbergh, Wouter R. van Joolingen, et al. , "Effects of face-to-face versus chat communication on performance in a collaborative inquiry modeling task", *Computers & Education*, Vol. 56, No. 2, 2011.

Paul Wallace, "Collaborative Virtual Environment Preferences in Online-only and Blended Learning Cohorts", *Ubiquitous Learning: An International Journal*, Vol. 5, No. 2, 2012.

Peter E. Kahn, "Theorising student engagement in higher education", *Studies in Higher Education*, Vol. 38, No. 5, 2013.

Petru L. Curşeu and Helen Pluut, "Student groups as learning entities: The effect of group diversity and teamwork quality on groups' cognitive complexity", *Studies in Higher Education*, Vol. 38, No. 1, 2013.

Petru L. Curşeu, Maryse M. H. Chappin and Rob J. G. Jansen, "Gender diversity and motivation in collaborative learning groups: the mediating role of group discussion quality", *Social Psychology of Education*, Vol. 21, 2018.

Philip J. Guo, Juho Kim and Rob Rubin, "How video production affects student engagement: an empirical study of mooc videos", paper delivered to First ACM Conference on Learning @ Scale Conference, sponsored by ACM Ed Board, New York, March 4 – 5, 2014.

Pierre Dillenbourg, "Designing biases that augment socio-cognitive interactions", in Rainer Bromme, Friedrich W. Hesse and Hans Spada, eds., *Barriers and biases in computer-mediated knowledge communication*, Boston: Springer, 2005.

Pierre Dillenbourg, "Over-scripting CSCL: The risks of blending collaborative learning with instructional design", in Paul A. Kirschner, ed., *Three worlds of CSCL: Can we support CSCL*, Heerlen: Open Universiteit Nederland, 2002.

Pierre Dillenbourg, "What do you mean by collaborative learning?", in Pierre Dillenbourg, ed., *Collaborative-learning: Cognitive and Com-*

putational Approaches, Oxford: Elsevier, 1999.

Pierre Dillenbourg, Michael James Baker, Agnes Blaye, et al., "The evolution of research on collaborative learning", in Hans Spada and Peter Reimann, eds., *Learning in humans and machine: Towards an interdisciplinary learning science*, Oxford: Elsevier, 1996.

Pierre Dillenbourg, Sanna Järvelä and Frank Fischer, "The evolution of research on computer-supported collaborative learning", in Nicolas Balacheff, Sten Ludvigsen, Ton Jong, et al., eds., *Technology-enhanced learning*, Dordrecht: Springer, 2009.

Pu-Shih Daniel Chen, Amber D. Lambert and Kevin R., "Guidry Engaging online learners: The impact of Web-based learning technology on college student engagement", *Computers & Education*, Vol. 54, No. 4, 2010.

Qiyun Wang, "Using online shared workspaces to support group collaborative learning", *Computers & Education*, Vol. 55, No. 5, 2010.

Richard E. Mayer, "Should there be a three-strikes rule against pure discovery learning?", *American Psychologist*, Vol. 59, No. 1, 2004.

Richard F. Gunstone and Ian J. Mitchell, "Metacognition and conceptual change", in Joel J. Mintzes, James H. Wandersee and Joseph D. Novak, eds., *Teaching science for understanding: A Human Constructivist View*, San Diego, California: Academic Press, 2005.

Rick van der Kleij, Jan Maarten Schraagen, Peter Werkhoven, et al., "How Conversations Change Over Time in Face-to-Face and Video-Mediated Communication", *Small Group Research*, Vol. 40, No. 4, 2009.

Robert J. Sternberg, "Expertise in complex problem solving: A comparison of alternative conceptions", in Peter A. Frensch and Joachim Funke, eds., *Complex problem solving: The European perspective*,

New York: Lawrence Erlbaum Associates, 1995.

Robert M. Carini, George D. Kuh and Stephen P. Klein, "Student engagement and student learning: Testing the linkages", *Research in Higher Education*, Vol. 47, No. 1, 2006.

Robert M. Gagné, "Domains of learning", *Interchange*, Vol. 3, No. 1, 1972.

Robert Talbert, "Inverting the Linear Algebra Classroom", http://prezi.com/dz0rbkpy6tam/inverting-the-linearalgebra-classroom.

Roger T. Johnson and David W. Johnson, "An overview of cooperative learning", in Jacqueline S. Thousand, Richard A. Villa and Ann I. Nevin, eds., *Creativity and Collaborative Learning*, Baltimore: Brookes Press, 1994.

Rolf Hoffmann, "MOOCs-Best practices and worst challenges", http://www.aca-secretariat.be/fileadmin/aca_docs/images/members/Rolf_Hoffmann.pdf.

Romina PlešecGasparič and Mojca Pečar, "Analysis of an Asynchronous Online Discussion as a Supportive Model for Peer Collaboration and Reflection in Teacher Education", *Journal of Information Technology Education*, Vol. 15, 2016.

Ronald Phipps and Jamie Merisotis, *What's the difference? A review of contemporary research on the effectiveness of distance learning in higher education*, Washington, DC.: Institute for Higher Education Policy, 1999.

Roy D. Pea, "Seeing what we build together: Distributed multimedia learning environments for transformative communications", *The Journal of the Learning Sciences*, Vol. 3, No. 3, 1994.

Rupert Wegerif, "Towards a dialogic understanding of the relationship between CSCL and teaching thinking skills", *International Journal of*

Computer Supported Collaborative Learning, Vol. 1, No. 1, 2006.

Russell T. Osguthorpe and Charles R. Graham, "Blended learning environments: Definitions and directions", *Quarterly Review of Distance Education*, Vol. 4, No. 3, 2003.

Ruth Kershner, Neil Mercer, Paul Warwick, et al., "Can the interactive whiteboard support young children's collaborative communication and thinking in classroom science activities?", *International Journal of Computer-Supported Collaborative Learning*, Vol. 5, No. 4, 2010.

S. Adams Becker, Michele Cummins, Ann Davis, et al., eds., *NMC horizon report: 2017 higher education edition*, Austin: The New Media Consortium, 2017.

Sadhana Puntambekar, "Analyzing collaborative interactions: Divergence, shared understanding and construction of knowledge", *Computers & Education*, Vol. 47, No. 3, 2006.

Said Hadjerrouit, "Towards a blended learning model for teaching and learning computer programming: A case study", *Informatics in Education*, Vol. 7, No. 2, 2008.

Sandhya Devi Coll and Richard Kevin Coll, "Using blended learning and out-of-school visits: pedagogies for effective science teaching in the twenty-first century", *Research in Science & Technological Education*, Vol. 36, No. 2, 2018.

Selim Gunuc and Abdullah Kuzu, "Student engagement scale: development, reliability and validity", *Assessment & Evaluation in Higher Education*, Vol. 40, No. 4, 2015.

Shirley Booth and Magnus Hultén, "Opening dimensions of variation: an empirical study of learning in a Web-based discussion", *Instructional Science*, Vol. 31, 2003.

Shiyan Jiang and Jennifer Kahn, "Data wrangling practices and collaborative interactions with aggregated data", *International Journal of Computer-Supported Collaborative Learning*, Vol. 15, No. 3, 2020.

Sian Bayne, "What's the matter with 'technology-enhanced learning'?", *Learning, Media and Technology*, Vol. 40, No. 1, 2015.

Sidney D'Mello, Blair Lehman, Reinhard Pekrun, et al., "Confusion can be beneficial for learning", *Learning & Instruction*, Vol. 29, No. 1, 2014.

Silvia Wen-Yu Lee and Chin-Chung Tsai, "Students' perceptions of collaboration, self-regulated learning, and information seeking in the context of Internet-based learning andtraditional learning", *Computers in Human Behavior*, Vol. 27, No. 2, 2011.

Sofia B. Dias, Sofia J. Hadjileontiadou, José A. Diniz, et al., "Computer-based concept mapping combined with learning management system use: An explorative study under the self-and collaborative-mode", *Computers & Education*, Vol. 107, 2017.

Solomon Sunday Oyelere, Jarkko Suhonen, Greg M. Wajiga, et al., "Design, development, and evaluation of a mobile learning application for computing education", *Education and Information Technologies*, Vol. 23, No. 1, 2018.

Stephen J. H. Yang, Irene Ya-Ling Chen and Norman W. Y. Shao, "Ontology enabled annotation and knowledge management for collaborative learning in virtual learning community", *Journal of Educational Technology & Society*, Vol. 7, No. 4, 2004.

Steven C. Harris, Lanqin Zheng, Vive Kumar, et al., "Multi-Dimensional Sentiment Classification in Online Learning Environment", paper delivered to 2014 IEEE Sixth International Conference on Technology for Education, Amritapuri, Kerala, December 18–21, 2014.

Steven Prentice-Dunn and Ronald W. Rogers, "Deindividuation and the self-regulation of behavior", in Paul B. Paulus, ed., *Psychology of group influence*, Hillsdale, NJ: Lawrence Erlbaum Associates, 1989.

Suncana Kukolja Taradi, Milan Taradi, Kresimir Radic, et al., "Blending problem-based learning with Web technology positively impacts student learning outcomes in acid-base physiology", *Advances in Physiology Education*, Vol. 29, No. 1, 2005.

Susan-Marie E. Harding, Patrick E. Griffin, Nafisa Awwal, et al., "Measuring CollaborativeProblem Solving Using Mathematics-Based Tasks", *AERA Open*, Vol. 3, No. 3, 2017.

Teresa Mauri, Anna Ginesta and Maria-José Rochera, "The use of feedback systems to improve collaborative text writing: a proposal for the higher education context", *Innovations in Education and Teaching International*, Vol. 53, No. 4, 2016.

Thomas J. Francl, "Is Flipped Learning Appropriate?", *Journal of Research in Innovative Teaching*, Vol. 7, No. 1, 2014.

Tian Luo and Lacey Clifton, "Examining collaborative knowledge construction in microblogging-based learning environments", *Journal of Information Technology Education: Research*, Vol. 16, 2017.

Timothy J. Nokes-Malach, J. Elizabeth Richey and Soniya Gadgil, "When is it better to learn together? Insights from research on collaborative learning", *Educational Psychology Review*, Vol. 27, No. 4, 2015.

Timothy Koschmann, "Dewey's contribution to the foundations of CSCL research", paper delivered to Proceedings of CSCL 2002. sponsored by the National Science Foundation, et al., Boulder Colorado, Colorado, January 7-11, 2002.

Timothy Linsey, Andreas Panayiotidis and Ann Ooms, "Integrating the in-classroom use of mobile technologies within a blended learning model", paper delivered to 7th European Conference on e-Learning, Agai Napia, Cyprus, November 6 – 7, 2008.

Tina Barseghian, "The Flipped Classroom Defined", https://www.kqed.org/mindshift/15165/the-flipped-classroom-defined.

Trena M. Paulus, "Collaborative and cooperative approaches to online group work: The impact of task type", *Distance Education*, Vol. 26, No. 1, 2005.

Una Cunningham, "Teaching the disembodied: Othering and activity systems in a blended synchronous learning situation", *International Review of Research in Open and Distributed Learning*, Vol. 15, No. 6, 2014.

Universities and Colleges Information Systems Association, "2008 Survey of Technology Enhanced Learning for higher education in the UK", http://www.ucisa.ac.uk/~/media/Files/publications/surveys/TEL survey 2008 pdf.

Vanda Santos, Pedro Quaresma, Milena Marić, et al., "Web geometry laboratory: case studies in Portugal and Serbia", *Interactive Learning Environments*, Vol. 26, No. 1, 2018.

Vasa Buraphadeja and Swapna Kumar, "Content analysis of wiki discussions for knowledge construction: Opportunities and challenges", *International Journal of Web-Based Learning and Teaching Technologies (IJWLTT)*, Vol. 7, No. 2, 2012.

Vivekanandan Suresh Kumar, "Computer-supported collaborative learning: issues for research", paper delivered to 8th annual graduate symposium on Computer Science, Sponsored by University of Saskatchewan, Saskatchewan, April, 1996.

Xinghua Wangand Jin Mu, *Flexible Scripting to Facilitate Knowledge Construction in Computer-supported Collaborative Learning*, Singapore:

Springer, 2017.

Yalın Kılıç Türel, "Relationships between students' perceived team learning experiences, team performances, and social abilities in a blended course setting", *The Internet and Higher Education*, Vol. 31, 2016.

Yaron Doppelt, Matthew M. Mehalik, Christian D. Schunn, et al., "Engagement and achievements: A case study of design-based learning in a sciencecontex", *Journal of Technology Education*, Vol. 19, No. 2, 2008.

Yasmin B. Kafai, Deborah A. Fields and William Q. Burke, "Entering the Clubhouse: Case Studies of Young Programmers Joining the Online Scratch Communities", *Journal of Organizational and End User Computing*, Vol. 22, No. 2, 2010.

Ya-Ting Carolyn Yang, "Virtual CEOs: A blended approach to digital gaming for enhancing higher order thinking and academic achievement among vocational high school students", *Computers & Education*, Vol. 81, 2015.

Yibing Li, Jacqueline V. Lerner and Richard M. Lerner, "Personal and ecological assets and academic competence in early adolescence: The mediating role of school engagement", *Journal of Youth and Adolescence*, Vol. 39, No. 7, 2010.

Yiping Lou, Philip C. Abrami and Sylvia d'Apollonia, "Small group and individual learning with technology: A meta-analysis", *Review of Educational Research*, Vol. 71, No. 3, 2001.

Young Hoan Cho, Jaejin Lee and David H. Jonassen, "The role of tasks and epistemological beliefs in online peer questioning", *Computers & Education*, Vol. 56, No. 1, 2000.

Yu-Chun Kuo, Brian R. Belland, Kerstin E. E. Schroder, et al., "K-12 teachers' perceptions of and their satisfaction with interaction type in blended learning environments", *Distance Education*, Vol. 35, No. 3, 2014.

Yun Xiao and Robert Lucking, "The impact of two types of peer assessment on students' performance and satisfaction within a Wiki environment", *The Internet and Higher Education*, Vol. 11, No. 3 – 4, 2008.

Yunglung Chen, Yuping Wang, Kinshuk, et al., "Is FLIP enough? Or should we use the FLIPPED model instead?", *Computers & Education*, Vol. 79, No. 9, 2014.

NMC 地平线项目等：《新媒体联盟 2015 地平线报告（高等教育版）》，《现代远程教育研究》2015 年第 2 期。

R. E. 斯莱文、王坦：《合作学习的研究：国际展望》，《山东教育科研》1994 年第 1 期。

蔡慧英、顾小清：《协作问题解决学习中支架学习任务和团体认知的设计研究》，《开放教育研究》2015 年第 4 期。

蔡慧英：《语义图示工具支持的协作问题解决学习的研究》，博士学位论文，华东师范大学，2016 年。

曹俏俏、张宝辉：《知识建构研究的发展历史——理论—技术—实践的三重螺旋》，《现代远距离教育》2013 年第 1 期。

曹天生等：《促进学习者之间交互深度的分组策略研究》，《现代教育技术》2020 年第 6 期。

曾贞：《反转教学的特征、实践及问题》，《中国电化教育》2012 年第 7 期。

查冲平等：《协作脚本技术及其发展方向研究》，《中国电化教育》2011 年第 2 期。

柴少明、李克东：《CSCL 中基于对话的协作意义建构研究》，《远程教育杂志》2010 年第 4 期。

柴少明：《知识建构引领教育创新：理论、实践与挑战——访国际知名学习科学专家波瑞特教授和斯卡德玛利亚教授》，《开放教育研究》2017 年第 4 期。

柴少明等：《学习科学进行时：从个体认知到小组认知——美国德雷塞尔大学 Gerry Stahl 教授访谈》，《中国电化教育》2010 年第 5 期。

陈纯槿、王红：《混合学习与网上学习对学生学习效果的影响——47 个实验和准实验的元分析》，《开放教育研究》2013 年第 2 期。

陈露遥、严大虎：《微信支持下移动学习资源设计探析》，载《第十四届教育技术国际论坛论文集》，西安，2015 年 9 月。

陈鹏宇等：《在线学习环境中学习行为对知识建构的影响》，《中国电化教育》2015 年第 8 期。

陈然、杨成：《SPOC 混合学习模式设计研究》，《中国远程教育》2015 年第 5 期。

陈卫东等：《混合学习的本质探析》，《现代远距离教育》2010 年第 5 期。

崔向平：《基于微信的校际协作学习活动设计研究》，《兰州大学学报》（社会科学版）2020 年第 3 期。

崔允漷、王中男：《学习如何发生：情境学习理论的诠释》，《教育科学研究》2012 年第 7 期。

党建宁：《基于移动社交网络的大学翻转课堂教学模式研究》，博士学位论文，西北师范大学，2016 年。

丁兴富：《论远程学习的理论和模式》，《开放教育研究》2006 年第 3 期。

付强：《基于网络的协作问题解决学习活动模式探析》，《现代远距离教育》2005 年第 5 期。

甘永成：《虚拟学习社区中的知识建构和集体智慧研究》，博士学位论文，华东师范大学，2004 年。

高凌飚：《过程性评价的理念和功能》，《华南师范大学学报》（社会科学版）2004 年第 6 期。

戈登·罗伦德、高文：《设计与教学设计》，《外国教育资料》1997 年第 2 期。

龚朝花等：《智慧学习环境中的学习投入问题研究》，《电化教育研究》2018 年第 6 期。

顾小清：《国际经验与本土实践：教育信息化推进战略研究》，华东师范大学出版社 2019 年版。

顾小清：《破坏性创新：技术如何改善教育生态》，《探索与争鸣》2018 年第 8 期。

官赛萍等：《面向知识图谱的知识推理研究进展》，《软件学报》2018 年第 10 期。

郭莉：《面向未来的创造性学习和知识建构：学习科学的思路和方法——访学习科学专家张建伟博士》，《开放教育研究》2020 年第 3 期。

郭宁：《混合式学习环境下协作学习活动设计》，硕士学位论文，河北大学，2010 年。

何传启：《世界教育现代化的历史事实和理论假设》，《教育学术月刊》2013 年第 8 期。

何克抗：《从 Blending Learning 看教育技术理论的新发展（上）》，《中国电化教育》2004 年第 3 期。

何文涛：《协作学习活动的结构化设计框架》，《电化教育研究》2018 年第 4 期。

何文涛等：《协作学习活动设计的困境与出路》，《电化教育研究》2021 年第 3 期。

黄荣怀：《CSCL 概述》，https：//wenku.baidu.com/view/f4c1c2ff910ef12d2af9e740.html。

黄荣怀等：《基于混合式学习的课程设计理论》，《电化教育研究》2009 年第 1 期。

贾同、顾小清：《基于多元评价的混合式协作学习效果实证分析》，《中国远程教育》2024年第5期。

贾同、顾小清：《教育信息化战略比较研究——基于美、英、澳、日、新五国的国际比较》，《电化教育研究》2018年第7期。

贾同：《大数据对高等教育发展的推动研究》，硕士学位论文，西南大学，2015年。

蒋连飞等：《跨国在线协作学习模式研究》，《现代教育管理》2018年第6期。

黎加厚等：《网络时代教育传播学研究的新方法：社会网络分析——以苏州教育博客学习发展共同体为例》，《电化教育研究》2007年第8期。

李春燕：《生态学视角下混合式协作学习理论与实践探索》，硕士学位论文，河南师范大学，2009年。

李德毅：《人与机器人共舞的时代，人类是领舞者》，《科学新闻》2018年第5期。

李海峰、王炜：《5G时代的在线协作学习形态：特征与模式》，《中国电化教育》2019年第9期。

李海峰、王炜：《计算机支持的协作学习研究热点与趋势演进——基于专业期刊文献的知识图谱可视化分析》，《现代远距离教育》2019年第1期。

李海峰、王炜：《面向问题解决的在线协作知识建构》，《电化教育研究》2018年第1期。

李海峰、王炜：《在线协作知识建构：内涵、模式与研究向度》，《现代远距离教育》2019年第6期。

李浩君等：《基于KNN算法的mCSCL学习伙伴分组策略研究》，《现代教育技术》2014年第3期。

李开城、李文光：《教学设计理论的新框架》，《中国电化教育》2001年第6期。

李克东、赵建华:《混合学习的原理与应用模式》,《电化教育研究》2004年第7期。

李汪洋:《教育期望、学习投入与学业成就》,《中国青年研究》2017年第1期。

李文昊、白文倩:《反思型异步学习模式中的学生参与度研究》,《远程教育杂志》2011年第3期。

李新宇、雷静:《远程学习中教师对学生情感支持的构成——理论和实证研究》,《电化教育研究》2012年第5期。

李艳、姚佳佳:《高等教育技术应用的热点与趋势——〈地平线报告〉(2018高教版)及十年回顾》,《开放教育研究》2018年第6期。

李艳燕等:《在线协作学习中小组学习投入的分析模型构建及应用》,《中国远程教育》2020年第2期。

梁云真:《基于量规的同伴互评对在线学习认知、情感投入度及学习成效的影响研究》,《电化教育研究》2018年第9期。

林聚任:《社会网络分析:理论、方法与应用》,北京师范大学出版社2009年版。

琳达·哈拉西姆、肖俊洪:《协作学习理论与实践——在线教育质量的根本保证》,《中国远程教育》2015年第8期。

刘黄玲子、黄荣怀:《协作学习评价方法》,《现代教育技术》2002年第1期。

刘黄玲子等:《CSCL交互研究的理论模型》,《中国电化教育》2005年第4期。

刘明等:《实时协同写作环境对学习专注度、成绩的影响》,《现代教育技术》2018年第7期。

刘三女牙等:《网络环境下群体互动学习分析的应用研究——基于社会网络分析的视角》,《中国电化教育》2017年第2期。

刘司卓等:《直播课学习行为投入评价的实证研究》,《中国远程教育》2021 年第 2 期。

柳瑞雪等：《分布式学习环境下的协作学习交互类型研究》，《中国远程教育》2017 年第 1 期。

柳素霞、武法提：《基于任务驱动的协作式学习环境设计及实验研究》，《现代远程教育研究》2006 年第 2 期。

毛刚等：《基于活动理论的小组协作学习分析模型与应用》，《现代远程教育研究》2016 年第 3 期。

牟智佳：《MOOCs 学习参与度影响因素的结构关系与效应研究——自我决定理论的视角》，《电化教育研究》2017 年第 10 期。

裴新宁、路新民：《国际视野中的 CSCL 研究与发展的十个主题——访 CSCL 研究国际著名专家皮埃尔·狄隆伯格教授》，《开放教育研究》2007 年第 6 期。

彭绍东：《从面对面的协作学习、计算机支持的协作学习到混合式协作学习》，《电化教育研究》2010 年第 8 期。

彭绍东：《混合式协作学习的设计与分析》，湖南大学出版社 2016 年版。

祁晨诗等：《大规模协作支持的在线学习集体智慧生成路径研究》，《成人教育》2019 年第 9 期。

任剑锋：《非面对面 CSCL 交互行为促进策略的研究》，博士学位论文，华南师范大学，2006 年。

沙景荣等：《混合式教学中教师支持策略对大学生学习投入水平改善的实证研究》，《中国电化教育》2020 年第 8 期。

舒杭：《学习分析技术支持的概念转变过程研究》，博士学位论文，华东师范大学，2020 年。

水志国：《头脑风暴法简介》，《学位与研究生教育》2003 年第 1 期。

谈松华：《以教育信息化带动教育现代化——中国教育发展的战略性思维》，http://www.ict.edu.cn/news/n2/n20150923_28255.shtml。

汪睿:《基于Moodle网络课程混合式学习的设计与实践研究》,硕士学位论文,西北师范大学,2010年。

王春丽:《发展学习者协作能力的设计研究》,博士学位论文,华东师范大学,2019年。

王洪江等:《自主学习投入度实时分析方法及应用研究》,《电化教育研究》2017年第10期。

王陆:《虚拟学习社区的社会网络分析》,《中国电化教育》2009年第2期。

王朋娇等:《基于SPOC的翻转课堂教学设计模式在开放大学中的应用研究》,《中国电化教育》2015年第12期。

王纾:《研究型大学学生学习性投入对学习收获的影响机制研究——基于2009年"中国大学生学情调查"的数据分析》,《清华大学教育研究》2011年第4期。

王蔚、杨成:《移动协作学习活动过程设计》,《中国电化教育》2012年第3期。

王孝金、穆肃:《在线学习中深层次学习影响因素研究》,《电化教育研究》2020年第10期。

王永花:《深度学习理论指导下的混合学习模式的实践与研究》,《中国远程教育》2013年第4期。

王佑镁、李璐:《设计型学习——一种正在兴起的学习范式》,《中国电化教育》2009年第10期。

魏雪峰、杨现民:《移动学习:国际研究实践与展望——访英国开放大学迈克·沙普尔斯教授》,《开放教育研究》2014年第1期。

吴峰、王辞晓:《五种不同模式下学习者在线学习动机测量比较》,《现代远程教育研究》2016年第1期。

吴建新等:《专家视野中的职业教育校企合作长效机制设计——运用德尔菲专家咨询法进行的调查分析》,《现代大学教育》2014年第5期。

吴南中：《混合学习空间：内涵、效用表征与形成机制》，《电化教育研究》2017 年第 1 期。

谢同祥、李艺：《过程性评价：关于学习过程价值的建构过程》，《电化教育研究》2009 年第 6 期。

谢幼如、尹睿：《基于网络的协作学习活动形式的质的研究》，《中国电化教育》2006 年第 1 期。

谢幼如等：《基于网络的协作知识建构及其共同体的分析研究》，《电化教育研究》2008 年第 4 期。

徐梅丹等：《构建基于微信公众平台的混合学习模式》，《中国远程教育》2015 年第 4 期。

许晓川、卢红：《从传统学习到合作学习》，《教育理论与实践》2002 年第 11 期。

薛云、郑丽：《基于 SPOC 翻转课堂教学模式的探索与反思》，《中国电化教育》2016 年第 5 期。

杨戴萍：《远程开放教育视域下的网络文本通信研究》，《高教学刊》2015 年第 15 期。

杨丽、张立国：《SPOC 在传统高校教学中的应用模式研究》，《现代教育技术》2016 年第 5 期。

杨丽君等：《利用在线文档协作和项目管理系统构建论文指导信息平台》，《中国电化教育》2009 年第 6 期。

余亮：《协作脚本的研究综述》，《电化教育研究》2010 年第 5 期。

詹泽慧、李晓华：《混合学习：定义、策略、现状与发展趋势——与美国印第安纳大学柯蒂斯·邦克教授的对话》，《中国电化教育》2009 年第 12 期。

詹泽慧：《混合学习活动系统设计：策略与应用效果》，华南理工大学出版社 2011 年版。

张红波：《基于任务驱动的协作学习活动的研究与实践》，《中国电化教育》2009 年第 12 期。

张红英等:《基于自评与互评的网络协作学习贡献度评价》,《现代远程教育研究》2019年第2期。

张金磊等:《翻转课堂教学模式研究》,《远程教育杂志》2012年第4期。

张其亮、王爱春:《基于"翻转课堂"的新型混合式教学模式研究》,《现代教育技术》2014年第4期。

张学新:《对分课堂:大学课堂教学改革的新探索》,《复旦教育论坛》2014年第5期。

张妍、张彦通:《终身教育在我国的独特涵义与研究趋势》,《教育研究》2016年第8期。

赵建华、李克东:《基于协作学习的教学设计》,《现代远距离教育》2000年第2期。

赵建华、李克东:《协作学习及其协作学习模式》,《中国电化教育》2000年第10期。

赵建华:《CSCL的基础理论模型》,《电化教育研究》2005年第10期。

赵建华:《CSCL研究的现状及发展趋势》,《中国电化教育》2009年第5期。

赵建华:《知识建构的原理与方法》,《电化教育研究》2007年第5期。

赵晓清、张咏梅:《基于设计的学习应用于高校现代教育技术公共课的探究》,《现代教育技术》2013年第8期。

赵兴龙:《翻转教学的先进性与局限性》,《中国教育学刊》2013年第4期。

赵兴龙:《翻转课堂中知识内化过程及教学模式设计》,《现代远程教育研究》2014年第2期。

郑兰琴:《协作学习的交互分析方法——基于信息流的视角》,人民邮电出版社2015年版。

郑兰琴:《协作学习交互分析方法研究综述》,《远程教育杂志》2010年第6期。

郑兰琴:《协作学习交互分析方法之反思》,《现代远程教育研究》2013年第5期。

郑兰琴等:《联结在线协作学习设计与分析模型及应用研究》,《电化教育研究》2020年第11期。

《中国教师报》教育家成长工程办公室:《中小学梯次发展策划研究院——重庆市聚奎中学》,http://www.tcfzch.com/doc_detail.php?id=1147。

钟志贤、曹东云:《网络协作学习评价量规的开发》,《中国电化教育》2004年第12期。

钟志贤:《知识建构、学习共同体与互动概念的理解》,《电化教育研究》2005年第11期。

周红春:《基于Blackboard学习平台的混合学习模式的探索与实践》,《电化教育研究》2011年第2期。

朱雪梅:《混合式教学 未来学校教学组织的新模式》,《中国教育报》2019年6月6日第7版。

祝智庭、孟琦:《远程教育中的混和学习》,《中国远程教育》2003年第19期。

祝智庭:《关于教育信息化的技术哲学观透视》,《华东师范大学学报》(教育科学版)1999年第2期。

左明章:《关于计算机支持的协作学习应用模式的构建》,《电化教育研究》2001年第3期。

附 录

附录1 专家咨询问卷

尊敬的专家：

您好！非常感谢您在百忙之中抽出时间，为我们的研究填写这份专家咨询问卷。本研究通过在硕士研究生一年级"教育信息化理论与实践"专业必修课程中开展混合式协作学习（BCL）活动实践，旨在构建混合式协作知识建构活动模式的理论模型。基于国内外文献分析，本研究从任务前、任务中和任务后三个阶段初步构建了混合式协作知识建构活动程序框架，从个人知识建构、小组知识建构和班级知识建构三个层次初步构建了混合式协作知识建构活动评价框架。请您根据自己的教学与研究经验，从内容的完整性和设计的适用性，对目前模型中的各个要素和环节进行打分，"1"分代表这个要素或环节完全没有必要，"5"分代表这个要素或环节非常重要。同时，本研究设计了几道开放性问题，目的在于进一步了解您对混合式协作知识建构活动过程模型的修订意见，烦请专家提出宝贵建议。

下图是本研究构建的混合式协作知识建构活动模式理论原型，供专家初步了解模式的结构。

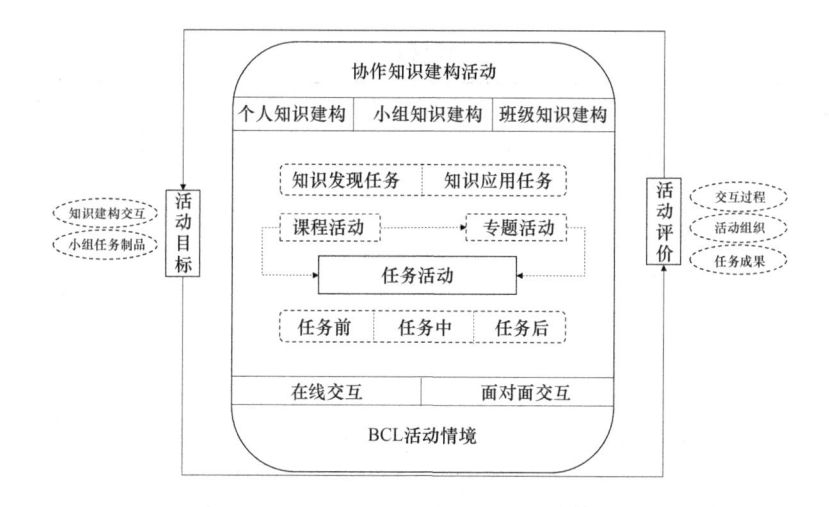

一 混合式协作知识建构活动程序框架

请您对混合式协作知识建构活动程序框架的每个流程进行打分和评议。请您在认定的选项中打"√"。如有需要修改的点，烦请您指出（您可以通过批注的形式提出修改意见，也可以写在评议表最后一列中）。

下图是本研究构建的混合式协作知识建构活动程序框架，供专家了解框架结构。

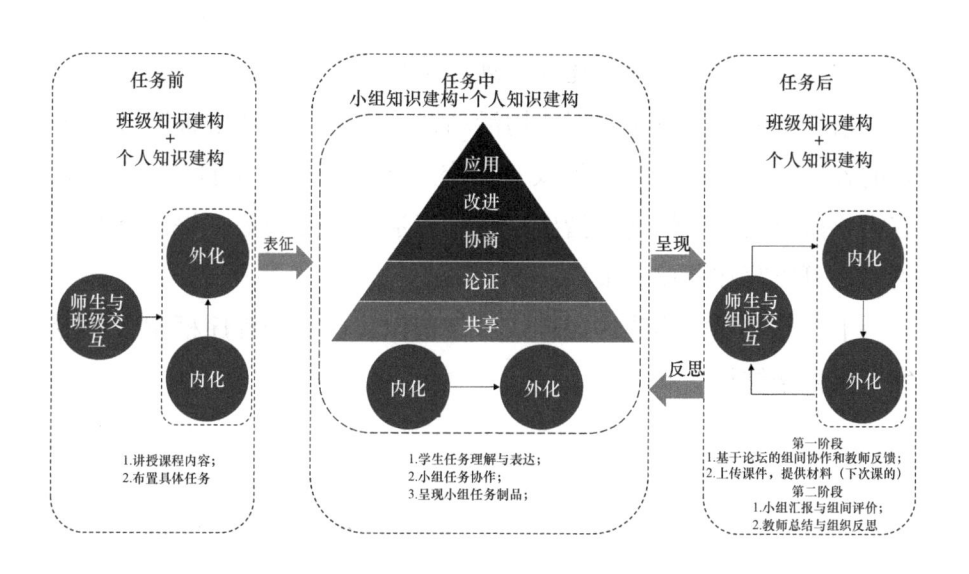

评议表

阶段	流程	1	2	3	4	5	修改意见
任务前	讲授课程内容（师）						
	布置具体任务（师）						
任务中	学生任务理解与表达（生）						
	小组任务协作（生）						
	呈现小组任务制品（生）						
任务后	基于论坛的组间协作（生）						
	基于论坛的教师反馈（师）						
	小组汇报与组间评价（生）						
	教师总结与组织反思（师）						

开放式问题

（1）您觉得混合式协作知识建构活动程序框架的完整性如何，即是否在流程上出现缺漏或重复的情况。如有，请具体指出。

（2）您觉得混合式协作知识建构活动程序框架的适应性如何，即是否契合协作知识建构目标与学习者（硕士研究生一年级）。如有认为不契合之处，请具体指出。

二 混合式协作知识建构活动评价框架

请您对混合式协作知识建构活动评价框架中的各个维度及其包含的各个指标进行打分和评议。请您在认定的选项中打"√"。如有需要修改的点，烦请您指出（您可以通过批注的形式提出修改意见，也可以写在评议表最后一列中）。

下图是本研究构建的混合式协作知识建构活动程序框架，供专家了解框架结构。

附录

任务成果	个体任务表现	小组任务制品质量	组间任务评价
活动组织	个体学习参与	小组学习参与 小组协作活动感知	班级教学活动感知
交互过程		小组交互水平 小组社会网络结构	班级社会网络结构
	个体知识建构	小组知识建构	班级知识建构

评议表

一级评价维度评议

层次	维度	1	2	3	4	5	修改意见
个体知识建构	活动组织						
	任务成果						
小组知识建构	交互过程						
	活动组织						
	任务成果						
班级知识建构	交互过程						
	活动组织						
	任务成果						

二级评价指标评议

层次	维度	指标	描述	1	2	3	4	5	修改意见
个体知识建构	活动组织	个体学习参与	学习者个体在协作知识建构活动过程中感知到的认知参与、情感参与和行为参与						
	任务成果	个体任务表现	学习者个体在协作知识建构活动过程中基于自评和他评确定的组内任务表现						

续表

层次	维度	指标	描述	1	2	3	4	5	修改意见
小组知识建构	交互过程	小组交互水平	学习者小组在小组交互过程中表现出的认知、情感、社交等水平						
		小组社会网络结构	小组成员与交互行为之间的二模社会关系网络结构						
	活动组织	小组学习参与	基于对组内成员的个体学习参与进行取平均值处理形成的小组认知参与、情感参与和社会参与						
		小组协作活动感知	学习者小组对小组交互过程中协作活动工具策略（设计与实施）的满意程度						
	任务成果	小组知识制品质量	学习者小组在完成协作任务中形成的任务（人工知识）制品质量						
班级知识建构	交互过程	班级社会网络结构	基于班级的学习共同体在班级交互过程中成员间的社会关系网络结构						
	活动组织	班级教学活动感知	基于班级的学习共同体对教师主导的班级教学活动策略的满意程度						
	任务成果	组间任务评价	基于小组任务制品的组间评价（他评）						

开放性问题

（1）您觉得上述的评价框架是否有表述不清晰、出现缺漏或重复等情况。如有，请具体指出。

（2）您觉得上述的评价框架用于评价本研究中的混合式协作知识建构活动实践，是否存在不合适或不可行之处。如有，请具体指出。

附录2　自评与他评问卷（以第三轮为例）

同学：

你好！非常感谢你抽出宝贵的时间完成此调查表。此项调查是为了全面了解本学期各小组协作学习表现而进行的调查。请你根据自己真实情况及想法做出判断。

本次调查结果同时用于课程评价，请你根据自己的实际情况进行回答，再次感谢你的支持和合作！

1. 你的姓名：_____
2. 你的性别：_____（1）男（2）女
3. 你的小组：_____

（1）BCL1（2）BCL2（3）BCL3（4）BCL4（5）BCL5（6）BCL6

4. 在 Key factors：teacher preparation 任务过程中，对自己在以下不同层面的表现进行评价：

	不合格	合格	中等	良好	优秀
（1）共享：分析问题、表达观点和分享资料					
（2）论证：质疑同伴观点，探究观点分歧					
（3）协商：改进个人观点，形成小组共识					
（4）应用：共识的表述、问题的解决与方案的形成					
（5）反思：深化共识，改进观点/方案					
（6）协调：组织协作流程，促进共同参与					

5. 在 Key factors：teacher preparation 任务过程中，根据小组成员任务整体表现，将小组成员（包括自己）排序填入以下表格（示例如下）：

优秀	良好	中等	合格	不合格
1. 张三；2. 李四		3. 王五		4. 赵六

优秀	
良好	
中等	
合格	
不合格	

6. 在 Key factors：research leadership 任务过程中，对自己在以下不同层面的表现进行评价：

	不合格	合格	中等	良好	优秀
（1）共享：分析问题、表达观点和分享资料					
（2）论证：质疑同伴观点，探究观点分歧					
（3）协商：改进个人观点，形成小组共识					
（4）应用：共识的表述、问题的解决与方案的形成					
（5）反思：深化共识，改进观点/方案					
（6）协调：组织协作流程，促进共同参与					

7. 在 Key factors：research leadership 任务过程中，根据小组成员任务整体表现，将小组成员（包括自己）排序填入以下表格：

优秀	
良好	
中等	
合格	
不合格	

8. 在 Key factors：school leadership 任务过程中，对自己在以下不同层面的表现进行评价：

	不合格	合格	中等	良好	优秀
(1) 共享：分析问题、表达观点和分享资料					
(2) 论证：质疑同伴观点，探究观点分歧					
(3) 协商：改进个人观点，形成小组共识					
(4) 应用：共识的表述、问题的解决与方案的形成					
(5) 反思：深化共识，改进观点/方案					
(6) 协调：组织协作流程，促进共同参与					

9. 在 Key factors：school leadership 任务过程中，根据小组成员任务整体表现，将小组成员（包括自己）排序填入以下表格：

优秀	_____
良好	_____
中等	_____
合格	_____
不合格	_____

附录3 协作学习参与量表

同学：

你好！非常感谢你抽出宝贵的时间完成此调查表。此项调查是为了全面了解本学期各小组协作知识建构效果而进行的调查。请你根据自己真实情况及想法做出判断。

本次调查结果仅用于学术研究，请你根据自己的实际情况进行回答，你的回答对我们的研究十分重要，再次感谢你的支持和合作！

1. 你的姓名：_____
2. 你的性别：_____ （1）男（2）女

3. 你的小组：_____

（1） BCL1 （2） BCL2 （3） BCL3 （4） BCL4 （5） BCL5 （6） BCL6

以下请就你学习过程中的实际情况，选择你同意的程度，在对应的选项中打钩即可。其中：

（1）完全不同意　（2）比较不同意　（3）基本同意　（4）比较同意　（5）完全同意

认知表现	1	2	3	4	5
我时常激励自己去学习					
我自主确定自己的课程学习目标					
我全力以赴上好每一堂课					
我在课外也会对课程展开进一步学习					
我认为课程中所学内容对我很重要					
我会和同学/小组成员在课后讨论课程内容					
我会事先为上课做好准备					
我会尽可能采用最有效的方式完成课程任务/作业					
我用了足够的时间和精力去学习					
我在课程学习过程中表现积极					
情感参与——生生关系	1	2	3	4	5
当我需要同伴时，我总能很方便地联系到他们					
我在这门课程上有较为亲密的同伴					
我非常注重和小组成员一起学习					
我在课程学习过程中乐于助人					
我觉得自己是合格的学习小组成员					
我喜欢在课堂上见到我的同伴（们）					
情感参与——师生关系	1	2	3	4	5
当我需要老师时，我总能方便地联系到他们					
老师尊重我的个性					
我喜欢这门课程的授课老师					
我认为老师具备出色的专业能力					
我认为授课老师是能够与其分享学习困难的					

续表

情感参与——师生关系	1	2	3	4	5
这门课程很有意思					
老师能够关注到我的学习兴趣和需求					
我喜欢与老师交流					
老师对所有学生一视同仁					
老师会主动与我互动/交流					
行为参与	1	2	3	4	5
我遵守了课堂和小组规范					
我及时完成了课程作业/小组任务					
我认真倾听了同学/小组成员的发言					
我尽力做好了分配给我的小组任务					

附录4 半结构化访谈提纲（以第三轮为例）

同学：

你好！非常感谢你抽出宝贵的时间完成我们的访谈。此次访谈是为了综合回顾和评价本学期课程中协作知识建构活动的效果。请你根据自己真实想法做出回答。

访谈问题1：你认为在第三轮协作任务中，课程效果如何？对小组协作活动和班级教学活动是否满意？

访谈问题2：如果下学期还要开展混合式协作学习，你个人是否仍愿意采用第三轮的混合式协作知识建构活动模式？原因是什么？

访谈问题3：你认为在第三轮协作任务中，你个人和小组表现如何？小组协作过程存在的比较明显的问题是什么？原因是什么？

访谈问题4：结合课程设计和小组协作两方面因素，你认为应如何解决协作知识建构过程中出现的问题？

后　　记

"人事万端，那堪回首。"然而一段旅程的结束，以追来者的前夕，回望似乎是一种本能。犹记得，当初硕士毕业后走上工作岗位，发现从象牙塔到社会，自己似乎已变成社会这张巨网上微不足道的一个节点，却依然被绷得紧紧实实。两年之后，惶恐于一望已至尽头的生活，失落于生命日趋失重的自我，心中的不甘驱使我再次走上了求学之路。

"山谷雷鸣，音传千里。念念不忘，必有回响。"基于对自身知识经验的整合，我选择了跨专业考博。2017年，我来到华东师大教育信息技术学系，进入恩师顾小清教授门下学习。然而，横亘在不同学术领域间的专业壁垒，使我如受当头棒喝，顿生困顿退缩之感。幸遇导师以"在做中学"的方式逐步指引，遂得入门径。然一步步走来，仍非易事。对教育技术学专业研究意识与方法素养的缺乏，我在博士学术生涯初期颇有些步履维艰。而正是在这种"一步一挫、一挫一进"的得失之中，我抛去了最初的浮躁与轻狂，增益了对学术研究的认知与敬畏。

"高山仰止，景行行止。如切如磋，如琢如磨。"求学四年有余，恩师顾小清教授严慈相济，循循善诱，是我新学术生涯的开启者和引领者。顾老师严谨的学术风格、高昂的学术热情、深厚的学术素养和敏锐的学术眼光，不仅以高屋建瓴为我传道授业解惑，更以身体力行为我率先垂范，可谓仰之弥高，钻之

后　记

弥坚，也成为我学术道路上前进和追寻的标杆。学系的众多师长，如任友群老师、陈向东老师、闫寒冰老师、吴永和老师等在学业和论文方面给予的指导与匡正，徐显龙老师、冷静老师、薛耀峰老师、王为民老师等在学习和生活方面提供的帮助与支持，在此一并致谢。

"浮云游子意，落日故人情。挥手自兹去，萧萧班马鸣。"求学路上，不仅有长者的不吝提挈，更有同行者的志趣相投。艺龄师姐、慧英师姐、国龙师兄、隆威师兄、春丽师姐、刘妍师姐、王飞师姐和舒杭师兄等先行者，传了我许多前行之经验，助我少走不少弯路；爱霞、博文、春红姐、诗蓓、瑞雪等同窗，一路相行，即使天各一方，唯愿友谊地久天长；王超、雪梅、宏进、戴静、振宇、祥军、刘桐、世瑾等后来者，虽学有先后，但不乏达者，亦助我良多。在此祝愿诸位前程似锦、韶华不负。

"蓦然回首，那人却在灯火阑珊处。"自大学离乡，至今已近十五载矣。"举头望云林，愧听慧鸟语。"父母鬓发已霜，却依旧辛劳，儿在而立之年，却依然未能尽孝于堂前、自立于世间，愧哉矣。每每谈及学业，父母总温言鼓励，于不顺处则小心翼翼不敢提及，疚哉矣。成家已有四年有余，妻子不以我才疏，不离不弃。对我学业尽力支持，于我烦闷用心纾解，只愿执子之手，与子偕老，便是我一生的幸运。岳母不顾身体不适，千里迢迢来到上海，照顾孩子，非"感恩"两字可以言表。吾儿士弘，从小小的一团，成长到"淘气榜第一名"的无赖小儿，带给我太多的欢乐与慰藉。"小小的你，在你小小的梦里，把我所有大大的事情都吹进风里"，孩子是父母的老师，谢谢你不断地完善着爸爸的人生地图，也希望你成为一个"弘毅"的小男子汉。

"苟日新，日日新，又日新。"犹记得，当初观电影《无问西东》，有感人生欲要"摆落跋涉惧"，唯立坚定不移之志，行日就月将之功。偶得几句，在此亦做自勉：

人生经几年，怎敢蹉余岁。可能言大志，再问后来事。生命何所向，不藉他人知。当学且复思，照见我真实。生命无所欺，踽踽应由己。从心无问者，不殆东与西。